Houghton Mifflin

Matemáticas para Texas

figuras

 HOUGHTON MIFFLIN   BOSTON

ISBN-13: 978-0-618-89137-5

ISBN-10: 0-618-89137-4

3 4 5 6 7 8 9 - VH - 15 14 13 12 11 10 09 08

Houghton Mifflin

Matemáticas para Texas

Autores y asesores/ Authors & Consultants

Autores/Authors

Kay Frantz
Math Consultant
Frisco, TX

Mary Alice Hatchett
K-12 Math Consultant
Georgetown, TX

Dr. Matt Larson
Curriculum Specialist for
Mathematics
Lincoln Public Schools
Lincoln, NE

Dr. Miriam A. Leiva
Bonnie E. Cone Distinguished
Professor Emerita
Professor of Mathematics Emerita
University of North Carolina
Charlotte, NC

Dr. Jean M. Shaw
Professor Emerita of Curriculum and
Instruction
University of Mississippi
Oxford, MS

Dr. Lee Stiff
Professor of Mathematics Education
North Carolina State University
Raleigh, NC

Dr. Bruce Vogeli
Clifford Brewster Upton Professor of
Mathematics
Teachers College, Columbia
University
New York, NY

Asesores/Consultants

Mental Math Strategies

Greg Tang
Author and Mathematics Consultant
Belmont, MA

Newcomers

Dr. Joyce F. Fischer
Principle Investigator,
Mathematics for English
Language Learners Initiative
Assistant Professor of Mathematics
Texas State University San Marcos
San Marcos, TX

Dr. Russell M. Gersten
Executive Director, Institutional
Research Group & Professor
Emeritus
College of Education, University of
Oregon
Long Beach, CA

Language and Vocabulary

Dr. Shane Templeton
Foundation Professor, Department
of Educational Specialties
University of Nevada at Reno
Reno, NV

Special Projects

Catherine Valentino
Author-in-Residence
Houghton Mifflin
West Kingston, RI

Strategic Consultant

Dr. Liping Ma
Senior Scholar
Carnegie Foundation for the
Advancement of Technology
Palo Alto, CA

Revisores/Reviewers

Grado K

Theresa Burke-Garcia
Walnut Creek Elementary
School
Austin, TX

Wendi Groves
McWhorter Elementary School
Lubbock, TX

Jana Hughey
McWhorter Elementary School
Lubbock, TX

Elizabeth Maynes
Baskin Academy
San Antonio, TX

Kimberly Smith
Quest Academy
McAllen, TX

Mary Zinno
DeZavala Elementary School
Fort Worth, TX

Grado 1

Juanita Evans
Walzem Elementary School
San Antonio, TX

Lindsay Loucks
Lee Britain Elementary School
Irving, TX

Priscilla O'Connor
Olmos Elementary School
San Antonio, TX

Sara Puente
Castaneda Elementary School
McAllen, TX

Robin Randall
Quest Academy
McAllen, TX

Grado 2

Jessica Martinez
Japhet Elementary School
San Antonio, TX

Jana Underwood
Waverly Park Elementary
School
Fort Worth, TX

Grado 3

Ashley Adamson
McWhorter Elementary School
Lubbock, TX

Dinorah Bores
Pecan Springs Elementary
School
Austin, TX

Reba Brown
Alief Independent School
District
Houston, TX

Kerry Haupert
Martha Mead Elementary
School
San Antonio, TX

Idida McCasland
Quest Academy
McAllen, TX

Kelly Miksch
Longs Creek Elementary
School
San Antonio, TX

Los revisores trabajan junto con los autores, los asesores y los editores para asegurarse de que los problemas no tengan errores, que las instrucciones sean útiles y que este libro salga lo mejor posible.

Revisores/Reviewers

Grado 4

Elizabeth Flores-Vidales
Glen Cove Elementary School
El Paso, TX

Kasie Kline
Mittelstädt Elementary School
Spring, TX

Theresa Luera
Castaneda Elementary School
McAllen, TX

Toni Pouttu
Martha Reid Elementary School
Arlington, TX

Grado 5

Rana Boone
School at Post Oak
Houston, TX

Mathilda Griffith
Will Rogers Elementary School
San Antonio, TX

José Márquez
Cedar Grove Elementary School
El Paso, TX

Maria Romero
North Hi Mount Elementary
School
Fort Worth, TX

Norma Vogel
McAuliffe Elementary School
McAllen, TX

Revisores generales/Across Grades

Nicola Britton
UT Austin
Austin, TX

Diann Dillon
Viking Hills Elementary School
Waco, TX

Maria Jazinski
McAuliffe Elementary School
McAllen, TX

Donna Johnson
Sam Rosen Elementary School
Fort Worth, TX

Matthew Osher
Mary Hull Elementary School
San Antonio, TX

Virginia Robertson-Baker
Carver Academy
Amarillo, TX

Nancy Sipes
Bonham Elementary School
Midland, TX

Bonnie Vangsnes
Quest Academy
McAllen, TX

Los revisores son maestros de matemáticas, directores y otras personas que trabajan con mucha dedicación para ayudar a los niños a aprender matemáticas.

TEKS y TAKS

TEKS significa *Texas Essential Knowledge and Skills* (Conocimientos y destrezas esenciales en Texas). Los TEKS son conceptos y destrezas que aprenderás en matemáticas durante este año. TAKS significa *Texas Assessment of Knowledge and Skills* (Evaluación de conocimientos y destrezas en Texas). Sirve para comprobar qué TEKS has aprendido y cuántos conocimientos de matemáticas tienes.

¿Cómo te puede ayudar este libro a tener éxito?

Es tan fácil como como contar hasta tres.

1. Haz tu mejor trabajo. Haz preguntas que te ayuden a entender.

2. Usa las siguientes tablas de TEKS para hallar las lecciones que pueden ayudarte a repasar las destrezas que has aprendido.

3. Usa la práctica de Éxito en TAKS de las páginas TS1 a TS20 como ayuda para estudiar y practicar para el examen.

¡Obtener buenas notas es excelente!

Objetivo 1 de TAKS

Números, operaciones y razonamiento cuantitativo

TEKS que aprenderás	Dónde buscarlos
(3.1) El estudiante utiliza el valor de posición para expresar en forma oral y escrita números enteros cada vez más grandes, incluyendo el dinero. Se espera que el estudiante:	
(A) utilice el valor de posición para leer, escribir (con símbolos y palabras) y describir el valor de números enteros hasta 999,999;	Lecciones 2.1, 2.2, 2.3, 2.4, 3.1, 3.2; ¡Matemáticas divertidas!, pág. 35
(B) utilice el valor de posición para comparar y ordenar números enteros hasta 9,999; y	Lecciones 2.3, 3.1, 3.2, 3.3; Edición del maestro, pág. 32A
(C) determine el valor de un grupo de billetes y monedas.	Lecciones 19.1, 19.2, 19.3, 19.4
(3.2) El estudiante utiliza nombres y símbolos de fracciones (con denominadores de 12 o menos) para describir partes fraccionarias de objetos enteros o de conjuntos de objetos. Se espera que el estudiante:	
(A) construya modelos concretos de fracciones;	Lecciones 23.1, 23.2, 24.1, 24.2, 24.3, 24.5; Edición del maestro, pág. 518A
(B) compare partes fraccionarias de objetos enteros o de conjuntos de objetos en un problema utilizando modelos concretos;	Lecciones 23.1, 24.1, 24.2, 24.3, 24.4
(C) utilice nombres y símbolos de fracciones para describir las partes de un entero o de grupos de enteros; y	Lecciones 23.1, 23.2, 23.3, 23.4, 23.5, 24.1, 24.2, 24.3, 24.4, 24.5; Tecnología, pág. 537
(D) construya modelos concretos de fracciones que equivalen a fracciones de objetos enteros.	Lecciones 24.1, 24.2, 24.3, 24.5; Edición del maestro, pág. 532A
(3.3) El estudiante suma y resta para resolver problemas relevantes en los que se usan números enteros. Se espera que el estudiante:	
(A) dé ejemplos de la suma y la resta utilizando dibujos, palabras y números; y	Lecciones 6.1, 6.3, 6.4, 7.1, 7.3, 7.4, 8.1, 8.2, 8.4; Tecnología, pág. 153
(B) seleccione la suma o la resta y utilice la operación apropiada para resolver problemas en los que se usan números enteros hasta el 999.	Lecciones 6.3, 6.4, 6.5, 7.3, 7.4, 7.5, 8.1, 8.2, 8.3, 8.4, 11.3, 16.2
(3.4) El estudiante reconoce y resuelve problemas en situaciones de multiplicación y división. Se espera que el estudiante:	
(A) aprenda y aplique las tablas de multiplicación hasta 12 por 12 utilizando modelos concretos y objetos;	Lecciones 13.1, 13.2, 13.3, 13.4, 13.5, 14.1, 14.2, 14.3, 14.4, 14.5, 15.1, 15.2, 15.3; Comenzar con un juego, pág. 276
(B) resuelva y anote problemas de multiplicación (hasta dos dígitos por un dígito); y	Lecciones 13.2, 13.3, 13.4, 14.2, 14.3, 14.5, 20.1, 20.2, 20.3, 20.4
(C) utilice modelos para resolver problemas de división y utilice oraciones numéricas para anotar las soluciones.	Lecciones 16.1, 16.2, 16.3, 16.4, 16.5, 17.1, 17.2, 17.4, 18.1, 18.2, 18.3, 18.4, 18.5
(3.5) El estudiante estima para determinar resultados razonables. Se espera que el estudiante:	
(A) redondee números enteros a la decena o centena más cercana para aproximar resultados razonables de problemas; y	Lecciones 3.4, 6.2, 7.2, 7.5, 8.4
(B) utilice estrategias que incluyen el redondeo y los números compatibles para estimar soluciones a problemas de suma y resta.	Lecciones 6.2, 7.2, 7.4, 7.5, 8.3, 8.4

TEKS1

Patrones, relaciones y razonamiento algebraico

TEKS que aprenderás	Dónde buscarlos
(3.6) El estudiante utiliza patrones para resolver problemas. Se espera que el estudiante:	
(A) identifique y extienda patrones de números enteros y patrones geométricos para hacer predicciones y resolver problemas;	Lecciones 1.1, 1.2, 1.3, 1.4, 1.5, 2.3, 2.5, 14.3, 15.1, 15.2, 15.3, 18.4; Tecnología, pág. 15
(B) identifique patrones en las tablas de multiplicación utilizando objetos concretos, modelos pictóricos o tecnología; e	Lecciones 13.3, 13.4, 14.1, 14.3, 15.1, 15.2, 15.3, 15.4; Tecnología, págs. 325, 423
(C) identifique patrones en oraciones relacionadas de multiplicación y división (familias de operaciones) tales como 2 x 3 = 6, 3 x 2 = 6, 6 ÷ 2 = 3 y 6 ÷ 3 = 2.	Lecciones 16.3, 16.4, 16.5, 17.1, 17.2, 17.3, 17.4, 18.1, 18.2, 18.3, 18.4, 18.5
(3.7) El estudiante utiliza listas y tablas para expresar patrones y relaciones. Se espera que el estudiante:	
(A) genere una tabla de pares de números basada en la vida real, por ejemplo, los insectos y sus patas; e	Lecciones 2.3, 17.5, 22.5; ¡Matemáticas divertidas!, pág. 395
(B) identifique y describa patrones en una tabla de pares de números relacionados que se basan en un problema relevante y extienda la tabla.	Lecciones 1.1, 17.5, 22.5; ¡Matemáticas divertidas!, pág. 395

Geometría y ubicación espacial

TEKS que aprenderás	Dónde buscarlos
(3.8) El estudiante utiliza vocabulario formal de la geometría. Se espera que el estudiante:	
identifique, clasifique y describa figuras geométricas de dos y tres dimensiones basándose en sus atributos. El estudiante compara figuras de dos dimensiones, de tres dimensiones o ambas según sus atributos usando vocabulario formal de la geometría.	Lecciones 9.1, 9.2, 9.3, 9.4, 12.1, 12.2, 12.3, 12.6, 22.4; Reto, pág. 493
(3.9) El estudiante reconoce la congruencia y la simetría. Se espera que el estudiante:	
(A) identifique figuras congruentes de dos dimensiones;	Lecciones 10.1, 10.2, 10.5, 12.3; Comenzar con un juego, pág. 184
(B) forme figuras de dos dimensiones con ejes de simetría utilizando modelos concretos y tecnología; e	Lecciones 10.3, 10.4; Tecnología, págs. 215, 521
(C) identifique ejes de simetría en figuras de dos dimensiones.	Lecciones 10.3, 10.4; Tecnología, págs. 215, 521
(3.10) El estudiante reconoce que una línea se puede usar para representar números y fracciones y sus propiedades y relaciones. Se espera que el estudiante:	
localice y nombre puntos en una recta numérica utilizando números enteros y fracciones, incluyendo un medio y un cuarto.	Lecciones 3.3, 3.4, 4.5, 16.2, 16.4, 17.2, 18.1, 18.4, 23.3, 23.5, 24.5

Medición

TEKS que aprenderás	Dónde buscarlos
(3.11) El estudiante compara directamente los atributos de longitud, área, peso/masa y capacidad, y utiliza lenguaje comparativo para resolver problemas y contestar preguntas. El estudiante selecciona y utiliza unidades estándares para describir longitud, área, capacidad/volumen y peso/masa. Se espera que el estudiante:	
(A) utilice instrumentos de medición lineal para estimar y medir longitudes utilizando unidades de medida estándares;	Lecciones 11.1, 11.2, 21.1, 22.1, 23.4; Edición del maestro, pág. 486A; Comenzar con un juego, pág. 456
(B) utilice unidades estándares para encontrar el perímetro de una figura;	Lecciones 11.2, 11.3, 11.4, 11.5; Tecnología, pág. 239; Reto, pág. 243
(C) utilice modelos concretos y pictóricos de unidades cuadradas para determinar el área de superficies de dos dimensiones;	Lecciones 11.4, 11.5; Comenzar con un juego, pág. 228; Reto, págs. 243, 493
(D) identifique modelos concretos que aproximan unidades estándares de peso/masa y los utilice para hacer medidas de peso/masa;	Lecciones 21.4, 21.5, 22.4
(E) identifique modelos concretos que aproximan unidades estándares de capacidad y los utilice para hacer medidas de capacidad; y	Lecciones 21.2, 21.3, 22.3; ¡Matemáticas divertidas!, págs. 469, 541
(F) utilice modelos concretos que aproximan unidades cúbicas para determinar el volumen de un recipiente dado u otra figura geométrica de tres dimensiones.	Lección 12.4; ¡Matemáticas divertidas!, pág. 265; Reto, pág. 493
(3.12) El estudiante lee y escribe la hora y mide la temperatura en grados Fahrenheit para resolver problemas. Se espera que el estudiante:	
(A) utilice un termómetro para medir la temperatura; y	Lecciones 4.1, 4.5; Edición del maestro, pág. 82A
(B) diga y escriba la hora en relojes análogos y digitales.	Lecciones 4.2, 4.3, 4.4, 4.5

Probabilidad y estadística

TEKS que aprenderás	Dónde buscarlos
(3.13) El estudiante resuelve problemas reuniendo, organizando, presentando e interpretando conjuntos de datos. Se espera que el estudiante:	
(A) reúna, organice, anote y presente datos en pictografías y gráficas de barras, donde cada dibujo o elemento pueda representar más que una sección de datos;	Lecciones 5.1, 5.2, 5.3, 5.4, 5.5, 20.2, 25.2; Tecnología, pág. 99
(B) interprete información de pictografías y gráficas de barras; y	Lecciones 3.5, 5.2, 5.3, 5.4, 5.5, 20.2, 22.2; Tecnología, pág. 99
(C) utilice datos para describir eventos como más probable que, menos probable que o igual de probable que.	Lecciones 25.1, 25.2, 25.3; Tecnología, pág. 557

Procesos fundamentales y herramientas matemáticas

TEKS que aprenderás	Dónde buscarlos
(3.14) El estudiante aplica las matemáticas del 3.er grado para resolver problemas relacionados con experiencias diarias y actividades dentro y fuera de la escuela. Se espera que el estudiante:	
(A) identifique las matemáticas en situaciones diarias;	Las lecciones muestran las matemáticas aplicadas a la vida diaria. Lecciones 1.3, 4.2, 4.5, 8.4, 9.3, 14.5, 15.5, 16.6, 18.6, 19.1, 19.3, 19.4, 21.6, 22.5, 23.4, 24.5, 25.4; Tecnología, pág. 99; Conexión con la información, págs. 167, 442, 540, 561; ¡Matemáticas divertidas!, págs. 395, 469, 541; Conexión con las ciencias, págs. 14, 377; Conexión con los estudios sociales, págs. 197, 520
(B) resuelva problemas en que incorporen la comprensión del problema, hacer un plan, llevarlo a cabo y evaluar lo razonable de la solución;	Manual para resolver problemas, págs. PS1–PS10 Lecciones 1.5, 2.5, 3.5, 5.5, 6.5, 8.5, 9.4, 12.6, 13.5, 16.6, 17.5, 18.6, 19.4, 20.5, 21.5, 22.5, 25.4; Resolver problemas con ayuda: Lecciones 1.2, 5.3, 6.4, 7.3, 13.3, 14.3, 17.2, 19.3, 20.4, 22.4, 23.4, 25.3
(C) seleccione o desarrolle un plan o una estrategia de resolución de problemas apropiado en el que haga un dibujo, busque un patrón, adivine y compruebe sistemáticamente, haga una dramatización, elabore una tabla, resuelva un problema más sencillo o trabaje desde el final hasta el principio para resolver un problema; y	Manual para resolver problemas, págs. PS1–PS10 Lecciones 1.5, 2.5, 6.5, 8.5, 13.5, 14.6, 15.5, 16.6, 17.5, 18.6, 20.5, 22.5, 23.5, 24.3, 24.5; Resolver problemas con ayuda: Lecciones 10.4, 17.2
(D) utilice herramientas tales como objetos reales, manipulativos y tecnología para resolver problemas.	Lecciones 1.1, 2.1, 2.3, 3.1, 6.1, 7.1, 7.3, 8.1, 11.3, 12.5, 13.1, 16.1, 18.1, 19.1, 20.1, 21.1, 21.2, 21.3, 21.4, 22.1, 22.3, 22.4, 23.2, 23.4, 24.1, 24.2, 24.3, 25.1; Tecnología, págs. 15, 99, 239, 325, 423, 443, 521, 537, 557
(3.15) El estudiante es capaz de comunicar las matemáticas del 3.er grado utilizando un lenguaje informal. Se espera que el estudiante:	
(A) explique y anote observaciones utilizando objetos, palabras, dibujos, números y tecnología; y	Lecciones 1.1, 2.1, 3.1, 4.1, 5.1, 5.2, 5.3, 6.1, 6.4, 7.1, 7.4, 8.1, 9.3, 10.4, 11.1, 11.2, 11.4, 12.1, 12.2, 12.3, 12.4, 12.6, 13.1, 13.5, 14.4, 15.1, 15.4, 16.1, 18.1, 21.1, 21.2, 21.6, 22.1, 22.2, 22.5, 23.1, 24.1, 24.2, 25.1; Tecnología, págs. 129, 191, 325
(B) relacione el lenguaje informal con el lenguaje y los símbolos matemáticos.	Lecciones 1.1, 5.1, 2.1, 3.1, 4.1, 5.2, 5.3, 9.1, 10.1, 10.2, 11.2, 11.4, 12.3, 12.4, 12.6, 13.1, 16.1, 21.2, 22.1, 23.1, 23.2, 24.2
(3.16) El estudiante utiliza razonamiento lógico. Se espera que el estudiante:	
(A) haga generalizaciones de patrones o de conjuntos de ejemplos y contraejemplos; y	Lecciones 1.1, 1.2, 1.4, 1.5, 2.5, 6.1, 7.1, 9.1, 9.2, 9.3, 12.5, 13.1, 14.4, 16.3, 17.3, 17.5, 18.1, 21.1, 22.5
(B) justifique por qué una respuesta es razonable y explique el proceso de solución.	En Hablar de matemáticas y Repaso del capítulo justificarás tus razonamientos. Lecciones 1.1, 1.5, 2.5, 5.5, 6.1, 7.1, 8.4, 14.3, 17.5, 18.6, 19.4, 22.5, 23.5, 24.5, 25.3

Unidad 1

Esta página incluye destrezas que aprendiste en la Unidad 1.

---

1 Jack tiene 8 calcomanías. Lisa tiene 6 calcomanías. ¿Cuántas calcomanías tienen en total?

A 2 calcomanías

B 12 calcomanías

C 14 calcomanías

D 16 calcomanías

---

2 Casey tiene 9 tarjetas de béisbol. Logan le regala a Casey 4 tarjetas más. ¿Qué oración numérica es parte de la familia de operaciones de este problema?

F $13 = 9 + 4$

G $5 = 9 - 4$

H $17 = 13 + 4$

J $9 = 5 + 4$

---

3 **Respuesta con cuadrícula** El equipo A tiene 15 jugadores El equipo B tiene 8 jugadores. ¿Cuántos jugadores más que el equipo B tiene el equipo A?

---

4 Jason está jugando a un juego que tiene el siguiente patrón de anotaciones. ¿Qué oración numérica puede usar Jason para hallar la anotación que sigue?

225, 250, 275, 300, 325, ■

A $225 + 25 =$ ■

B $325 + 25 =$ ■

C $350 + 25 =$ ■

D $325 + 50 =$ ■

---

5 Julie está usando estrellas para decorar una caja. Los primeros cuatro dibujos muestran el patrón que está usando Julie. ¿Cuántas estrellas habrá en los dos dibujos que siguen?

F 26 y 32   **H** 30 y 36

G 28 y 34   **J** 36 y 42

6 Cada jugador en un juego necesita 4 cartas. ¿Qué tabla muestra cuántas cartas se necesitan para 4, 7 y 10 jugadores?

A

Número de jugadores	Cartas que se necesitan
4	16
7	8
10	12

B

Número de jugadores	Cartas que se necesitan
4	16
7	24
10	28

C

Número de jugadores	Cartas que se necesitan
4	24
7	42
10	60

D

Número de jugadores	Cartas que se necesitan
4	16
7	28
10	40

Objetivo 2 de TAKS   TEKS 3.7A

7 Michael recolectó 152 caracoles en la playa. ¿Cuál es el valor del 5 en el número 152?

A 5

B 50

C 52

D 500

> **Consejo para TAKS**
>
> Cuando leas números, asegúrate de leer de izquierda a derecha.

Objetivo 1 de TAKS   TEKS 3.1A

8 Juan vendió 234 boletos para la obra de teatro de la escuela. ¿Cuál de estas opciones muestra el número 234 escrito en palabras?

F doscientos treinta y cuatro

G doscientos cuarenta y tres

H treinta y cuatrocientos

J cuatrocientos treinta y dos

Objetivo 1 de TAKS   TEKS 3.1A

9 **Respuesta con cuadrícula**
Rosa planta árboles siguiendo un patrón.

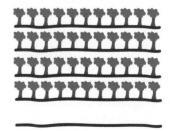

¿Cuántos árboles debe plantar Rosa en la sexta fila?

Objetivos 2 y 6 de TAKS   TEKS 3.6A, 3.15

Unidad 2

Esta página incluye destrezas que aprendiste en las Unidades 1 y 2.

1 John tiene 564 puntos. Jill tiene 689 puntos. El puntaje de Mike está entre esos puntajes. ¿Cuál puede ser el puntaje de Mike?

A 423

B 538

C 603

D 698

Consejo para TAKS

Para comprobar el resultado, escribe los tres puntajes en orden. El puntaje que está *entre* los otros dos es el que está en el medio.

Objetivo 1 de TAKS TEKS 3.1B

2 ¿Qué número representa mejor el punto *T* en esta recta numérica?

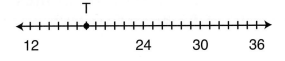

F 16

G 18

H 20

J 22

Objetivo 3 de TAKS TEKS 3.10

3 **Respuesta con cuadrícula** Un autobús escolar lleva todos los días a sus casas a 57 estudiantes. Redondeado a la decena más cercana, ¿qué número de estudiantes viajan en el autobús?

Objetivo 1 de TAKS TEKS 3.5A

4 ¿Qué punto de la recta numérica representa el número 98?

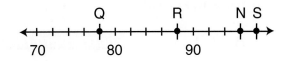

A Punto *N*

B Punto *Q*

C Punto *R*

D Punto *S*

Objetivo 3 de TAKS TEKS 3.10

5 La siguiente tabla muestra el número de pizzas vendidas.

Pizzas vendidas en Pizza Palace	
Mes	Número de pizzas vendidas
Abril	775
Mayo	631
Junio	798
Julio	589

¿En cuál de las opciones los números están ordenados de menor a mayor?

F 798, 775, 631, 589

G 589, 631, 775, 798

H 631, 775, 798, 589

J 589, 775, 798, 631

Objetivo 1 de TAKS TEKS 3.1B

6 Los estudiantes de tercer grado de una escuela recolectaron 762 centavos. ¿Cuál de las opciones muestra este número redondeado a la centena más cercana?

A 700

B 760

C 800

D 860

Consejo para TAKS

Cuando redondees a la centena más cercana, los dígitos en el lugar de las decenas y de las unidades serán ceros.

Objetivo 1 de **TAKS** TEKS 3.5A

7 Kelly decora una tarjeta usando este patrón.

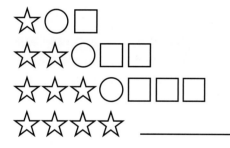

¿Cuáles son las cinco figuras que siguen en el patrón?

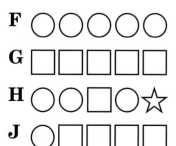

Objetivo 2 de **TAKS** TEKS 3.6A

8 El número de estampillas de la colección de Anna redondeado a la decena más cercana es 380. ¿Cuál puede ser el número de estampillas de la colección de Anna?

A 365

B 378

C 389

D 400

Objetivo 1 de **TAKS** TEKS 3.5A

9 Keisha leyó durante 10 minutos el lunes, 25 minutos el martes y 40 minutos el miércoles. Si este patrón continúa, ¿cuántos minutos leerá Keisha el jueves?

F 45 minutos

G 50 minutos

H 55 minutos

J 60 minutos

Objetivo 2 de **TAKS** TEKS 3.6A

10 Respuesta con cuadrícula
Un equipo de béisbol anotó 4 carreras en su primer juego, 10 carreras en el segundo juego y 16 carreras en el tercer juego. Si este patrón continúa, ¿cuántas carreras anotará el equipo en el cuarto juego?

Objetivo 2 de **TAKS** TEKS 3.6A

Unidad 3

Esta página incluye destrezas que aprendiste en las Unidades 1 a 3.

1 La heladería de Stan vendió 2,450 helados en abril. En junio, la heladería vendió 4,360 helados. El número de helados vendidos en mayo estaba entre las cantidades vendidas en abril y junio. ¿Cuál puede ser el número de helados que se vendieron en mayo?

A 4,900

B 3,450

C 2,350

D 2,220

Objetivo 1 de **TAKS** TEKS 3.1B

2 Este termómetro muestra la temperatura durante un picnic.

°Fahrenheit

¿Cuál era la temperatura durante el picnic?

F 68 °F

G 76 °F

H 78 °F

J 80 °F

Objetivo 4 de **TAKS** TEKS 3.12A

3 Esta pictografía muestra cuántas horas por semana anduvo Kendra en bicicleta.

Horas que Kendra anduvo en bicicleta	
Semana	**Horas**
1	🚲🚲
2	🚲🚲🚲
3	🚲🚲🚲🚲
4	

Cada 🚲 = equivale a 2 horas.

¿Cuántas bicicletas debe haber en la semana 4 si Kendra anduvo en bicicleta 8 horas esa semana?

F 2 bicicletas

G 4 bicicletas

H 5 bicicletas

J 8 bicicletas

> **Consejo para TAKS**
>
> Asegúrate de leer la clave cuando leas una pictografía. A veces el símbolo representa más de un objeto.

Objetivo 5 de **TAKS** TEKS 3.13A

4 **Respuesta con cuadrícula** La respuesta a un acertijo es 89. ¿Cuál es el valor del dígito subrayado?

Objetivo 1 de **TAKS** TEKS 3.1A

5 Jason hizo una encuesta sobre los colores favoritos de sus compañeros. Dibujó esta gráfica para mostrar los resultados.

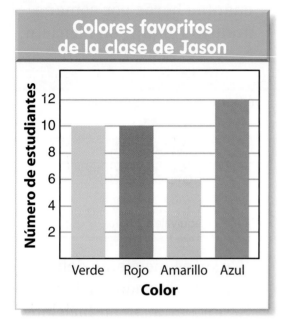

¿Cuál de estas oraciones **NO** es verdadera?

A Jason encuestó a 38 estudiantes.

B El azul fue el color favorito.

C El rojo tuvo menos votos que el verde.

D El verde tuvo más votos que el amarillo.

Objetivo 5 de **TAKS** TEKS 3.13B

---

6 **Respuesta con cuadrícula**
¿A qué número representa mejor el punto W de la recta numérica?

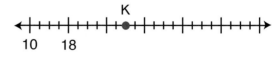

Objetivo 3 de **TAKS** TEKS 3.10

7 Randy tenía $100 en el banco en abril. En mayo tenía $89 y en junio tenía $78. Si este patrón continúa, ¿cuánto tendrá en julio?

F $69   **G** $67

H $57   **J** $56

Objetivo 2 de **TAKS** TEKS 3.6A

---

8 La señora Li recorrió estas distancias en cuatro viajes en avión: 1,345 millas; 2,234 millas; 999 millas; 1,084 millas.

¿Cuál de estas opciones que comparan las distancias es verdadera?

A $1,345 < 2,234$

B $1,084 < 999$

C $999 > 2,234$

D $2,234 < 1,084$

> **Consejo para TAKS**
> Recuerda que el signo > significa mayor que, y el signo < significa menor que.

Objetivo 1 de **TAKS** TEKS 3.1B

---

9 ¿A qué número representa mejor el punto K de la recta numérica?

K

10   18

F 24   **G** 30

H 34   **J** 40

Objetivo 3 de **TAKS** TEKS 3.10

Unidad 4

Esta página incluye destrezas que aprendiste en las Unidades 1 a 4.

---

1 Hal tenía 18 tarjetas. Perdió 6 tarjetas. Luego, Mike le regaló 9 tarjetas a Hal. ¿Qué oración numérica muestra cuántas tarjetas tiene ahora Hal?

A $18 + 6 + 9 =$ ■

B $18 - 6 + 9 =$ ■

C $18 - 6 - 9 =$ ■

D $18 + 6 - 9 =$ ■

Objetivo 1 de *TAKS* TEKS 3.3A

---

2 Shelly anotó 32 puntos en la primera ronda, 12 en la segunda ronda y 15 en la última ronda del juego. ¿Qué opción muestra el total de puntos de Shelly?

F $32 + 12 + 15$

G $32 - 12 - 15$

H $32 + 12 - 15$

J $32 - 12 + 15$

Objetivo 1 de *TAKS* TEKS 3.3A

---

3 **Respuesta con cuadrícula**
Cada jaula del zoológico tiene el mismo número de pájaros.

Jaulas	2	4	6	8	10
Pájaros	6	12	■	24	30

¿Cuántos pájaros hay en 6 jaulas?

Objetivo 2 de *TAKS* TEKS 3.7B

---

4 Justin quiere colocar la misma cantidad de dulces en cada bolsa. La tabla muestra un patrón.

Bolsas	9	10	11	12
Dulces	36	40	■	48

¿Cuántos dulces necesita Justin para 11 bolsas?

A 42

B 44

C 46

D 52

Objetivo 2 de *TAKS* TEKS 3.7B

---

5 Ken tiene 8 paquetes de lápices. La tabla muestra el número de lápices en diferentes números de paquetes. ¿Cuántos lápices tiene Ken?

Paquetes	4	6	8	10
Lápices	32	48	■	80

F 54

G 60

H 64

J 70

Consejo para TAKS

Recuerda buscar un patrón.

Objetivo 2 de *TAKS* TEKS 3.7B

6 Michelle tiene que estar en su casa a la hora que muestra el reloj.

¿A qué hora tiene que estar en su casa Michelle?

A 2:06 p.m.

B 2:30 p.m.

C 3:30 p.m.

D 6:13 p.m.

Objetivo 4 de **TAKS** TEKS 3.12B

---

7 Un estante de la biblioteca de la escuela tiene 325 libros. Si se llevan 140 libros a la clase de la maestra Mark, ¿cuántos libros quedan en el estante?

F 140 libros

G 185 libros

H 285 libros

J 465 libros

Objetivo 1 de **TAKS** TEKS 3.3B

---

8 **Respuesta con cuadrícula** Danny tenía una colección de 64 monedas. Su tía le regaló 16 monedas más. ¿Cuántas monedas tiene Danny ahora?

Objetivo 1 de **TAKS** TEKS 3.3B

---

9 En unas vacaciones de tres días, la familia de Megan recorrió las distancias que se muestran en esta tabla.

Vacaciones de Megan		
Día 1	Día 2	Día 3
88 millas	120 millas	76 millas

¿Cuál es la distancia total que recorrió la familia de Megan?

A 176 millas

B 184 millas

C 274 millas

D 284 millas

Consejo para TAKS

Asegúrate de alinear los mismos valores de posición cuando sumes.

Objetivo 1 de **TAKS** TEKS 3.3B

---

10 Eric normalmente comienza a hacer la tarea entre las 6:00 p.m. y las 6:30 p.m. ¿Qué reloj muestra una hora que está entre las 6:00 p.m. y las 6:30 p.m.?

F    H

G   J

Objetivos 4 y 6 de **TAKS** TEKS 3.12B, 3.14A

Unidad 5
Esta página incluye destrezas que aprendiste en las Unidades 1 a 5.

1 Para su informe sobre los océanos, Jacob hizo esta tabla con las profundidades.

Océano	Profundidad promedio
Océano Índico	13,002 pies
Océano Ártico	3,953 pies
Océano Pacífico	15,215 pies
Océano Atlántico	12,881 pies

¿Qué comparación de las profundidades es verdadera?

A 15,215 pies < 12,881 pies

B 13,002 pies < 15,215 pies

C 3,953 pies > 12,881 pies

D 12,881 pies > 13,002 pies

Objetivo 1 de **TAKS** TEKS 3.1B

2 Sasha tenía 122 monedas. Ed le dio 38 más, y su papá otras 13. Aproximadamente, ¿cuántas monedas tiene ahora?

F 200 **G** 190 **H** 170 **J** 160

Objetivo 1 de **TAKS** TEKS 3.5B

3 **Respuesta con cuadrícula** Carlos trotó 68 millas en mayo y 23 millas en junio. Aproximadamente, ¿cuántas millas más trotó Carlos en mayo que en junio?

Objetivo 1 de **TAKS** TEKS 3.5B

4 Mindy anotó cuantas tarjetas de felicitación vendió en su tienda de tarjetas.

Ventas de la tienda de Mindy	
Tipo de tarjeta	Tarjetas vendidas
Cumpleaños	2,450
Agradecimiento	2,120
Convalecencia	2,040
Vacaciones	2,090

¿En qué lista se ordenan los números de mayor a menor?

A 2,090; 2,450; 2,120; 2,040

B 2,040; 2,090; 2,120; 2,450

C 2,450; 2,040; 2,120; 2,090

D 2,450; 2,120; 2,090; 2,040

Objetivo 1 de **TAKS** TEKS 3.1B

5 La señora Lynn tenía 242 libros. Regaló 58 libros. Una amiga le regaló 33 libros más. Aproximadamente, ¿cuántos libros tiene ahora la señora Lynn?

F 330
G 210
H 180
J 150

Consejo para **TAKS**
Para responder a algunas preguntas, quizá necesites hacer más de una operación.

Objetivo 1 de **TAKS** TEKS 3.5B

6 Lupe usó bloques para construir modelos. El primero tenía 125 bloques, el segundo, 150 bloques y el tercero, 175 bloques. Si este patrón continúa, ¿cuántos bloques habrá en el cuarto modelo?

A 180 bloques

B 200 bloques

C 225 bloques

D 250 bloques   Objetivo 2 de *TAKS* TEKS 3.6A

---

7 Carson hizo esta gráfica a partir de una encuesta sobre el almuerzo favorito de sus compañeros de clase.

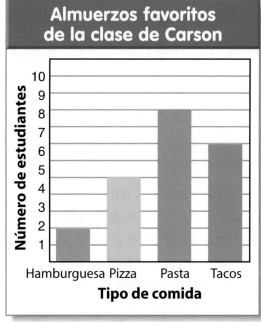

¿Cuántos estudiantes más de los que prefieren hamburguesas prefieren pasta?

F 2   **G** 4

H 6   **J** 8

Objetivo 5 de *TAKS* TEKS 3.13B

8 Esta pictografía muestra el número de jugadores de tres equipos de fútbol.

Jugadores de los equipos de fútbol	
Equipo	**Número de jugadores**
Equipo rojo	⚽⚽⚽⚽⚽
Equipo verde	⚽⚽⚽⚽
Equipo azul	⚽⚽⚽
Cada ⚽ = equivale a 4 jugadores.	

¿Cuántos jugadores hay en total en los equipos rojo y azul?

A 12   **B** 20

C 32   **D** 36

Objetivo 5 de *TAKS* TEKS 3.13B

---

9 Rashad anotó cuántos libros prestó la biblioteca de la escuela durante una semana.

Día	Libros prestados
Lunes	122
Martes	116
Miércoles	110
Jueves	104
Viernes	▪

El patrón continuó. ¿Cuántos libros prestó la biblioteca el viernes?

F 106   **G** 98

H 96   **J** 94

Objetivos 2 y 6 de *TAKS* TEKS 3.6A, 3.16A

Unidad 6

Esta página incluye destrezas que aprendiste en las Unidades 1 a 6.

---

1 La maestra Martin divide sus tres clases en grupos de 4 estudiantes. ¿Qué tabla muestra sus clases y cómo se agrupó cada una?

A

Número de grupos	Total de estudiantes
4	20
7	35
10	50

B

Número de grupos	Total de estudiantes
4	8
7	14
10	20

C

Número de grupos	Total de estudiantes
4	16
7	28
10	40

D

Número de grupos	Total de estudiantes
4	12
7	21
10	30

Objetivo 2 de TAKS TEKS 3.7B

---

2 Mide el siguiente triángulo. ¿Cuál es el perímetro?

F 3 pulgadas

G $3\frac{1}{2}$ pulgadas

H 4 pulgadas

J $4\frac{1}{2}$ pulgadas

Objetivo 4 de TAKS TEKS 3.11B

---

3 Luis dibujó este triángulo.

¿Qué figura es congruente con el triángulo de Luis?

A   **B**

C   **D**

Objetivos 3 y 6 de TAKS TEKS 3.9A, 3.15A

---

4 **Respuesta con cuadrícula**
Mide este cuadrado. Aproximadamente, ¿cuántos centímetros mide el perímetro?

Objetivo 4 de TAKS TEKS 3.11B

5 Éstas son algunas figuras que había en la cubierta del libro de Lila.

¿Qué oración sobre esas figuras es verdadera?

A Los cuadrados tienen cuatro lados iguales.

B Los triángulos tienen cuatro ángulos.

C Los rectángulos tienen sólo tres lados.

D Los pentágonos tienen exactamente cuatro ángulos.

Objetivo 3 de *TAKS* TEKS 3.8

---

6 ¿Cuál de estos pares tiene figuras congruentes?

F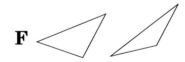

G

H

J

Objetivo 3 de *TAKS* TEKS 3.9A

7 Sally hizo un plano de su jardín dibujando flores en papel cuadriculado.

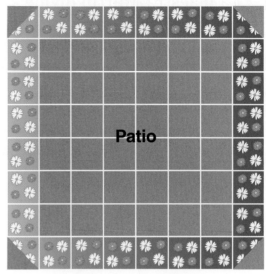

Patio

1 bloque = 1 pie cuadrado

Halla el área del jardín en pies cuadrados.

F 26 pies cuadrados

G 28 pies cuadrados

H 36 pies cuadrados

J 64 pies cuadrados

Objetivo 4 de *TAKS* TEKS 3.11C

---

8 **Respuesta con cuadrícula**
Observa el plano de Sally en la pregunta 7. ¿Cuál es el perímetro del patio que está en el centro?

Consejo para **TAKS**

Recuerda que el *perímetro* es la *distancia que hay alrededor* de una figura.

Objetivo 4 de *TAKS* TEKS 3.11B

Unidad 7

Esta página incluye destrezas que aprendiste en las Unidades 1 a 7.

1 Andrea colocó cuatro filas de manzanas en una bandeja. Cada fila tiene cinco manzanas.

¿Cuántas manzanas hay en total?

A 15

B 20

C 25

D 45   Objetivos 1 y 6 de *TAKS* TEKS 3.4A, 3.14A

2 Joey hizo un modelo de una figura de tres dimensiones que tiene seis caras cuadradas congruentes. ¿Cómo se llama la figura de Joey?

F cono

G cubo

H pirámide

J cilindro   Objetivo 3 de *TAKS* TEKS 3.8

3 **Respuesta con cuadrícula**
Una huerta tiene 8 filas de plantas de maíz. Cada fila tiene 7 plantas. ¿Cuántas plantas de maíz hay en total?

Objetivo 1 de *TAKS* TEKS 3.4A

4 Esta gráfica muestra cuántos libros se vendieron en 4 días.

Ventas de libros del señor Morgan	
Días	**Número de libros**
Lun.	📕📕📕📕
Mar.	📕📕
Mié.	📕📕📕📕📕
Jue.	📕📕📕
Cada 📕 = equivale a 4 libros.	

¿Qué día el señor Morgan vendió 12 libros?

A lunes

B martes

C miércoles

D jueves   Objetivos 5 de *TAKS* TEKS 3.13B

5 Hay 320 estudiantes en la escuela primaria Jackson. El viernes, 35 estudiantes fueron a una excursión con la clase de arte. Otros 60 fueron a ver una obra de teatro. ¿Cuántos estudiantes quedaron en la escuela?

F 95

G 225

H 260

J 285

Objetivo 1 de *TAKS* TEKS 3.3B

6 Casey puso sus fotos en un álbum. Cada página tiene 6 fotos. Si Casey cuenta el número de fotos que hay en 5 páginas, ¿qué lista muestra los números que dice Casey?

A 6, 16, 26, 36, 46

B 6, 12, 20, 26, 32

C 6, 12, 18, 24, 30

D 6, 16, 22, 28, 34

Objetivo 2 de *TAKS* TEKS 3.6B

---

7 Marcus debe hallar una figura en una búsqueda de dibujos escondidos. ¿Qué figura tiene cuatro caras triangulares y una base cuadrada?

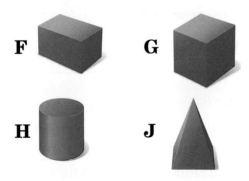

F   G

H   J

Objetivo 3 de *TAKS* TEKS 3.8

---

8 **Respuesta con cuadrícula**
El parque de diversiones Roller Coaster World triplicó los juegos este verano. El año pasado tenía 13 juegos. ¿Cuántos juegos tiene este año?

Objetivo 1 de *TAKS* TEKS 3.4B

9 ¿Cuál es la diferencia entre un cono y un cilindro?

A Un cono tiene un vértice y un cilindro tiene dos vértices.

B Un cono tiene dos aristas y un cilindro tiene una arista.

C Un cono tiene una cara y un cilindro tiene dos caras.

D Un cono tiene una arista y un cilindro no tiene aristas.

Objetivo 3 de *TAKS* TEKS 3.8

---

10 Kathleen practica tres deportes.

¿Cuánto tiempo más practica softball que baloncesto?

F 2 horas   **H** 4 horas

G 3 horas   **J** 7 horas

Objetivo 5 de *TAKS* TEKS 3.13B

Unidad 8

Esta página incluye destrezas que aprendiste en las Unidades 1 a 8.

1 Nikki tiene 12 flores y 3 macetas.

Quiere poner el mismo número de flores en cada maceta. ¿Qué oración numérica muestra cómo puede hacerlo?

A $12 \div 2 = 6$ **B** $12 \div 4 = 3$

C $12 \div 3 = 4$ **D** $12 \div 6 = 2$

Objetivo 1 de *TAKS*   TEKS 3.4C

2 Hay 20 globos para repartir en partes iguales entre 4 amigos.

¿Qué oración numérica muestra cuántos globos recibirá cada amigo?

F $20 \div 4 = 5$ **G** $20 - 4 = 16$

H $20 + 4 = 24$ **J** $20 \times 4 = 80$

Objetivo 1 de *TAKS*   TEKS 3.4C

3 ¿Qué oración numérica es una operación relacionada de $54 = 9 \times 6$?

A $48 = 6 \times 8$

B $27 = 9 \times 3$

C $9 = 54 \div 6$

D $4 = 36 \div 9$ Objetivo 2 de *TAKS*   TEKS 3.6C

4 La práctica de la banda de Martín comenzó a la hora que muestra este reloj.

¿A qué hora comenzó la práctica de la banda de Martín?

F 2:07

G 2:30

H 2:35

J 3:35

Consejo para *TAKS*

Cuando la manecilla de la hora de un reloj está entre dos números, el menor de esos números es la hora correcta.

Objetivo 4 de *TAKS*   TEKS 3.12B

5 **Respuesta con cuadrícula** Shelly dispuso 32 carros de juguete en 4 filas. Cada fila tiene el mismo número de carros. ¿Cuántos carros hay en cada fila?

Objetivo 1 de *TAKS*   TEKS 3.4C

6 ¿Qué dibujo muestra un eje de simetría?

A

B

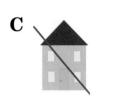

C

D

Objetivo 3 de *TAKS* TEKS 3.9C

---

7 David sale para la escuela a las siete y cuarto de la mañana. ¿Qué reloj muestra esa hora?

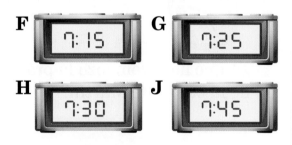

F 7:15

G 7:25

H 7:30

J 7:45

Objetivo 4 de *TAKS* TEKS 3.12B

---

8 **Respuesta con cuadrícula** En la clase del maestro Stanley hay 24 escritorios. El maestro Stanley coloca 4 escritorios en cada grupo. ¿Cuántos grupos de escritorios hay?

Objetivo 1 de *TAKS* TEKS 3.4C

---

9 Cada semana, la mamá de Lily trabaja 40 horas en cinco días. ¿Qué oración numérica no forma parte de la familia de operaciones de $40 \div 5 = 8$?

A $8 \times 5 = 40$

B $8 + 5 = 13$

C $40 \div 8 = 5$

D $5 \times 8 = 40$

Objetivo 2 de *TAKS* TEKS 3.6C

---

10 La siguiente gráfica muestra información acerca de los conos de nieve que se vendieron en la feria.

Conos de nieve vendidos en la feria	
Colores	**Número de conos de nieve**
Rojo	🍦🍦🍦🍦🍦🍦
Azul	🍦🍦🍦🍦🍦🍦🍦🍦
	🍦🍦🍦🍦
Anaranjado	🍦🍦🍦🍦🍦

Cada 🍦 = equivale a 3 conos de nieve vendidos.

¿Qué información se necesita para completar la gráfica?

F el título de la gráfica

G el número de conos de nieve que representa cada símbolo

H un rótulo para los conos de nieve violetas

J el número de conos de nieve azules

Objetivo 5 de *TAKS* TEKS 3.13A

Unidad 9

Esta página incluye destrezas que aprendiste en las Unidades 1 a 9.

---

1 Mark recibió este cambio.

¿Cuánto dinero es?

A $3.58   **B** $3.63

C $3.68   **D** $3.73

Objetivo 1 de TAKS   TEKS 3.1C

---

2 Leslie tiene este dinero.

¿Cuánto dinero tiene?

F $1.63

G $1.68

H $1.73

J $1.78

> **Consejo para TAKS**
> Prueba contar comenzando por el billete o la moneda más grande.

Objetivo 1 de TAKS   TEKS 3.1C

---

3 La maestra Taylor tiene 18 estudiantes. Cada estudiante pidió 3 libros en la biblioteca. ¿Cuántos libros se pidieron en total?

A 6   **B** 15

C 21   **D** 54

Objetivo 1 de TAKS   TEKS 3.4B

---

4 Cada caja tiene 12 marcadores. ¿Qué tabla muestra correctamente cuántos marcadores tendrá Carl en total si compra 5, 7 ó 9 cajas de marcadores?

F

Cajas de marcadores	Total de marcadores
5	60
7	84
9	90

G

Cajas de marcadores	Total de marcadores
5	17
7	19
9	21

H

Cajas de marcadores	Total de marcadores
5	60
7	84
9	108

J

Cajas de marcadores	Total de marcadores
5	55
7	77
9	99

Objetivo 2 de TAKS   TEKS 3.7B

5 Lee la gráfica sobre las mascotas que tienen los estudiantes de la escuela primaria Rocket.

Mascotas de los niños de tercer grado de la escuela primaria Rocket

¿Cuántos perros más que hámsters tienen los estudiantes?

A 30 **B** 25 **C** 15 **D** 10

Objetivo 5 de TAKS TEKS 3.13B

---

6 La siguiente gráfica muestra cuántos estudiantes suben al autobús 4 en cada parada.

Estudiantes que suben al autobús 4	
Parada de autobús	**Número de estudiantes**
#1	☺☺☺☺☺
#2	☺☺☺☺☺☺
#3	☺☺☺☺☺☺☺☺

☺ = 2 estudiantes

¿Cuántos estudiantes hay en el autobús 4 después de pasar por todas las paradas?

F 19 **G** 36 **H** 38 **J** 40

Objetivos 5 y 6 de TAKS TEKS 3.13B, 3.15A

---

7 Michael reparte 45 periódicos por día. Si lo hace durante 7 días, ¿cuántos periódicos repartirá?

A 52

B 285

C 292

D 315

> **Consejo para TAKS**
>
> Recuerda que es posible que tengas que multiplicar cuando pasa algo más de una vez.

Objetivo 1 de TAKS TEKS 3.4B

---

8 Ann planea llevar bebidas a un picnic. La siguiente tabla muestra cuántas bebidas habrá si Ann compra 7 cajas, 9 cajas ó 12 cajas de bebidas.

Cajas de bebidas	Número total de bebidas
7	42
9	54
12	72

¿Cuántas bebidas llevará Ann si compra 10 cajas?

F 48 **G** 60 **H** 66 **J** 100

Objetivo 2 de TAKS TEKS 3.7B

---

9 **Respuesta con cuadrícula** Cada caja contiene 13 empanadillas. Si Ángela compra 7 cajas, ¿cuántas empanadillas tendrá en total?

Objetivo 1 de TAKS TEKS 3.4B

Unidad 10

Esta página incluye destrezas que aprendiste en las Unidades 1 a 10.

1 Víctor tiene un paquete de tarjetas. De esas tarjetas, $\frac{3}{7}$ tienen una estrella.

¿Cuál es el paquete de tarjetas de Víctor?

A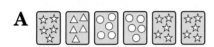

B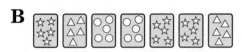

C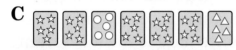

D

Objetivo 1 de TAKS TEKS 3.2C

2 Kara usa 12 cuentas para cada collar. Usó 96 cuentas la semana pasada. ¿Cuál de estas opciones es una operación relacionada de 12 × 8 = 96?

F 12 × 7 = 84   **H** 96 − 12 = 84

G 8 × 8 = 64   **J** 96 ÷ 12 = 8

Objetivo 2 de TAKS TEKS 3.6C

3 **Respuesta con cuadrícula**
La cafetería de la escuela tiene 24 mesas con 4 sillas en cada una. ¿Cuántas sillas hay en la cafetería?

Objetivos 1 y 6 de TAKS TEKS 3.4B, 3.14A

4 Una página de un libro de calcomanías de mariposas tiene 6 filas con 9 mariposas en cada fila.

¿Cuántas mariposas hay en la página?

A 44   **B** 48   **C** 54   **D** 56

Objetivo 1 de TAKS TEKS 3.4A

5 Una caja de moldes para cortar galletas tiene 3 círculos y 5 rombos.

¿Qué fracción describe qué parte de los moldes son círculos?

F $\frac{3}{8}$

G $\frac{3}{5}$

H $\frac{5}{8}$

J $\frac{5}{3}$

Consejo para TAKS

Recuerda que el número de abajo de una fracción, el denominador, te dice cuántos elementos hay en total en el conjunto.

Objetivo 1 de TAKS TEKS 3.2C

6 Kyle hace un diseño sombreando bloques en esta cuadrícula.

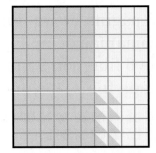

1 bloque = 1 pie cuadrado

¿Cuánto mide el área de la parte azul del diseño de Kyle?

A 58 pies cuadrados

B 60 pies cuadrados

C 64 pies cuadrados

D 78 pies cuadrados

Objetivo 4 de TAKS TEKS 3.11C

---

7 Rick lee que hasta ahora se han vendido 852,000 copias de su libro favorito. ¿Cómo escribes esa cantidad en palabras?

F ochocientos cincuenta y dos

G ocho mil cincuenta y dos

H ochocientos cincuenta y doscientos

J ochocientos cincuenta y dos mil

Objetivo 1 de TAKS TEKS 3.1A

8 Cada semana, una revista imprime 478,000 copias. ¿Cuál es el valor del 7 en ese número?

A 70

B 700

C 70,000

D 700,000

Consejo para TAKS

Revisa el valor de posición nombrando cada lugar comenzando por el lugar de las unidades. Asegúrate de nombrar el lugar y el valor de cada dígito.

Objetivo 1 de TAKS TEKS 3.1A

---

9 Cada semana, la señora Jones compra 8 cartones de yogur en el supermercado. Si la señora Jones hace lo mismo durante 52 semanas, ¿cuántos cartones de yogur habrá comprado?

F 400

G 406

H 416

J 424

Objetivo 1 de TAKS TEKS 3.4B

---

7 **Respuesta con cuadrícula**
Observa este patrón:

$2 \times 2 = 4$
$2 \times 20 = 40$

$3 \times 2 = 6$
$3 \times 20 = 60$

$4 \times 2 = 8$
$4 \times 20 = $ ▮

¿Qué número falta?

Objetivo 2 de TAKS TEKS 3.6B

Cómo usar el contenido

El contenido te ayuda a hallar secciones especiales en tu libro de matemáticas.

Es una buena costumbre mirar aquí primero. Te ahorra mucho tiempo.

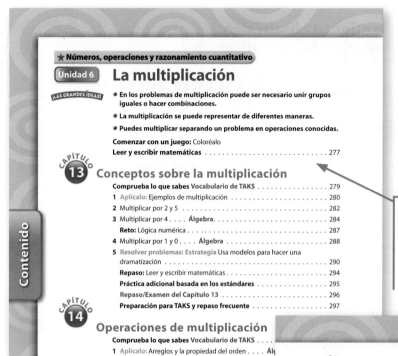

Cada unidad desarrolla las grandes ideas de matemáticas de 2 a 4 capítulos. Comenzarás las unidades con un juego.

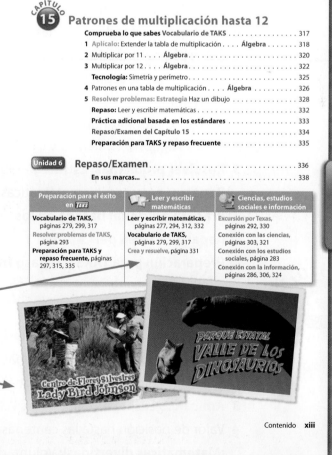

Todos los capítulos tienen lecciones Aplícalo y Resolver problemas.

Leer y escribir te puede ayudar a aprender matemáticas.

En la sección Excursión por Texas puedes practicar matemáticas en lugares especiales.

Contenido **i**

Contenido

CAPÍTULO

3

Comparar y ordenar números enteros

Preparación para el éxito en **TAKS**	Leer y escribir matemáticas	Ciencias, estudios sociales e información
Vocabulario de TAKS, páginas 5, 25, 45	**Leer y escribir matemáticas,** páginas 3, 20, 40, 60	Excursión por Texas, páginas 38, 58
Resolver problemas de TAKS, página 37	**Vocabulario de TAKS,** páginas 5, 25, 45	**Conexión con las ciencias,** páginas 14, 34, 55
Preparación para TAKS y repaso frecuente, páginas 23, 43, 63	Crea y resuelve, página 59	**Conexión con la información,** páginas 10, 29, 49

Unidad 2

La temperatura, la hora y los datos

¡LAS GRANDES IDEAS!

- La temperatura representa cuán caliente o frío es algo.

- Existen diferentes maneras de nombrar una hora específica.

- El tipo de información determina cómo representarla mejor.

Comenzar con un juego: Juega todo el día

CAPÍTULO

4

La temperatura y la hora

Contenido

CAPÍTULO 5

Hacer una gráfica y analizar los datos

Preparación para el éxito en TAKS	Leer y escribir matemáticas	Ciencias, estudios sociales e información
Vocabulario de TAKS, páginas 71, 91	**Leer y escribir matemáticas,** páginas 69, 86, 106	Excursión por Texas, páginas 84, 104
Resolver problemas de TAKS, página 85	**Vocabulario de TAKS,** páginas 71, 91	**Conexión con las ciencias,** página 76
Preparación para TAKS y repaso frecuente, páginas 89, 109	Crea y resuelve, página 105	**Conexión con la información,** páginas 98, 101

 **Números, operaciones y razonamiento cuantitativo**

Unidad 3 # La suma y la resta

 ¡LAS GRANDES IDEAS!

- Se pueden unir o separar los sumandos para que el cálculo sea más fácil.

- Se pueden representar situaciones de suma y resta de muchas maneras.

- En cada estrategia de estimación se usan números que son fáciles de calcular.

Comenzar con un juego: ¡Súmalo!

 CAPÍTULO **6** ## Estrategias de suma

CAPÍTULO **7** ## Estrategias de resta

Contenido

CAPÍTULO 8

Sumar o restar

Contenido

Centro de Mariposas Cockrell

★ Geometría y ubicación espacial

Unidad 4 **Geometría**

¡LAS GRANDES IDEAS!

● Se pueden identificar, describir y comparar las figuras de dos dimensiones según sus atributos.

● Algunas figuras son congruentes; es decir, tienen la misma forma y el mismo tamaño.

● Algunas figuras se pueden dividir por la mitad con un eje de simetría.

Comenzar con un juego: Juego de memoria

CAPÍTULO 9 Figuras de dos dimensiones

CAPÍTULO

10 ## Congruencia y simetría

Preparación para el éxito en TAKS	Leer y escribir matemáticas	Ciencias, estudios sociales e información
Vocabulario de TAKS, páginas 187, 205 Resolver problemas de TAKS, página 219 **Preparación para TAKS y repaso frecuente,** páginas 203, 223	**Leer y escribir matemáticas,** páginas 185, 200, 220 **Vocabulario de TAKS,** páginas 187, 205	Excursión por Texas, página 218 Conexión con las ciencias, página 211 Conexión con los estudios sociales, página 197 Conexión con la información, páginas 194, 214

★ **Geometría y ubicación espacial**
★ **Medición**

Unidad 5

Geometría y medición

¡LAS GRANDES IDEAS!

● **Se pueden identificar, describir y comparar figuras de tres dimensiones según sus atributos.**

● **Se pueden medir algunos de los atributos de las figuras geométricas.**

● **Algunas figuras de tres dimensiones se pueden identificar según sus caras, aristas y vértices.**

Comenzar con un juego: Área en acción

x Contenido

Contenido

CAPÍTULO 12 Figuras de tres dimensiones

Preparación para el éxito en TAKS	Leer y escribir matemáticas	Ciencias, estudios sociales e información
Vocabulario de TAKS, páginas 231, 253 **Preparación para TAKS y repaso frecuente,** páginas 251, 271	**Leer y escribir matemáticas,** páginas 229, 248, 268 **Vocabulario de TAKS,** páginas 231, 253 **Crea y resuelve,** página 247	**Excursión por Texas,** página 246 **Conexión con las ciencias,** páginas 238, 264 **Conexión con la información,** páginas 242, 257

Contenido

Unidad 6 # La multiplicación

¡LAS GRANDES IDEAS!

- En los problemas de multiplicación puede ser necesario unir grupos iguales o hacer combinaciones.

- La multiplicación se puede representar de diferentes maneras.

- Puedes multiplicar separando un problema en operaciones conocidas.

CAPÍTULO 13

Conceptos sobre la multiplicación

CAPÍTULO 14

Operaciones de multiplicación

Contenido

CAPÍTULO 15 Patrones de multiplicación hasta 12

Preparación para el éxito en TAKS	Leer y escribir matemáticas	Ciencias, estudios sociales e información
Vocabulario de TAKS, páginas 279, 299, 317 Resolver problemas de TAKS, página 293 **Preparación para TAKS y repaso frecuente,** páginas 297, 315, 335	**Leer y escribir matemáticas,** páginas 277, 294, 312, 332 **Vocabulario de TAKS,** páginas 279, 299, 317 Crea y resuelve, página 331	Excursión por Texas, páginas 292, 330 **Conexión con las ciencias,** páginas 303, 321 **Conexión con los estudios sociales,** página 283 **Conexión con la información,** páginas 286, 306, 324

Centro de Flores Silvestres
Lady Bird Johnson

PARQUE ESTATAL
VALLE DE LOS
DINOSAURIOS

Contenido

★ **Números, operaciones y razonamiento cuantitativo**
★ **Patrones, relaciones y razonamiento algebraico**

Unidad 7 # La división

¡LAS GRANDES IDEAS!

- En los problemas de división puede ser necesario separar un grupo en grupos iguales o hacer comparaciones.

- Se pueden hallar operaciones de división usando operaciones de multiplicación relacionadas.

- No se puede dividir entre cero.

Comenzar con un juego: ¡De muchas maneras!

CAPÍTULO 16 ## Conceptos sobre la división

CAPÍTULO 17 ## La multiplicación y la división están relacionadas

Contenido

CAPÍTULO
18 Más operaciones y patrones

Contenido

Lago Arrowhead

★ Números, operaciones y razonamiento cuantitativo

Unidad 8

El dinero y la multiplicación

¡LAS GRANDES IDEAS!

- Cada moneda o billete de un grupo tiene un valor específico.
- La multiplicación se puede representar y anotar de diferentes maneras.
- Los factores se pueden unir o separar para que sea más fácil calcular.

CAPÍTULO 19

El dinero

Contenido

Preparación para el éxito en _TAKS_	Leer y escribir matemáticas	Ciencias, estudios sociales e información
Vocabulario de TAKS, páginas 415, 433	**Leer y escribir matemáticas,** páginas 413, 428, 448	**Excursión por Texas,** páginas 426, 446
Resolver problemas de TAKS, página 447	**Vocabulario de TAKS,** páginas 415, 433	**Conexión con las ciencias,** página 437
Preparación para TAKS y repaso frecuente, páginas 431, 451	Crea y resuelve, página 427	**Conexión con los estudios sociales,** página 422
		Conexión con la información, páginas 419, 442

Contenido

La medición

- Al medir se compara con unidades estándares.
- Cuanto más grande es la unidad de medida, menos unidades se necesitan.
- Se puede estimar la capacidad, el peso o la masa de un objeto usando unidades conocidas.

Comenzar con un juego: Cacería de medidas

CAPÍTULO 21 Unidades de medición del sistema inglés (usual)

Preparación para el éxito en TAKS	Leer y escribir matemáticas	Ciencias, estudios sociales e información
Vocabulario de TAKS, páginas 459, 483 Resolver problemas de TAKS, página 477 **Preparación para TAKS y repaso frecuente,** páginas 481, 501	**Leer y escribir matemáticas,** páginas 457, 478, 498 **Vocabulario de TAKS,** páginas 459, 483 Crea y resuelve, página 497	**Excursión por Texas** páginas 476, 496 **Conexión con las ciencias,** página 464 **Conexión con la información,** páginas 468, 487

Contenido

★ Números, operaciones y razonamiento cuantitativo
★ Probabilidad y estadística

Unidad 10 Fracciones y probabilidad

¡LAS GRANDES IDEAS!

- Una fracción describe la división de un entero en partes o conjuntos iguales.

- Cada fracción se puede representar por muchas fracciones equivalentes.

- Puedes usar la probabilidad para predecir.

CAPÍTULO 23

Conceptos sobre las fracciones

CAPÍTULO 24

Comparar fracciones

Preparación para el éxito en *TAKS*	Leer y escribir matemáticas	Ciencias, estudios sociales e información
Vocabulario de TAKS, páginas 509, 529, 551	**Leer y escribir matemáticas,** páginas 507, 524, 546, 566	Excursión por Texas, páginas 544, 564
Resolver problemas de TAKS, página 565	**Vocabulario de TAKS,** páginas 509, 529, 551	**Conexión con las ciencias,** páginas 536, 556
Preparación para TAKS y repaso frecuente, páginas 527, 549, 569	Crea y resuelve, página 545	**Conexión con los estudios sociales,** página 520
		Conexión con la información, páginas 540, 561

Manual para RESOLVER PROBLEMAS

En matemáticas es importante saber resolver problemas.

Esto es lo que significa para mí resolver problemas.

Siempre encuentro matemáticas en actividades diarias.

¿Dónde viste matemáticas hoy?

Puedo seguir cuatro pasos para resolver problemas.

¿Qué preguntas te haces?

COMPRÉNDELO ¿Qué sabes? ¿Qué quieres saber?

PLANÉALO ¿Cómo puedes hallar la solución?

RESUÉLVELO Comienza con lo que sabes.

VERIFÍCALO ¿Cómo puedes comprobar tu solución?

Me gusta usar diferentes estrategias para resolver problemas.

Resolver problemas	
Haz un dibujo	pág. PS2
Haz una dramatización	pág. PS4
Busca un patrón	pág. PS6
Adivina y comprueba	pág. PS8

¿Qué estrategia es la que más usas?

Uso diversos instrumentos para resolver los problemas.

¿Qué instrumentos te gusta usar?

Sigue los cuatro pasos

Siempre pienso en los cuatro pasos cuando resuelvo un problema.

El Museo de Ciencias Naturales de Houston organiza fiestas con tres temas diferentes. ¿Con qué tema se organizó el mayor número de fiestas el año pasado?

Tema	Fiestas del año pasado
Dinosaurios	151
Momias	126
Indígenas norteamericanos	132

COMPRÉNDELO ¿Qué sabes? ¿Qué quieres saber?

• Sé el número de fiestas de cada tema.
• ¿Con qué tema se organizó el mayor número de fiestas?

Pista

< menor que
> mayor que

PLANÉALO ¿Cómo puedes hallar la solución?

Puedo comparar para hallar el número mayor.

RESUÉLVELO Comienza con lo que sabes.

Comparo dos temas por vez.

El tema de los _____ tuvo el mayor número de fiestas.

Solución

151 ● 126
151 ● 132

VERIFÍCALO ¿Cómo puedes comprobar tu solución?

Puedo ordenar los números de menor a mayor.

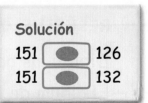

Comprueba

126 132 151

Por tu cuenta

Sigue los cuatro pasos para resolver el problema.

1. El museo tiene 337 libros sobre momias, 104 libros sobre insectos y 436 libros sobre mariposas. ¿De qué tipo de libros hay menos cantidad? ¿De qué tipo de libros hay más cantidad?

Recuerda:
... compréndelo, planéalo, resuélvelo y verifícalo

Objetivo 6 de **TAKS** **TEKS** **3.14A** Identificar las matemáticas en situaciones diarias. **3.14B** Resolver problemas que incorporen la comprensión del problema, hacer un plan, llevarlo a cabo y evaluar lo razonable de la solución.

Manual para resolver problemas

Haz un dibujo

A veces hago un dibujo para ver qué está pasando en el problema.

Bonnie está haciendo un álbum de recortes. Tiene 12 fotos. Sólo caben dos fotos en cada página. ¿Cuántas páginas tendrá su álbum de recortes?

COMPRÉNDELO ¿Qué sabes? ¿Qué quieres saber?

Sé cuál es el número total de fotos y el número de fotos que caben en cada página.

Quiero saber el número de páginas.

12 fotos en total
2 fotos por página

PLANÉALO ¿Cómo puedes hallar la solución?

Puedo hacer un dibujo.

Pista
Haz dibujos rápidos y simples.

RESUÉLVELO Comienza con lo que sabes.

Dibujo las páginas del álbum y las fotos.

El álbum de Bonnie tendrá _____ páginas.

Ahora puedo contar las páginas.

VERIFÍCALO ¿Cómo puedes comprobar tu solución?

Puedo sumar para comprobar.

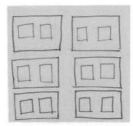

Comprueba
2 + 2 + 2 + 2 + 2 + 2 = 12

Objetivo 6 de TAKS TEKS 3.14B Resolver problemas que incorporen la comprensión del problema, hacer un plan, llevarlo a cabo y evaluar lo razonable de la solución. 3.14C Seleccionar o desarrollar un plan o una estrategia de resolución de problemas apropiado en el que el estudiante haga un dibujo, busque un patrón, adivine y compruebe sistemáticamente, haga una dramatización, elabore una tabla, resuelva un problema más sencillo o trabaje desde el final hasta el principio para resolver un problema.

Manual para resolver problemas

¡Inténtalo!

Haz un dibujo para resolver el problema.

Analízalo
Dibuja sólo la información importante del problema.

1. Algunos estudiantes están haciendo una fila para el almuerzo. Sara está delante de Sam. Bob está delante de Lydia. Sara está detrás de Lydia. ¿Quién está de último en la fila?

    a. Compréndelo ¿Qué sabes? ¿Qué quieres saber?

    Piensa en el lugar que ocupa cada estudiante en la fila.

    b. Planéalo ¿Cómo puedes hallar la solución?

    Haz un dibujo.

    c. Resuélvelo Comienza con lo que sabes.

    Dibuja una fila de 4 estudiantes.

    Ponle a cada uno un rótulo con el nombre. ¿Quién está de último? _____

    d. Verifícalo ¿Cómo puedes comprobar tu solución?

Por tu cuenta

Haz dibujos para resolver los problemas.

2. Un recipiente de jugo alcanza para cuatro estudiantes. ¿Cuántos recipientes de jugo se necesitan para 16 estudiantes?

3. Hay 18 estudiantes en la mesa de Brad. Se van 11 estudiantes. ¿Cuántos estudiantes quedan en la mesa de Brad?

4. Tamara tiene 2 monedas de veinticinco centavos, 1 moneda de cinco centavos y 10 monedas de un centavo. ¿Tiene suficiente dinero para comprar una naranja que cuesta 65 centavos?

5. Reto Las vacaciones de invierno comienzan dentro de 42 días. Si hoy es martes 7 de noviembre, ¿en qué fecha comienzan las vacaciones de invierno?

Noviembre

Domingo	Lunes	Martes	Miércoles	Jueves	Viernes	Sábado
			1	2	3	4
5	6	7	8	9	10	11
12	13	14	15	16	17	18
19	20	21	22	23	24	25
26	27	28	29	30		

Diciembre

Domingo	Lunes	Martes	Miércoles	Jueves	Viernes	Sábado
					1	2
3	4	5	6	7	8	9
10	11	12	13	14	15	16
17	18	19	20	21	22	23
24	25	26	27	28	29	30

Haz una dramatización

Cuando me resulta difícil entender un problema, hago una dramatización con un modelo.

La clase de la maestra Bonita visita el Museo de Ciencias Naturales de Dallas, Texas. Hay 21 estudiantes en su clase. Sólo 7 estudiantes quieren ver el *tiranosaurio rex* que está en exhibición. ¿Cuántos estudiantes no quieren ver el *tiranosaurio rex*?

COMPRÉNDELO ¿Qué sabes? ¿Qué quieres saber?

- Sé el número total de estudiantes y cuántos quieren ver el *tiranosaurio rex*.
- Necesito saber cuántos no quieren ver el *tiranosaurio rex*.

✓ 21 estudiantes en total
✓ 7 quieren ver el *T-rex*

PLANÉALO ¿Cómo puedes hallar la solución?

Puedo usar fichas para hacer una dramatización.

Éste es el total.

RESUÉLVELO Comienza con lo que sabes.

Separa los que sí quieren ver el *tiranosaurio rex*.

Por lo tanto, _____ no quieren ver el *tiranosaurio rex*.

Sí al *tiranosaurio rex*

No al *tiranosaurio rex*

VERIFÍCALO ¿Cómo puedes comprobar tu solución?

Puedo restar para comprobar.

Comprueba
21 − 7 = ☐

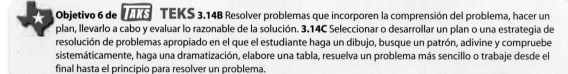
Objetivo 6 de **TAKS** **TEKS** **3.14B** Resolver problemas que incorporen la comprensión del problema, hacer un plan, llevarlo a cabo y evaluar lo razonable de la solución. **3.14C** Seleccionar o desarrollar un plan o una estrategia de resolución de problemas apropiado en el que el estudiante haga un dibujo, busque un patrón, adivine y compruebe sistemáticamente, haga una dramatización, elabore una tabla, resuelva un problema más sencillo o trabaje desde el final hasta el principio para resolver un problema.

¡Inténtalo!

Haz una dramatización del problema y halla una solución.

Usa modelos para entender más fácilmente los problemas.

1. El señor LaSalle y su hijo asisten al Día de la Exploración Científica en el museo. El boleto de entrada del señor LaSalle cuesta $22 y el de su hijo cuesta $5. ¿Cuánto dinero pagará el señor LaSalle en total?

   a. **Compréndelo** ¿Qué sabes? ¿Qué quieres saber?
      Piensa en el precio de los boletos.

   b. **Planéalo** ¿Cómo puedes hallar la solución?
      Puedes hacer una dramatización del problema con dinero de juguete.

   c. **Resuélvelo** Comienza con lo que sabes.
      Cuenta el dinero que cuesta cada boleto.
      Comienza con el billete más grande y suma el resto.
      El señor LaSalle pagará $_____.

   d. **Verifícalo** ¿Cómo puedes comprobar tu solución?

Señor LaSalle   Hijo

Suma.
$20, $25, $26, $27

Por tu cuenta

Usa modelos para hacer una dramatización y resolver los problemas.

Representa la información importante de cada problema.

2. Sesenta y tres estudiantes de tercer grado y 58 de cuarto grado visitaron la exhibición de dientes del museo. ¿Cuántos estudiantes más de tercer grado que de cuarto visitaron la exhibición de dientes?

3. El Espectáculo del teatro de la electricidad comienza a las 10:30 a.m. El Espectáculo de ciencias comienza a las 10:15 a.m. Son las 9:00 a.m. ¿Qué espectáculo comienza primero?

4. **Reto** Carlos compró dos camisas y tres libros en la tienda de regalos. Cada camisa cuesta $8 y cada libro cuesta $3. ¿Cuánto dinero debe darle Carlos al cajero si quiere darle la cantidad exacta?

Manual para resolver problemas

Busca un patrón

A veces dibujo una tabla para hallar un patrón en un problema.

Brian está entrenando para una carrera. La semana 1, corrió 3 millas. La semana 2, corrió 6 millas. La semana 3, corrió 9 millas. Brian continuó con ese patrón. ¿Cuántas millas corrió en la semana 5?

COMPRÉNDELO ¿Qué sabes? ¿Qué quieres saber?

- Sé el número de millas que corrió Brian durante las semanas 1 a 3.

- Quiero saber cuántas millas corrió en la semana 5.

Estima.
¿Corrió Brian más de 10 millas?

PLANÉALO ¿Cómo puedes hallar la solución?

Puedo buscar un patrón.

RESUÉLVELO Comienza con lo que sabes.

Hago una lista de las semanas en una columna y de las millas que corrió Brian en otra.

Busco un patrón y lo uso para completar el resto de la tabla.

Semana	Millas
1	3
2	6
3	9
4	■
5	■

VERIFÍCALO ¿Cómo puedes comprobar tu solución?

Puedo contar salteado de tres en tres.

Comprueba
3, 6, 9, 12, 15

 Objetivo 6 de TAKS **TEKS 3.14B** Resolver problemas que incorporen la comprensión del problema, hacer un plan, llevarlo a cabo y evaluar lo razonable de la solución. **3.14C** Seleccionar o desarrollar un plan o una estrategia de resolución de problemas apropiado en el que el estudiante haga un dibujo, busque un patrón, adivine y compruebe sistemáticamente, haga una dramatización, elabore una tabla, resuelva un problema más sencillo o trabaje desde el final hasta el principio para resolver un problema.

¡Inténtalo!

Busca un patrón para resolver el problema.

Recuerda.
Las tablas son útiles para hallar un patrón.

1. Dennis quiere comprar una bufanda para su madre. La bufanda cuesta $25. Dennis ahorra $5 por semana. La segunda semana, tiene $10. ¿Cuántas semanas le llevará a Dennis ahorrar $25?

   a. **Compréndelo** ¿Qué sabes? ¿Qué quieres saber?

   Piensa en cuánto dinero ahorra Dennis por semana.

   b. **Planéalo** ¿Cómo puedes hallar la solución?

   Haz una tabla.

   c. **Resuélvelo** Comienza con lo que sabes.

   Haz una lista del dinero ahorrado en una columna y de las semanas en otra.

   Halla el patrón. Completa la tabla.

   d. **Verifícalo** ¿Cómo puedes comprobar tu solución?

Dinero ahorrado	Semana
$5	1
$10	2
$	3
$	4
$	5

Por tu cuenta

Busca un patrón para resolver los problemas.

2. ¿Qué pasa si la bufanda que Dennis quiere comprar cuesta $40? ¿Cuántas semanas le llevaría a Dennis ahorrar $40?

3. Felicia está haciendo 4 collares. El primer collar llevará 8 cuentas. Cada uno de los otros collares llevará 2 cuentas más que el collar anterior. ¿Cuántas cuentas pondrá Felicia en el tercer collar?

4. **Reto** La tienda de trenes vende paquetes que contienen 4 interruptores y 2 paragolpes. Andy compró los paquetes suficientes como para tener 36 interruptores. ¿Cuántos paragolpes compró?

Adivina y comprueba

A veces uso la estrategia de adivinar y comprobar para resolver problemas.

Lindsay paga 86¢ por un cuaderno. Le da al cajero 1 moneda de veinticinco centavos, 1 moneda de diez centavos, 1 moneda de un centavo y una cuarta moneda. ¿Cuál es la cuarta moneda de Lindsay?

COMPRÉNDELO ¿Qué sabes? ¿Qué quieres saber?

- Sé cuánto cuesta el cuaderno.
- Sé cuáles son 3 de las monedas.
- Necesito hallar cuál es la cuarta moneda de Lindsay.

PLANÉALO ¿Cómo puedes hallar la solución?

Puedo tratar de adivinar cuál es la cuarta moneda. Luego, compruebo para ver si adiviné correctamente.

Adivina

Comprueba 36¢ + 25¢ ◯ 86¢

Es incorrecto. Necesito sumar más que 25¢.

RESUÉLVELO Comienza con lo que sabes.

Las monedas que conozco suman un total de 36¢. Tengo que sumar a esa cantidad. La cuarta moneda de Lindsay es una _____ .

Adivina

Comprueba 36¢ + 50¢ ◯ 86¢

¡Correcto!

VERIFÍCALO ¿Cómo puedes comprobar tu solución?

Puedo restar para comprobar.

Comprueba
86¢ – 36¢ =____

Objetivo 6 de TAKS **TEKS 3.14B** Resolver problemas que incorporen la comprensión del problema, hacer un plan, llevarlo a cabo y evaluar lo razonable de la solución. **3.14C** Seleccionar o desarrollar un plan o una estrategia de resolución de problemas apropiado en el que el estudiante haga un dibujo, busque un patrón, adivine y compruebe sistemáticamente, haga una dramatización, elabore una tabla, resuelva un problema más sencillo o trabaje desde el final hasta el principio para resolver un problema.

¡Inténtalo!

Usa la estrategia de adivinar y comprobar para resolver los problemas.

1. Rubén trata de adivinar dos números que Lilly está pensando. La suma de los dos números es 15. El número mayor es par. El número menor es impar. La diferencia entre los números es 5. ¿Qué números son?

   a. **Compréndelo** ¿Qué sabes? ¿Qué quieres saber?

   Sabes que los dos números suman 15. Un número es par. Un número es impar. El número par debe ser 5 más que el impar.

   b. **Planéalo** ¿Cómo puedes hallar la solución?

   Adivina y comprueba.

   c. **Resuélvelo** Comienza con lo que sabes.

   Adivina dos números. Si fallas, adivina de nuevo.

   d. **Verifícalo** ¿Los números de la solución suman 15?

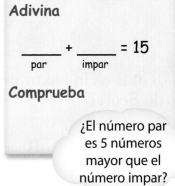

Adivina

_____ + _____ = 15
  par   impar

Comprueba

¿El número par es 5 números mayor que el número impar?

Por tu cuenta

Adivina y comprueba para resolver los problemas.

2. ¿Qué pasa si el número par que Lilly está pensando es 3 menos que el número impar? La suma sigue siendo 15. ¿Cuáles son esos dos números?

3. La diferencia entre dos números es 6. Ambos números son pares. El número mayor está entre 10 y 13. ¿Cuáles son esos dos números?

4. **Reto** Juan tiene 8 monedas con un valor de $1.50. En una mano, tiene 1 moneda de cincuenta centavos, 1 moneda de veinticinco centavos y 4 monedas de cinco centavos. ¿Cuáles son las dos monedas que tiene en la otra mano?

Resolver problemas de TAKS

Escoge una estrategia

- Haz un dibujo
- Haz una dramatización
- Busca un patrón
- Adivina y comprueba

Rodea con un círculo la letra de la respuesta correcta.

1 Scott encontró 6 monedas en el bolsillo de su chaqueta. que sumaban 56¢. Éstas son 5 de sus monedas.

¿Cuál es la sexta moneda de Scott?

A  B 

C  **D** 

Objetivos 1 y 6 de TAKS TEKS 2.3D, 2.12A, 2.12B, 2.12C

2 Terrance está poniendo sus DVD en cajas. En cada caja, pone 5 DVD más que en la caja anterior. ¿Cuántos DVD pondrá en la quinta caja?

Caja	1	2	3	4	5
DVD	5	10			

F 15

G 20

H 25

J 30

Consejo para TAKS

Haz una tabla para buscar un patrón.

Objetivos 2 y 6 de TAKS TEKS 2.6B, 2.12A, 2.12B, 2.12C

3 Naysa tiene 13 lápices. Regala 5 lápices. ¿Cuántos lápices le quedan a Naysa?

A 8

B 9

C 10

D 18

Objetivo 1 de TAKS TEKS 2.3A, 2.3C

4 ¿Cuál de estos recipientes contiene menos de un cuarto de galón de líquido?

F 

G 

H 

J 

Objetivo 4 de TAKS TEKS 2.9C

5 **Respuesta con cuadrícula** ¿Cuál es la suma de 68 y 25?

Objetivo 1 de TAKS TEKS 2.3B

Education Place
Visita www.eduplace.com/txmap/, donde encontrarás **consejos para tomar exámenes** y más **práctica para TAKS.**

Unidad 1

Patrones, valor de posición y lógica numérica

¡LAS GRANDES IDEAS!

- Se pueden usar patrones para predecir lo que viene después.
- Se pueden representar números de muchas maneras.
- Redondear te ayuda a determinar si un número exacto es razonable.

Canciones y juegos

 Música y matemáticas
Pista 1

 Libritos de matemáticas

- Las abejitas trabajadoras
- Fiesta del fútbol
- Salas de concierto famosas

Forma los números

Objetivo del juego Formar el número de tres dígitos más grande.

Materiales
- Recurso de enseñanza 9
- Tablero 3 (1 para cada jugador)
- Bolsa de papel pequeña
- Tijeras

Preparación
Recorta las tarjetas numéricas del Recurso de enseñanza 9 y colócalas en una bolsa de papel pequeña.

Número de jugadores 2 ó 4

Cómo se juega

1 El jugador 1 toma una tarjeta numérica de la bolsa de papel. Luego, escribe el número en el Tablero 3 en el lugar de las unidades, las decenas o las centenas e intenta formar el número de tres dígitos más grande posible. El jugador 2 repite este paso.

UNIDADES		
centenas	decenas	unidades
	4	

2 Los jugadores se turnan hasta que cada estudiante haya escrito un número de tres dígitos en su tablero.

3 Gana el jugador que forme el número de tres dígitos más grande.

UNIDADES		
centenas	decenas	unidades
7	4	3

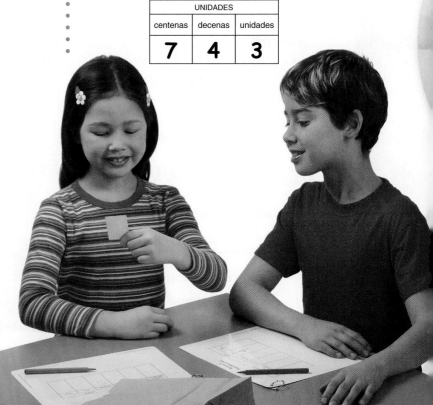

Objetivo 1 de TAKS

TEKS 3.1A Utilizar el valor de posición para leer, escribir (con símbolos y palabras) y describir el valor de números enteros hasta 999,999.

3.1B Utilizar el valor de posición para comparar y ordenar números enteros hasta 9,999.

Education Place
Visita www.eduplace.com/txmap/, donde encontrarás **acertijos**.

Leer Antes de leer un cuento o un artículo, puedes darle un vistazo para tener una idea de qué trata y cómo está organizado. También puedes dar un vistazo a una lección de matemáticas.

Toni le dio un vistazo a la Lección 1, páginas 6 y 7. Esto es lo que encontró.

Un vistazo a la Lección 1

✓ Título de la lección: Patrones que crecen
✓ Clase especial de lección: Aplícalo
✓ Objetivo (lo que aprenderás): Describir y extender patrones que crecen relacionados con figuras geométricas y números
✓ Vocabulario (palabras resaltadas): Ninguna
✓ Títulos principales: Explorar, Extender
✓ Secciones especiales: Escribir matemáticas
✓ Características especiales: Pasos numerados, dibujos, tablas

Ésta es una lección práctica sobre patrones. Seguiré los pasos numerados para aprender.

Escribir Usa la lista de repaso para dar un vistazo a otra lección. Observa si la lección incluye los objetos escritos en letras rojas. Luego escribe una o dos oraciones explicando de qué piensas que trata la lección o qué esperas hacer o aprender.

Capítulo

1

Patrones

Leopardo

4

Comprueba lo que sabes

Vocabulario y conceptos

Une las palabras con la opción correcta. Grado 2

1. unidad de patrón
2. patrón que se repite
3. patrón que crece

a. 1 2   1 2 3   1 2 3 4

b. 1 2 3   1 2 3   1 2 3

c. 1 2 3

Cálculos

Indica lo que sigue en el patrón. Grado 2

4. 4 2 8 4 2 8 4 2 8 ■

5. 2 4 6 8 ■

6. 5 10 15 20 ■

7. 10 20 30 40 ■

8. X O X O O X O O O ■

9. X X O X X O X X O ■

Resolver problemas y razonamiento

Extiende el patrón. Luego, resuelve. Grado 2

10. Las bicicletas tienen 2 llantas.
    ¿Cuántas llantas hay en 5 bicicletas?

Número de bicicletas	1	2	3	4	5
Número de llantas	2	4	6		

Vocabulario de TAKS

¡Visualízalo!

número par

Número entero que puede dividirse entre 2 en partes iguales. En un número par, el dígito en el lugar de las unidades es 0, 2, 4, 6 u 8.

número impar

Número entero que no puede dividirse entre 2 en partes iguales. En un número impar, el dígito en el lugar de las unidades es 1, 3, 5, 7 ó 9.

Mi mundo bilingüe

En español, el prefijo *im-* significa "lo contrario de". Por lo tanto, *impar* es lo contrario de par. En matemáticas, los números *impares* son los que tienen 1, 3, 5, 7 ó 9 en el lugar de las unidades.

Las palabras que se parecen en español y en inglés muchas veces tienen el mismo significado.

Español	Inglés
patrón	pattern
número	number

Consulta el **Glosario español–inglés**, páginas 576 a 588.

Education Place Visita www.eduplace.com/txmap/, donde encontrarás el **glosario electrónico**.

Objetivo 6 de TAKS **TEKS** 3.15B Relacionar el lenguaje informal con el lenguaje y los símbolos matemáticos.

Capítulo 1   5

Objetivos 2 y 6 de *TAKS*

TEKS 3.6A Identificar y extender patrones de números enteros y patrones geométricos para hacer predicciones y resolver problemas.

3.7B Identificar y describir patrones en una tabla de pares de números relacionados que se basan en un problema relevante y extender la tabla.

3.15A Explicar y anotar observaciones utilizando objetos, palabras, dibujos, números y tecnología.

También 3.7A, 3.14D, 3.15B, 3.16A, 3.16B

Materiales

- Bloques de unidades de bloques de base diez
- Tablero 1
- Manipulativos electrónicos www.eduplace.com/txmap/ (opcional)

Aplícalo
Patrones que crecen

Objetivo Describir y extender patrones que crecen relacionados con figuras geométricas y números.

★ Explorar

Puedes hallar patrones en todos lados.

Pregunta ¿Cómo puedes usar bloques de unidades para representar patrones?

Donna está haciendo flores con mosaicos cuadrados para pegarlas en una caja. Las flores siguen un patrón. Cada flor nueva es más grande que la anterior. La primera flor está hecha con 1 mosaico cuadrado. La segunda está hecha con 5 mosaicos cuadrados. Y la tercera, con 9. ¿Cuántos mosaicos cuadrados tendrá la cuarta flor?

1 Representa las tres primeras flores de Donna con bloques de unidades.

2 Cuenta el número de bloques que hay en cada flor.
Escribe el número.

1   5   9

3 ¿Cuántos bloques se agregan para hacer una flor nueva?
Escribe el número.

4 Usa el patrón que hallaste para hacer la cuarta flor.
¿Cuántos bloques usaste?

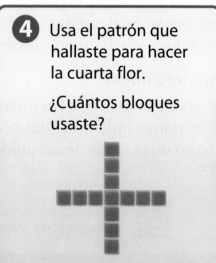

1

Puedes extender el patrón de Donna para hallar cuántos mosaicos cuadrados usará si hace una quinta, sexta, séptima u octava flor.

Completa la tabla. Usa bloques de unidades como ayuda.

Flor	Número de mosaicos
quinta	
sexta	
séptima	
octava	

★ **Extender**

Observa el siguiente patrón que crece.
Úsalo para responder a las preguntas 1 y 2.

1. ¿Cómo continúa el patrón? Completa la siguiente tabla.

Número de cuadrados	1	2	3		
Número de triángulos	4	6	8		

2. ¿Qué patrones numéricos observas en la tabla?

3. **Crea y resuelve** Dibuja tu propio patrón que crece usando cuadrados y triángulos.

Diario de matemáticas

Escribir matemáticas

Explica ¿Qué estrategia usaste para crear tu patrón que crece? Describe el patrón con palabras y números.

Objetivos 2 y 6 de **TAKS**

TEKS 3.6A Identificar y extender patrones de números enteros y patrones geométricos para hacer predicciones y resolver problemas.

3.14A Identificar las matemáticas en situaciones diarias.

3.14C Seleccionar o desarrollar un plan o una estrategia de resolución de problemas apropiado en el que el estudiante haga un dibujo, busque un patrón, adivine y compruebe sistemáticamente, haga una dramatización, elabore una tabla, resuelva un problema más sencillo o trabaje desde el final hasta el principio para resolver un problema.

También 3.16A

Materiales
- Tablero 1
- Manipulativos electrónicos www.eduplace.com/txmap/ (opcional)

Identificar y extender patrones numéricos que crecen

Objetivo Describir y extender patrones numéricos que crecen.

★ Aprender con ejemplos

En la Lección 1 extendiste patrones que crecen formados con figuras. Puedes extender patrones numéricos de la misma manera.

Los números de las primeras cuatro casas de la calle donde vive Jesse son 63, 69, 75 y 81. ¿Qué números es probable que tengan las tres casas que siguen?

1 Halla la diferencia entre cada número del patrón y el número que sigue.

63 →(+6)→ 69 →(+6)→ 75 →(+6)→ 81

2 ¿Qué patrón hallaste?

Los números de las casas aumentan en ◯ cada vez.

3 Usa el patrón para hallar los tres números que siguen.

81 →(+6)→ 87 →(+6)→ 93 →(+6)→ 99

Los números de las tres casas que siguen son 87, 93 y 99.

★ Práctica guiada

Piénsalo

- ¿Cómo cambian estos números?
- ¿Cuál es el patrón?

Completa los patrones.

1. 231   238   245   ■   259   ■

2. 43   35   27   ■   ■   3

3. 872   878   884   ■   ■   ■

Resolver problemas con ayuda

Usa las preguntas para resolver este problema.

4. En la escuela de Elena hay armarios en un corredor. Elena vio tres armarios en una fila con los números 137, 141 y 145. ¿Cuál será el número del próximo armario?

- **a. Compréndelo** ¿Qué números del patrón conoces?

- **b. Planéalo**

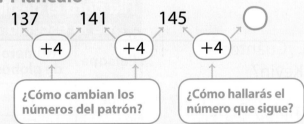

137   141   145   ◯

+4   +4   +4

¿Cómo cambian los números del patrón?

¿Cómo hallarás el número que sigue?

- **c. Resuélvelo** 145 + 4 = ◯

- **d. Verifícalo** Resta 4 de tu respuesta para comprobar tu trabajo.

5. Elena vio una fila de tres armarios con los números 222, 216 y 210. ¿Cuál será el número del armario que sigue en la fila?

(123) Hablar de matemáticas ¿Cómo puedes hallar un número que falta en un patrón numérico?

★ Practicar y resolver problemas

Completa los patrones.

6. 91   101   111   ⬜   131   ⬜

Pista

El dígito del lugar de las unidades es siempre el mismo, por lo tanto, busca el patrón en el lugar de las decenas.

7. 325   322   ⬜   ⬜   313

8. 138   134   130   ⬜   ⬜   ⬜

9. 12   17   22   ⬜   32   ⬜

10. 55   50   45   ⬜   ⬜   30

11. 422   430   438   ⬜   ⬜

Conexión con la información

Usa los datos para resolver los problemas.

12. En el desfile de la escuela, Adrianna está detrás de Joseph. Si el patrón continúa, ¿cuántos globos tiene Adrianna?

13. Kevin está detrás de Adrianna. ¿Cuántos globos más que Joseph tiene Kevin?

14. **Reto** Imagina que la tabla cambia y Pepe no tiene ningún globo y Joseph tiene 6 globos. ¿Cuántos globos tendrá Kevin si el nuevo patrón continúa?

Fila para el desfile de la escuela	
Persona	Número de globos
Pepe	1
Jill	2
Sandra	4
Joseph	8

★ Práctica para TAKS — Respuesta con cuadrícula

15 Halla el patrón de la siguiente tabla. ¿Qué número falta en el patrón?

61	57	53	49	

Consejo para TAKS

Usa los cuatro números de la tabla para hallar el patrón.

10   Para **Práctica adicional** consulta la página 21, Conjunto A.

Ladrillos y más ladrillos

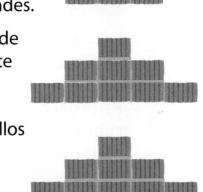

Has visto patrones numéricos que cambian siempre en la misma cantidad. A veces, los patrones cambian en distintas cantidades.

Marcus está construyendo una pared de cemento alrededor del jardín del frente de su casa. Para ello, usa un patrón de ladrillos. Marcus quiere que la pared tenga 7 ladrillos de alto. ¿Cuántos ladrillos usará en el séptimo paso del patrón?

Puedes hacer una tabla para resolver el problema.

Pilas	primera	segunda	tercera	cuarta	quinta	sexta	séptima
Número de ladrillos	1	4	9	16			

+3   +5   +7   +?

En cada caso, el número de ladrillos que se agrega aumenta de 2 en 2. Por lo tanto, el siguiente número que se agregará será 9. $16 + 9 = 25$; usará 25 ladrillos en la quinta pila.

Copia y completa la tabla.

1. ¿Cuántos ladrillos usará en la sexta pila?

2. ¿Cuántos ladrillos usará en la séptima pila?

Objetivos 2 y 6 de TAKS
TEKS 3.6A, 3.7A, 3.7B, 3.14A

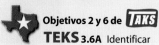
Objetivos 2 y 6 de TAKS

TEKS 3.6A Identificar
y extender patrones de números
enteros y patrones geométricos
para hacer predicciones y
resolver problemas.

3.14A Identificar las matemáticas
en situaciones diarias.

También 3.14D, 3.15A

Materiales

- Marcadores para pizarra
- Tablero 1
- Manipulativos electrónicos
  www.eduplace.com/txmap/
  (opcional)

Patrones que se repiten

Objetivo Describir y extender patrones que se repiten
relacionados con figuras geométricas.

★ Aprender con ejemplos

Los mosaicos cuadrados
de esta cocina siguen
un patrón que se repite.
Parte del patrón está
cubierto por tostadas.
¿Qué figuras ocultan
las tostadas?

1 La unidad de patrón es la parte del patrón que se
repite una y otra vez. ¿Cuál es la unidad de patrón
de los mosaicos cuadrados?

La unidad de patrón es un círculo rojo, un círculo azul,
un cuadrado azul.

- -

2 ¿Dónde está la parte oculta del patrón?

- -

3 ¿Qué parte de la unidad de patrón ocultan las tostadas?

Analízalo

¿Es una unidad
entera o sólo parte
de una unidad?

La parte oculta del patrón no es una unidad entera. Se
puede ver un cuadrado azul a la izquierda y a la derecha de
las tostadas.

Las figuras ocultas deben ser un ⬜ y un ⬜.

Piénsalo
- ¿Cuál es el patrón?
- ¿Cómo puedo continuar el patrón?

¿Qué opción continúa el patrón que se muestra?

1.

A

B

C

D

2.

A

B

C

D

 Hablar de matemáticas ¿Cómo puedes decidir la manera de continuar un patrón que se repite?

★ **Practicar y resolver problemas**

¿Qué opción continúa el patrón que se muestra?

3.

A

B

C

D

4.

A

B

C

D

En el Tablero 1, usa marcadores para pizarra para hacer dos patrones diferentes que se repiten. Usa las figuras que se muestran. La unidad de cada patrón debe tener 4 figuras.

5.

6.

Conexión con las ciencias

Une cada animal con un fondo en el que su patrón o color lo ayude a esconderse.

7.

A.

8.

B.

9.

C.

10.

D.

 Práctica para TAKS Selección múltiple

11 Tom hizo este patrón con bloques. Si este patrón continúa, ¿cuál de las siguientes opciones muestra el orden de las dos figuras que siguen?

A ◭⬡   B ◭⬠   C ⬠⬡   D ⬡◭

Consejo para TAKS

Halla qué bloques siguen antes de mirar las opciones de respuesta.

Otros patrones

Visita www.eduplace.com/txmap/. En *Kids Place*, haz clic en Grade 3 (grado 3). Haz clic en eManipulatives (manipulativos electrónicos) y luego en Counters (fichas).

Usa la herramienta del sello para hacer los patrones. Luego, muestra cómo continuar el patrón con las dos figuras que siguen.

1.

2.

3.

Ahora haz algunos patrones que tengan más de una fila. ¿Qué colores continúan cada fila del patrón?

4.

5.

Tasha hizo este patrón. Las dos primeras filas son correctas. Luego, cometió un error. ¿Puedes encontrarlo?

6. **Reto** Indica cómo corregir el error.

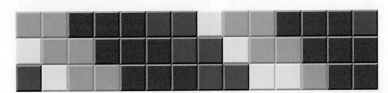

Objetivos 2 y 6 de **TAKS**
TEKS 3.6A, 3.14C, 3.14D

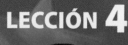

Objetivos 2 y 6 de *TAKS*

TEKS 3.6A Identificar y extender patrones de números enteros y patrones geométricos para hacer predicciones y resolver problemas

También 3.15A, 3.16A

Materiales

- Tablero 2
- Manipulativos electrónicos www.eduplace.com/txmap/ (opcional)

Aplícalo
Patrones numéricos en la tabla de números hasta el cien

Objetivo Describir y extender patrones numéricos en la tabla de números hasta el cien.

★ Aprender con manipulativos

En la Lección 2 aprendiste a extender patrones numéricos que crecen. Puedes usar una tabla de números hasta el cien para identificar y describir otros patrones numéricos.

1 Colorea estos números en el Tablero 2:

4, 14, 24, 34, 44, 54

2 ¿Qué patrón observas en tu tabla de números hasta el cien?

¿Qué patrones observas en los dígitos?

3 ¿Qué patrón de suma muestran estos números?

¿Cómo están ubicados estos números en la tabla de números hasta el cien?

4 ¿Cuáles son los 4 números que siguen en este patrón?

Coloréalos en tu tabla de números hasta el cien.

★ Práctica guiada

Piénsalo

¿Qué patrones observo en la tabla de números hasta el cien?

Usa el Tablero 2.

1. Colorea de anaranjado todos los números que terminan en 0.

2. Colorea de amarillo todos los números que terminan en 5.

3. Colorea de verde todos los números que terminan en 1.

4. Describe los patrones que coloreaste en los ejercicios 1 a 3.

123 Hablar de matemáticas ¿Contar salteado te ayuda a hallar patrones? ¿Por qué?

★ Practicar y resolver problemas

Analízalo

Los números pares terminan en 0, 2, 4, 6 y 8.

Los números impares terminan en 1, 3, 5, 7 y 9.

Usa el Tablero 2.

5. Colorea de rojo los números pares y de azul los números impares.

6. Colorea de violeta el número 9. Ahora cuenta de 9 en 9 y colorea de violeta cada uno de esos números.

7. Reto Si se agrega una fila a la tabla, ¿qué números continuarían el patrón de 9 en 9?

8. Describe los patrones que coloreaste en los ejercicios 5 y 6.

★ Práctica para TAKS · Selección múltiple

9 ¿Cuáles son los cinco números que siguen en el patrón que se muestra en la tabla?

A 42, 45, 51, 54, 63
B 42, 45, 48, 54, 57
C 45, 54, 63, 72, 81
D 42, 45, 48, 51, 54

1	2	③	4	5	⑥	7	8	⑨	10
11	⑫	13	14	⑮	16	17	⑱	19	20
㉑	22	23	㉔	25	26	㉗	28	29	㉚
31	32	㉝	34	35	㊱	37	38	㊴	40
41	42	43	44	45	46	47	48	49	50
51	52	53	54	55	56	57	58	59	60
61	62	63	64	65	66	67	68	69	70

 Objetivos 2 y 6 de *TAKS*

TEKS 3.6A Identificar y extender patrones de números enteros y patrones geométricos para hacer predicciones y resolver problemas.

3.14B Resolver problemas que incorporen la comprensión del problema, hacer un plan, llevarlo a cabo y evaluar lo razonable de la solución.

También 3.14C, 3.16A, 3.16B

Materiales

- Bloques de unidades de bloques de base diez
- Tablero 2
- Manipulativos electrónicos www.eduplace.com/txmap/ (opcional)

Resolver problemas: Estrategia
Busca un patrón

Objetivo Describir patrones y usarlos para predecir lo que sigue después.

Aprender con ejemplos

Holly está apilando algunas cajas para una exposición en la escuela. Observa el patrón en forma de escalera que ella usa.

> ¿Cuántas cajas de alto debe tener la escalera para apilar 21 cajas de esta manera?

COMPRÉNDELO/PLANÉALO

Las cajas están organizadas en un patrón. Puedes hallar el patrón para resolver el problema.

RESUÉLVELO

El patrón de Holly tiene 1 caja, después 3, después 6, después 10.

1 caja   3 cajas   6 cajas   10 cajas

Cuando cambia el patrón, cada fila tiene un bloque más de ancho y cada columna tiene un bloque más de alto.

El patrón continúa así.

5 cajas de ancho
5 cajas de alto

6 cajas de ancho
6 cajas de alto

15 cajas en total   **21 cajas en total**

La escalera tendrá 6 bloques de alto.

VERIFÍCALO

¿Responde la solución a la pregunta?

⭐ **Resolver problemas con ayuda**

Usa las preguntas para resolver este problema.

1. Diego está construyendo una figura que tiene 9 latas en la fila de abajo. Cada fila tiene 1 lata menos que la fila anterior. ¿Cuántas latas hay en la quinta fila?

    a. Compréndelo/Planéalo ¿Cuántas latas hay en la primera fila de abajo? ¿En la segunda fila hay más o menos latas? ¿Debo sumar o restar?

    b. Resuélvelo Completa las oraciones.

        Hay ⬭ latas en la segunda fila.

        Hay ⬭ latas en la tercera fila.

        Hay ⬭ latas en la cuarta fila.

        Hay ⬭ latas en la quinta fila.

    c. Verifícalo ¿Tiene sentido tu respuesta?

(123) Hablar de matemáticas Explica cómo te ayuda conocer un patrón a adivinar lo que vendrá después.

⭐ **Práctica para resolver problemas**

Usa un patrón para resolver los problemas.

2. Dibuja las 3 figuras que siguen en este patrón.  **???**

3. Mike lee 10 páginas el lunes. Cada día lee 3 páginas más que el día anterior. ¿Cuántas páginas leerá el viernes?

4. Usa estas figuras para crear un patrón que se repite y un patrón que crece. ¿En qué se parecen y en qué se diferencian los patrones que crecen y los que se repiten?

5. Reto Reagrupa los números de la derecha para hacer tu propio patrón. Luego predice los 2 números que siguen en el patrón.

Leer y escribir matemáticas

Vocabulario de TAKS

Hay muchos patrones diferentes en nuestro alrededor.

Los **patrones que se repiten** usan la misma unidad de patrón.

1. Describe el patrón. Indica cuál será la figura que sigue.

Analízalo

A veces puedes identificar un patrón escribiendo lo que observas.

Diferentes tipos de patrones

Los **patrones que crecen** aumentan en la misma cantidad.

2. Describe el patrón. Indica qué número continúa el patrón. Si necesitas ayuda, usa una recta numérica.

35 38 41 44 47 50

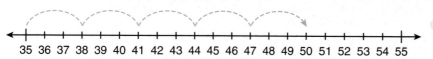

35 36 37 38 39 40 41 42 43 44 45 46 47 48 49 50 51 52 53 54 55

Analízalo

¿Cómo cambian los números a medida que avanzas hacia la derecha?

¿El patrón es un patrón *que se repite* o un patrón *que crece*? Explica por qué escogiste cada opción.

4.

5. 90 92 94 90 92 94 90 92 94

Escribir Haz un patrón que se repite o un patrón que crece. Imagina que le cuentas a un estudiante de primer grado qué tipo de patrón hiciste. Describe tu patrón, qué tipo de patrón es y cómo continuaría.

Leer Busca libros relacionados con este concepto en tu biblioteca.

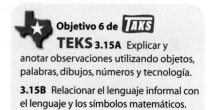

Objetivo 6 de TAKS
TEKS 3.15A Explicar y anotar observaciones utilizando objetos, palabras, dibujos, números y tecnología.
3.15B Relacionar el lenguaje informal con el lenguaje y los símbolos matemáticos.

Práctica adicional basada en los estándares

Conjunto A ——————————————— Objetivos 2 y 6 de TAKS TEKS 3.6A, 3.14A página 8

Completa los patrones.

1. 44   48   ■   ■   60

2. 381   392   403   ■   ■

3. Analiza Adeline observó los números de los autobuses que estaban en la fila del estacionamiento. Los primeros tres autobuses tenían los números 125, 130 y 135. Si el patrón continúa, ¿qué número tendrá el autobús que sigue en la fila?

Conjunto B ——————————————— Objetivo 2 de TAKS TEKS 3.6A página 12

Indica lo que sigue en el patrón.

Conjunto C ——————————————— Objetivo 6 de TAKS TEKS 3.15B página 18

Observa el patrón de Taylor para responder a las preguntas 1 a 4.

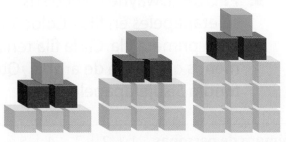

1. ¿Cuántos cubos hay en la segunda torre?

2. ¿Cuántos cubos se agregan para formar una torre nueva?

3. ¿Cuántos cubos necesitará Taylor para formar una cuarta torre?

4. Explica Jacquelyn dice que si el patrón continúa para una sexta torre habrá 18 cubos amarillos, 2 cubos rojos y 1 cubo verde. ¿Tiene razón? Si no es así, ¿cuál fue su error?

Education Place
Visita www.eduplace.com/txmap/, donde
encontrarás más **práctica adicional.**

Repaso/Examen del capítulo

Vocabulario y conceptos

Objetivo 2 de TAKS TEKS 3.6A

Escoge el término que mejor describe el patrón.

1.

2.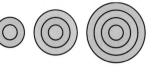

Banco de palabras

impar

par

que crece

que se repite

Completa los patrones.

3. 19 23 27 ■ 35 ■

4. 10 11 13 16 20 ■

5. 50 48 46 ■ 42 ■

6. 15 18 21 ■ 27 ■

7. ★ ● ★ ● ● ★ ● ● ● ★ ● ● ● ■ ■ ■

Resolver problemas y razonamiento

Objetivos 2 y 6 de TAKS TEKS 3.6A, 3.14B

Resuelve.

8. Los números de los tres primeros salones de clases en la escuela de Ali son 30, 34, 38. Si el patrón continúa, ¿cuáles serán probablemente los tres números que siguen?

9. **Patrón** Dwayne colocó sus sujetapapeles en filas. Colocó 13 en la primera fila. Cada fila tenía 2 menos que la fila de arriba. ¿Qué fila tendrá 5 sujetapapeles?

10. Noah quería tejer guantes para toda su familia. Completa la tabla para calcular cuántos guantes necesitaría tejer para 7 personas.

Número de personas	1	2	3	4	5		
Número de guantes	2	4	6	8			

Escribir matemáticas Haz una tabla para mostrar cuántas unidades debería tejer Noah si quisiera hacer guantes y un sombrero para cada uno de los 7 miembros de su familia.

Preparación para TAKS y repaso frecuente

1 Una bolsa de manzanas cuesta $6. Una bolsa de naranjas cuesta $8.

¿Cuántos dólares cuestan las dos bolsas de frutas en total?

A $2

B $14

C $48

D $13

Grado 2

2 Observa el patrón de Kristen. ¿Qué oración numérica la ayudará a hallar el número que sigue?

312, 313, 315, 318, 322, _____

F 327 + 5

G 322 + 1

H 322 + 5

J 322 + 4

Objetivo 2 de TAKS TEKS 3.6A página 8

3 **Respuesta con cuadrícula**
En una clase hay 10 niñas y 8 niños. ¿Cuántos estudiantes hay en total en la clase?

Grado 2

4 Ayer Lydia recolectó 12 tapas de botellas pero perdió 4. ¿Qué conjunto de oraciones numéricas forman esta familia de operaciones?

A 12 + 4 = 16 4 + 12 = 16
16 − 12 = 4 16 − 4 = 12

B 16 + 4 = 20 4 + 16 =20
20 − 16 = 4 20 − 4 = 16

C 8 + 4 = 12 12 + 4 = 16
12 − 8 = 4 16 − 4 = 12

D 4 + 8 = 12 8 + 4 = 12
12 − 4 = 8 12 − 8 = 4

Grado 2

5 Pamela escribió el siguiente patrón en la pizarra. ¿Cuáles son los cuatro números que siguen en el patrón?

Consejo para TAKS

Los patrones pueden aumentar o disminuir

78, 68, 58, 48, _____,

_____, _____, _____

F 8, 18, 28, 38

G 58, 68, 78, 88

H 78, 68, 58, 48

J 38, 28, 18, 8

Objetivo 2 de TAKS TEKS 3.6A página 8

Education Place
Visita www.eduplace.com/txmap/, donde encontrarás **consejos para tomar exámenes** y más **práctica para TAKS.**

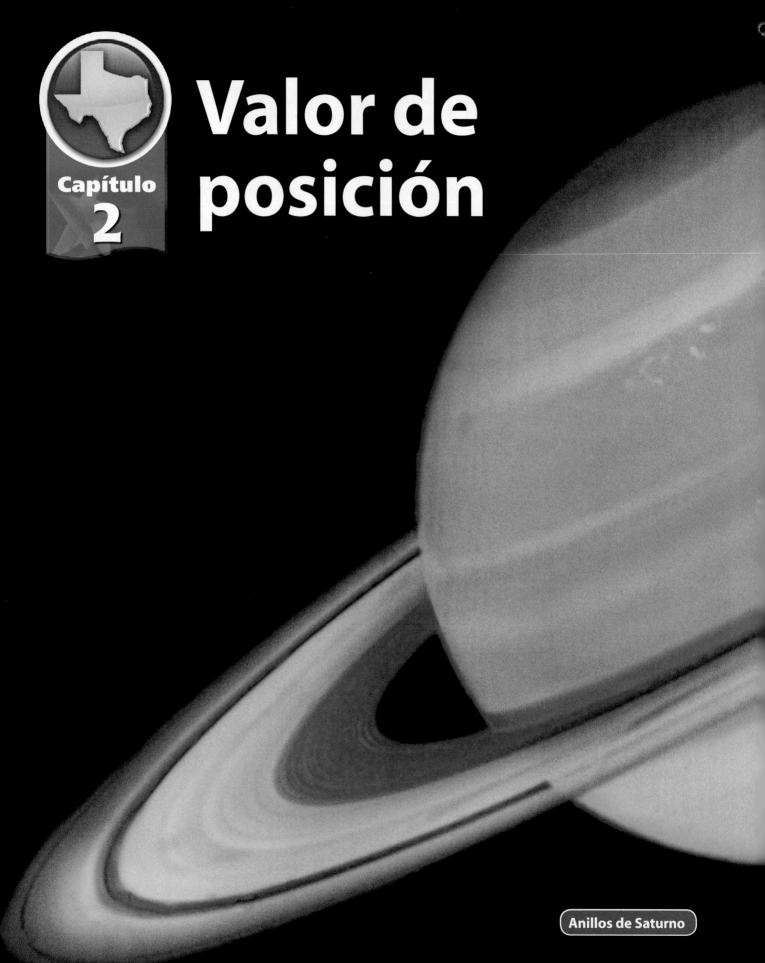

Capítulo 2

Valor de posición

Anillos de Saturno

Comprueba lo que sabes

Banco de palabras

centenas

decenas

dígitos

unidades

Vocabulario y conceptos

Escoge la mejor palabra para completar las oraciones. Grado 2

1. El número 35 tiene 3 ____.

2. El número 357 tiene 7 ____.

3. El número 754 tiene tres ____.

Cálculos

Escribe el número. Grado 2

4.

5.

6.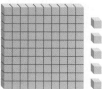

Representa los números de una manera diferente. Grado 2

7. 2 decenas 7 unidades   8. 66   9. $800 + 50 + 4$

Resolver problemas y razonamiento   Grado 2

10. El número secreto de Andrea tiene 2 centenas, 1 decena y 3 unidades. ¿Qué número es?

Vocabulario de TAKS

¡Visualízalo!

forma verbal

trescientos cincuenta y nueve

↑

tres maneras de escribir un número

↙   ↘

forma normal

359

forma extendida

$300 + 50 + 9$

Mi mundo bilingüe

En latín, la palabra *dígito* significa dedo. Hace mucho tiempo, las personas usaban los dedos para contar. En matemáticas, un *dígito* es cualquiera de los símbolos numéricos 0, 1, 2, 3, 4, 5, 6, 7, 8, 9.

Las palabras que se parecen en español y en inglés muchas veces tienen el mismo significado.

Español	Inglés
dígito	digit
forma	form

Consulta el **Glosario español–inglés**, páginas 576 a 588.

Education Place Visita www.eduplace.com/txmap/, donde encontrarás el **glosario electrónico**.

Objetivo 6 de TAKS **TEKS** 3.15B Relacionar el lenguaje informal con el lenguaje y los símbolos matemáticos.

Capítulo 2   25

LECCIÓN 1

Objetivos 1 y 6 de TAKS

TEKS 3.1A Utilizar el valor de posición para leer, escribir (con símbolos y palabras) y describir el valor de números enteros hasta 999,999.

3.14D Utilizar herramientas tales como objetos reales, manipulativos y tecnología para resolver problemas.

También 3.15A

Vocabulario de TAKS

dígitos

valor de posición

Materiales
- Bloques de base diez
- Tablero 1
- Manipulativos electrónicos www.eduplace.com/txmap/ (opcional)

Aplícalo
Formar centenas, decenas y unidades

Objetivo Usar bloques de base diez y dibujos rápidos para representar el valor de los números.

★ Explorar

Sabes que los números se escriben con los **dígitos** 0, 1, 2, 3, 4, 5, 6, 7, 8 y 9.

Pregunta ¿Cómo puedes usar bloques de base diez y dibujos rápidos para representar números?

El libro de Olivia sobre las estrellas tiene 134 páginas. ¿De qué otra manera se puede representar el número de páginas que tiene el libro?

1 Puedes representar el **valor de posición** usando bloques de base diez para las centenas, decenas y unidades.

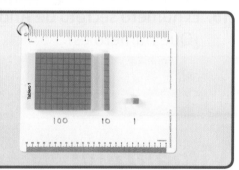

2 Representa 134 con bloques de base diez.

El valor del 1 es 100.
El valor del 3 es 30.
El valor del 4 es 4.

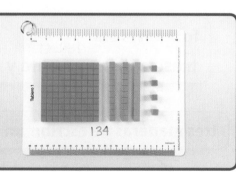

3 Haz un dibujo rápido para representar 134.

Olivia tiene un libro sobre el Sol que tiene 127 páginas.

1 Usa bloques de base diez para representar 127. Luego, haz un dibujo rápido.

2 Olivia tiene un libro sobre la Luna. Ese libro tiene 10 páginas más que el libro sobre el Sol. Representa ese número de páginas con bloques de base diez.

3 ¿En qué se diferencia este grupo de bloques de base diez del grupo que representa al libro sobre el Sol? ¿Cómo puedes describir el lugar que ocupa el dígito que cambia?

4 Quita el bloque de las centenas de los bloques que representan 137.

¿Cuál es el valor del bloque que quitaste?

¿Cuál es el valor de los bloques que quedan?

★ **Extender**

Trabaja con un compañero para representar números usando bloques de base diez y dibujos rápidos.

1. Representa 354 con bloques de base diez. Escribe el número 354 en una hoja de papel.

2. Uno de los compañeros debe escoger un dígito para cambiar en 354 y formar otro número.

3. Luego, el otro compañero debe agregar o quitar bloques de base diez para formar el número nuevo. Ambos compañeros escriben el número nuevo y hacen un dibujo rápido.

4. Inviertan los roles. Repitan el ejercicio hasta formar 10 números diferentes con los bloques de base diez.

Diario de matemáticas

Escribir matemáticas

Analiza Ramón quería formar el número 362 con bloques de base diez. Sumó los dígitos $3 + 6 + 2$ y pensó: "Puedo hacerlo con 11 bloques". Tenía razón. ¿Por qué es posible esto? ¿Qué bloques usó?

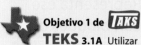

Objetivo 1 de **Taks**

TEKS 3.1A Utilizar el valor de posición para leer, escribir (con símbolos y palabras) y describir el valor de números enteros hasta 999,999.

Vocabulario de Taks

forma extendida

forma normal

forma verbal

Materiales
- Tarjetas de código secreto para las centenas, decenas y unidades
- Manipulativos electrónicos www.eduplace.com/txmap/ (opcional)

Valor de posición hasta las centenas

Objetivo Usar el valor de posición para identificar el valor de los dígitos hasta 999.

★ **Aprender con manipulativos**

Has aprendido que los números están formados por dígitos. El valor de cada dígito depende del lugar que ocupa en un número.

Con una tabla de valor de posición se puede explicar qué significa este número.

centenas	decenas	unidades
3	6	1

↑ El valor del 3 es 300.   ↑ El valor del 6 es 60.   ↑ El valor del 1 es 1.

Diferentes maneras de escribir un número		
Manera 1	**Forma normal**	361
Manera 2	**Forma extendida**	300 + 60 + 1
Manera 3	**Forma verbal**	trescientos sesenta y uno

Puedes usar tarjetas de código secreto para representar un número en forma extendida y en forma normal.

Comienza con la tarjeta de las centenas.   **Agrega la tarjeta de las decenas.**   **Agrega la tarjeta de las unidades.**   **Tarjetas en orden**

★ **Práctica guiada**

Piénsalo

- ¿Cuál es el valor de cada dígito?
- ¿Alguno de los lugares tiene un cero?

Escribe los números de dos maneras diferentes.

1. 700 + 10 + 7   **2.** doscientos cincuenta y cuatro   **3.** 929

 Hablar de matemáticas En el número 507, ¿qué significa el dígito en el lugar de las decenas?

★ Practicar y resolver problemas

**Forma los números con tarjetas de código secreto.
Luego escríbelos de dos maneras diferentes.**

4. 496

5. 837

6. 164

7. 900 + 80 + 6

8. 400 + 60

9. 700 + 20 + 3

10. ciento once

11. cuatrocientos veinte

12. seiscientos ocho

**Escribe el lugar que ocupa el dígito subrayado.
Luego, escribe su valor.**

13. <u>1</u>76

14. 8<u>9</u>3

15. 3<u>1</u>0

16. 42<u>7</u>

17. <u>5</u>51

18. <u>2</u>67

19. 35<u>6</u>

20. <u>9</u>28

21. 64<u>0</u>

22. 40<u>7</u>

 ## Conexión con la información

**Usa la tabla sobre las misiones a la Estación Espacial
Internacional para resolver los problemas 23 a 25.**

23. ¿Cómo se escribe el número de días de la
Misión 4 en **forma verbal**?

24. ¿Qué número de la tabla tiene un 6 en el lugar
de las decenas?

25. **Reto** Según Juan, la tripulación de la Misión 1
pasó más tiempo en el espacio porque ese
número tiene el dígito más grande en el lugar
de las unidades. Explica por qué no tiene razón.

Tiempo en el espacio

Misión	Días
Misión 1	139 días
Misión 2	167 días
Misión 3	131 días
Misión 4	196 días

 Práctica para TAKS **Selección múltiple**

26 Li plantó doscientos cinco bulbos de flores.
¿Cómo se escribe esto en números?

   A 205   **B** 250   **C** 25   **D** 255

Consejo para TAKS

Piensa en cómo se
escribe cada respuesta
en forma extendida y
en forma normal.

Objetivos 1, 2 y 6 de **TAKS**

TEKS 3.1A Utilizar el valor de posición para leer, escribir (con símbolos y palabras) y describir el valor de números enteros hasta 999,999.

3.1B Utilizar el valor de posición para comparar y ordenar números enteros hasta 9,999.

También 3.6A, 3.7A, 3.14D, 3.15A

Materiales
- Cuadrícula de 10 × 10 (Recurso de enseñanza)
- Cinta adhesiva
- Tijeras

Aplícalo
¿Cuánto es mil?

Objetivo Relacionar un millar con centenas y decenas.

★ Explorar

Observa el cuadrado de papel de la derecha. Imagina que haces una fila de 1,000 cuadrados de ese tamaño. ¿Cómo se compararía esa fila con una de 10 cuadrados? ¿y con una de 100 cuadrados?

Puedes usar papel cuadriculado para explorar un millar.

Cuadrado de papel

Número de equipos	Número de tiras	Número de cuadrados
1		
2		
3		
4		
5		
6		
7		
8		
9		
10		

1 En grupo hagan una tabla como ésta. Escojan un color para su equipo.

- Coloreen una tira de 10 cuadrados en papel cuadriculado.

- Corten esa tira. Repitan este paso con 9 tiras más.

- Estimación: Nombren objetos de la clase que puedan medir 10, 100 y 1,000 cuadrados de largo.

2
- ¿Cuántas tiras tienen?
- ¿Cuántos cuadrados tienen?
- Con cinta adhesiva, unan las 10 tiras de su equipo por los extremos.

Completen la primera fila de la tabla.

3 Después únanse a otro equipo y peguen con cinta adhesiva las tiras de ambos equipos. Luego completen la segunda fila de la tabla.

4 Trabajen con 8 equipos más para unir con cinta adhesiva todas las tiras.

Luego completen la tabla.

★ Extender

Usa la tabla que completaste para responder a las preguntas.

1. ¿Cuántos cuadrados hay en cada tira?

2. ¿Cuántas tiras tiene cada equipo?

3. ¿Cuántos cuadrados tiene cada equipo?

4. ¿Cuántas tiras tienen los 10 equipos en total?

5. ¿Cuántos cuadrados hay en total?

6. ¿La fila de 1,000 cuadrados es tan larga como habías pensado? Indica cómo es la longitud en comparación con lo que esperabas.

7. Observa la tabla que completaste. ¿Qué patrón observas en cada fila? ¿y en cada columna?

Indica si cada uno es *mayor*, *menor* o *igual que* 1,000.

8. 8 cajas de 100 lápices

9. 9 cajas de 1,000 palitos

10. 10 bandejas de 10 panecillos

11. 10 bolsas con 100 cartas

12. ¿Para qué necesitarías un recipiente más grande: para 1,000 granos de arena o para 1,000 canicas? Explica tu razonamiento.

Escribir matemáticas

Generaliza Si sabes cuántas decenas hay en 100, ¿cómo puedes hallar el número de decenas que hay en 700?

Objetivo 1 de TAKS

TEKS 3.1A Utilizar el valor de posición para leer, escribir (con símbolos y palabras) y describir el valor de números enteros hasta 999,999.

3.1B Utilizar el valor de posición para comparar y ordenar números enteros hasta 9,999.

Materiales
- Tablero 3
- Manipulativos electrónicos www.eduplace.com/txmap/ (opcional)

Valor de posición hasta las centenas de millar

Objetivo Identificar el valor de los dígitos en números hasta 999,999.

★ Aprender con ejemplos

¿Alguna vez te has preguntado cuán lejos está la Luna? La Luna está a aproximadamente 238,900 millas de distancia de la Tierra.

Usa una tabla de valor de posición para representar ese número.

MILLARES			UNIDADES		
centenas de millar	decenas de millar	millares	centenas	decenas	unidades
2	3	8 ,	9	0	0

Cada grupo de tres dígitos se llama período. En esta tabla hay dos períodos. ¿Qué patrón observas en los nombres de los lugares de estos períodos?

Diferentes maneras de escribir un número

Manera 1 Forma normal
238,900

Manera 2 Forma extendida
200,000 + 30,000 + 8,000 + 900

Manera 3 Forma verbal
doscientos treinta y ocho mil novecientos

Otro ejemplo

Cuando leas números grandes, lee los números de cada grupo por separado. Después del período de los millares se dice "mil". El período de las unidades se lee normalmente.

502, 260

quinientos dos mil doscientos sesenta

período de los millares

Escribe los números en forma normal.

1. 30,000 + 700 + 8

2. cuatrocientos veintiocho mil seis

Resolver problemas con ayuda

Usa las preguntas para resolver este problema.

3. Un año se contaron 4,240 palomas. Al año siguiente, el conteo aumentó en 100. Aplica lo que sabes sobre el valor de posición para calcular cuántas palomas se contaron el segundo año.

   a. Compréndelo ¿Qué dígito en 4,240 cuenta las centenas?

   b. Planéalo Para sumar 100 a 4,240, ¿cómo cambias el dígito que cuenta las centenas?

   c. Resuélvelo/Verifícalo El segundo año se contaron ☐ palomas.

 Hablar de matemáticas ¿En qué se parecen 2,390 y 3,290? ¿En qué se diferencian?

★ **Practicar y resolver problemas**

Escribe los números en forma normal.

4. 80,000 + 3,000 + 900 + 20 + 5

5. 70,000 + 2,000 + 4

6. 600,000 + 9,000 + 200 + 10 + 5

7. 400,000 + 300 + 90 + 8

8. cincuenta mil cincuenta

9. sesenta y cinco mil setenta y uno

10. novecientos seis mil ochocientos veintinueve

11. cuatrocientos noventa mil setecientos treinta

Escribe el lugar que ocupa el dígito subrayado. Luego, escribe su valor.

12. 85,177

13. 61,496

14. 731,452

15. 127,648

Conexión con las ciencias

Usa la tabla para resolver los problemas 16 a 22.

16. ¿Correcto o incorrecto? Un periódico informó que Europa está a cuarenta y un mil seiscientos noventa y cuatro millas de distancia de Júpiter. ¿Es correcto? Explica tu respuesta.

17. ¿Qué luna tiene un 9 en el lugar de los millares?

18. Escribe la distancia entre Europa y Júpiter en forma extendida.

19. Escribe la distancia entre Ío y Júpiter en forma verbal.

20. ¿Qué luna está aproximadamente al doble de distancia de Júpiter que Tebe?

21. ¿La distancia entre Júpiter y qué luna tiene el mismo dígito en el lugar de las centenas, en el de los millares y en el de las centenas de millar?

22. Reto Aproximadamente, ¿a cuántas millas más de Júpiter debería estar Metis para estar a 100,000 millas de Júpiter?

Júpiter tiene más de sesenta lunas. La tabla muestra la distancia entre el planeta y cuatro de sus lunas.

Lunas de Júpiter

Luna	Millas desde Júpiter
Europa	416,940 millas
Ío	262,219 millas
Metis	79,636 millas
Tebe	137,944 millas

TEKS 11C de Ciencias

⭐ **Práctica para** *TAKS* (**Selección múltiple**)

23 ¿Cómo se escribe quinientos mil setecientos dieciséis en forma normal?

A 5,716

B 571,006

C 507,160

D 500,716

Consejo para *TAKS*

Cuando leas números grandes, recuerda leer el número de cada período y agregar "mil" después del período de los millares.

Para **Práctica adicional** consulta la página 41, Conjunto B.

En números

María es voluntaria en el museo de la ciudad. En el museo hay muchas áreas diferentes. Hoy María está trabajando en el salón de los **trasbordadores espaciales.**

Un grupo de estudiantes de primer grado no podía leer los números grandes. María se los leyó para ayudarlos.

Usa los datos del cartel para responder a las preguntas. Escribe los números en palabras, como los leerías en voz alta.

Datos sobre los trasbordadores espaciales
En el trasbordador espacial se usaron:
230 millas de cable
más de 1,060 válvulas y conexiones para tuberías
más de 1,440 interruptores eléctricos
más de 27,000 losetas y mantas aislantes

1. ¿Cuántas millas de cable se usan?

2. ¿Cuántas válvulas y conexiones para tuberías se usan?

3. ¿Cuántos interruptores eléctricos se usan?

4. Aproximadamente, ¿cuántas losetas y mantas aislantes se usan?

Trasbordador espacial *Discovery*

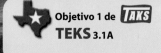

Objetivo 1 de **TAKS**
TEKS 3.1A

Objetivos 2 y 6 de *TAKS*

TEKS 3.6A Identificar y extender patrones de números enteros y patrones geométricos para hacer predicciones y resolver problemas.

3.14B Resolver problemas que incorporen la comprensión del problema, hacer un plan, llevarlo a cabo y evaluar lo razonable de la solución.

También 3.14C, 3.16A, 3.16B

Resolver problemas: Estrategia
Busca un patrón numérico

Objetivo Resolver problemas buscando un patrón numérico.

★ Razonar y aprender

Es el año 2099. Tu familia y tú están de vacaciones en un hotel... ¡en el espacio! Cada piso del Hotel Cósmico tiene más habitaciones que el piso que está debajo. En el primer piso hay 500 habitaciones. En los tres pisos que están arriba hay 501, 503 y 506 habitaciones, en ese orden.

Si el patrón continúa, ¿cuántas habitaciones habrá en el sexto piso?

COMPRÉNDELO

En el primer piso hay 500 habitaciones, en el segundo hay 501, en el tercero hay 503 y en el cuarto hay 506.

PLANÉALO/RESUÉLVELO

Haz un modelo de lo que sabes para buscar un patrón que te ayude a resolver el problema.

Suma 1, luego 2, luego 3, luego 4, luego 5 y así sucesivamente.

Usa el patrón para buscar los dos números que siguen.

$$506 + 4 = 510 \qquad 510 + 5 = 515$$

En el sexto piso habrá 515 habitaciones.

VERIFÍCALO

¿Es razonable tu respuesta?

★ Resolver problemas con ayuda

Usa las preguntas para resolver este problema.

1. La primera torre que está frente al Motel Marte tiene 475 pies de altura. La segunda torre tiene 465 pies de altura y la tercera torre tiene 455 pies de altura. Si el patrón continúa, ¿cuál será la altura de la quinta torre?

   a. **Compréndelo** ¿Cuál es la altura de la primera, la segunda y la tercera torre?

   b. **Planéalo** ¿Cuál es el patrón? ¿Cómo puedo usar el patrón para resolver el problema?

   c. **Resuélvelo** ¿Cuál será la altura de la quinta torre?

   d. **Verifícalo** ¿Es razonable tu respuesta?

 **Hablar de matemáticas** Explica por qué comprender cómo cambian los números puede ayudarte a extender un patrón.

★ Práctica para resolver problemas

Usa un patrón numérico para resolver los problemas.

2. Una bebida pequeña en la Cafetería Lunar cuesta 54¢. Una bebida mediana cuesta 60¢ y una bebida grande cuesta 66¢. Si el patrón continúa, ¿cuánto costará probablemente una bebida extra grande?

3. Los primeros 3 corredores de la Luna usan los números 103, 110 y 117. Si el patrón continúa, ¿qué número es probable que use el corredor que sigue?

4. ¿Cuáles serán los dos números que siguen en el patrón?

   534, 530, 526, ____, ____

5. Observa los siguientes números. ¿Cuál es probable que sea el número que sigue?

   5, 10, 15, 20, ____

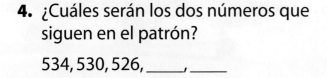

RESOLVER PROBLEMAS

Excursión

por **TEXAS**

Dallas, TX

El museo Frontiers of Flight está en Dallas, Texas. Allí puedes aprender sobre la aviación, desde los hermanos Wright hasta el trasbordador espacial.

Museo Frontiers of Flight

El segundo y el cuarto viernes de cada mes se narran historias sobre aventuras en la aviación. Usa el calendario de tu salón de clases para resolver los problemas 6 y 7.

6. Si visitas el museo este mes, ¿en qué fechas se narrarán las historias?

7. Si visitas el museo el mes que viene, ¿en qué fechas se narrarán las historias?

Usa la tabla de la derecha para resolver los problemas 8 a 10.

8. ¿A cuántos niños pueden vigilar 4 adultos?, ¿y 5 adultos?

9. Imagina que tu clase irá de visita al museo. ¿Cuántos adultos tendrán que acompañarlos?

10. Reto Un grupo grande de 82 niños irá de visita al museo. ¿Cuántos adultos deberán acompañarlos? Explica cómo hallaste tu respuesta.

Adultos por niño					
Número de adultos	1	2	3	4	5
Número de niños	10	20	30	?	?

Resolver problemas de **TAKS**

Escoge una estrategia
- Busca un patrón
- Haz un dibujo
- Adivina y comprueba
- Haz una dramatización

1 Observa la siguiente cuadrícula con números. Hana dibujó esta cuadrícula y la completó con números que forman un patrón. Luego borró uno de los números.

1	2	3
2	4	6
3	—	9

¿Qué número borró?

A 4

B 5

C 6

D 8

Objetivo 2 de **TAKS** TEKS 3.6A página 8

2 Respuesta con cuadrícula
Steve está haciendo un patrón con bloques. Coloca 1 bloque en la primera fila, 3 bloques en la segunda, 5 bloques en la tercera y 7 bloques en la cuarta. Si el patrón continúa, ¿cuántos bloques habrá en la quinta fila?

Consejo para TAKS

Lee el problema y dibuja el patrón de bloques.

Objetivo 2 de **TAKS** TEKS 3.6A página 6

3 Observa el siguiente horario que indica a qué hora salen de la estación cinco trenes.

Tren 1	2:00
Tren 2	2:15
Tren 3	2:20
Tren 4	2:35
Tren 5	2:40

Si el patrón continúa, ¿a qué hora saldrá el próximo tren?

F  **G**

H 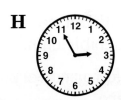 **J**

Objetivo 2 de **TAKS** TEKS 3.6A página 8

4 Respuesta con cuadrícula
Miguel dibuja 2 puntos, 5 puntos, 8 puntos y 11 puntos. Si continúa el patrón, ¿cuántos puntos dibujará en la fila que sigue?

Objetivo 2 de **TAKS** TEKS 3.6A página 6

Education Place
Visita www.eduplace.com/txmap/, donde encontrarás **consejos para tomar exámenes** y más **práctica para TAKS**.

Capítulo 2 Lección 5 **39**

Leer y escribir matemáticas

Vocabulario de TAKS

Una tabla de valor de posición te puede ayudar a explicar lo que significa un número.

Millares			Unidades		
centenas	decenas	unidades	centenas	decenas	unidades
1	7	3 ,	6	2	7

Observa el número de la tabla de valor de posición. Usa ese número para completar la red de palabras.

La **forma extendida** muestra el valor de cada dígito en el número.

1. Escribe la forma extendida del número.

Maneras de escribir un número

En la **forma verbal** se usan palabras para escribir un número.

2. Escribe la forma verbal del número.

La **forma normal** es la manera más sencilla de escribir un número usando dígitos.

3. Escribe la forma normal del número.

4. Halla la población de tu pueblo o ciudad.
Haz una tabla de valor de posición que muestre ese número.

Escribir Usa la población de tu pueblo o ciudad. Escribe el número en palabras, en forma normal y en forma extendida.

Leer Busca libros relacionados con este concepto en tu biblioteca.

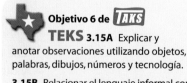

Objetivo 6 de TAKS

TEKS 3.15A Explicar y anotar observaciones utilizando objetos, palabras, dibujos, números y tecnología.

3.15B Relacionar el lenguaje informal con el lenguaje y los símbolos matemáticos.

Práctica adicional basada en los estándares

Conjunto A ──────────────── Objetivo 1 de TAKS TEKS 3.1A página 28

Escribe los números en forma normal.

1. seiscientos siete

2. cuatrocientos diez

3. doscientos cuarenta y uno

4. $300 + 20 + 7$

5. $100 + 6$

6. $100 + 80 + 2$

Escribe el lugar que ocupa el dígito subrayado. Luego, escribe su valor.

7. 3<u>7</u>1

8. <u>8</u>8

9. 90<u>0</u>

10. <u>8</u>29

11. 9,<u>0</u>90

12. <u>6</u>,864

Resuelve.

13. Compara Jeff escribió 106 en un papel. Amanda escribió 160 en un papel. ¿En qué se parecen y en qué se diferencian los números que escribieron?

Conjunto B ──────────────── Objetivo 1 de TAKS TEKS 3.1A, 3.1B página 32

Escribe los números de dos maneras diferentes.

1. 1,712

2. $6,000 + 300 + 40 + 1$

3. tres mil cuatrocientos noventa y ocho

4. 4,478

5. Compara Peter, un piloto de avión, voló 234,876 millas en un año. Carter, otro piloto de avión, voló 243,768 millas en un año. ¿Quién voló más millas en un año? Escribe el mayor número de millas en forma verbal.

Conjunto C ──────────────── Objetivo 2 de TAKS TEKS 3.6A página 36

Resuelve.

1. ¿Cuáles son los dos números que probablemente continúen el patrón?

6,300, 6,400, 6,600, 6,900, ▮, ▮

2. Analiza ¿Qué dígito cambia en el siguiente patrón?

6,315, 6,325, 6,335, 6,345, 6,355, 6,365

3. Conecta Inventa tu propio patrón numérico. Dibuja un patrón geométrico que represente el patrón numérico.

Education Place
Visita www.eduplace.com/txmap/, donde encontrarás más **práctica adicional**.

Repaso/Examen del capítulo

Vocabulario y conceptos ———————— Objetivo 1 de *TAKS* TEKS 3.1A

Escoge el término correcto para completar las oraciones.

1. 200,000 + 30 + 5 es la _____ de 200,035.

2. En el número 638,351 el 8 está en el lugar de los _____.

3. En el número 594,082 el 9 está en el lugar de las _____.

> **Banco de palabras**
> decenas de millar
> forma extendida
> forma normal
> millares

Cálculos ———————— Objetivo 1 de *TAKS* TEKS 3.1A

Escribe los números en forma normal.

4. 500 + 40 + 8

5. 300,000 + 40,000 + 5,000 + 20 + 9

6. 7,000 + 800 + 40 + 2

7. cuatrocientos sesenta y ocho

**Escribe el lugar que ocupan los dígitos subrayados.
Luego, escribe su valor.**

8. 7̲14

9. 6̲1̲2,800

10. 40,6̲3̲7

11. 1̲,597

12. 1̲3̲,329

13. 4̲25,912

Resolver problemas y razonamiento ———————— Objetivo 1 de *TAKS* TEKS 3.1A

Usa la tabla para resolver los problemas 14 y 15.

14. ¿Cómo escribirías en forma extendida la cantidad de páginas que leyó la clase del maestro Hall?

15. ¿Cómo expresarías en forma escrita la cantidad de páginas que leyó la clase de la maestra Naik?

Clase	Páginas leídas en septiembre
Clase del maestro Hall	1,278 páginas
Clase de la maestra Kwan	2,412 páginas
Clase de la maestra Naik	5,781 páginas
Clase del maestro Hing	3,883 páginas

Escribir matemáticas Explica cómo puede ayudarte la forma extendida de un número a escribirlo en forma verbal.

Preparación para TAKS y repaso frecuente

1 ¿Qué número significa lo mismo que 6,000 + 700 + 20 + 9?

A 6,729   **B** 6,029

C 60,729   **D** 67,209

Objetivo 1 de TAKS **TEKS 3.1A** página 32

---

2 ¿Cómo se escribe el número 209,782 en forma verbal?

F doscientos nueve mil setecientos ochenta y dos

G veintinueve mil setecientos ochenta y dos

H doscientos nueve mil setecientos veintiocho

J dos mil setecientos ochenta y dos

Objetivo 1 de TAKS **TEKS 3.1A** página 32

---

3 ¿Cómo se escribe el número 85,901 en forma extendida?

A 8,000 + 500 + 90 + 1

B 80,000 + 5,000 + 900 + 1

C 80,000 + 5,000 + 900 + 10 + 1

D 80,000 + 5,000 + 90 + 1

Objetivo 1 de TAKS **TEKS 3.1A** página 32

4 El señor Lupton dibujó tres flores en la pizarra. Había 5 pétalos en cada flor. ¿Qué tabla muestra el número de flores y pétalos que dibujó el señor Lupton?

F

Flores	1	2	3
Hojas	3	6	9

G

Flores	1	2	3
Pétalos	5	10	15

H

Flores	5	10	15
Pétalos	1	2	3

J

Flores	1	2	3
Pétalos	3	6	9

Consejo para TAKS

Busca un patrón que coincida con el problema.

Objetivo 2 de TAKS **TEKS 3.6A** página 16

---

5 **Respuesta con cuadrícula** Marisa hizo 3 galletas para cada niño. Si van a ir a su casa 7 niños, ¿cuántas galletas hizo?

Objetivo 2 de TAKS **TEKS 3.6A** página 16

Comparar y ordenar números enteros

MULESHOE
CITY LIMIT
POP. 4842

Muleshoe, Texas

Comprueba lo que sabes

Banco de palabras

mayor

menor

recta numérica

tabla de valor de posición

Vocabulario y conceptos

Escoge el mejor término para completar las oraciones. Grado 2

1. De los números 2, 6 y 10, el 2 es el número _____.

2. En una _____, el número 6 está antes que el 10.

Cálculos

Escribe el lugar que ocupa el dígito subrayado.
Luego, escribe su valor. páginas 32 a 34

3. 4̲3

4. 18̲5

5. 6̲7̲2

6. 1,3̲48

Usa la recta numérica para responder a las preguntas 7 a 9. Grado 2

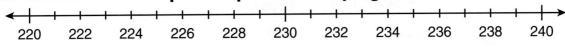

7. ¿Qué número viene inmediatamente después de 220?

8. ¿Qué número está entre 224 y 226?

9. ¿Qué número está más cerca de 230: 233 ó 236?

Resolver problemas y razonamiento páginas 28 y 29

10. ¿Cuál es el número más grande que se puede formar con los números 2, 5 y 9?

 # Vocabulario de TAKS

¡Visualízalo!

★ ★ ★ ★ ★ > ★ ★ ★

5 > 3

Cinco es mayor que tres.

✹ ✹ < ✹ ✹ ✹

2 < 3

Dos es menor que tres.

 ## Mi mundo bilingüe

Las palabras que se parecen en español y en inglés muchas veces tienen el mismo significado.

Español	Inglés
comparar	compare
ordenar	order

Consulta el **Glosario español–inglés**, páginas 576 a 588.

comparar

Examinar el valor de un número para hallar si es mayor, menor o igual que otro.

ordenar

Agrupar números de mayor a menor o de menor a mayor.

 Education Place Visita www.eduplace.com/txmap/, donde encontrarás el **glosario electrónico**.

 Objetivo 6 de TAKS **TEKS** 3.15B Relacionar el lenguaje informal con el lenguaje y los símbolos matemáticos.

Capítulo 3   45

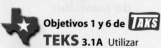
Objetivos 1 y 6 de TAKS

TEKS 3.1A Utilizar el valor de posición para leer, escribir (con símbolos y palabras) y describir el valor de números enteros hasta 999,999.

3.1B Utilizar el valor de posición para comparar y ordenar números enteros hasta 9,999.

También 3.14D, 3.15A, 3.15B

Vocabulario de TAKS

comparar

mayor que (>)

menor que (<)

Materiales
• Bloques de base diez
• Tableros 1 y 3 (opcional)
• Manipulativos electrónicos www.eduplace.com/txmap/ (opcional)

Aplícalo
Comparar números

Objetivo Usar modelos para comparar números.

★ Explorar

En el Capítulo 2 usaste bloques de base diez para representar números.

Una orquesta tiene 122 miembros. Otra orquesta tiene 102 miembros. ¿Qué orquesta tiene un número mayor de miembros?

Pregunta ¿Cómo puedes usar estos símbolos para **comparar** el valor de los números?

> significa **mayor que**. < significa **menor que**.

Trabaja con un compañero. Cada uno debe tomar algunos bloques de base diez. Decidan quién tiene los bloques con el número más grande.

1 Sin mirar, toma bloques de centenas, decenas y unidades.

Agrupa los bloques para mostrar un número. Escribe el número.

2 Trabajen juntos. Decidan cómo pueden indicar quién tiene los bloques con el número más grande.

Analízalo

> significa **mayor que**.
< significa **menor que**.

3 Usen los símbolos < ó > para comparar los números.

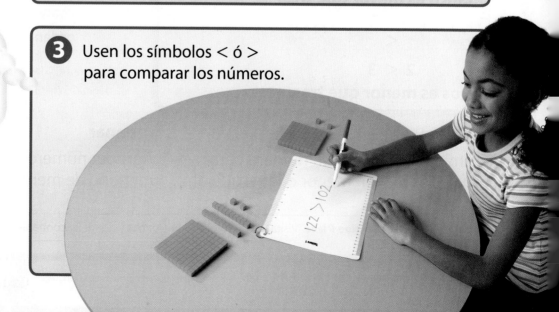

Para comparar los números también puedes usar una tabla de valor de posición. Usa el Tablero 3 para comparar 122 y 102.

1 Escribe ambos números en una tabla de valor de posición.

centenas	decenas	unidades
1	2	2
1	0	2

2 Comienza por el lugar de mayor valor.

• Compara las centenas. ¿Son iguales?

3 Compara las decenas. ¿Son iguales?

Puedes usar símbolos para mostrar la comparación.

0 decenas < 2 decenas, por lo tanto 102 es menor que 122.

$$102 < 122$$

2 decenas > 0 decenas, por lo tanto 122 es mayor que 102.

$$122 > 102$$

★ Extender

Compara. Escribe >, < ó = en cada ⬭.

1. 75 ⬭ 59

2. 18 ⬭ 81

3. 644 ⬭ 637

4. 239 ⬭ 156

5. 347 ⬭ 382

6. 237 ⬭ 234

7. 190 ⬭ 109

8. 3,497 ⬭ 4,271

9. 1,157 ⬭ 1,157

10. 2,357 ⬭ 2,347

11. 3,015 ⬭ 3,105

12. 5,670 ⬭ 5,760

Resuelve.

13. Para el concierto de la tarde se vendieron 589 boletos. Para el concierto de la noche se vendieron 604 boletos. ¿Se vendieron más boletos para el concierto de la tarde o para el de la noche?

14. Reto Beth anotó 1,009 puntos, Paul anotó 1,090 puntos y Jerod anotó 1,019 puntos. ¿Quién anotó el mayor número de puntos?

Diario de matemáticas

Escribir matemáticas

Compara Imagina que estás comparando 468 y 493. ¿Debes comparar los dígitos en el lugar de las unidades? ¿Por qué?

LECCIÓN 2

Objetivo 1 de TAKS

TEKS 3.1A Utilizar el valor de posición para leer, escribir (con símbolos y palabras) y describir el valor de números enteros hasta 999,999.

3.1B Utilizar el valor de posición para comparar y ordenar números enteros hasta 9,999.

Vocabulario de TAKS

ordenar

Materiales
• Tablero 3
• Manipulativos electrónicos
  www.eduplace.com/txmap/
  (opcional)

Ordenar números

Objetivo Usar el valor de posición para ordenar números.

★ Aprender con ejemplos

Puedes usar una tabla de valor de posición para comparar y **ordenar** números de menor a mayor o de mayor a menor.

Algunos estudiantes de tercer grado van a presentar una obra de teatro. ¿Qué día se vendió el mayor número de boletos?

Día	Boletos
Viernes	207
Sábado	223
Domingo	196

Usa la tabla de valor de posición del Tablero 3.

centenas	decenas	unidades
2	0	7
2	2	3
1	9	6

Para comparar los dígitos en el lugar de mayor valor, comienza por la izquierda.

Si es necesario, continúa comparando los dígitos en el lugar de las decenas y de las unidades.

• El orden de menor a mayor es: 196, 207, 223.

• Aplica lo que sabes para resolver el problema.

Otro ejemplo

Ordena estos números de mayor a menor:

millares	centenas	decenas	unidades
3	1	0	5
3	8	3	0
3	4	2	8

Primero compara los dígitos en el lugar de los millares.

Continúa comparando los dígitos.

El orden de mayor a menor es 3,830   3,428   3,105.

Piénsalo

- ¿Qué lugar debo observar primero?
- ¿Qué número es mayor?

Escribe los números en orden de mayor a menor.

1. 399   389   392   **2.** 165   1,257   309

 Hablar de matemáticas ¿Por qué 1,752 es mayor que 564 a pesar de que 5 es mayor que 1?

★ **Practicar y resolver problemas**

Escribe los números en orden de menor a mayor.

3. 471   489   430   **4.** 561   34   87   **5.** 5,790   1,484   1,348

6. 219   716   761   **7.** 129   347   12   **8.** 1,976   1,944   1,960

 Conexión con la información

Usa la tabla para resolver los problemas 9 y 10.

9. Ordena los números de mayor a menor. ¿A qué evento asistió el mayor número de personas?

10. Reto Imagina que a la muestra de talentos hubieran asistido diez personas más. ¿Afectaría eso el orden de los números que escribiste en el problema 9? Explica tu respuesta.

Asistencia a los actos de la escuela	
Evento	**Número de personas**
Musical	436
Concierto de invierno	518
Concierto de primavera	420
Muestra de talentos	419

★ **Práctica para TAKS** (Selección múltiple)

11 ¿Qué río tiene una longitud mayor que 952 millas pero menor que 1,845?

A Brazos

B Colorado

C Pecos

D Río Bravo

Río	Longitud
Brazos	1,280 mi
Colorado	862 mi
Pecos	926 mi
Río Bravo	1,900 mi

Consejo para TAKS

Asegúrate de observar toda la información cuando te den datos en una tabla o cuadro.

Objetivos 1 y 3 de TAKS

TEKS 3.1B Utilizar el valor de posición para comparar y ordenar números enteros hasta 9,999.

3.10 Localizar y nombrar puntos en una recta numérica utilizando números enteros y fracciones, incluyendo un medio y un cuarto.

Vocabulario de TAKS

recta numérica

Materiales
- Tablero 5 (opcional)
- Manipulativos electrónicos www.eduplace.com/txmap/ (opcional)

Usar una recta numérica

Objetivo Usar una recta numérica para ordenar números.

★ Aprender con ejemplos

Has aprendido a comparar y ordenar números usando modelos y tablas de valor de posición. También puedes usar una **recta numérica** para ordenar números.

¡Llegó el momento de las audiciones anuales de talento! Durante la semana de audiciones, los jueces observaron a 162 bailarines, 120 cantantes y 258 artistas con otros talentos.

Ordena los números de menor a mayor.

1 Usa una recta numérica para ubicar el primer número.

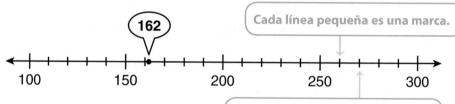

Cada línea pequeña es una marca.

El patrón de las marcas indica que se debe contar salteado de 10 en 10.

2 Ubica los otros dos números.

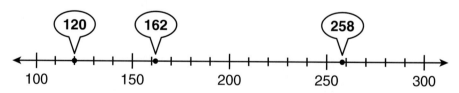

3 El número que está más cerca de 100 es el menor.
El número menor es ◯.

El número que está más cerca de 300 es el mayor.
El número mayor es ◯.

Los números en orden de menor a mayor son:

◯ , ◯ , ◯

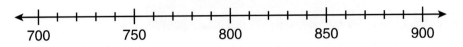

★ Práctica guiada

Escribe los números en orden de mayor a menor.
Luego, escribe los números en orden de menor a mayor.

Piénsalo

• ¿Dónde deben ir los números en la recta numérica?

• ¿Cuál es el número mayor?

• ¿Cuál es el número menor?

700   750   800   850   900

1. 810,   801,   729   **2.** 900,   704,   804

3. 741,   700,   890   **4.** 800,   702,   851

(123) Hablar de matemáticas Imagina que la recta numérica anterior continuara con el mismo patrón. ¿Qué número representaría la marca que está justo después de 900? ¿Cuál sería el próximo número escrito? ¿Por qué?

★ Practicar y resolver problemas

Escribe los números en orden de menor a mayor.
Puedes usar el Tablero 5.

5. 21 78 34   **6.** 720 610 654   **7.** 8,906 6,802 7,302

Escribe los números en orden de mayor a menor.
Puedes usar el Tablero 5.

8. 65, 19, 45   **9.** 123, 8, 299   **10.** 3,444 6,980 2,870

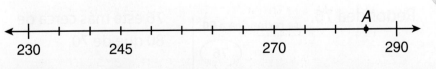

★ Práctica para TAKS Selección múltiple

11 ¿Qué número de la recta numérica representa mejor el punto A?

Consejo para TAKS

Recuerda buscar el patrón de conteo salteado que indican las marcas.

A

230   245   270   290

A 235   **B** 255   **C** 285   **D** 295

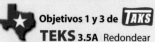

Objetivos 1 y 3 de TAKS

TEKS 3.5A Redondear números enteros a la decena o centena más cercana para aproximar resultados razonables de problemas.

3.10 Localizar y nombrar puntos en una recta numérica utilizando números enteros y fracciones, incluyendo un medio y un cuarto.

Vocabulario de TAKS

redondear

Materiales
• Tablero 5 (opcional)
• Manipulativos electrónicos www.eduplace.com/txmap/ (opcional)

Redondear números

Objetivo Redondear números a la decena o centena más cercana.

★ Aprender con ejemplos

En la Lección 3 aprendiste a ordenar números en una recta numérica. También puedes usar una recta numérica para redondear números.

Cuando necesites hallar una cantidad aproximada, puedes **redondear** el número a la decena o centena más cercana.

En el teatro infantil de Dallas se presentaron 438 espectáculos en una temporada. Aproximadamente, ¿cuántos espectáculos se presentaron en esa temporada?

Redondea a la centena más cercana.

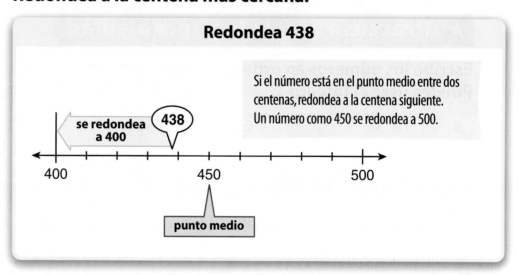

Redondea 438

Si el número está en el punto medio entre dos centenas, redondea a la centena siguiente. Un número como 450 se redondea a 500.

se redondea a 400 — 438

400 — 450 — 500

punto medio

En el teatro se presentaron aproximadamente 400 espectáculos esa temporada.

Otro ejemplo

Redondea a la decena más cercana.

Redondea 76.

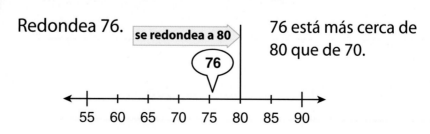

se redondea a 80 — 76

55 60 65 70 75 80 85 90

76 está más cerca de 80 que de 70.

52

★ Práctica guiada

Redondea los números al lugar de mayor valor. Si necesitas ayuda, usa una recta numérica.

1. 48   **2.** 95   **3.** 791   **4.** 343

Piénsalo
- ¿A qué lugar estoy redondeando?
- ¿Entré qué dos decenas o centenas está el número?

Resolver problemas con ayuda

Usa las preguntas para resolver este problema.

5. Kara ha actuado en aproximadamente 20 obras del teatro infantil de Dallas. Si Kara puede redondear a 20 el número exacto de obras, ¿cuál es el número posible de obras en las que pudo haber actuado?

   a. Compréndelo/Planéalo Aproximadamente, ¿en cuántas obras ha actuado Kara? ¿Qué números se pueden redondear a 20?

   b. Resuélvelo/Verifícalo

- Los números entre ◯ y ◯ se redondean a 20.

- Kara pudo haber actuado en ◯ a ◯ obras.

¿Cómo puedes comprobar tu respuesta?

Función en el teatro infantil de Dallas

Resuelve este problema. Si necesitas ayuda, usa el Tablero 5.

6. Redondeado a la centena más cercana, alrededor de 400 personas asistieron a la función de matiné de una obra. ¿Cuál es el mayor número posible de personas que pueden haber asistido a la función?

Consejo de vocabulario

La función de matiné se lleva a cabo por la tarde.

 Hablar de matemáticas ¿Se puede redondear a 100 un número de dos dígitos? Explica por qué.

Escribe entre qué dos decenas se encuentran los números. Luego, redondea a la decena más cercana. Si necesitas ayuda, usa el Tablero 5 ó una recta numérica.

7. 81   **8.** 79   **9.** 27   **10.** 52

11. 68   **12.** 93   **13.** 14   **14.** 36

Escribe entre qué dos centenas se encuentran los números. Luego, redondea a la centena más cercana. Si necesitas ayuda, usa el Tablero 5 ó una recta numérica.

15. 243   **16.** 195   **17.** 580   **18.** 439

19. 306   **20.** 874   **21.** 222   **22.** 650

Resuelve.

23. Los estudiantes de tercer grado van al teatro en autobús. Redondeando a la decena más cercana, el autobús puede llevar 60 personas sentadas. ¿Cuál es el mayor número de asientos que puede haber en el autobús?

24. En el teatro, 64 estudiantes vieron una obra sobre Cynthia Ann Parker. Al día siguiente, 31 estudiantes vieron la misma obra. Aproximadamente, ¿cuántos estudiantes vieron la obra cada día?

25. **Sigue los pasos** En el espectáculo de danzas internacionales de la escuela participan 22 estudiantes de tercer grado y 17 estudiantes de segundo grado. Catorce de esos estudiantes participan en la primera danza. ¿Cuántos estudiantes *no* participan en la primera danza?

26. **Reto** El señor Adams tiene 185 carteles de obras de teatro y 212 carteles de películas. Él dice que tiene unos 200 carteles de cada tipo. ¿Por qué usa la misma estimación para cada tipo de cartel?

Conexión con las ciencias

Resuelve estos problemas usando la tabla de la derecha.

El sistema solar	
Planeta	**Duración de 1 año**
Tierra	365 días de la Tierra
Júpiter	4,330 días de la Tierra
Marte	687 días de la Tierra
Mercurio	88 días de la Tierra
Neptuno	60,190 días de la Tierra
Saturno	10,756 días de la Tierra
Urano	30,687 días de la Tierra
Venus	225 días de la Tierra

27. En la Tierra, un año dura un poco más de 365 días. Redondea ese número a la centena más cercana.

28. ¿En qué planeta un año dura más que en Mercurio pero menos que en la Tierra? Redondea ese número a la decena más cercana.

29. ¿En qué planeta la duración de un año puede escribirse como diez mil setecientos cincuenta y seis?

30. ¿En qué planetas los años se redondean a números menores que 1,000?

31. ¿La duración de un año en qué planeta tiene un 4 en el lugar de los millares?

Un año es el tiempo que tarda un planeta en dar una vuelta completa alrededor del Sol.

TEKS 11C de Ciencias

 Práctica para TAKS Selección múltiple

32 En un teatro hay asientos para 546 personas. Aproximadamente, ¿cuántas personas pueden sentarse en el teatro?

A 50

B 500

C 600

D 5,000

Consejo para TAKS

Recuerda que la palabra *aproximadamente* indica que la respuesta puede ser un número redondeado.

Objetivos 5 y 6 de **TAKS**
TEKS 3.13B Interpretar información de pictografías y gráficas de barras.

3.14B Resolver problemas que incorporen la comprensión del problema, hacer un plan, llevarlo a cabo y evaluar lo razonable de la solución.

Resolver problemas: Plan
Usa una gráfica de barras

Objetivo Usar la información de gráficas de barras para resolver problemas.

★ Aprender con ejemplos

La Orquesta Sinfónica de Austin cuenta con un programa en el que los niños pueden hacer la prueba de tocar distintos instrumentos. La gráfica de barras muestra los instrumentos que los niños probaron tocar un día.

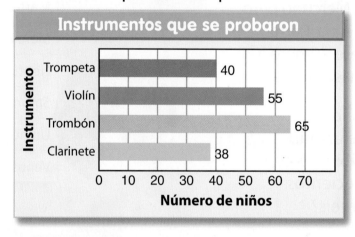

Instrumentos que se probaron

Instrumento	Número de niños
Trompeta	40
Violín	55
Trombón	65
Clarinete	38

¿Qué instrumento probaron tocar la mayoría de los niños? ¿Cuántos niños probaron tocar ese instrumento?

COMPRÉNDELO/PLANÉALO

Los niños probaron tocar hasta cuatro instrumentos diferentes.

La gráfica muestra cuántos niños probaron cada instrumento.

¿Cuál es la barra más larga?

RESUÉLVELO

La barra más larga muestra que el trombón fue el instrumento que más se probó.

El número en el extremo de la barra correspondiente al trombón es 65.

La mayoría de los niños probaron tocar el trombón. Ese día, 65 niños probaron tocar el trombón.

VERIFÍCALO

¿La solución responde a las preguntas?

★ Resolver problemas con ayuda

Usa la gráfica de barras de la página 56 para resolver el problema.

1. Redondeando a la decena más cercana, ¿cuántos niños probaron tocar el violín?

    a. **Compréndelo/Planéalo** Explica cómo puedes usar la gráfica de barras para resolver el problema.

    b. **Resuélvelo/Verifícalo** Usa la gráfica de barras y redondea para resolver.

       ◯ niños probaron tocar el violín.

       ◯ se redondea a ◯.

       Aproximadamente ◯ niños probaron tocar el violín.

Para resolver este problema, hazte la pregunta de la sección Piénsalo.

2. ¿Qué dos instrumentos probaron tocar aproximadamente el mismo número de niños?

> **Piénsalo**
>
> ¿Qué información busco en la gráfica?

 Hablar de matemáticas ¿Por qué es más fácil resolver el problema 2 con una gráfica de barras que con una tabla?

★ Práctica para resolver problemas

La gráfica de barras de la derecha muestra el número de camisetas que vendió la banda de una escuela para recaudar dinero para uniformes. Usa la gráfica de barras para resolver los problemas.

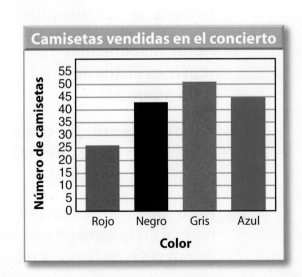

Camisetas vendidas en el concierto

3. Redondeado a la decena más cercana, ¿cuántas camisetas negras se vendieron?

4. ¿Las camisetas de qué dos colores tuvieron aproximadamente el mismo número de ventas?

5. Aproximadamente, ¿cuántas camisetas grises más que negras se vendieron?

Austin, TX

La Orquesta Sinfónica de Austin ofrece muchos programas a las escuelas de la zona. Pequeños grupos de músicos tocan en los salones de clases. Estos músicos tocan para más de 30,000 niños cada año.

Orquesta Sinfónica de Austin

La Orquesta Sinfónica de Austin ofrece conciertos desde 1911.

Usa los datos de esta página para resolver los problemas.

6. ¿Qué sección de la orquesta cuenta con el mayor número de instrumentos?

7. ¿Qué dos secciones de la orquesta cuentan con aproximadamente el mismo número de instrumentos?

8. Aproximadamente, ¿cuántos instrumentos hay en la orquesta?

9. Razonamiento ¿La orquesta tiene más o menos de 100 años? ¿Cómo lo sabes?

10. Reto Un violín de tamaño normal mide aproximadamente 24 pulgadas de largo. ¿Cuántas veces más largo es un contrabajo que un violín?

Instrumentos de la orquesta

Sección

Bronces
Percusión
Cuerdas
Vientos de madera

0   10   20   30   40   50

Número de instrumentos

Datos divertidos

- El contrabajo es uno de los instrumentos de cuerda más grandes de la orquesta sinfónica.

- La mayoría de los contrabajos miden 72 pulgadas de largo.

Ali fue a la orquesta de niños del campamento de verano. La gráfica muestra cuántos niños tocan los diferentes tipos de instrumentos en el campamento.

11. Aproximadamente, ¿cuántos estudiantes tocan instrumentos de cuerda en el campamento?

12. ¿Qué tipos de instrumentos toca el menor número de los niños?

Instrumentos de la orquesta del campamento de verano

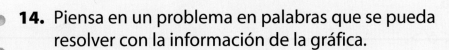

Número de niños / Tipos de instrumento
Cuerdas Vientos de madera Bronces Percusión

Crea y resuelve

13. Sienna escribió este problema.

> ¿Qué dos tipos de instrumentos juntos tocan aproximadamente el mismo número de estudiantes que tocan instrumentos de cuerda?

Resuelve el problema en palabras de Sienna.

14. Piensa en un problema en palabras que se pueda resolver con la información de la gráfica.

15. Escribe tu problema en palabras.

16. En una hoja aparte, escribe la solución a tu problema en palabras. Asegúrate de mostrar los pasos que seguiste para resolver el problema.

17. Intercambia los problemas con un compañero. Intenten resolver los problemas del otro.

Práctica para _TAKS_ **Selección múltiple**

18 En una sala de conciertos entran dos mil novecientas veintiséis personas sentadas. ¿Cómo se escribe este número en forma normal?

A 2,026   **B** 2,269   **C** 2,926   **D** 200,926

Leer y escribir **matemáticas**

Vocabulario de [TAKS]

Cuando trabajas con números, puedes **redondearlos**, **compararlos** y **ordenarlos**.

Marta está haciendo regalos de cumpleaños con cuentas. Compró 3 cajas de cuentas.

Cuentas redondas 2,530

Cuentas cuadradas 2,350

Cuentas romboidales 3,250

Responde a las preguntas. Usa los números que hay en las cajas de cuentas de Marta.

1. **Compara.** Usa < ó >.

   2,350 ⬭ 2,530   3,250 ⬭ 2,350

2. **Ordena** los tres números de mayor a menor.

3. **Ordena** los tres números de menor a mayor.

4. **Redondea** el número de cuentas cuadradas a la centena más cercana.

Escribir Halla tres productos que se vendan en cajas, por ejemplo, cereales, lápices o juguetes. Busca números en las cajas. Escribe tres problemas usando los números.

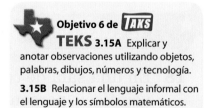

Objetivo 6 de [TAKS]
TEKS 3.15A Explicar y anotar observaciones utilizando objetos, palabras, dibujos, números y tecnología.

3.15B Relacionar el lenguaje informal con el lenguaje y los símbolos matemáticos.

Leer Busca libros relacionados con este concepto en tu biblioteca.

Práctica adicional basada en los estándares

Conjunto A ───────────────────────────── Objetivo 1 de *TAKS* TEKS 3.1B página 46

Compara. Escribe >, < ó = en cada ⬤.

1. 269 ⬤ 264 **2.** 356 ⬤ 329 **3.** 438 ⬤ 483

4. 702 ⬤ 720 **5.** 3,723 ⬤ 6,486 **6.** 5,442 ⬤ 4,452

7. Explica William dijo que 3,237 es mayor que 3,254. ¿Tiene razón? Si no es así, ¿cuál fue su error?

Conjunto B ───────────────────────────── Objetivo 1 de *TAKS* TEKS 3.1B página 50

Escribe los números en orden de menor a mayor.

1. 327 312 302 **2.** 3,822 3,288 3,832

Escribe los números en orden de mayor a menor.

3. 381 183 338 **4.** 9,669 9,996 9,696

5. Compara El número de músicos de tres bandas que desfilan son 246, 192 y 207. Escribe el número de músicos en orden de menor a mayor.

Conjunto C ───────────────────────────── Objetivo 1 de *TAKS* TEKS 3.5A página 52

Redondea a la decena más cercana.

1. 71 **2.** 68 **3.** 25 **4.** 54

Redondea a la centena más cercana.

5. 274 **6.** 716 **7.** 805 **8.** 366

9. Analiza Redondeando a la centena más cercana, aproximadamente 600 personas asistieron al concierto de una banda. ¿Qué sabes sobre el número exacto de personas que asistieron al concierto?

Education Place
Visita www.eduplace.com/txmap/, donde encontrarás más **práctica adicional**.

Capítulo 3 Práctica adicional **61**

Repaso/Examen del capítulo

Vocabulario y conceptos
Objetivo 1 de TAKS TEKS 3.1B, 3.5A

Escoge la mejor palabra para completar las oraciones.

Banco de palabras
comparar
orden
redondear

1. Cuando escribes números de mayor a menor, los estás poniendo en _____.

2. Cuando no necesitas que un número sea exacto, puedes _____ el número.

Cálculos
Objetivo 1 de TAKS TEKS 3.1B, 3.5A

Compara. Escribe >, < ó = en cada ⬭.

3. 299 ⬭ 301   **4.** 887 ⬭ 878   **5.** 4,567 ⬭ 4,567

Escribe los números en orden de menor a mayor.

6. 732   772   734   **7.** 1,856   1,854   1,850

Redondea al lugar que ocupa el dígito subrayado.

8. 7̲1   **9.** 3̲6   **10.** 6̲24   **11.** 2̲58   **12.** 5̲73

Resolver problemas y razonamiento
Objetivos 1 y 5 de TAKS TEKS 3.1A, 3.1B, 3.5A, 3.13B

Usa la gráfica de barras para resolver los problemas 13 a 15.

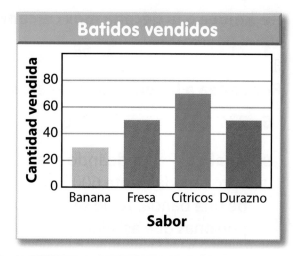

13. ¿Qué sabor se vendió menos?

14. Redondeando a la decena más cercana, aproximadamente, ¿cuántos batidos de cítricos se vendieron?

15. ¿Qué dos sabores se vendieron aproximadamente en igual cantidad?

Diario de matemáticas

Escribir matemáticas Lois dijo que "nueve mil quince" es la forma verbal de 90,150. Explica por qué está equivocada.

Preparación para TAKS y repaso frecuente

1 ¿Qué conjunto de números está ordenado de mayor a menor?

A 475   25   99

B 225   76   38

C 390   16   21

D 100   85   95

Objetivo 1 de TAKS TEKS 3.1B página 48

2 ¿Qué número completa la tabla?

Número de guantes	1	2	3	4
Dedos	5	10	15	■

F 20

G 25

H 30

J 35

Objetivo 2 de TAKS TEKS 3.6A página 6

3 **Respuesta con cuadrícula**
En el número 28,952, ¿qué dígito está en el lugar de las decenas de millar?

Objetivo 1 de TAKS TEKS 3.1A página 32

4 ¿A qué número representa mejor el punto X de la recta numérica?

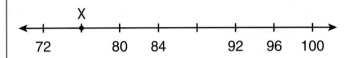

A 73

B 79

C 88

D 76

Consejo para TAKS

Busca un patrón en los números que se muestran en la recta numérica.

Objetivo 3 de TAKS TEKS 3.10 página 50

5 **Respuesta con cuadrícula**
Redondeando a la decena más cercana, Meg plantó unas 30 flores. ¿Cuál es el mayor número de flores que pudo haber plantado?

Objetivo 1 de TAKS TEKS 3.5A página 52

Education Place
Visita www.eduplace.com/txmap/, donde encontrarás **consejos para tomar exámenes** y más **práctica para TAKS**.

Repaso/Examen de la Unidad 1

Vocabulario y conceptos

Objetivo 1 de *TAKS* TEKS 3.1B, 3.5A

Escoge el mejor término para completar las oraciones.

> **Banco de palabras**
>
> mayor
>
> menor
>
> ordenar
>
> redondear
>
> valor de posición

1. Puedes _____ números de menor a mayor y de mayor a menor.

2. El número 25 es _____ que el número 60.

3. Puedes _____ un número a la decena o centena más cercana para estimar una respuesta.

Cálculos

Objetivos 1 y 2 de *TAKS* TEKS 3.1A, 3.1B, 3.5A, 3.6A

Resuelve.

4. ¿De qué color es la figura que sigue en el patrón y qué forma tiene?

5. ¿Qué número sigue en este patrón?

   4   6   9   13   18   ◻

Escribe los números en forma normal.

6. $300 + 40 + 2$

7. ochenta mil sesenta y dos

Escribe los números en orden de mayor a menor.

8. 234   340   276

9. 9,567   9,999   7,445

Escribe el valor del dígito subrayado.

10. 3<u>6</u>7

11. <u>1</u>34

12. <u>4</u>,889

Redondea al lugar que ocupa el dígito subrayado.

13. <u>7</u>2

14. 4<u>5</u>2

15. <u>8</u>59

Compara. Escribe >, < ó = en cada ⬭.

16. 45 ⬭ 35

17. 209 ⬭ 290

18. 3,598 ⬭ 3,558

Resolver problemas y razonamiento —

Objetivos 2, 5 y 6 de *TAKS* TEKS 3.6A, 3.13B, 3.14B

Resuelve.

19. Julia ahorró 3 monedas de un centavo el lunes, 6 el martes y 9 el miércoles. Si el patrón continúa, ¿cuántas monedas de un centavo ahorrará el viernes?

20. Observa la gráfica de barras. Redondeando a la decena más cercana, ¿cuántos perros se adoptaron? ¿y cuántos gatos?

Escribir matemáticas ¿Cómo comparas y ordenas números que tienen una cantidad diferente de dígitos?

Evaluar el rendimiento

Objetivo 1 de *TAKS* TEKS 3.1B, 3.5

Juego de adivinanzas

El club Eastside Pep está recaudando dinero para obras de beneficencia. Está haciendo un concurso en el que las personas tienen que adivinar cuántas canicas hay en un frasco.

Tarea	Información que necesitas
Como miembro del club debes decidir cuántas canicas colocar en el frasco. Usa la información para ayudarte. Luego, escribe las pistas para el concurso.	Una pista da el número redondeado a la centena más cercana.
	Una pista da el número redondeado a la decena más cercana.
	Una pista incluye una oración que usa "más" o "menos".

En sus marcas... con Greg Tang

Formar 10

Resta algunos antes que el resto, ¡formar 10 nunca es molesto!

Conozco una manera rápida de restar $14 - 5$. Tomo 5 como 4 más 1; luego, resto en dos pasos fáciles. Primero, resto $14 - 4 = 10$, luego, resto $10 - 1 = 9$. ¡Formar 10 primero hace que restar sea fácil!

1. $14 - 5 = \boxed{9}$

$\boxed{4}$ $\boxed{1}$

Forma 10. Resta el resto.

2. $16 - 9 = \blacksquare$

$\boxed{6}$ $\blacksquare$

Forma 10. Resta el resto.

3. $13 - 6 = \blacksquare$

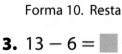

Forma 10. Resta el resto.

4. $12 - 8 = \blacksquare$

$\blacksquare$ $\blacksquare$

Forma 10. Resta el resto.

¡Así se hace!

5. $15 - 9 = \blacksquare$

$\blacksquare$ $\blacksquare$

6. $12 - 7 = \blacksquare$

$\blacksquare$ $\blacksquare$

7. $17 - 9 = \blacksquare$

$\blacksquare$ $\blacksquare$

8. $14 - 6 = \blacksquare$

$\blacksquare$ $\blacksquare$

¡Bravo!

¡Sigue adelante!

¡Ahora inténtalo siguiendo los pasos mentalmente!

9. $16 - 7$ **10.** $13 - 8$ **11.** $15 - 8$ **12.** $11 - 7$

La temperatura, la hora y los datos

¡LAS GRANDES IDEAS!

- La temperatura representa cuán caliente o frío es algo.
- Existen diferentes maneras de nombrar una hora específica.
- El tipo de información determina cómo representarla mejor.

Capítulo 4
La temperatura y la hora

Capítulo 5
Hacer una gráfica y analizar los datos

Canciones y juegos

Música y matemáticas
Pista 2

Libritos de matemáticas

- ¡Voy tarde a la escuela!
- Excursión de la clase

Juego

Juega todo el día

Objetivo del juego Decir la hora correcta de un reloj.

Materiales
- Sujetapapeles
- Lápiz
- 1 ficha por jugador

Número de jugadores 2

Preparación
Coloca un extremo del sujetapapeles en el centro de la rueda giratoria. Sostén el lápiz en el centro mientras haces girar el sujetapapeles.

Cómo se juega

1 Los jugadores colocan las fichas en la HORA DE SALIDA.

2 El jugador 1 hace girar la rueda y avanza la cantidad de tiempo que se indica.

3 Luego, el jugador 2 hace girar la rueda y avanza.

4 Gana el primer jugador que llegue a las 4:00.

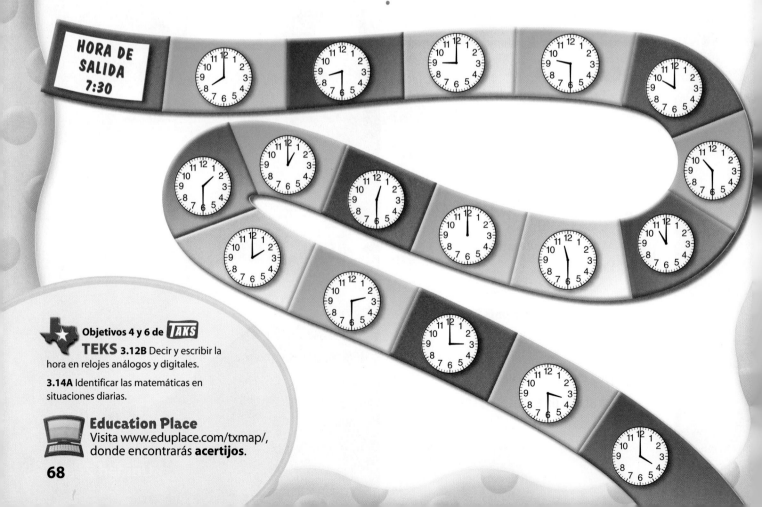

Objetivos 4 y 6 de TAKS

TEKS 3.12B Decir y escribir la hora en relojes análogos y digitales.

3.14A Identificar las matemáticas en situaciones diarias.

Education Place
Visita www.eduplace.com/txmap/, donde encontrarás **acertijos**.

Leer Cuando lees un cuento, empiezas por la parte de arriba de la página y lees hasta la parte de abajo. Cuando lees un problema de matemáticas, muchas veces tienes que fijarte en más de un lugar y en más de una dirección.

Lee el problema en palabras.

La maestra Newton hizo una encuesta entre sus estudiantes sobre sus mascotas preferidas. Cada estudiante tenía un voto. La maestra Newton anotó los resultados en una gráfica de barras.

¿Cuál es la mascota preferida de la clase? ¿Cuál es la mascota *menos* preferida?

¡Los gatos son nuestras mascotas preferidas!

Lee la gráfica de barras.

Halla:
- ✓ el título
- ✓ la escala numérica
- ✓ dos encabezamientos
- ✓ los rótulos debajo de los encabezamientos
- ✓ las barras

El **encabezamiento** (Número de votos) indica lo que significan los números.

Mascotas preferidas ● ——— **Título**

La **escala numérica** aumenta de 2 en 2 en esta gráfica de barras.

Esta barra se llama "Gerbo". Llega hasta el 2 en la escala numérica. Significa que el gerbo obtuvo dos votos.

Indica las mascotas que se incluyen en la lista.

El **encabezamiento** (Mascota) indica cuál es la categoría.

Número de votos — 12, 10, 8, 6, 4, 2, 0

Gerbo — Gato — Pájaro — Perro

Mascota ●

Escribir Busca una gráfica de barras en el Capítulo 5. Halla el título, los encabezamientos, la escala numérica y los rótulos debajo de los encabezamientos. Luego estudia las barras. Escribe acerca de tus observaciones.

La temperatura y la hora

Comprueba lo que sabes

Vocabulario y conceptos

Escoge la mejor palabra para completar las oraciones. Grado 2

1. Un _____ mide cuán caliente o frío está algo.

2. Hay 60 _____ en una hora.

3. En _____ hay 30 minutos.

Cálculos

Escribe la hora. Grado 2

4.

5.

6.

Escribe la temperatura. Grado 2

7. °Fahrenheit

8. °Fahrenheit

9. °Fahrenheit

Resolver problemas y razonamiento Grado 2

10. Ayer la temperatura afuera era 65 °F. Hoy hace 78 °F.
    ¿Cuánto más templado está hoy que ayer?

Vocabulario de TAKS

¡Visualízalo!

termómetro

Instrumento usado para medir la temperatura

°Fahrenheit (°F)

Unidad de temperatura del sistema inglés (usual)

El termómetro muestra 90 °F.

Mi mundo bilingüe

Gabriel Daniel Fahrenheit inventó el termómetro de mercurio y la escala de temperatura que se usa en los Estados Unidos.

Las palabras que se parecen en español y en inglés muchas veces tienen el mismo significado.

Español	Inglés
termómetro	thermometer
temperatura	temperature

Consulta el **Glosario español–inglés**, páginas 576 a 588.

 Education Place Visita www.eduplace.com/txmap/, donde encontrarás el **glosario electrónico**.

Objetivo 6 de TAKS **TEKS** 3.15B Relacionar el lenguaje informal con el lenguaje y los símbolos matemáticos.

Capítulo 4   71

Objetivos 4 y 6 de *TAKS*

TEKS 3.12A Utilizar un termómetro para medir la temperatura.

3.15A Explicar y anotar observaciones utilizando objetos, palabras, dibujos, números y tecnología.

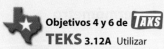

grados Fahrenheit (°F)

Materiales
• Termómetro Fahrenheit
• Vasos de papel u otros recipientes
• Hielo
• Agua tibia

Aplícalo
Medir la temperatura

Objetivo Medir la temperatura en grados Fahrenheit.

★ **Explorar**

Puedes usar un termómetro para medir la temperatura. Un termómetro muestra cuán caliente o frío está algo. Un termómetro Fahrenheit mide en **grados Fahrenheit (°F)**.

Pregunta ¿Cómo se usa un termómetro para medir la temperatura?

1 Coloca una pequeña cantidad de hielo y agua en un vaso.

Coloca el termómetro dentro del vaso con agua helada.

Asegúrate de que la parte inferior del termómetro esté completamente debajo del agua.

2 Cuando la línea roja deje de moverse, saca el termómetro del vaso.

Lee el número que está junto a la línea roja. Ese número es la temperatura del agua en grados Fahrenheit (°F).

3 Anota la temperatura del agua en una hoja.

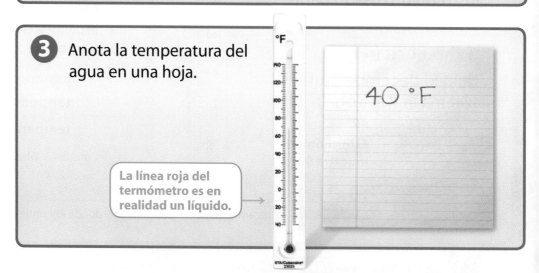

La línea roja del termómetro es en realidad un líquido.

40 °F

★ Extender

Usa un termómetro para medir la temperatura del agua helada, del agua a temperatura ambiente y del agua tibia. Anota tus resultados en una tabla como la siguiente.

Agua	Temperatura en °F
Helada	
Temperatura ambiente	
Tibia	

Escoge dos lugares en tu salón de clases que creas que tengan temperaturas diferentes. Agrega filas a la tabla. Anota los lugares y las temperaturas en la tabla.

Escribe las temperaturas en grados °F. Luego, escribe *caluroso, templado, fresco* o *frío* para describir la temperatura.

1. °Fahrenheit

2. °Fahrenheit

3. °Fahrenheit

4. °Fahrenheit

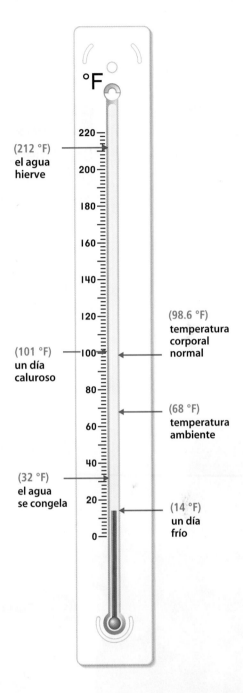

°F

(212 °F)
el agua
hierve

(98.6 °F)
temperatura
corporal
normal

(101 °F)
un día
caluroso

(68 °F)
temperatura
ambiente

(32 °F)
el agua
se congela

(14 °F)
un día
frío

Diario de matemáticas

Escribir matemáticas

Explica Imagina que estás al aire libre y la temperatura es 90 °F. Describe una actividad que podrías hacer. Describe la ropa que usarías.

LECCIÓN 2

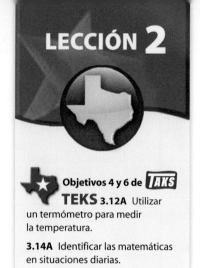

Objetivos 4 y 6 de [TAKS]
TEKS 3.12A Utilizar un termómetro para medir la temperatura.

3.14A Identificar las matemáticas en situaciones diarias.

Una hora, media hora, un cuarto de hora

Objetivo Decir la hora a la hora, a la media hora y al cuarto de hora.

★ Aprender con ejemplos

Bryan tiene un día ocupado. A continuación puedes ver las actividades que hace por la mañana.

Unidades de tiempo
1 día = 24 horas
1 hora = 60 min
1 media hora = 30 min
1 cuarto de hora = 15 min

Léelo	Escríbelo
① Levantarse las seis y quince minutos	**6:15** Piensa: También podría leer esta hora como quince minutos después de las seis o las seis y cuarto.
② Vestirse las seis y treinta minutos	**6:30** Piensa: También podría leer esta hora como treinta minutos después de las seis o las seis y media.
③ Desayunar las seis y cuarenta y cinco minutos	**6:45** Piensa: También podría leer esta hora como cuarenta y cinco minutos después de las seis o las siete menos cuarto.
④ Ir a la escuela en autobús las siete en punto	**7:00**

Indica la hora que muestran los relojes.

Usamos a.m. para las horas desde las 12 de la noche (12 a.m.) hasta las 12 del mediodía.

11:00 a.m.

Usamos p.m. para las horas desde las 12 del mediodía (12 p.m.) hasta las 12 de la noche.

11:00 p.m.

★ Práctica guiada

Describe las horas de dos maneras como mínimo.

1.

2.

3.

Piénsalo

- ¿Cuántas horas muestra el reloj?
- ¿Cuántos minutos muestra el reloj?

Resolver problemas con ayuda

Usa las preguntas para resolver este problema.

4. Cuando Jacob llegó a Houston, las manecillas de su reloj se veían de esta manera. ¿A qué hora llegó?

a. **Compréndelo/Planéalo** ¿Qué debes hallar? ¿Qué indican las manecillas del reloj?

b. **Resuélvelo** Indica la hora. Luego, cuenta de 5 en 5 para hallar el número de minutos después de la hora.

c. **Verifícalo** ¿Tu respuesta es razonable?

123 Hablar de matemáticas ¿Cuánto tarda el minutero en ir de un número a otro?

Describe las horas de dos maneras como mínimo.

5.

6.

7.

Escribe la hora en números.

8. las dos en punto

9. las siete y media

10. las cinco y cuarto

Resuelve.

11. Patrones Los autobuses escolares salen a las 2:45 p.m., a las 3:00 p.m. y a las 3:15 p.m. Si el patrón continúa, ¿a qué hora saldrá el próximo autobús?

12. ¿Qué hora está más cerca de las cinco en punto: las cinco y media o las 4:45? Explica cómo hallaste la respuesta.

 Conexión con las ciencias

Connor está reuniendo información sobre la lluvia para la clase de ciencias. Puso un pluviómetro por la mañana y lo controló 4 veces durante el día. Esto es lo que vio Connor.

13. Copia la tabla de la derecha. Usa los dibujos de lo que observó Connor para completar la tabla.

14. Observa los datos de tu tabla. Escribe por lo menos una oración sobre la lluvia que cayó durante el día. Explica tu razonamiento.

Hora	Cantidad de lluvia
8:45	0 pulgadas

TEKS 2C, 2D, 2E de Ciencias

Práctica para **TAKS** | Selección múltiple

Consejo para TAKS

Cuando las opciones de respuesta son dibujos, asegúrate de observar todos los dibujos antes de escoger la respuesta.

15 Sheila regresa a su casa de la práctica de fútbol entre las 4:30 p.m. y las 5:00 p.m. ¿Qué reloj muestra una hora entre las 4:30 p.m. y las 5:00 p.m.?

A **B** **C** **D**

Reto — Lógica numérica

Líneas cronológicas

Una línea cronológica es una manera de organizar información. Muestra la información en el orden en que sucedieron los hechos.

Texas ha tenido 6 banderas nacionales.

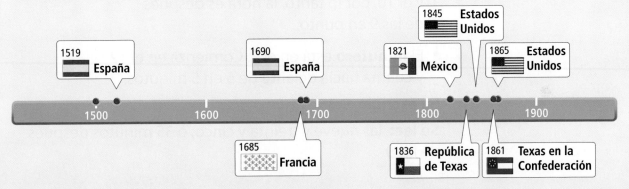

Usa la línea cronológica para responder a estas preguntas.

1. ¿Durante qué años flameó en Texas la bandera de México?

2. ¿Durante qué años flameó en Texas la bandera de la República de Texas?

3. A la derecha encontrarás una lista de tejanos famosos. Haz una línea cronológica para mostrar la fecha de nacimiento de estas personas.

Persona	Año de nacimiento
Amelia Barr	1831
Carol Burnett	1933
George W. Bush	1946
Lyndon B. Johnson	1908
Scott Joplin	1868

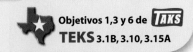

Objetivos 1, 3 y 6 de **TAKS**
TEKS 3.1B, 3.10, 3.15A

Para **Práctica adicional** consulta la página 87, Conjunto B.   **Capítulo 4** Lección 2   **77**

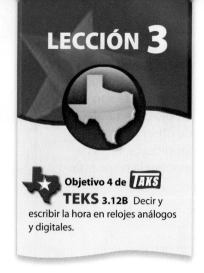

LECCIÓN 3

Objetivo 4 de **TAKS**

TEKS 3.12B Decir y escribir la hora en relojes análogos y digitales.

La hora: cinco minutos

Objetivo Decir la hora a los cinco minutos.

★ Aprender con ejemplos

En la Lección 2 aprendiste a decir la hora a la hora, a la media hora y al cuarto de hora. Puedes decir la hora con más exactitud leyendo el reloj a los cinco minutos más cercanos.

Diferentes maneras de decir la hora

Manera 1

Puedes decir la hora según el número de minutos que han pasado **después de una hora**.

- La **manecilla de la hora** está entre el 9 y el 10, por lo tanto, la hora es después de las 9 en punto.

- El **minutero** está en el 7. Comienza en el 12 y cuenta hacia delante de 5 en 5 minutos.

Se escribe: 9:35

Se lee: las nueve y treinta y cinco, o 35 minutos después de las 9

Manera 2

Puedes decir la hora según el número de minutos que faltan **antes de una hora**.

- La **manecilla de la hora** está entre el 9 y el 10, por lo tanto, la hora es antes de las 10 en punto.

- El **minutero** está en el 7. Comienza en el 12 y cuenta hacia atrás hasta el 7 de 5 en 5 minutos.

Se escribe: 9:35

Se lee: faltan 25 minutos para las 10

Describe la hora como minutos después de una hora y minutos antes de una hora.

1.   2.   3.

★ **Practicar y resolver problemas**

Describe la hora como minutos después de una hora y minutos antes de una hora.

4.   5.   6.   7.

Resuelve.

8. La manecilla de la hora de un reloj señala entre las 10 y las 11. El minutero señala el 8. ¿Qué hora es?

9. Esta semana Carlos pasó 1,542 minutos en la escuela. ¿Cuánto es eso a la centena más cercana?

★ **Práctica para** TAKS Selección múltiple

10 Keisha termina su clase de cerámica a las cinco menos veinte. ¿Qué reloj muestra la hora en que Keisha termina su clase de cerámica?

A   B

C   D

Consejo para TAKS

Piensa en cómo puede escribirse la hora como minutos después de la hora. Eso puede ayudarte a escoger el reloj correcto.

LECCIÓN 4

Objetivo 4 de *TAKS*
TEKS 3.12B Decir y escribir la hora en relojes análogos y digitales.

Materiales
• Reloj de demostración
• Tablero 8
 www.eduplace.com/txmap/ (opcional)

Aplícalo
La hora: un minuto

Objetivo Decir el número de minutos después y antes de la hora.

★ Explorar

Ya sabes cómo decir la hora a los cinco minutos. Puedes decir la hora al minuto contando los minutos después y antes de la hora.

Pregunta ¿Cómo dices la hora al minuto?

Sabrina le preguntó la hora a su hermana. El siguiente reloj muestra lo que su hermana vio en su reloj.

Decir los minutos después de la hora

1 Para decir los minutos *después* de la hora, primero observa la manecilla de la hora. Está entre el 5 y el 6, por lo tanto, sabes que es después de las 5.

---

2 Ahora observa la manecilla de los minutos. Para contar los minutos después de la hora, comienza en el 12. Cuenta de 5 en 5 hasta llegar al número que está más cerca de la manecilla de los minutos. Luego, cuenta de 1 en 1.

La hora es 5:42 ó 42 minutos después de las 5.

Decir los minutos antes de la hora

1 Para decir los minutos antes de la hora, primero observa la manecilla de la hora. Está entre el 5 y el 6, por lo tanto, sabes que es antes de las seis.

2 Ahora observa la manecilla de los minutos. Para contar los minutos antes de la hora, comienza en el 12. Cuenta hacia atrás de 5 en 5 hasta llegar al número que está más cerca de la manecilla de los minutos. Luego, cuenta de 1 en 1.

Faltan 18 minutos para las 6.

★ Extender

Escribe las horas y los minutos en el Tablero 8. Haz una tabla como la siguiente. Luego, trabaja con un compañero para completar la tabla.

	Hora digital	Minutos después de la hora	Minutos antes de la hora
1.	3:30		
2.		47 minutos después de las 12	
3.			19 minutos para las 9
4.	11:09		

Diario de matemáticas

Escribir matemáticas

Justifica Ali dice que 35 minutos después de las 6 es lo mismo que 25 minutos antes de las 7. ¿Tiene razón? Explica cómo lo sabes.

★ **Objetivos 3, 4 y 6** TAKS

TEKS 3.12A Utilizar un termómetro para medir la temperatura.

3.12B Decir y escribir la hora en relojes análogos y digitales.

También 3.10, 3.14A, 3.14B

Resolver problemas: Estrategia
Usa la hora y la temperatura

Objetivo Leer y decir la hora y la temperatura.

★ **Aprender con ejemplos**

Nathan va al cine. Escoge una película que comienza a la 1:00 y termina a las 3:30. El cine queda a 30 minutos en carro desde su casa. ¿Cómo sabrá Nathan a qué hora deber salir de su casa?

Usa la línea cronológica para resolver el problema.

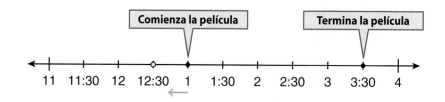

COMPRÉNDELO

¿A qué hora comienza la película?

¿Cuánto tiempo tardará Nathan en llegar al cine?

PLANÉALO

Usa la línea cronológica para hallar a qué hora Nathan debe salir de su casa.

RESUÉLVELO

Observa la línea cronológica y busca la 1 en punto. ¿12:30 es antes o después de la 1 en punto? ¿Piensas que Nathan llegaría puntualmente al cine si saliera a las 12:30?

VERIFÍCALO

¿Tiene sentido tu respuesta?
Comprueba tu respuesta usando un reloj.

★ Resolver problemas con ayuda

Usa la recta numérica para resolver el problema.

1. El papá de Nathan pasará a buscar a Nathan a la salida del cine. ¿A qué hora debe salir de la casa su papá?

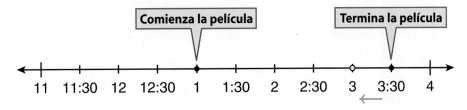

| Comienza la película | | | | Termina la película |

11 11:30 12 12:30 1 1:30 2 2:30 3 3:30 4

a. Compréndelo ¿A qué hora debe pasar el papá a buscar a Nathan? ¿A qué hora debe salir el papá de la casa?

b. Planéalo Usa la línea cronológica para hallar la respuesta.

c. Resuélvelo Treinta minutos de las 3:30 son las 3:00 y las 4:00. ¿El papá de Nathan debe salir a las 3:00 o a las 4:00? Explica por qué.

d. Verifícalo ¿Tiene sentido tu respuesta?

(123) Hablar de matemáticas Explica cómo te ayuda una recta numérica a comprender la hora.

★ Práctica para resolver problemas

2. La película que sigue comienza $\frac{1}{2}$ hora después del final de la película anterior. El reloj muestra la hora en que comienza la película que sigue. Dibuja un reloj digital que muestre esa hora

3. El termómetro muestra la temperatura que había en el cine. Escribe la temperatura. Luego escribe *caluroso, templado, fresco* o *frío*.

4. Cuando Nathan entró al cine, la temperatura al aire libre era 90 °F. Cuando la película terminó, la temperatura era 81 °F. ¿Cuál es la diferencia entre las dos temperaturas?

5. Observa la hora del reloj. ¿Es *antes* o *después* de las en punto?

por **TEXAS**

Pasadena, TX

En el Festival de la Fresa de Pasadena se realizan desfiles, muestras de arte y artesanías, montas de ponis y muchos concursos, entre ellos, el de cocina.

Visitantes de todo Estados Unidos disfrutan de este festival que dura tres días.

Usa los datos de esta página para resolver los problemas.

6. Observa el área del pastel de fresa más grande del mundo. Escribe ese número en forma extendida.

7. Un agricultor empaca fresas para vender en el festival. Cada caja contiene 100 fresas. ¿Es el número de fresas de 8 cajas mayor que 1,000? Explica tu respuesta.

8. Un año, la temperatura durante el festival fue 78 °F el viernes, 80 °F el sábado y 82 °F el domingo. ¿Qué patrón observas en estas temperaturas?

9. Razonamiento lógico Un día hay 3 competencias. La competencia de ranas saltarinas está antes del concurso de cocina. La carrera de playa no es la primera ni la última. Escribe el nombre de las competencias en el orden en que se llevan a cabo.

Datos divertidos

- A la ciudad de Pasadena se la conoce como la "Capital de la Fresa del Sur".

- El festival es famoso por el pastel de fresa más grande del mundo. Un año, el pastel midió 1,920 pies cuadrados.

- Para hacer el pastel, ¡se usaron 6,528 libras de pastel y 7,800 pintas de fresas!

Resolver problemas de **TAKS**

Escoge una estrategia
- Haz un dibujo
- Busca un patrón
- Adivina y comprueba
- Haz una dramatización

1 Cecilia paseó a su perro entre las 8:00 a.m. y las 9:00 a.m. ¿Qué reloj muestra una hora entre las 8:00 a.m. y las 9:00 a.m.?

A

B

C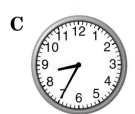

D

Objetivo 4 de **TAKS** TEKS 3.12B página 78

2 **Respuesta con cuadrícula**
El jugador 1 anotó 520 puntos, el jugador 2 anotó 562 puntos y el jugador 3 anotó 526 puntos. ¿Qué jugador anotó la mayor cantidad de puntos?

Objetivo 1 de **TAKS** TEKS 3.1B página 48

3 La temperatura de la piscina de la escuela es 78 °F. ¿Qué termómetro muestra esta temperatura?

F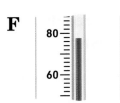

G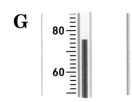

H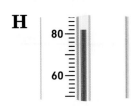

J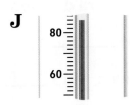

Objetivo 4 de **TAKS** TEKS 3.12A página 72

4 **Respuesta con cuadrícula**
En un huerto de manzanos hay 77 árboles. Redondeando a la decena más cercana, ¿cuántos árboles hay en el huerto?

Objetivo 1 de **TAKS** TEKS 3.5A página 52

Education Place
Visita www.eduplace.com/txmap/, donde encontrarás **consejos para tomar exámenes** y más **práctica para TAKS.**

Leer y escribir matemáticas

Vocabulario de TAKS

La **temperatura** indica cuán caliente o frío es algo. La temperatura se puede medir en grados **Fahrenheit**.

¿Cuál es la temperatura de hoy? ¿Crees que la temperatura en tu estado seguirá siendo más o menos la misma durante todo el mes?

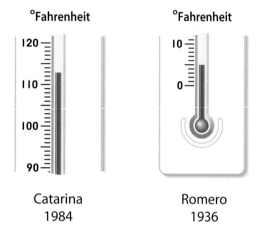

Dos temperaturas de abril en Texas

Catarina
1984

Romero
1936

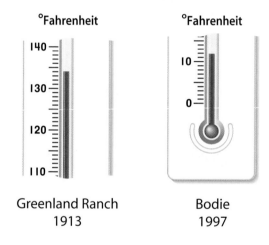

Dos temperaturas de julio en California

Greenland Ranch
1913

Bodie
1997

Escribe la temperatura de cada ciudad y año.

1. Catarina, 1984 ___?___   **2.** Romero, 1936 ___?___

3. Greenland Ranch, 1913 ___?___   **4.** Bodie, 1997 ___?___

5. Ordena las cuatro temperaturas de *mayor* a *menor*. ___?___

Escribir Escoge un día del fin de semana para este proyecto. Comprueba la temperatura al menos cinco veces. Escribe la hora y la temperatura. Indica cómo cambia la temperatura.

Leer Busca libros relacionados con este concepto en tu biblioteca.

Objetivo 6 de TAKS

TEKS 3.15A Explicar y anotar observaciones utilizando objetos, palabras, dibujos, números y tecnología.

3.15B Relacionar el lenguaje informal con el lenguaje y los símbolos matemáticos.

Práctica adicional basada en los estándares

Conjunto A ——————————————— Objetivo 4 de TAKS TEKS 3.12A página 72

Escribe las temperaturas en °F. Luego escribe *caluroso, templado, fresco* o *frío*.

1.   **2.**   **3.**   **4.**

Conjunto B ——————————————— Objetivo 4 de TAKS TEKS 3.12B página 74

Escribe las horas en números.

1. las cinco en punto   **2.** la una y quince minutos   **3.** las nueve y media   **4.** las seis y treinta minutos

5. las dos y treinta minutos   **6.** las nueve y cuarenta y cinco minutos   **7.** las once y media   **8.** las ocho y quince minutos

Conjunto C ——————————————— Objetivo 4 de TAKS TEKS 3.12B página 78

Describe las horas en minutos antes y después de la hora.

1.    **2.**    **3.**    **4.**

5.    **6.**    **7.**    **4.**

Education Place
Visita www.eduplace.com/txmap/, donde
encontrarás más **práctica adicional**.

Capítulo 4 Práctica adicional   **87**

Repaso/Examen del capítulo

Vocabulario y conceptos

Objetivo 4 de TAKS TEKS 3.12A, 3.12B

Escoge el mejor término para completar las oraciones.

> **Banco de palabras**
> grados Fahrenheit
> horas
> minuto

1. La temperatura 40 °F significa cuarenta _____.

2. Una unidad de tiempo más corta que una hora es un _____.

Cálculos

Objetivo 4 de TAKS TEKS 3.12A, 3.12B

Describe las horas como minutos antes y después de la hora.

3.
4.
5.
6.

Describe las horas en palabras.

7. 5:30   **8.** 10:56   **9.** 8:12   **10.** 7:43   **11.** 9:25

Escribe las temperaturas en orden de la más fría a la más cálida.

12. 5 °C, 10 °C, 0 °C   **13.** 33 °C, 3 °C, 13 °C   **14.** 17 °F, 3 °F, 30 °F

15. 1 °F, 11 °F, 0 °F   **16.** 12 °F, 2 °F, 20 °F   **17.** 2 °C, 12 °C, 0 °C

Resolver problemas y razonamiento

Objetivo 4 de TAKS TEKS 3.12B

Usa el horario para resolver los problemas.

18. ¿Cuánto dura el almuerzo?

19. ¿Qué actividad dura 1 hora?

20. ¿Durante cuánto tiempo puede leer Paul entre el almuerzo y el cine?

Horarios de Paul para el sábado		
Actividad	**Desde**	**Hasta**
natación	10:00 p.m.	11:00 a.m.
almuerzo	11:45 a.m.	12:30 p.m.
cine	1:00 p.m.	3:15 p.m.

Escribir matemáticas Haz una lista con algunas actividades diarias que lleven menos de un minuto y otras que lleven más de una hora.

Preparación para *TAKS* y repaso frecuente
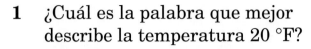

1 ¿Cuál es la palabra que mejor describe la temperatura 20 °F?

A caluroso　　**B** fresco

C templado　　**D** frío

Objetivo 4 de *TAKS* **TEKS 3.12A** página 72

2 ¿Qué hora muestra este reloj?

F 5:15

G 5:45

H 6:15

J 6:45

Objetivo 4 de *TAKS* **TEKS 3.12B** página 74

3 Sandra llegó a su casa entre las 5:45 p.m. y las 6:15 p.m. ¿Qué hora podría mostrar cuando llegó a su casa?

A 5:15 p.m.

B 6:00 p.m.

C 6:20 p.m.

D 6:50 p.m.

Objetivo 4 de *TAKS* **TEKS 3.12B** página 74

4 ¿Cuál de los siguientes números tiene un 5 en el lugar de los millares?

F 5,403

G 4,532

H 4,451

J 7,805

Objetivo 1 de *TAKS* **TEKS 3.1A** página 32

5 ¿Cuál es la forma normal de 5,000 + 400 + 3?

A 543

B 5,403

C 54,003

D 54,403

> **Consejo para** *TAKS*
>
> Si un lugar no tiene ningún valor, se pone un 0 para indicar la posición cuando un número se escribe en forma normal.

Objetivo 1 de *TAKS* **TEKS 3.1A** página 32

6 **Respuesta con cuadrícula**
Sam leyó 8 libros durante un verano. El siguiente verano leyó 17 libros y el verano siguiente a ese leyó 26 libros. Si el patrón continúa, ¿cuántos libros leerá Sam el próximo verano?

Objetivo 2 de *TAKS* **TEKS 3.6A** página 6

Hacer una gráfica y analizar los datos

Comprueba lo que sabes

Banco de palabras

datos

encuesta

marcas de conteo

pictografía

Vocabulario y conceptos

Escoge la mejor palabra para completar las oraciones. Grado 2

1. Puedes hacer una _____ para averiguar cuál es el deporte más popular.

2. Puedes usar _____ para llevar la cuenta de los votos.

3. En una _____ se usan símbolos en lugar de marcas de conteo.

Escribe el número que representan los conjuntos de marcas de conteo. Grado 2

4. ||| 5. ⵀⵀ ||| 6. ⵀⵀ ⵀⵀ

Usa el tablero de conteo para responder a las preguntas 7 a 9. Grado 2

7. ¿Cuántos niños escogieron béisbol?

8. ¿Cuántos niños más escogieron fútbol que béisbol?

9. ¿Cuál es el deporte más popular?

Deporte favorito	
fútbol	ⵀⵀ ||||
baloncesto	||||
béisbol	ⵀⵀ ||

Resolver problemas y razonamiento Grado 2

10. ¿Cómo te ayuda hacer marcas de conteo en grupos de 5 a contar los votos?

Vocabulario de TAKS

¡Visualízalo!

Maneras de mostrar datos

Flores recogidas	
rosas	🌸 🌸
tulipanes	🌸 🌸 🌸
violetas	🌸

Cada 🌸 equivale a 5 flores.

pictografía

Gráfica que muestra **datos** con ilustraciones

Flores recogidas

(gráfica de barras: eje Número con valores 0, 5, 10, 15; Tipo de flor: rosas, tulipanes, violetas)

Tipo de flor

gráfica de barras

Gráfica que usa barras para mostrar **datos**

Mi mundo bilingüe

La palabra *gráfica* proviene de una palabra griega que significa "escribir".

Las palabras que se parecen en español y en inglés muchas veces tienen el mismo significado.

Español	Inglés
gráfica	graph
barra	bar
datos	data

Consulta el **Glosario español–inglés**, páginas 576 a 588.

Education Place Visita www.eduplace.com/txmap/, donde encontrarás el **glosario electrónico**.

Objetivo 6 de TAKS **TEKS** 3.15B Relacionar el lenguaje informal con el lenguaje y los símbolos matemáticos.

Capítulo 5   91

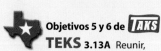
Objetivos 5 y 6 de *TAKS*

TEKS 3.13A Reunir, organizar, anotar y presentar datos en pictografías y gráficas de barras, donde cada dibujo o elemento pueda representar más que una sección de datos.

3.15A Explicar y anotar observaciones utilizando objetos, palabras, dibujos, números y tecnología.

También 3.15B

Vocabulario de *TAKS*

datos

encuesta

Analízalo

| = 1 voto

||||| = 5 votos

Aplícalo
Reunir y organizar datos

Objetivo Hacer una encuesta y anotar los resultados.

★ Explorar

¿Qué deportes les gusta practicar a tus compañeros de clase? Una manera de reunir **datos**, o información, es hacer una **encuesta**. Puedes usar un tablero de conteo para anotar las respuestas.

Pregunta ¿Cómo puedes usar un tablero de conteo para anotar datos?

Haz una encuesta en tu clase.

1 Haz un tablero de conteo en blanco como el que se muestra.

Pregunta: "¿Qué deportes te gusta practicar?"

Deporte favorito para practicar		
Deporte	Conteo	Número
Andar en bicicleta		
Natación		
Fútbol		
Voleibol		

- Haz la encuesta.

- Anota los resultados en el tablero de conteo que hiciste.

2 Cuenta las marcas de conteo para cada deporte.

Haz otra encuesta.
Pregunta: "¿Qué deporte te gusta mirar?"

1 Haz un tablero de conteo.

Deporte favorito para mirar		
Deporte	Conteo	Número
Béisbol		
Tenis		
Fútbol americano		

2 Haz la encuesta.

Anota los resultados en el tablero de conteo.

3 Cuenta las marcas de conteo para cada deporte. ¿Qué deporte prefieren mirar la mayoría de tus compañeros de clase?

★ Extender

Haz un tablero de conteo como el siguiente. Anota la información de la lista con marcas de conteo.

Nuestros deportes favoritos		
Deporte	Conteo	Número
Andar en bicicleta		
Andar en patineta		
Fútbol		
Voleibol		

Nuestros deportes favoritos	
Sue	Andar en patineta
Mary	Andar en bicicleta
Carlos	Andar en patineta
Bob	Fútbol
Kim	Fútbol
Roger	Voleibol
Alyssa	Fútbol
Cynthia	Andar en bicicleta
Rex	Fútbol
Maggie	Fútbol

1. ¿Cuántos estudiantes respondieron a la encuesta?

2. ¿Cuál es el deporte que menos les gusta?

3. ¿Cuántos estudiantes escogieron jugar al fútbol o andar en bicicleta?

Escribir matemáticas

Compara Observa el tablero de conteo completo y la lista de arriba. ¿Qué es más fácil para saber cuál es el deporte favorito: mirar el tablero de conteo o la lista? Explica tu respuesta.

Objetivos 5 y 6 **TAKS**

TEKS 3.13A Reunir, organizar, anotar y presentar datos en pictografías y gráficas de barras, donde cada dibujo o elemento pueda representar más que una sección de datos.

3.13B Interpretar información de pictografías y gráficas de barras.

También 3.15A, 3.15B

Vocabulario de **TAKS**

pictografía

clave

Materiales
• Tablero 1

Aplícalo
Hacer una pictografía

Objetivo Leer y hacer pictografías.

★ Explorar

Las **pictografías** muestran datos de una manera que resulta fácil leerlos y compararlos.

Pregunta ¿Cómo puedes hacer una pictografía para mostrar datos?

Los estudiantes de la clase de gimnasia de Lou escogieron sus ejercicios de piso favoritos. En la tabla se muestran los resultados de la encuesta.

Ejercicio de piso favorito	
Ejercicio	**Número**
Extensión de piernas	10
Saltos	6
Voltereta lateral	4
Pararse de manos	5

Haz una pictografía usando dibujos o símbolos pzara representar los datos.

1 Escribe el título y el nombre de cada ejercicio.

Decide el símbolo que usarás y el número que representará. Escribe la **clave** debajo de la gráfica.

Ejercicios de piso favoritos
Extensión de piernas	
Saltos	
Voltereta lateral	
Pararse de manos	

Cada ♀ significa 2 estudiantes.

2 Dibuja el número correcto de ♀ para cada ejercicio.

• ¿Cómo sabes cuántos ♀ debes dibujar para el ejercicio de extensión de piernas?

• ¿Cuántos símbolos usarás para mostrar el número de estudiantes que escogieron el ejercicio de pararse de manos?

Ejercicios de piso favoritos
Extensión de piernas	♀ ♀ ♀ ♀ ♀
Saltos	
Voltereta lateral	
Pararse de manos	

Cada ♀ significa 2 estudiantes.

Haz una pictografía para mostrar los datos de la tabla. Usa una clave en la que cada represente 5 boletos vendidos.

Boletos vendidos para la exhibición de gimnasia	
Día 1	35
Día 2	20
Día 3	15
Día 4	30

1 Escribe el título y los días.

2 Escribe la clave de la gráfica.

3 Dibuja el número correcto de para cada día.

4 Completa la pictografía.

¿Cuántos símbolos dibujaste para cada uno de los 4 días?

★ Extender

Copia y completa la pictografía.

Actividades de gimnasia favoritas	
Barra de equilibrio	
Cama elástica	
Salto con garrocha	
Barras asimétricas	
Cada ♀ significa 2 personas.	

1. A seis personas les gusta usar la barra de equilibrio.

2. Ocho personas más prefieren la cama elástica a la barra de equilibrio.

3. El número de personas a las que les gusta usar la cama elástica es igual al número de personas a las que les gusta saltar con garrocha.

4. El número de personas a las que les gusta usar la cama elástica es igual al número total de personas a las que les gusta usar la barra de equilibrio y las barras asimétricas.

Diario de matemáticas

Escribir matemáticas

Justifica Imagina que hay 20 muñequeras, 25 conjuntos de ropa deportiva y 40 rodilleras. ¿Sería una buena opción para una pictografía usar una clave donde cada dibujo represente 10 artículos? Explica por qué.

 Objetivos 5 y 6 de TAKS

TEKS 3.13A Reunir, organizar, anotar y presentar datos en pictografías y gráficas de barras, donde cada dibujo o elemento pueda representar más que una sección de datos.

3.13B Interpretar información de pictografías y gráficas de barras.

También 3.15A, 3.15B

Vocabulario de TAKS

gráfica de barras

Materiales
- Lápices de colores
- Tablero 7 o Recurso de enseñanza 7

Aplícalo
Hacer una gráfica de barras

Objetivo Hacer una gráfica de barras para representar datos.

★ Aprender con manipulativos

Una **gráfica de barras** es otra manera de ver y comparar datos.

Las Olimpíadas de Invierno de 2002 se celebraron en Salt Lake City, Utah. En la tabla se muestra el número de medallas que ganaron cuatro países.

Medallas ganadas	
País	**Número de medallas**
Canadá	17
Italia	13
Francia	11
China	8

Haz una gráfica de barras para mostrar los datos de la tabla.

1 Escribe el título.

Rotula el costado y la parte inferior de la gráfica.

2 Se usa una escala para mostrar el número de medallas.

La gráfica tiene una escala de 2.

3 Dibuja las barras. Es posible que algunas barras terminen en medio de dos números porque usaste una escala de 2.

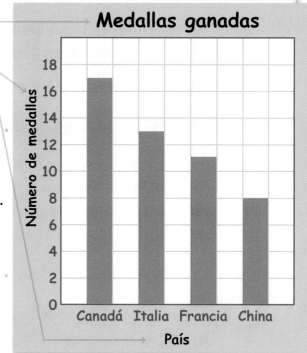

★ Práctica guiada

Usa la siguiente gráfica de barras horizontales para responder a las preguntas 1 a 3.

Piénsalo

• ¿Cuál es la escala de la gráfica?

• ¿Alguna barra termina en medio de dos números?

Medallas olímpicas en natación

País: China, Grecia, Dinamarca, Bulgaria

Número de medallas (0, 2, 4, 6, 8, 10, 12, 14, 16, 18, 20)

1. ¿Qué país ganó más medallas en natación?

2. ¿Qué país ganó menos medallas en natación? ¿Cuántas medallas ganó ese país?

Resolver problemas con ayuda

3. ¿Qué país ganó el doble de medallas que Bulgaria?

   a. **Compréndelo/Planéalo** ¿Cuántas medallas ganó Bulgaria? ¿Cómo puedo hallar el doble de ese número?

   b. **Resuélvelo** Suma para hallar qué país ganó el doble de medallas de las que ganó Bulgaria.

   c. **Verifícalo** El país que ganó el doble de medallas de las que ganó Bulgaria es [ ].

   La barra de este país debería tener el doble de longitud que la barra de Bulgaria. ¿Es así?

Consejo de vocabulario

El **doble** significa dos veces la misma cantidad.

(123) Hablar de matemáticas ¿Cambia el significado de los datos cuando se representan en una gráfica de barras horizontales en lugar de representarlos en una gráfica de barras verticales? Explica por qué.

★ Practicar y resolver problemas

Haz una encuesta a 10 personas.
Pregunta: "¿Cuál es tu estación favorita?"

4. Haz una gráfica de barras para mostrar los resultados de la encuesta.

5. Escribe un problema en palabras que se pueda responder usando la gráfica.

 ## Conexión con la información

Usa la gráfica de barras para resolver los problemas 6 a 10.

6. ¿Qué información se necesita para completar la gráfica?

7. ¿Cuál es el deporte de verano más popular?

8. Cálculo mental ¿Qué deporte es casi la mitad de popular que el atletismo?

9. ¿Qué dos deportes juntos fueron tan populares como la gimnasia?

10. Reto Imagina que 50 personas escogieron la gimnasia. Aproximadamente, ¿cuántas personas escogieron el atletismo?

Deportes olímpicos de verano favoritos

Deporte: Gimnasia, Natación, Atletismo, Baloncesto

Número de votos

★ Práctica para TAKS / Selección múltiple

11 Esta gráfica muestra cuántas flores hay en el jardín de Tina. ¿Qué lista muestra los mismos datos?

A tulipán 10
narciso 8
lirio 2

B tulipán 8
narciso 10
lirio 4

C tulipán 8
narciso 10
lirio 2

D tulipán 6
narciso 8
lirio 3

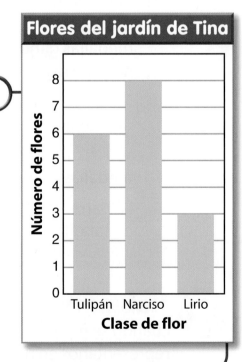

Flores del jardín de Tina

Número de flores

Tulipán Narciso Lirio
Clase de flor

Encuesta sobre la comida favorita

Participa en la encuesta. Luego podrás ver una gráfica de barras con las respuestas de muchos estudiantes, incluso la tuya.

Ve a Data Place en www.eduplace.com/txmap/.

1 Haz clic en "Favorite Meal" (comida favorita).

2 Haz clic en el botón que está debajo de tu comida favorita.

3 Haz clic en "Submit" (enviar).

4 Observa y anota el resultado que se muestra en la gráfica de barras.

Cada vez que alguien participa en la encuesta, la gráfica de barras cambia. Asegúrate de escribir los números de las opciones de comida del día que participaste en la encuesta.

Usa la gráfica de barras en la que se muestran los resultados de la encuesta sobre la comida favorita para responder a las preguntas 1 a 4.

1. Según la encuesta, ¿cuál es la comida favorita de los estudiantes?

2. ¿Cuál es la comida que prefiere el menor número de estudiantes?

3. ¿Cuántos estudiantes no escogieron pizza como su comida favorita?

4. ¿Cuántos estudiantes participaron en la encuesta? ¿Cómo lo sabes?

5. Reúne información sobre comidas favoritas. Organiza y anota tus datos. Preséntalos en una pictografía en la que un dibujo represente más de un dato. Haz una gráfica de barras con los mismos datos.

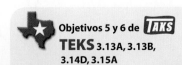

Objetivos 5 y 6 de **TAKS**
TEKS 3.13A, 3.13B, 3.14D, 3.15A

Objetivo 5 de TAKS

TEKS 3.13A Reunir, organizar, anotar y presentar datos en pictografías y gráficas de barras, donde cada dibujo o elemento pueda representar más que una sección de datos.

3.13B Interpretar información de pictografías y gráficas de barras.

Escoger una gráfica

Objetivo Escoger una gráfica apropiada.

★ Aprender con ejemplos

Ayer se publicaron estas gráficas en un periódico, pero no se publicó el nombre de las escuelas en las gráficas.

Escuela A

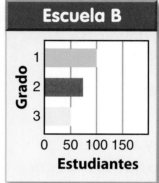

Escuela B

Escuela C

Cada ♀ significa 25 estudiantes.

Ejemplo

Daniel sabe que en su escuela hay 50 estudiantes de tercer grado. También sabe que hay más estudiantes en segundo grado que en tercer grado. ¿Cuál es la gráfica de la escuela de Daniel?

La escuela B es la escuela de Daniel. Explica por qué.

★ Práctica guiada

Piénsalo
- ¿Qué información tengo?
- ¿Qué gráfica muestra esa información?

1. En la escuela de Ed hay más estudiantes de segundo grado que de primer grado. Hay más de 50 estudiantes de tercer grado. ¿Cuál es la escuela de Ed?

 Hablar de matemáticas ¿Es lo mismo si los datos están en una gráfica de barras o en una pictografía?

★ Practicar y resolver problemas

Conexión con la información

Usa las gráficas de la derecha para resolver los problemas 2 a 4.

2. Marta sabe que la mayoría de los estudiantes de su grupo dijeron que les gusta viajar en carro. También sabe que a la minoría les gusta viajar en tren. ¿En qué grupo estaba Marta?

3. Kelsey hizo un tablero de conteo para mostrar los resultados de su grupo.

Medio de transporte	Número de estudiantes
carro	ЖЖ ЖЖ ЖЖ ЖЖ
tren	ЖЖ ЖЖ
avión	ЖЖ ЖЖ ЖЖ ЖЖ

¿En qué grupo estaba Kelsey?

4. Angélica hizo una tabla para mostrar los resultados de su grupo.

Medio de transporte	Número de estudiantes
carro	20
tren	10
avión	15

¿En qué grupo estaba Angélica?

5. Reúne datos y preséntalos en una pictografía en la que cada ilustración represente más de un dato. Usa los mismos datos para hacer una gráfica de barras.

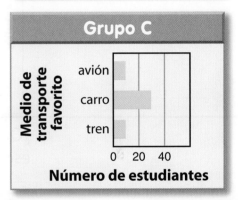

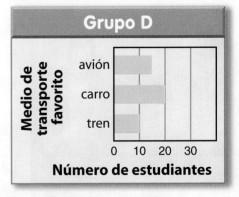

 Práctica para **TAKS** Respuesta con cuadrícula

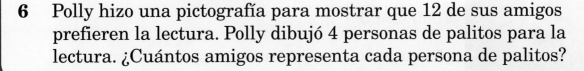

6 Polly hizo una pictografía para mostrar que 12 de sus amigos prefieren la lectura. Polly dibujó 4 personas de palitos para la lectura. ¿Cuántos amigos representa cada persona de palitos?

Objetivos 5 y 6 de TAKS

TEKS 3.13A Reunir, organizar, anotar y presentar datos en pictografías y gráficas de barras, donde cada dibujo o elemento pueda representar más que una sección de datos.

3.13B Interpretar información de pictografías y gráficas de barras.

También 3.14B, 3.16B

Resolver problemas: Plan
Usa una gráfica

Objetivo Interpretar información de pictografías y gráficas de barras.

★ Aprender con ejemplos

Entre las opciones de viajes y turismo en Texas se ofrecían paquetes para eventos especiales. En la gráfica se muestra la cantidad de personas que escogieron cada evento.

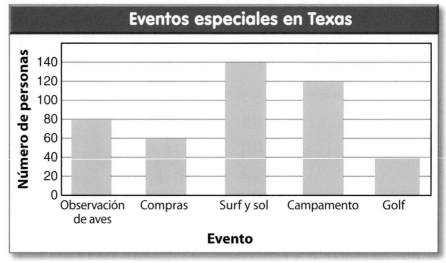

¿Qué evento escogieron el doble de las personas que escogieron ir de compras en Texas?

COMPRÉNDELO/PLANÉALO

Puedes usar la altura de las barras de la gráfica para comparar el número de personas que escogieron cada evento.

Halla la barra que sea el doble de alta que la barra "Compras".

RESUÉLVELO

La barra que representa las compras está en 60. La barra del campamento es el doble de alta que la barra de las compras. Llega a 120. 120 es el doble de 60. Fueron de campamento el doble de las personas que fueron de compras.

VERIFÍCALO

¿Cómo podrías comprobar si tu respuesta es razonable?

★ **Resolver problemas con ayuda**

Usa las preguntas para resolver el problema.

1. Alexis hizo una gráfica de barras para representar su puntuación en los bolos durante cuatro semanas. ¿Cuántos puntos más anotó Alexis en la semana 4 que en la semana 1?

   a. Compréndelo ¿Qué debes hallar?

   b. Planéalo ¿Debo comparar la longitud de las barras de la semana 1 y la semana 4? ¿Cuáles son los puntajes de cada semana?

   c. Resuélvelo ¿Qué operación debo usar? ¿Cuál es la diferencia entre la semana 1 y la semana 4?

   d. Verifícalo ¿Tiene sentido mi respuesta?

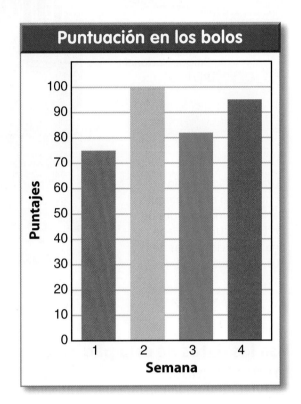
Puntuación en los bolos

 Hablar de matemáticas Explica cómo te ayuda comparar la longitud de las barras y los números a resolver un problema.

★ **Práctica para resolver problemas**

Resuelve.

2. Esta semana Amy nadó largos en la piscina. ¿Qué dos días juntos nadó la misma cantidad de largos que los que nadó el jueves?

3. ¿Qué día nadó Amy la mayor cantidad de largos?

4. ¿Qué día nadó Amy el doble de largos que los que nadó el miércoles?

5. ¿Qué día nadó Amy cuatro veces más largos que el viernes?

Largos en la piscina

Lun.	
Mar.	
Mié.	
Jue.	
Vie.	

Cada 🐟 significa 3 largos.

Parque Nacional
Big Bend

El Parque Nacional Big Bend es uno de los parques nacionales más grandes de los Estados Unidos. Tiene una superficie de más de 801,000 acres.

PARQUE NACIONAL
BIG BEND

En el parque Big Bend hay áreas de montañas, desiertos y ríos.

Usa los datos de esta página para resolver los problemas.

6. Escribe la superficie del parque en acres en forma extendida y en forma verbal.

7. Redondeados a la centena más cercana, ¿cuáles son los puntos más alto y más bajo del Parque Nacional Big Bend?

8. Redondeadas a la centena más cercana, aproximadamente, ¿cuántas millas de paseos y caminos hay en el Parque Nacional Big Bend?

9. Escribe los senderos del Parque Nacional Big Bend de mayor a menor según el número de millas.

10. Haz una pictografía o una gráfica de barras para mostrar la información de la tabla de arriba. Explica por qué escogiste ese tipo de gráfica. Explica cómo hiciste la gráfica.

Explorar el Parque Nacional Big Bend	
Senderos	**Número mínimo de millas**
Paseos por la naturaleza	201
Caminos pavimentados	100
Caminos de tierra	170

Datos divertidos

- El punto más bajo del Parque Nacional Big Bend está a 1,850 pies. El punto más alto está a 7,832 pies.

- El nombre "Big Bend" (curva grande) hace referencia a la curva del río Bravo.

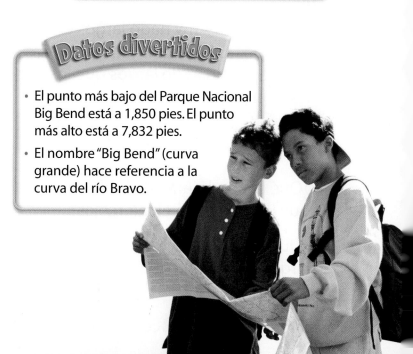

Usa la gráfica de barras para resolver los problemas 11 a 15.

11. ¿En qué dos meses es mayor la diferencia en el promedio de temperaturas altas?

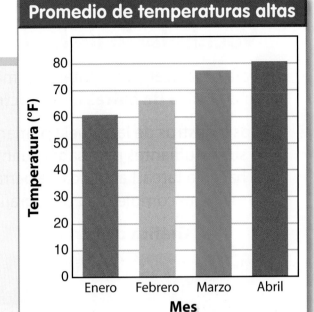

Promedio de temperaturas altas

Crea y resuelve

12. Karen escribió el siguiente problema en palabras a partir de la gráfica de barras de la derecha.

> ¿En qué mes es más alta la temperatura?

Resuelve el problema en palabras de Karen.

13. Escribe dos problemas en palabras a partir de la gráfica de barras.

- Indica qué información incluirás en cada problema.
- Indica cuál será la pregunta de cada problema.

14. Muestra la solución a tus problemas en palabras. Asegúrate de mostrar los pasos que seguiste para resolver los problemas.

15. Intercambia los problemas con un compañero. Resuelvan y comenten los problemas del otro.

Práctica para TAKS / **Selección múltiple**

16 Martha llegó al Parque Nacional Big Bend a las nueve menos cuarto. ¿Qué hora muestra cuándo llegó?

A 8:35
B 8:45
C 9:15
D 9:45

Consejo para TAKS

Antes de escoger una respuesta, expresa la hora como minutos después de la hora.

Leer y escribir matemáticas

Vocabulario de TAKS

Para organizar y presentar información puedes usar una **gráfica de barras** o una **pictografía**.

Los maestros de la escuela primaria Park encuestaron a sus estudiantes para saber cuánto tiempo dedican a hacer la tarea. La gráfica de barras muestra los datos. Úsala para completar la pictografía.

Gráfica de barras

Minutos dedicados a hacer la tarea en 4 clases

Minutos dedicados a la tarea (eje vertical: 0, 10, 20, 30, 40, 50, 60, 70)

- Maestro Johnson: 20
- Maestra Ortiz: 70
- Maestra Brown: 40
- Maestro Gabor: 60

Clase (eje horizontal)

Pictografía

Promedio de minutos dedicados a hacer la tarea

Clase del maestro Johnson	
Clase de la maestra Ortiz	
Clase de la maestra Brown	
Clase del maestro Gabor	

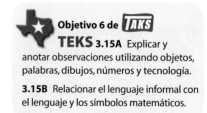

Cada 🕐 significa

Escribir Encuesta a 5 estudiantes sobre el tiempo que dedicaron a hacer la tarea ayer por la noche. Usa la información para hacer una gráfica de barras o una pictografía.

Leer Busca libros relacionados con este concepto en tu biblioteca.

Práctica adicional basada en los estándares

Conjunto A
Objetivo 5 de TAKS TEKS 3.13A página 94

Usa la tabla para hacer una pictografía.
Usa 🧍 para representar 4 personas.

1. ¿Cuál es el título de tu pictografía?

2. ¿Cuántos 🧍 usaste para *Practicar deportes?*

3. ¿Cuántos 🧍 más usaste para *Practicar deportes* que para *Leer un libro?*

Actividad favorita	
Actividad	**Número de estudiantes**
Practicar deportes	32
Visitar amigos	40
Hacer artesanías	24
Leer un libro	12

Conjunto B
Objetivo 5 de TAKS TEKS 3.13A página 96

Usa la tabla para hacer una gráfica de barras.

1. ¿Cuántas barras tiene la gráfica?

2. ¿Qué escala usaste?

3. ¿Cómo escogiste la escala?

Materia favorita	
Materia	**Número de estudiantes**
Matemáticas	17
Lectura	15
Ciencias	12
Estudios sociales	9

Conjunto C
Objetivo 5 de TAKS TEKS 3.13B página 102

Usa la gráfica de barras para responder a las preguntas.

1. ¿Cuántos estudiantes escogieron tenis como deporte favorito?

2. ¿Qué escala se usó?

3. ¿Cuál es la opción más popular? Explica tu respuesta.

4. ¿Cómo cambiaría la gráfica si 2 estudiantes más escogen tenis?

Education Place
Visita www.eduplace.com/txmap/, donde encontrarás más **práctica adicional**.

Capítulo 5 Práctica adicional **107**

Repaso/Examen del capítulo

Vocabulario y conceptos

Objetivo 5 de TAKS TEKS 3.13A

Escoge el mejor término para completar las oraciones.

Banco de palabras
gráfica de barras
marca de conteo
pictografía
tablero de conteo

1. Un _____ es una tabla que se usa para anotar datos.

2. Una gráfica que usa barras para mostrar datos es una _____.

3. Una _____ es una gráfica que usa dibujos para mostrar datos.

Cálculos

Objetivo 5 de TAKS TEKS 3.13B

Usa la gráfica de barras para responder a las preguntas 4 a 7.

Mascotas que tienen los estudiantes

(Gráfica de barras: Número de estudiantes vs Mascota — Perro 4, Gato 3, Ave 1, Pez 2)

4. ¿Cuántos estudiantes tienen un gato?

5. ¿Cuántos estudiantes tienen un perro o un pez?

6. ¿Cuántos estudiantes más tienen gatos que los que tienen aves?

7. ¿Qué mascota tienen el doble de estudiantes de los que tienen peces?

Usa la pictografía para responder a las preguntas 8 y 9.

Color favorito

Rojo	☺ ☺ ☺ ☺
Azul	☺ ☺ ☺
Verde	☺ ☺

Cada ☺ equivale a 2 personas.

8. ¿Cuál es el color más popular?

9. ¿Cuántas personas más escogieron azul que las que escogieron verde?

Resolver problemas y razonamiento

Objetivo 5 de TAKS TEKS 3.13A, 3.13B

Resuelve.

10. Observa la pictografía de arriba. Si quieres agregar información para indicar que 7 personas escogieron amarillo como su color favorito, ¿cuántas caritas sonrientes debes usar?

Diario de matemáticas

Escribir matemáticas Observa la gráfica de barras. Si se agrega otra barra para mostrar que 6 estudiantes no tienen mascotas, ¿cómo cambiaría la gráfica?

Preparación para TAKS y repaso frecuente

Usa la siguiente gráfica de barras para responder a las preguntas 1 a 3.

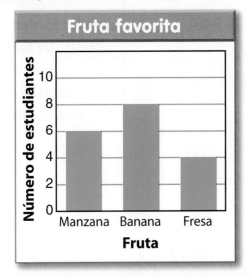

1 ¿Cuántos estudiantes escogieron banana como su fruta favorita?

A 4   **B** 6

C 8   **D** 10

Objetivo 5 de TAKS TEKS 3.13B página 96

2 ¿Cuántos estudiantes se encuestaron en total?

F 8   **G** 14

H 18   **J** 24

Objetivo 5 de TAKS TEKS 3.13B página 96

3 Respuesta con cuadrícula
¿Cuántos estudiantes más prefieren la banana a la fresa?

Objetivo 5 de TAKS TEKS 3.13B página 96

4 ¿Cuánto es 55 redondeado a la decena más cercana?

A 50

B 56

C 60

D 100

Objetivo 1 de TAKS TEKS 3.5A página 52

5 ¿Cuál es el lugar que ocupa el dígito subrayado en 40,598?

F decenas de millar

G millares

H centenas

J decenas

Objetivo 1 de TAKS TEKS 3.1A página 32

6 Respuesta con cuadrícula
Lisa anduvo en su bicicleta durante 32 minutos. A la decena más cercana, ¿aproximadamente cuántos minutos anduvo?

Objetivo 1 de TAKS TEKS 3.5A página 52

Education Place
Visita www.eduplace.com/txmap/, donde encontrarás **consejos para tomar exámenes** y más **práctica para TAKS.**

Repaso/Examen de la Unidad 2

Vocabulario y conceptos

Objetivos 4 y 5 de *TAKS* TEKS 3.12, 3.13

Escoge el mejor término para completar las oraciones.

1. Una _____ es una gráfica que usa barras para mostrar datos.

2. Una _____ es una gráfica que muestra datos con ilustraciones.

3. Hay sesenta minutos en una _____.

4. La temperatura 50 °F significa cincuenta _____.

Banco de palabras

grados Fahrenheit

gráfica de barras

hora

minuto

pictografía

Cálculos

Objetivos 4 y 5 de *TAKS* TEKS 3.12, 3.13

Usa la gráfica de barras para resolver los problemas 5 a 7.

5. ¿Cuántos caracoles se encontraron el viernes?

6. ¿Cuántos caracoles más se encontraron el jueves que el sábado?

7. ¿Cuántos días se encontraron más de tres caracoles?

Escribe las temperaturas usando °F.

8. °Fahrenheit

9. °Fahrenheit

10. °Fahrenheit

Escribe las horas como se verían en un reloj digital.

11.

12.

13.

Resolver problemas y razonamiento

Resuelve.

14. Mavis dibujó 5 ☆ en su pictografía para mostrar el número de libros que leyó. Cada ☆ representa 3 libros. ¿Cuántos libros leyó Mavis?

15. Algunas personas patinan sobre hielo en una laguna. ¿La temperatura será 20 °F ó 66 °F?

¡LA GRAN IDEA!

Escribir matemáticas Allie anotó los resultados de un experimento en un tablero de conteo mientras que Lila los escribió en una lista. ¿Qué conjunto de datos es más fácil de leer? Explica tu respuesta.

Evaluar el rendimiento

Puesto de limonada

Andrea tiene un puesto de limonada. La gráfica muestra el número de vasos de limonada que vendió la semana pasada.

Limonada vendida

Tarea	Información que necesitas
Usa la gráfica de barras y la información de la derecha para decidir cuántas bolsas de vasos y cuántas latas de limonada en polvo debería comprar Andrea para la semana siguiente.	Cada bolsa contiene 25 vasos.
	Si se mezcla el contenido de un frasco de limonada en polvo con agua, se obtienen aproximadamente 40 vasos de limonada.
	Ésta es la última semana que Andrea venderá limonada.

En sus marcas... con Greg Tang

Resta hasta 10

¡Incluso cuando debes restar, una táctica inteligente es sumar!

Conozco una manera rápida de calcular 13 − 8. En vez de quitar 8, sumo para hallar la diferencia entre 13 y 8. Comienzo en 8 y primero sumo 2 para formar 10, después sumo 3 más para formar 13. ¡La respuesta es 2 + 3 = 5!

1. 15 − 7 → 7 + $\boxed{8}$ = 15

$\boxed{3}$ $\boxed{5}$

Forma 10. Suma el resto.

2. 13 − 9 → 9 + ■ = 13

$\boxed{1}$ $\boxed{3}$

Forma 10. Suma el resto.

3. 17 − 8 → 8 + ■ = 17

■ ■

Forma 10. Suma el resto.

4. 11 − 6 → 6 + ■ = 11

■ ■

Forma 10. Suma el resto.

¡Así se hace!

5. 14 − 7 → 7 + ■ = 14

■ ■

6. 12 − 5 → 5 + ■ = 12

■ ■

¡Más rápido!

¡Sigue adelante!
¡Ahora inténtalo siguiendo los pasos mentalmente!

7. 13 − 4   **8.** 16 − 8   **9.** 11 − 8   **10.** 12 − 6

La suma y la resta

¡LAS GRANDES IDEAS!

- Se pueden unir o separar los sumandos para que el cálculo sea más fácil.
- Se pueden representar situaciones de suma y resta de muchas maneras.
- En cada estrategia de estimación se usan números que son fáciles de calcular.

Capítulo 6
Estrategias de suma

Capítulo 7
Estrategias de resta

Capítulo 8
Sumar o restar

Canciones y juegos

Música y matemáticas
Pista 3

- ¡Cuántos caracoles!
- Más bellotas
- El banco de monedas de un centavo

¡Súmalo!

Objetivo del juego Formar sumandos de dos dígitos para que la suma tenga un número grande en el lugar de las unidades.

Materiales
- Dado con números del 1 al 6
- Dado con números del 4 al 9

Número de jugadores 2

Cómo se juega

1 El jugador 1 lanza los dos dados y escribe un número de dos dígitos con los números que salen. Luego, vuelve a lanzar los dados y escribe otro número.

2 El jugador 1 suma los dos números. El jugador 2 verifica la suma. El dígito de la suma que ocupa el lugar de las unidades es el número de puntos que gana el jugador 1.

3 Los jugadores se turnan para repetir los pasos 1 y 2. Cada jugador lleva la cuenta del número total de puntos que tiene. Gana el primer jugador que sume un total de 50 puntos.

★ **Objetivo 1 de** TAKS

TEKS 3.3A Dar ejemplos de la suma y la resta utilizando dibujos, palabras y números.

Education Place
Visita www.eduplace.com/txmap/, donde encontrarás **acertijos**.

Leer

Mostrar la información de diferentes maneras

Mostrar la información y los números de un problema en palabras de diferentes maneras te puede resultar útil. Puedes hacer una lista, escribir una oración numérica, hacer notas o hacer un dibujo o diagrama.

Lee el problema en palabras.	Estudia el dibujo.
Problema 1 El viernes, la feria escolar comenzó a las 3:00 p.m. Ese día compraron boletos 185 padres y amigos. El sábado compraron boletos 325 personas. ¿Cuántas personas compraron boletos para la feria escolar en total?	Ambos días ? Viernes 185 Sábado 325

En el problema 1, conoces las partes pero no el total. Puedes ver que necesitas sumar para hallar el total.

> Así mostré la información del problema.

Escribir Lee el problema 2. Luego muestra la información de otra manera. Puedes hacer un dibujo o diagrama. Puedes hacer una lista. Puedes escribir una oración numérica.

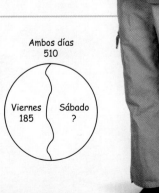

Problema 2	Ambos días 510
El viernes, la feria escolar comenzó a las 3:00 p.m. Ese día compraron boletos 185 padres y amigos. Para cuando la feria terminó el sábado por la noche, 510 personas habían comprado boletos. ¿Cuántas personas compraron boletos el sábado?	Viernes 185 Sábado ?

Estrategias de suma

Peces mariposa de antifaz

Comprueba lo que sabes

Vocabulario y conceptos

Escoge la mejor palabra para completar las oraciones. Grado 2

1. La _____ de 4 y 6 es 10.

2. En la oración numérica $4 + \blacksquare = 10$ falta un _____.

Cálculos

Suma. Grado 2

3. $6 + 7$

4. $8 + 8$

5. $4 + 7$

6. $\begin{array}{r} 9 \\ + 5 \\ \hline \end{array}$

7. $\begin{array}{r} 7 \\ + 9 \\ \hline \end{array}$

8. $\begin{array}{r} 8 \\ + 6 \\ \hline \end{array}$

9. $\begin{array}{r} 5 \\ + 7 \\ \hline \end{array}$

Resolver problemas y razonamiento Grado 2

Resuelve.

10. ¿Debes reagrupar para sumar 17 y 22? Explica tu respuesta.

Vocabulario de TAKS

¡Visualízalo!

¿Cuál es la suma de 27 y 5?

1. **Suma las unidades.**

   7 unidades + 5 unidades
   = 12 unidades

decenas	unidades
2	7
+	5

2. **Reagrupa las unidades como decenas.**

   12 unidades = 1 unidad
   + 2 unidades

   $\begin{array}{r} 1 \\ 27 \\ + 5 \\ \hline 2 \end{array}$ ← sumando

3. **Suma las decenas.**

   1 decena + 2 decenas
   = 3 decenas

   $\begin{array}{r} 1 \\ 27 \\ + 5 \\ \hline 32 \end{array}$ ← suma

reagrupar

Intercambiar cantidades iguales al convertir un número

Mi mundo bilingüe

Las palabras que se parecen en español y en inglés muchas veces tienen el mismo significado.

Español	Inglés
reagrupar	regroup
suma	sum
estrategia	strategy

Consulta el **Glosario español–inglés**, páginas 576 a 588.

Education Place Visita www.eduplace.com/txmap/, donde encontrarás el **glosario electrónico**.

Objetivo 6 de TAKS **TEKS** 3.15B Relacionar el lenguaje informal con el lenguaje y los símbolos matemáticos.

Capítulo 6   117

Objetivos 1 y 6 de TAKS

TEKS 3.3A Dar ejemplos de la suma y la resta utilizando dibujos, palabras y números.

3.15A Explicar y anotar observaciones utilizando objetos, palabras, dibujos, números y tecnología.

También 3.3B, 3.14D, 3.15B, 3.16A, 3.16B

Vocabulario de TAKS

sumando

suma

Materiales
• Bloques de base diez
• Tablero 1
• Manipulativos electrónicos www.eduplace.com/txmap/ (opcional)

Aplícalo
Sumar de diferentes maneras

Objetivo Explorar diferentes métodos para sumar.

★ Explorar

En el Capítulo 2 usaste bloques de base diez para representar números.

Pregunta ¿Cómo puedes usar bloques de base diez para sumar dos números?

Jonah leyó el diario de pesca en el lago Lone Star. El diario mostraba que el día anterior se habían capturado 57 bagres y 22 peces sol. ¿Cuántos peces se capturaron?

1 Usa bloques de base diez para representar los **sumandos**, o los números que se sumarán. Muestra 57. Muestra 22.

2 Cuenta el número de bloques que hay en cada grupo. Escribe el número de las unidades. Escribe el número de las decenas.

7 decenas   9 unidades

3 Agrupa los bloques de las unidades. Agrupa los bloques de las decenas.

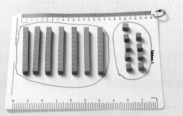

4 Escribe el nuevo problema de suma. ¿Cuál es la respuesta o **suma**?

70 + 9 = 79

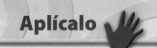

¿Cómo puedes sumar números sin usar bloques?

Inténtalo con $46 + 35$.

Escribe los dos sumandos como la suma de las decenas y las unidades.

1 Escribe 46 como la suma de las decenas y las unidades. Escribe 35 como la suma de las decenas y las unidades.

$$46 = 40 + 6$$
$$+\ 35 = 30 + 5$$

2 Suma las unidades. Suma las decenas. ¿Cuánto es la suma de las decenas y las unidades?

$$46 = 40 + 6$$
$$+\ 35 = 30 + 5$$
$$70 + 11 = 81$$

¿Cómo te ayuda escribir 46 como $40 + 6$ y 35 como $30 + 5$ a sumar?

Haz cálculos mentales.

1 Escoge un sumando. Piensa en 35 como la suma de las decenas y las unidades.

$$35 = \bigcirc \text{ decenas} + \bigcirc \text{ unidades}$$

2 Haz cálculos mentales para sumar las **3** decenas a 46. Luego, suma las 5 unidades.

$$46 + 30 = 76$$
$$76 + 5 = \bigcirc$$

¿Cómo te ayuda pensar en 35 como $30 + 5$ a sumar?

★ Extender

Halla las sumas.

1. $\begin{array}{r} 27 \\ +\ 57 \end{array}$	**2.** $\begin{array}{r} 81 \\ +\ 14 \end{array}$	**3.** $\begin{array}{r} 66 \\ +\ 28 \end{array}$	**4.** $\begin{array}{r} 32 \\ +\ 44 \end{array}$	**5.** $\begin{array}{r} 63 \\ +\ 29 \end{array}$

Diario de matemáticas

Escribir matemáticas

Explica ¿En qué se parecen los dos métodos de sumar?

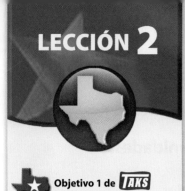
Objetivo 1 de **TAKS**

TEKS 3.5A Redondear números enteros a la decena o centena más cercana para aproximar resultados razonables de problemas.

3.5B Utilizar estrategias que incluyen el redondeo y los números compatibles para estimar soluciones a problemas de suma y resta.

Vocabulario de **TAKS**

estimar

Los **números compatibles** son números que son fáciles de calcular mentalmente. Halla números que se aproximen a los números originales que sumen 10 o que terminen en 0, 5, 25, 50 o 75.

128 es aproximadamente → 125
+ 284 es aproximadamente → + 280
405

Usar el redondeo y los números compatibles

Objetivo Estimar sumas mediante el redondeo de números o el uso de números compatibles.

★ Aprender con ejemplos

A veces, no es necesario que halles la suma exacta. Puedes **estimar** la suma. Cuando estimas, obtienes una respuesta que se acerca a la respuesta exacta.

En el parque estatal, 227 visitantes vieron un águila calva este año. El año pasado 77 visitantes vieron una. Aproximadamente, ¿cuántos visitantes vieron águilas en estos dos años?

Diferentes maneras de estimar

Manera 1   Números compatibles

Usa números fáciles de calcular mentalmente.

227 es aproximadamente → 225
+ 77 es aproximadamente → + 75
[ ]

227 + 77 es aproximadamente 300.

Manera 2   Usa el redondeo

Redondea los números al lugar de mayor valor. Luego, suma.

227 se redondea a → 200
+ 77 se redondea a → + 80
[ ]

227 + 77 es aproximadamente 280.

Piénsalo

• ¿Qué números serían fáciles de sumar mentalmente?

• ¿A qué lugar debería redondear cada número?

★ Práctica guiada

Usa números compatibles para estimar la suma.

1. 327 + 58   **2.** 217 + 45

Redondea para estimar la suma.

3. 179 + 62   **4.** 332 + 142

 **Hablar de matemáticas** ¿Cuándo podrías usar estimaciones?

Redondea para estimar la suma.

5. 47 + 53	**6.** 29 + 37	**7.** 346 + 389	**8.** 655 + 107	**9.** 852 + 284

Usa números compatibles para estimar la suma.

10. 26 + 35	**11.** 14 + 37	**12.** 221 + 307	**13.** 163 + 122	**14.** 151 + 23

 Conexión con la información

Usa el cartel para resolver los problemas 15 a 17.

15. **Cálculo mental** Muestra una manera en la que puedas hacer cálculos mentales para estimar el número de campamentos que tienen conexiones de agua o electricidad.

16. Imagina que se suman 5 campamentos más que sólo tienen agua. Si usas el redondeo para estimar el número total de campamentos que hay ahora, ¿cambiaría tu estimación? Explica tu respuesta.

17. **Reto** El papá de Andrew gastó $163.20 en una carpa y $114.89 en gasolina para el viaje. Aproximadamente, ¿cuánto gastaron en total para la carpa y la gasolina?

Bienvenidos al Parque Estatal Fairfield Lake

Condado de Freestone, Texas

Campamentos

Con agua – 35 campamentos

Con electricidad y agua – 96 campamentos

Sin electricidad ni agua – 50 campamentos

 Práctica para TAKS (**Selección múltiple**)

18 Lita tiene 576 canicas y Peter tiene 425. ¿Cuál es la mejor estimación del número de canicas que tienen en total?

A 200 **B** 1,000 **C** 900 **D** 1,100

Consejo para TAKS

La palabra *estimación* significa la cantidad aproximada.

LECCIÓN 3

Objetivo 1 de TAKS

TEKS 3.3A Dar ejemplos de la suma y la resta utilizando dibujos, palabras y números.

También 3.3B

Vocabulario de TAKS

reagrupar

Materiales
• Bloques de base diez
• Tablero 1
• Manipulativos electrónicos
  www.eduplace.com/txmap/
  (opcional)

Aplícalo
Usar el valor de posición para sumar

Objetivo Sumar números de dos y tres dígitos.

★ Aprender con manipulativos

Felipe es miembro de un club de observación de aves. En el mes de abril se observaron 159 aves en el club de Felipe. En mayo se observaron 114 aves. ¿Cuántas aves observaron los miembros del club en esos dos meses?

En este problema debes hallar el número total de aves, por lo tanto suma.

Dibújalo	**Escríbelo**
1 Haz dibujos rápidos para representar 159 + 114. 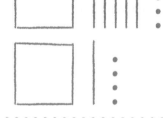 Usa cuadrados para representar las centenas. Usa líneas para representar las decenas. Usa puntos para representar las unidades.	$\begin{array}{r} 159 \\ +\,114 \end{array}$
2 Suma las unidades. 9 unidades + 4 unidades = 13 unidades. **Reagrupa**. Puedes dibujar 1 decena por cada 10 unidades. 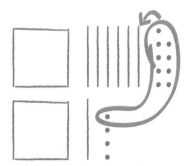	$\begin{array}{r} \overset{1}{1}59 \\ +\,114 \\ \hline 3 \end{array}$ Reagrupa 13 unidades como 1 decena y 3 unidades.

3 Suma las decenas.

1 decena + 5 decenas + 1 decena = 7 decenas.

$$\begin{array}{r} \overset{1}{159} \\ +\ 114 \\ \hline 73 \end{array}$$

4 Suma las centenas.

1 centena + 1 centena = 2 centenas.

$$\begin{array}{r} \overset{1}{159} \\ +\ 114 \\ \hline 273 \end{array}$$

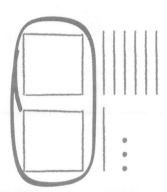

★ Práctica guiada

Suma. Si necesitas ayuda, haz dibujos rápidos.

1. $\begin{array}{r} 34 \\ +\ 62 \\ \hline \end{array}$
    2. $\begin{array}{r} 23 \\ +\ 68 \\ \hline \end{array}$
    3. $\begin{array}{r} 354 \\ +\ 127 \\ \hline \end{array}$
    4. $\begin{array}{r} 438 \\ +\ 224 \\ \hline \end{array}$

5. 76 + 35   **6.** 846 + 33   **7.** 626 + 308

Piénsalo
- ¿Cuál es la suma de las unidades?
- ¿Debo reagrupar las unidades?

 Hablar de matemáticas ¿Cómo sabes cuándo debes reagrupar?

★ Practicar y resolver problemas

Suma. Si necesitas ayuda, haz dibujos rápidos.

8.	9.	10.	11.	12.
17	362	243	205	$837
+ 39	+ 29	+ 548	+ 107	+ 142

Resuelve.

13. Un día se observaron 165 aves en un comedero para aves del Parque Estatal Bentsen-Rio Grande Valley. Al día siguiente se observaron 127 aves. ¿Cuántas aves se observaron durante los dos días?

14. Reto Jason tiene 1,245 observaciones de aves registradas en su diario. Talika tiene 128 observaciones más que Jason. Miguel tiene 1,309 observaciones. ¿Quién tiene el menor número de observaciones de aves?

 Conexión con las ciencias

Usa los Datos divertidos para resolver los problemas.

15. Si una mariposa macaón tiene 16 manchas grandes en cada ala, ¿cuántas manchas grandes tiene en las dos alas?

16. Una semana Ari contó 115 mariposas en su jardín. La semana siguiente contó 78 mariposas. ¿Cuántas mariposas vio en total?

 **Datos divertidos**

- A las mariposas macaón les gusta el néctar de las flores de los numerosos árboles de naranjas, limones, limas y toronjas del sur de Texas.
- Sus alas abiertas pueden medir más de 4 pulgadas de un extremo al otro.
- Tienen manchas de color amarillo blanquecino en las alas.

Mariposa macaón

TEKS 9A de Ciencias

 ★ Práctica para TAKS / **Selección múltiple**

17 El año pasado había 336 estudiantes en la escuela de Leah y 325 en la escuela de Trey. Este año hay 100 estudiantes más en cada escuela. ¿Cuántos estudiantes hay ahora en ambas escuelas?

A 851   **B** 861
C 761   **D** 961

Consejo para TAKS

Asegúrate de leer todo el problema. Observa que **cada** escuela tiene 100 estudiantes más.

Estimación por la izquierda

Otra manera de estimar sumas es sumar los dígitos de la izquierda de los números. Esta operación se llama estimación por la izquierda.

Los siguientes son algunos ejemplos de estimación por la izquierda.

A. Números de dos dígitos

Los dígitos de la izquierda son decenas. Suma las decenas.

$$43 \longrightarrow 40$$
$$+\ 26 \longrightarrow +\ 20$$
$$60$$

Por lo tanto, 43 + 26 es aproximadamente 60.

B. Números de tres dígitos

Los dígitos de la izquierda son centenas. Suma las centenas.

$$536 \longrightarrow 500$$
$$+\ 245 \longrightarrow +\ 200$$
$$700$$

Por lo tanto, 536 + 245 es aproximadamente 700.

Estima las sumas usando la estimación por la izquierda.

1. 73
   + 66

2. 48
   + 44

3. 273
   + 432

4. 842
   + 158

Resuelve.

5. Compara tu estimación con la suma exacta de los ejercicios 1 a 4. ¿Las estimaciones son mayores o menores que las sumas? Explica por qué.

6. Usa cada uno de los siguientes dígitos una sola vez. Forma 2 números de tres dígitos que luego sumarás. Asegúrate de que los dos números den la misma estimación ya sea mediante el redondeo o la estimación por la izquierda. Muestra tu trabajo.

Objetivo 1 de TAKS
TEKS 3.5B

Objetivos 1, 2 y 6 de [TAKS]

TEKS 3.3A Dar ejemplos de la suma y la resta utilizando dibujos, palabras y números.

3.7B Identificar y describir patrones en una tabla de pares de números relacionados que se basan en un problema relevante y extender la tabla.

También 3.3B, 3.14B, y 3.15A

Materiales
- Tablero 1
- Manipulativos electrónicos
  www.eduplace.com/txmap/
  (opcional)

Grullas blancas

Aplícalo
Reagrupar para sumar
Objetivo Reagrupar unidades y decenas para sumar.

★ Aprender con manipulativos

En una reserva de vida silvestre se contaron 179 grullas blancas adultas y 25 grullas blancas jóvenes en un día. ¿Cuántas grullas blancas se contaron ese día?

Como debes hallar el número total, suma.

Dibújalo	**Escríbelo**
1 Representa 179 + 25. 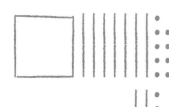 **Reagrupa 14 unidades como ▥ decena y ▥ unidades.**	Suma las unidades. Reagrupa. $$9 + 5 = 14$$ $$\begin{array}{r} \overset{1}{1}79 \\ + 25 \\ \hline 4 \end{array}$$
2 Suma las decenas. 1 decena + 7 decenas + 2 decenas = 10 decenas. **Reagrupa 10 decenas como ▥ centena y ▥ decenas.**	$$1 + 7 + 2 = \bigcirc$$ Reagrupa. $$\begin{array}{r} \overset{1}{1}\overset{1}{7}9 \\ + 25 \\ \hline 04 \end{array}$$
3 Suma las centenas. 1 centena + 1 centena = 2 centenas. $$\begin{array}{r} \overset{1}{1}79 \\ + 25 \\ \hline 204 \end{array}$$	**4** Usa números compatibles para estimar y comprobar si tu respuesta es razonable. $$180 + 30 = \bigcirc$$

Otros ejemplos

A. Números de tres dígitos

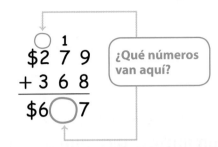

$$
\begin{array}{r}
1 \\
\$2\ 7\ 9 \\
+\ 3\ 6\ 8 \\
\hline
\$6\bigcirc 7
\end{array}
$$

¿Qué números van aquí?

B. Números de dos dígitos

$$
\begin{array}{r}
1 \\
4\ 5 \\
+\ 9\ 8 \\
\hline
\bigcirc\bigcirc 3
\end{array}
$$

¿Qué números van aquí?

★ Práctica guiada

Halla las sumas. Si necesitas ayuda, haz dibujos rápidos.

Piénsalo

¿Cuál es la suma de las unidades? ¿Debo reagrupar? ¿Debo reagrupar las decenas?

1.	2.	3.	4.
67 + 75	374 + 148	$294 + 676	265 + 76

Resolver problemas con ayuda

Usa las preguntas para resolver este problema.

5. Cada invierno las grullas blancas vuelan de Canadá a la costa de Texas. Una grulla voló 166 millas el primer día y 159 millas el segundo día. ¿Qué distancia recorrió la grulla en esos 2 días?

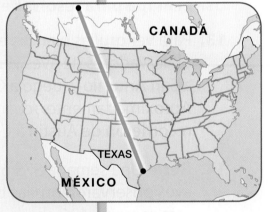

a. **Compréndelo/Planéalo** ¿Qué debes hallar? ¿Debes sumar o restar?

b. **Resuélvelo** Escribe la oración de suma y resuélvela.

$$\boxed{} + \boxed{} = \boxed{}$$

c. **Verifícalo** ¿Crees que la respuesta será mayor o menor que 166 millas y 159 millas? ¿Cuántas millas voló la grulla en esos dos días?

 Hablar de matemáticas ¿Por qué a veces debes reagrupar cuando sumas?

Suma. Si necesitas ayuda, haz dibujos rápidos.

6.	7.	8.	9.	10.
313 + 485	$151 + 328	135 + 649	234 + 498	476 + 185

Completa las tablas siguiendo la regla.

11. Tasha tarda 17 minutos en caminar hasta la biblioteca y de vuelta a su casa.

Regla: Sumar 17	
Tiempo que estuvo en la biblioteca	Total de tiempo fuera de su casa
15	
29	
34	

12. En un hotel se dice que el próximo año las tarifas aumentarán $58 por noche.

Regla: Sumar $58	
Costo de este año	Costo del próximo año
$73	
$87	
$156	

Usa el mapa para resolver el problema 13.

13. Para ver grullas blancas en Texas, algunos observadores de aves viajaron de Austin a San Antonio y luego a Corpus Christi. Aproximadamente, ¿cuántas millas recorrieron de Austin a Corpus Christi?

14. Reto Una semana 575 observadores de aves observaron grullas blancas. Durante otra semana, 496 observadores de aves hicieron la misma excursión. ¿Cuántos observadores de aves observaron grullas durante esas dos semanas?

Austin ★ **T E X A S**

79 millas

San Antonio

143 millas

Corpus Christi

RESERVA NACIONAL DE LA VIDA SILVESTRE DE ARANSAS

★ Práctica para TAKS / Selección múltiple

Consejo para TAKS

Lee el problema con atención para determinar qué operación usar.

15 James tiene 25 pulgadas más de hilo rojo que de hilo verde. Tiene 53 pulgadas de hilo verde. ¿Cuántas pulgadas de hilo tiene?

A 25 **B** 78 **C** 125 **D** 131

Nueves ingeniosos

Usa una calculadora para hallar patrones al sumar 9.

1. Oprime ➕ 9 .
   Luego, oprime ＝ 6 veces. Anota cada suma.

2. ¿Cuál es el patrón para:
   • el lugar de las decenas?
   • el lugar de las unidades?

3. ¿Cuál es la suma del dígito de las unidades y el dígito de las decenas de cada número?

4. **Predice** ¿Cuáles serán los 4 números que siguen en el patrón? Oprime ＝ 4 veces más para comprobarlo.
   Explica por qué funcionará esto.

Usa una calculadora para hallar patrones al sumar 99.

5. Oprime ➕ 9 9 .
   Luego, oprime ＝ 6 veces. Anota las sumas.

6. ¿Cuál es el patrón para:
   • el lugar de las centenas?
   • el lugar de las decenas?
   • el lugar de las unidades?

7. ¿Cuál es la suma del dígito de las unidades y el dígito de las centenas de cada número?

8. **Predice** ¿Cuáles serán los 4 números que siguen en el patrón? Oprime ＝ 4 veces más para comprobarlo.

9. **Reto** Predice los patrones al sumar 999.
   Usa una calculadora para comprobar tu predicción oprimiendo ➕ 9 9 9 ,
   y luego ＝ 6 veces.

Objetivo 6 de **TAKS**
TEKS 3.15A, 3.16A

Objetivos 1 y 6 de *TAKS*

TEKS 3.3B Seleccionar la suma o la resta y utilizar la operación apropiada para resolver problemas en los que se usan números enteros hasta el 999.

3.14C Seleccionar o desarrollar un plan o una estrategia de resolución de problemas apropiado en el que el estudiante haga un dibujo, busque un patrón, adivine y compruebe sistemáticamente, haga una dramatización, elabore una tabla, resuelva un problema más sencillo o trabaje desde el final hasta el principio para resolver un problema.

También 3.14B

Resolver problemas: Estrategia
Adivina y comprueba

Objetivo Usar la estrategia de adivinar y comprobar para resolver problemas.

★ Razonar y aprender

El largo total de las envergaduras reales de esta mariposa y esta polilla es 54 centímetros. La envergadura de la mariposa es 2 centímetros más larga que la de la polilla. ¿Cuál es la envergadura de cada una?

COMPRÉNDELO

Las dos envergaduras suman 54 centímetros.

La envergadura de la mariposa es 2 centímetros más larga que la envergadura de la polilla.

PLANÉALO

Puedes adivinar dos números. Haz que un número sea 2 menos que el otro. Comprueba que los dos números sumen 54.

RESUÉLVELO

Primer intento: 30 y 28

    Comprueba: $30 - 28 = 2$ ✓

    $30 + 28 = 58$

    $58 > 54$

Intento mejorado: 28 y 26

    Compruébalo: $28 - 26 = 2$ ✓

    $28 + 26 = 54$ ✓

    28 y 26 son correctos.

58 es demasiado grande.
Adivina números más pequeños.

La envergadura de la mariposa es 28 cm.
La envergadura de la polilla es 26 cm.

VERIFÍCALO

¿Cómo puedes usar el resultado de tu primer intento para decidir cuál debería ser tu intento mejorado?

Mariposa reina Alejandra de alas de pájaro

Polilla atlas

★ Resolver problemas con ayuda

Usa las preguntas para resolver el problema.

1. Lin tiene 6 fotos de polillas más que Bea. Entre las dos tienen 22 fotos de polillas. ¿Cuántas fotos de polillas tiene cada niña?

   a. **Compréndelo** ¿Cuántas fotos hay en total?

   b. **Planéalo** Adivina dos números. ¿Suman 22 los dos números? ¿Tienen una diferencia de 6?

   c. **Resuélvelo** Continúa probando hasta obtener números que concuerden.

   d. **Verifícalo** ¿Cuáles son los números que concuerdan?

(123) Hablar de matemáticas Explica cómo escoges los dos números en tu primer intento.

★ Práctica para resolver problemas

Resuelve.

2. En los Estados Unidos, estaban en peligro 5 especies más de mariposas que de escarabajos. Entre las dos sumaban un total de 29. ¿Cuántas especies de escarabajos estaban en peligro?

3. Dylan juntó 21 insectos. Hay escarabajos y polillas en su colección. Si hay 3 escarabajos más que polillas, ¿cuántos insectos hay de cada tipo?

4. Harrison tiene 39 fotos de mariposas en su colección. Hay 7 fotos más de mariposas monarca que de mariposas macaón. ¿Cuántas fotos tiene de cada tipo de mariposa?

5. Emily y Jacob encontraron 18 libros sobre mariposas. Emily encontró 4 libros más que los que encontró Jacob. ¿Cuántos libros encontró Jacob?

Mariposa macaón de Schaus

El Centro de Mariposas Cockrell es un edificio de vidrio de tres pisos que está lleno de plantas y mariposas. El centro abrió en 1994 y es parte del Museo de Ciencias Naturales de Houston.

Centro de Mariposas Cockrell

Usa los datos de esta página para resolver los problemas.

6. ¿Cuál es el tipo de mariposa que más vio Beth?

7. ¿Cuántas mariposas vio Beth?

8. La clase de Ned está en el Centro de Mariposas. A las 9:05 a.m. comienza un programa que dura 45 minutos y a las 9:50 a.m. comienza una visita guiada a una exhibición de 45 minutos. ¿Qué actividad comienza antes?

9. Dinero La señora Stokes compró tres libros sobre mariposas. Los libros costaron $35, $7 y $12. ¿Cuánto gastó en total?

10. Reto Entre Jordan y Lauren contaron un total de 54 especies de mariposas diferentes. Jordan contó 6 especies más que Lauren. ¿Cuántas especies contó cada uno?

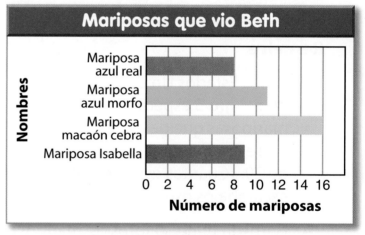

Mariposas que vio Beth

Nombres:
- Mariposa azul real
- Mariposa azul morfo
- Mariposa macaón cebra
- Mariposa Isabella

0 2 4 6 8 10 12 14 16
Número de mariposas

Datos divertidos

- La mayoría de las mariposas salen de día. Muchas tienen colores vivos para atraer a los machos.

- La mayoría de las polillas salen de noche. En general, tienen colores apagados.

Resolver problemas de TAKS

Escoge una estrategia

- Busca un patrón
- Adivina y comprueba
- Haz una dramatización
- Haz una tabla

1 Gary está trabajando en esta gráfica. Sabe que en la veterinaria Pet Palace se adoptaron 12 cachorros en mayo.

Cachorros adoptados en Pet Palace

Mes	Número de cachorros
Marzo	🦴 🦴 🦴
Abril	🦴 🦴 🦴 🦴
Mayo	🦴

Cada 🦴 equivale a 2 cachorros.

¿Cuántos huesos más necesita agregar Gary en mayo para completar la gráfica?

A 5

B 6

C 10

D 11 Objetivo 5 de TAKS   TEKS 3.13A, 3.13 B   página 94

2 El punto más alto de Texas es el pico Guadalupe a ocho mil setecientos cuarenta y nueve pies sobre el nivel del mar. ¿Cuál es ese número en forma normal?

F 8,700,049   **H** 8,749

G 80,749   **J** 8,497

Objetivo 1 de TAKS   TEKS 3.1A   página 32

3 ¿Cuánto es 382 redondeado a la centena más cercana?

A 300

B 380

C 390

D 400

Objetivo 1 de TAKS   TEKS 3.5A   página 52

4 Halla el patrón en la siguiente tabla.

5	8	■	14	17	20

¿Qué número falta en el patrón?

F 9

G 11

H 12

J 13   Objetivo 2 de TAKS   TEKS 3.6A   página 8

5 **Respuesta con cuadrícula** Melinda tiene una colección de estampillas. Tiene 2 estampillas más que su hermano. La suma de las estampillas de ambos es 26. ¿Cuántas estampillas tiene Melinda?

Objetivo 6 de TAKS   TEKS 3.14C   página 130

Education Place
Visita www.eduplace.com/txmap/, donde encontrarás **consejos para tomar exámenes** y **práctica para TAKS**.

Leer y escribir **matemáticas**

Vocabulario de **TAKS**

Marissa está haciendo su tarea de matemáticas. Estudia el primer problema de suma. "Tiene que haber muchas maneras de resolver este problema", dice.

Ahora es tu turno. Halla al menos cuatro maneras de resolver el problema. Muestra tu trabajo.

1. La **forma extendida** de los sumandos
136 = 100 + _____?_____
24 = _____?_____

2. Suma con **reagrupamiento** (¡Muestra tu trabajo!)

Maneras de sumar
136
+ 24

3. Usa números compatibles para **estimar**.
136 →
+ 24 →

4. Estima redondeando los sumandos al lugar de mayor valor. Luego, suma.
136 →
+ 24 →

Escribir ¿Qué pasaría si no tuvieras ni lápiz ni papel ni una calculadora? Indica cómo podrías hacer cálculos mentales para resolver este problema.

Leer Busca libros relacionados con este concepto en tu biblioteca.

Objetivo 6 de **TAKS**

TEKS 3.15A Explicar y anotar observaciones utilizando objetos, palabras, dibujos, números y tecnología.

3.15B Relacionar el lenguaje informal con el lenguaje y los símbolos matemáticos.

Práctica adicional basada en los estándares

Conjunto A ———————————————— Objetivo 1 de **TAKS** TEKS 3.5A, 3.5B página 120

Redondea los números al lugar de mayor valor. Luego, suma.

1. 72 + 18   **2.** 65 + 30   **3.** 281 + 347   **4.** 726 + 109

Indica qué números compatibles usarías. Luego, suma.

5. 476 + 23   **6.** 139 + 51   **7.** 129 + 571   **8.** 734 + 59

Conjunto B ———————————————— Objetivo 1 de **TAKS** TEKS 3.3A página 126

Halla las sumas. Si necesitas ayuda, haz dibujos rápidos.

1.   122
     + 799

2.   317
     + 293

3.   486
     + 325

4.   728
     + 109

5.   139
     + 351

Resuelve.

6. La Escuela de Dallas anunció que el precio de los uniformes aumentará $15 por prenda el año próximo. Usa el precio de este año para hallar el precio del año próximo.

Regla: Sumar $15	
Entrada	Salida
Precio de este año	Precio del año próximo
$34	
$41	
$56	

7. Analiza Usa el precio de los boletos para ver a los Dallas Cowboys de este año y del año próximo para hallar cuánto aumentarán los boletos la próxima temporada.

Regla: Sumar $	
Entrada	Salida
Precio de este año	Precio del año próximo
$28	$60
$45	$77
$67	$99

Conjunto C ———————————————— Objetivo 6 de **TAKS** TEKS 3.14B, 3.14C página 130

Adivina y comprueba para resolver estos problemas.

1. Henley tiene 5 calcomanías más que Leigh. Entre las dos tienen 45 calcomanías. ¿Cuántas calcomanías tiene cada niña?

2. Henley tiene 25 calcomanías. En su colección, hay calcomanías con formas de letras y figuras. Si tiene 3 calcomanías más con formas de figuras de las que tiene con formas de letras, ¿cuántas calcomanías de cada clase tiene?

 Education Place
Visita www.eduplace.com/txmap/, donde encontrarás más **práctica adicional**.

Repaso/Examen del capítulo

Vocabulario y conceptos

Objetivo 1 de *TAKS* TEKS 3.3A, 3.5B

Escoge la mejor palabra para completar las oraciones.

Banco de palabras

adición

estimar

reagrupar

suma

sumando

1. Cuando no necesitas la respuesta exacta, puedes _____.

2. El resultado cuando sumas es la _____.

3. El número que se suma se llama _____.

4. Cuando sumas, si tienes 10 o más unidades, debes _____.

Cálculos

Objetivo 1 de *TAKS* TEKS 3.3A, 3.5A, 3.5B

Redondea para estimar las sumas.

5. $37 + 42$ **6.** $843 + 186$ **7.** $351 + 481$

Usa números compatibles para estimar las sumas.

8. $46 + 38$ **9.** $83 + 34$ **10.** $78 + 18$

Halla las sumas. Estima para comprobar las respuestas.

11. $47 + 38$ **12.** $158 + 343$ **13.** $647 + 129$

Resolver problemas y razonamiento

Objetivo 6 de *TAKS* TEKS 3.14B, 3.14C

Usa la estrategia de adivinar y comprobar para resolver los problemas.

14. En la clase de la señora Pérez hay 31 estudiantes. Hay 5 niñas más que niños en la clase. ¿Cuántas niñas y cuántos niños hay en la clase de la señora Pérez?

15. La señora Pérez dijo que hay 42 hojas de arce más que hojas de olmo en su colección de 84 hojas. ¿Cuántas hojas de olmo hay en la colección de hojas de la señora Pérez?

Escribir matemáticas Explica cómo sabes cuándo tienes que reagrupar las unidades y las decenas.

Preparación para _TAKS_ y repaso frecuente

1 ¿Qué número NO está entre 8,732 y 6,402?

A 6,692

B 8,536

C 6,536

D 8,735

Objetivo 1 de _TAKS_ TEKS 3.1B página 48

2 La siguiente tabla muestra el número de cada tipo de pelota que hay en el garage.

Tipo de pelota	Número de pelotas
Béisbol	138
Baloncesto	143
Tenis	134
Frontenis	131

¿De qué tipo de pelota hay menos de 141 pero más de 135 en el garage?

F béisbol

G baloncesto

H tenis

J frontenis

Objetivo 1 de _TAKS_ TEKS 3.1B página 48

3 La temperatura en Houston es 10° más cálida que en Dallas. La temperatura en Dallas es 89 °F. ¿Qué termómetro muestra la temperatura en Houston?

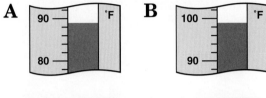

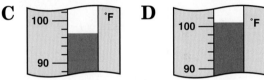

Objetivo 4 de _TAKS_ TEKS 3.12A página 72

4 **Respuesta con cuadrícula** Hay 24 estudiantes de tercer grado y 15 estudiantes de segundo grado en la cafetería de la escuela. Cuatro de estos estudiantes compran el almuerzo. ¿Cuántos estudiantes no compran el almuerzo?

Consejo para _TAKS_

A veces debes usar más de una operación para resolver un problema.

Objetivo 1 de _TAKS_ TEKS 3.3B página 118

Estrategias de resta

138

Comprueba lo que sabes

Banco de palabras

diferencia

reagrupar

sumando

sumar

Vocabulario y conceptos

Escoge la mejor palabra para completar las oraciones. Grado 2

1. Cuando restas 4 de 9, la _____ es 5.

2. Puedes _____ 1 decena como 10 unidades para restar.

Cálculos

Resta. Grado 2

3. $8 - 4$

4. $18 - 9$

5. $15 - 7$

6. $\begin{array}{r} 17 \\ -\ 8 \\ \hline \end{array}$

7. $\begin{array}{r} 13 \\ -\ 6 \\ \hline \end{array}$

8. $\begin{array}{r} 15 \\ -\ 9 \\ \hline \end{array}$

9. $\begin{array}{r} 16 \\ -\ 8 \\ \hline \end{array}$

Resolver problemas y razonamiento Grado 2

Resuelve.

10. Jason tenía una colección de 30 tarjetas. Después de comprar otro paquete, tiene 50 tarjetas. ¿Cuántas tarjetas compró?

Vocabulario de TAKS

¡Visualízalo!

¿Cuál es la diferencia entre 43 y 26?

Observa el modelo de resta.

$\begin{array}{r} 43 \\ -\ 26 \\ \hline ? \end{array}$

1. Comienza con 43.

2. Resta las decenas y luego las unidades.

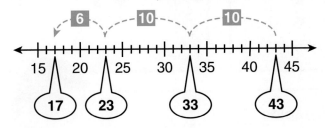

3. $43 - 26 = 17$ ó $17 = 43 - 26$

Mi mundo bilingüe

Las palabras que se parecen en español y en inglés muchas veces tienen el mismo significado.

Español	Inglés
diferencia	difference
resultado	result
cantidad	quantity

Consulta el **Glosario español–inglés**, páginas 576 a 588.

diferencia

Resultado de una resta

resta

Operación que muestra la diferencia entre dos números o cantidades

Education Place Visita www.eduplace.com/txmap/, donde encontrarás el **glosario electrónico**.

Objetivo 6 de **TAKS** **TEKS 3.15B** Relacionar el lenguaje informal con el lenguaje y los símbolos matemáticos.

Capítulo 7 139

Objetivos 1 y 6 de TAKS

TEKS 3.3A Dar ejemplos de la suma y la resta utilizando dibujos, palabras y números.

3.14A Identificar las matemáticas en situaciones diarias.

También 3.3B, 3.14D, 3.15A, 3.16A, 3.16B

Materiales
• Bloques de base diez
• Tablero 1
• Manipulativos electrónicos www.eduplace.com/txmap/ (opcional)

Aplícalo
Diferentes maneras de restar
Objetivo Explorar diferentes métodos de resta.

★ Explorar

En el Capítulo 6 usaste bloques de base diez para explorar la suma.

Pregunta ¿Cómo puedes usar bloques de base diez o hacer cálculos mentales para restar?

En el Aeropuerto Intercontinental de Houston una aerolínea tiene 37 aviones en su flota. Si están volando 21 aviones, ¿cuántos aviones quedan en tierra?

1 Usa bloques de base diez para mostrar 37 en tu tablero.

2 Rodea con un círculo los 21 bloques que debes restar.

3 Quita los 21 bloques del tablero. Cuenta el número de bloques que quedan. ¿Cuántos bloques hay?

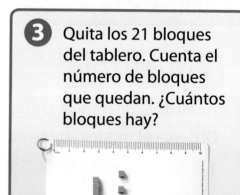

4 Haz un dibujo rápido para mostrar cuántos bloques quedan.

Quedan ⬭ aviones en tierra.

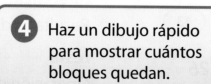

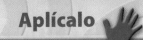

¿Cómo podrías restar haciendo cálculos mentales?

1 Resta números más fáciles

$49 - 32$

Toma 32 como dos números más fáciles de restar, como 30 y 2.

Resta 2 de 49.

$49 - 2 = 47$

Ahora resta 30 de 47.

$$47 \\ -30 \\ \overline{\bigcirc}$$

Por lo tanto, $49 - 32 = \bigcirc$.

2 Sigue sumando

$53 - 18$

Agrega 2 a cada número para que la resta sea más fácil.

$$53 \xrightarrow{+2} 55 \\ -18 \xrightarrow{+2} -20$$

Resta.

$$55 \\ -20 \\ \overline{\bigcirc}$$

Por lo tanto, $53 - 18 = \bigcirc$.

★ Extender

Halla las diferencias. Usa los métodos presentados en esta lección. Indica el método que usaste.

1. $46 - 15$
2. $83 - 49$
3. $23 - 18$
4. $34 - 22$
5. $56 - 29$

Resuelve.

6. La familia de Oliver tardó 58 minutos en conducir hasta el aeropuerto. La familia de Elaine tardó 25 minutos en llegar al aeropuerto en autobús. ¿Cuánto tiempo más tardó la familia de Oliver en llegar al aeropuerto?

7. Crea y resuelve Escribe un problema que puedas resolver usando la solución al ejercicio 5.

 Diario de matemáticas

Escribir matemáticas

Explica Piensa en los métodos de resta que aprendiste en esta página. ¿De qué manera estos métodos hacen que un problema de resta sea más fácil?

Objetivo 1 de _TAKS_

TEKS 3.5A Redondear números enteros a la decena o centena más cercana para aproximar resultados razonables de problemas.

3.5B Utilizar estrategias que incluyen el redondeo y los números compatibles para estimar soluciones a problemas de suma y resta.

Vocabulario de _TAKS_

números compatibles

Estimar diferencias

Objetivo Estimar diferencias mediante el redondeo de números o el uso de números compatibles.

★ Aprender con ejemplos

En un capítulo anterior aprendiste a estimar sumas. Ahora estimarás diferencias.

Bobby vive en Big Spring, Texas. Su amigo vive en Lubbock, Texas, y su tío vive en Dallas, Texas. Aproximadamente, ¿cuánto más lejos vive Bobby de su tío que de su amigo?

La palabra _aproximadamente_ te indica que no necesitas una respuesta exacta.

Existen diferentes maneras de estimar. Podrías obtener estimaciones distintas.

Diferentes maneras de estimar

Manera 1 Usa **números compatibles**

Los números compatibles son fáciles de calcular mentalmente.

$$291 \xrightarrow{\text{es aproximadamente}} 290$$
$$-108 \xrightarrow{\text{es aproximadamente}} -110$$
$$\boxed{}$$

Bobby vive aproximadamente ☐ millas más lejos de su tío que de su amigo.

Manera 2 Usa el redondeo

Redondea cada número al lugar del mayor valor. Luego, resta.

$$291 \xrightarrow{\text{se redondea a}} 300$$
$$-108 \xrightarrow{\text{se redondea a}} -100$$
$$\boxed{}$$

Bobby vive aproximadamente ☐ millas más lejos de su tío que de su amigo.

★ **Práctica guiada**

Usa números compatibles para estimar. Muestra tu trabajo.

Piénsalo

- ¿Qué números son fáciles de sumar mentalmente?
- ¿A qué lugar debo redondear cada número?

1. 172
    − 125

2. 46
    − 15

3. 501
    − 81

4. 508
    − 257

Redondea para estimar. Muestra tu trabajo.

5. 528
    − 364

6. 78
    − 61

7. 234
    − 132

8. 625
    − 287

 Hablar de matemáticas ¿Es razonable decir que 439 − 199 es aproximadamente 500? Explica tu respuesta.

★ **Practicar y resolver problemas**

Usa números compatibles para estimar. Muestra tu trabajo.

9. 777
    − 192

10. $709
     − 612

11. 941
     − 811

12. $785
     − 470

13. 842
     − 714

Redondea para estimar. Muestra tu trabajo.

14. 84
     − 61

15. 91
     − 44

16. 42
     − 24

17. 39
     − 12

18. $48
     − 22

Usa números compatibles o el redondeo para resolver.

19. El tío Ray conduce 420 millas hasta Big Spring. Conduce 185 millas y se detiene para almorzar. Aproximadamente, ¿cuántas millas más debe viajar?

20. El tío Ray está a 221 millas de la casa de Bobby. La familia de Bobby conduce 86 millas para encontrarse con él. Aproximadamente, ¿cuántas millas debe conducir el tío Ray para encontrarse con su familia?

21. **Sigue los pasos** El papá de Bobby conduce desde Dallas hasta Lubbock y luego hasta Big Spring. La distancia entre Dallas y Lubbock es 340 millas. Usa el mapa de la página 142. Aproximadamente, ¿cuántas millas más conducirá el papá de Bobby en su viaje que si hubiese ido directamente desde Dallas hasta Big Spring?

Bienvenido a **BIG SPRING**

VISITE NUESTRO HISTÓRICO MANANTIAL

Decide si las estimaciones son razonables. Si la estimación no es razonable, nombra una estimación que lo sea.

22. 832 − 214 es aproximadamente 600

23. 908 − 582 es aproximadamente 500

24. 49 − 12 es aproximadamente 20

25. 92 − 11 es aproximadamente 80

 Conexión con las ciencias

Usa la tabla para resolver los problemas 26 a 29. Describe el método de estimación que usaste.

26. Aproximadamente, ¿cuántas libras más de basura recolectó la clase de la maestra Holen que la de la maestra Leen?

27. Aproximadamente, ¿cuántas libras más de basura recolectó la clase del maestro Kaplan que la del maestro Carrol?

28. Sigue los pasos Aproximadamente, ¿cuántas libras más de basura recolectaron en total las clases de la maestra Leen y del maestro Carrol que la clase del maestro Kaplan?

29. Reto El objetivo de la clase de tercer grado era limpiar 2,000 libras de basura durante el año escolar. ¿Alcanzaron su objetivo? Aproximadamente, ¿cuánto recolectaron de más o de menos?

Recolección de basura	
Clase	Libras recolectadas
Clase de la maestra Holen	547
Clase de la maestra Leen	397
Clase del maestro Kaplan	811
Clase del maestro Carrol	456

TEKS 1B de Ciencias

 **Datos divertidos**

La madera de los árboles es la fuente principal para hacer papel. Cada tonelada (2,000 libras) de papel reciclado puede salvar 17 árboles.

 Práctica para TAKS **Selección múltiple**

30 Bessie tiene 49 vagones de juguete rojos y 32 vagones de juguete azules. Le prestó 17 vagones a su amigo Dipak. Aproximadamente, ¿cuántos vagones tiene ahora?

A 100

B 90

C 60

D 40

Consejo para TAKS

La palabra *aproximadamente* significa que se necesita una estimación.

Estimación por la izquierda

Redondear no es la única manera de estimar diferencias. Otra manera es restar los dígitos de la izquierda de los números. Este método se llama estimación por la izquierda.

Al final del día, los ciclistas de la excursión de Bill se detienen a cenar. A las 5 en punto, 44 de los 65 ciclistas habían llegado al lugar de reunión para la cena. Aproximadamente, ¿cuántos ciclistas todavía estaban en camino?

Los dígitos de la izquierda son decenas. Resta las decenas.

$$
\begin{array}{ccc}
65 & \longrightarrow & 60 \\
-\,44 & \longrightarrow & -\,40 \\
\hline
& & 20
\end{array}
$$

Por lo tanto, $65 - 44$ es aproximadamente 20. Aproximadamente 20 ciclistas todavía estaban en camino.

Estima las diferencias usando la estimación por la izquierda.

1.	**2.**	**3.**	**4.**	**5.**
76	36	241	868	545
$-\,64$	$-\,33$	$-\,183$	$-\,459$	$-\,367$

6. Vuelve a resolver los problemas usando el redondeo para estimar. ¿Qué diferencia hay entre estas respuestas y las estimaciones por la izquierda que hiciste?

7. Observa los siguientes ejemplos. ¿En cuál de ellos se obtiene la misma estimación usando el redondeo y la estimación por la izquierda?

$$884 - 245 = \blacksquare$$

$$538 - 125 = \blacksquare$$

Ciclistas en el Parque Estatal Palo Duro Canyon

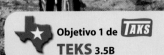

Objetivo 1 de **TAKS**
TEKS 3.5B

Objetivos 1 y 6 de TAKS

TEKS 3.3A Dar ejemplos de la suma y la resta utilizando dibujos, palabras y números.

3.3B Seleccionar la suma o la resta y utilizar la operación apropiada para resolver problemas en los que se usan números enteros hasta el 999.

También 3.5B, 3.14D, 3.15A

Materiales
- Bloques de base diez
- Tablero 1
- Manipulativos electrónicos
  www.eduplace.com/txmap/
  (opcional)

Aplícalo
Reagrupar con modelos

Objetivo Reagrupar decenas como unidades al restar.

★ Aprender con manipulativos

El ferry Galveston-Port Bolivar transporta 245 pasajeros desde la isla Galveston hasta Port Bolivar. Si se bajan del ferry 119 pasajeros, ¿cuántos pasajeros quedan todavía en el ferry?

Ferry Galveston-Port Bolivar

Represéntalo	Escríbelo
1 Usa bloques de base diez para mostrar 245. 	2 4 5 − 1 1 9
2 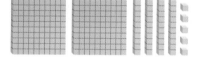	3 15 2 ~~4~~ ~~5~~ − 1 1 9
3 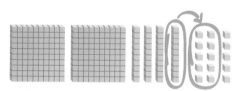	3 15 2 ~~4~~ ~~5~~ − 1 1 9 ◯

Ahora puedes restar las unidades.

15 unidades − 9 unidades = ◯ unidades

Represéntalo	**Escríbelo**

4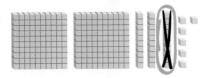

Resta las decenas.
3 decenas − 1 decena = ◯ decenas

$$\begin{array}{r} \scriptstyle 3\ 15 \\ 2\,\not4\,\not5 \\ -\ 1\ 1\ 9 \\ \hline \bigcirc\ 6 \end{array}$$

5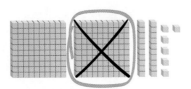

Resta las centenas.
2 centenas − 1 centena = 1 centena

$$\begin{array}{r} \scriptstyle 3\ 15 \\ 2\,\not4\,\not5 \\ -\ 1\ 1\ 9 \\ \hline \bigcirc 2\ 6 \end{array}$$

6 Hay dos maneras de comprobar tus respuestas.

Usa la estimación para comprobar que tu respuesta sea razonable.

$$\begin{array}{r} 245 \\ -\ 119 \end{array}$$ **es exactamente** ⟹ $$\begin{array}{r} 245 \\ -\ 115 \\ \hline 130 \end{array}$$ **es aproximadamente** ⟹

La diferencia debería ser aproximadamente 130; por lo tanto, 126 es una respuesta razonable.

Usa la suma para comprobar que tu respuesta sea correcta.

$$\begin{array}{r} 245 \\ -\ 119 \\ \hline 126 \end{array} \quad \begin{array}{r} 126 \\ +\ 119 \\ \hline 245 \end{array}$$

Los números son iguales; por lo tanto, la diferencia es correcta.

Otros ejemplos

A. Números de dos dígitos

$$\begin{array}{r} \scriptstyle 3\ 18 \\ \not4\,\not8 \\ -\ 2\ 9 \\ \hline 1\ 9 \end{array}$$

B. Dinero

$$\begin{array}{r} \scriptstyle 6\ 12 \\ \$7\,\not7\,\not2 \\ -\ 2\ 1\ 4 \\ \hline \$5\ 5\ 8 \end{array}$$

C. Diferencia de dos dígitos

$$\begin{array}{r} \scriptstyle 4\ 13 \\ 6\,\not5\,\not3 \\ -\ 6\ 2\ 5 \\ \hline 2\ 8 \end{array}$$

★ **Práctica guiada**

Resta. Estima o suma para comprobar.

1. $$\begin{array}{r} \$96 \\ -\ 27 \end{array}$$
2. $$\begin{array}{r} 45 \\ -\ 18 \end{array}$$
3. $$\begin{array}{r} \$994 \\ -\ 385 \end{array}$$
4. $$\begin{array}{r} 878 \\ -\ 162 \end{array}$$

Piénsalo

¿Hay suficientes unidades para poder restar?

Resolver problemas con ayuda

Usa las preguntas para resolver este problema.

5. El ferry llevó a 321 pasajeros desde la isla Galveston hasta Port Bolivar. Más tarde, regresaron 217 personas. ¿Cuántas personas más fueron a Port Bolivar de las que volvieron de allí?

a. Compréndelo/Planéalo ¿Cuántas personas tomaron el ferry a Port Bolivar? ¿Cuántas volvieron de allí?

b. Resuélvelo Escribe la oración de resta.

$$\boxed{} - \boxed{} = \boxed{}$$

Había $\boxed{}$ personas más en el ferry a Port Bolivar que en el viaje de vuelta.

c. Verifícalo Usa la suma o la estimación para comprobar tu respuesta.

 Hablar de matemáticas ¿Cómo sabes si debes reagrupar una decena como diez unidades con sólo observar un ejercicio?

★ Practicar y resolver problemas

Halla las diferencias. Estima para comprobar.

6. $78
  − 39

7. 81
  − 56

8. 55
  − 17

9. $63
  − 42

10. 36
  − 28

11. 432
  − 116

12. 265
  − 124

13. $693
  − 266

14. 731
  − 708

15. 963
  − 457

Conexión con la información

Usa la tabla para resolver los problemas 16 a 20.
Si el problema pide una estimación, muestra
cómo usaste números compatibles o el redondeo.

Horarios del ferry	
Horario	Pasajeros
7:00 a.m.	119
8:00 a.m.	228
9:00 a.m.	254
10:00 a.m.	262

16. ¿Cuántas personas más tomaron el ferry de
las 10:00 a.m. que el ferry de las 9:00 a.m.?

17. **Cálculo mental** Aproximadamente, ¿cuántos
pasajeros menos viajaron en el primero y
segundo ferry que en el tercero y cuarto ferry?

18. ¿En qué horario lleva el ferry la mayor cantidad
de pasajeros? ¿En qué horario lleva la menor
cantidad de pasajeros? ¿Cuál es la diferencia
entre el número de pasajeros?

19. **Reto** Los 24 jugadores de un equipo de
baloncesto perdieron el ferry de las 7:00 a.m.
y tuvieron que tomar el siguiente. Si hubiesen
tomado el ferry de las 7:00 a.m., ¿cómo
cambiarían los números de la tabla?

20. El lunes viajaron en el ferry de la 1:00 p.m. tres
pasajeros más que en el ferry de las 2:00 p.m.
Entre los dos llevaron a 25 pasajeros. ¿Cuántos
pasajeros viajaron en el ferry de la 1:00 p.m.?

Ferry Galveston-Port Bolivar

★ **Práctica para** _TAKS_ (Selección múltiple)

21 Tim y su mamá están viajando a El Paso
en carro. La distancia total que deben recorrer
es 427 millas. Hasta ahora, la mamá de Tim
ha conducido 118 millas. ¿Cuántas millas más
deben recorrer?

A 301   **B** 309

C 313   **D** 319

Consejo para _TAKS_

Usa la estimación o la
suma para comprobar
tu respuesta.

LECCIÓN 4

Objetivos 1 y 6 de **TAKS**

TEKS 3.3A Dar ejemplos de la suma y la resta utilizando dibujos, palabras y números.

3.3B Seleccionar la suma o la resta y utilizar la operación apropiada para resolver problemas en los que se usan números enteros hasta el 999.

También 3.5B, 3.15A

Reagrupar para restar

Objetivo Reagrupar decenas y centenas para restar.

★ **Aprender con ejemplos**

La mamá de Héctor conduce un autobús en la ruta de San Antonio a Amarillo. Hay 612 millas de San Antonio a Amarillo. La mamá de Héctor ya ha conducido 187 millas. ¿Cuánto más debe conducir para llegar a Amarillo?

Resta 187 de 612.

1 Estima.

$$
\begin{array}{r}
612 \\
-\ 187
\end{array}
\text{ es exactamente} \rightarrow
\begin{array}{r}
612 \\
-\ 200 \\
\hline
412
\end{array}
$$

Ésta es una manera de usar números compatibles. La solución debe aproximarse a 412.

2
$$
\begin{array}{r}
\overset{0\ 12}{6\cancel{1}\cancel{2}} \\
-\ 1\,8\,7
\end{array}
$$

7 > 2, por lo tanto, debes reagrupar 1 decena como 10 unidades.

3
$$
\begin{array}{r}
\overset{0\ 12}{6\cancel{1}\cancel{2}} \\
-\ 1\,8\,7 \\
\hline
\bigcirc
\end{array}
$$

Resta las unidades.
12 − 7 = ◯

4
$$
\begin{array}{r}
\overset{5\ \overset{10}{\cancel{0}}\ 12}{\cancel{6}\cancel{1}\cancel{2}} \\
-\ 1\,8\,7 \\
\hline
5
\end{array}
$$

8 > 0, por lo tanto, debes reagrupar 1 centena como 10 decenas.

5
$$
\begin{array}{r}
\overset{5\ \overset{10}{\cancel{0}}\ 12}{\cancel{6}\cancel{1}\cancel{2}} \\
-\ 1\,8\,7 \\
\hline
\bigcirc 5
\end{array}
$$

Resta las decenas.
10 − 8 = ◯

6

$$\begin{array}{r} \overset{5}{\cancel{6}}\overset{\overset{10}{\cancel{0}}}{\cancel{1}}\overset{12}{\cancel{2}} \\ -\ 1\ 8\ 7 \\ \hline \bigcirc\ 2\ 5 \end{array}$$

Resta las centenas para completar la resta.

$\bigcirc = 5 - 1$

7

$$\begin{array}{r} 6\ 1\ 2 \\ -\ 1\ 8\ 7 \\ \hline 4\ 2\ 5 \end{array} \qquad \begin{array}{r} 4\ 2\ 5 \\ +\ 1\ 8\ 7 \\ \hline 6\ 1\ 2 \end{array}$$

Usa la suma para comprobar.

★ Práctica guiada

Primero estima y luego halla las diferencias.

Piénsalo

• ¿Hay unidades suficientes para poder restar?

• ¿Hay decenas suficientes para poder restar?

1.
$$\begin{array}{r} 624 \\ -\ 378 \\ \hline \end{array}$$

2.
$$\begin{array}{r} \$852 \\ -\ 174 \\ \hline \end{array}$$

3.
$$\begin{array}{r} 962 \\ -\ 141 \\ \hline \end{array}$$

4.
$$\begin{array}{r} \$728 \\ -\ 349 \\ \hline \end{array}$$

123 Hablar de matemáticas ¿Por qué a veces debes reagrupar en más de un lugar?

★ Practicar y resolver problemas

Primero estima y luego resta. Suma para comprobar.

5.
$$\begin{array}{r} 436 \\ -\ 158 \\ \hline \end{array}$$

6.
$$\begin{array}{r} \$723 \\ -\ 235 \\ \hline \end{array}$$

7.
$$\begin{array}{r} 542 \\ -\ 167 \\ \hline \end{array}$$

8.
$$\begin{array}{r} 824 \\ -\ 537 \\ \hline \end{array}$$

9.
$$\begin{array}{r} \$953 \\ -\ 478 \\ \hline \end{array}$$

10.
$$\begin{array}{r} 318 \\ -\ 139 \\ \hline \end{array}$$

11.
$$\begin{array}{r} 764 \\ -\ 291 \\ \hline \end{array}$$

12.
$$\begin{array}{r} 687 \\ -\ 353 \\ \hline \end{array}$$

13.
$$\begin{array}{r} 458 \\ -\ 121 \\ \hline \end{array}$$

14.
$$\begin{array}{r} \$842 \\ -\ 179 \\ \hline \end{array}$$

15.
$$\begin{array}{r} 574 \\ -\ 268 \\ \hline \end{array}$$

16.
$$\begin{array}{r} 928 \\ -\ 849 \\ \hline \end{array}$$

Usa números compatibles o redondea para estimar. Luego, escoge la respuesta correcta.

17. $315 - 186$
   a. 129   **b.** 229

18. $786 - 459$
   a. 427   **b.** 327

19. $634 - 265$
   a. 369   **b.** 469

Resuelve.

20. Shara y su familia viajarán 650 millas en autobús. Hasta ahora han viajado 365 millas. ¿Cuántas millas más viajarán?

21. Razonamiento Shara tomó 162 fotos en el viaje de ida en autobús a Port Aransas y 128 en el viaje de vuelta. ¿Puede completar 2 álbumes de 150 fotos cada uno? Explica tu respuesta.

22. Un total de 243 personas se inscribieron para hacer un viaje al Parque Nacional Guadalupe Mountains. Si 154 son adultos, ¿cuántos niños se inscribieron para este viaje?

23. La distancia hasta el parque es 374 millas. El autobús se detiene después de recorrer 187 millas. ¿Cuántas millas faltan para llegar al parque?

24. Dinero Janice tiene $10. Los mapas de excursiones del parque cuestan $3 cada uno. Janice quiere comprar una botella de agua que cuesta $2 y 3 mapas. ¿Le alcanza el dinero?

25. Ricardo está caminando hacia la cima del pico Guadalupe. Ya ha caminado 368 pies de los 8749 pies de la caminata. ¿Cuántos pies más debe caminar Ricardo?

26. Reto Janice está caminando por un sendero del Parque Nacional Guadalupe Mountains. Todavía le falta caminar 840 pies. Se detiene para beber agua después de caminar 365 pies. ¿Cuántos pies más debe caminar?

★ **Práctica para** *TAKS* **Selección múltiple**

27 Leticia tiene un rompecabezas de 422 piezas. Hasta ahora ha ubicado 293 piezas. ¿Cuántas piezas debe ubicar todavía?

A 229
B 139
C 129
D 121

Consejo para **TAKS**
Comprueba tu trabajo para asegurarte de haber reagrupado correctamente.

Bloques de base diez

Puedes usar la computadora como ayuda para sumar y restar números.

Halla 226 − 135.

Visita **www.eduplace.com/txmap/**

Haz clic en **Base Ten Blocks** (bloques de base diez).

Aparecerá una pantalla similar a ésta. ➡

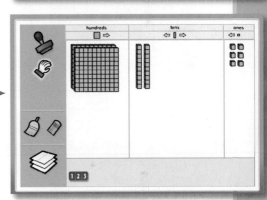

1 Usa el botón 🖋 que se encuentra en el ángulo superior para colocar 226 bloques en tu tablero. Para asegurarte de que tienes el número correcto de bloques, oprime el botón **1 2 3** .

2 Tu tablero ahora debería ser similar a éste.

3 Ahora, para restar 135, primero debes reagrupar. Oprime el botón 🔲⇨ para comprobar que la computadora reagrupa 100 bloques en 10 conjuntos de 10.

4 Resta 135 borrando 135 bloques. Para borrar, usa el botón 🧽 .

5 Ahora oprime el botón **1 2 3** para mostrar cuántos bloques te quedan.

$$226 - 135 = 91$$

Usa el tablero para restar.

1. 562 − 234   **2.** 801 − 299   **3.** 622 − 585

4. 184 − 159   **5.** 28 − 19   **6.** 501 − 499

7. 744 − 89   **8.** 322 − 110   **9.** 433 − 356

Objetivos 1 y 6 de **TAKS**
TEKS 3.3A, 3.3B, 3.14D

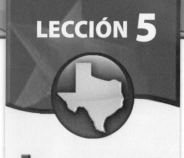

LECCIÓN 5

Objetivos 1 y 6 de TAKS

TEKS 3.3B Seleccionar la suma o la resta y utilizar la operación apropiada para resolver problemas en los que se usan números enteros hasta el 999.

3.5B Utilizar estrategias que incluyen el redondeo y los números compatibles para estimar soluciones a problemas de suma y resta.

También **TEKS** 3.16B

Resolver problemas: Plan
Respuesta estimada o exacta

Objetivo Decidir si se necesita una respuesta estimada o exacta para resolver un problema.

★ Razonar y aprender

El sábado por la mañana, viajaron en camioneta 218 personas en Smithville y 589 personas en Bastrop.

Ejemplo 1 **Respuesta exacta**

¿Cuántas personas más viajaron en camioneta en Bastrop que en Smithville?

Como la pregunta pide un número *exacto,* debes restar.

$$
\begin{array}{r}
589 \\
- 218 \\
\hline

\end{array}
$$

← número de personas que viajaron en Bastrop

← número de personas que viajaron en Smithville

El sábado por la mañana viajaron en camioneta 371 personas más en Bastrop que en Smithville.

Ejemplo 2 **Respuesta estimada**

Aproximadamente, ¿cuántas personas más viajaron en camioneta en Bastrop que en Smithville?

Como la pregunta dice *aproximadamente,* puedes estimar.

Usa números compatibles.

$$
\begin{array}{r}
589 \\
- 218 \\
\end{array}
$$
589 **es exactamente** 589
218 **es aproximadamente** − 219
370

Redondea.

$$
\begin{array}{r}
589 \\
- 218 \\
\end{array}
$$
589 **se redondea a** ☐
218 **se redondea a** − ☐
371 ☐

Aproximadamente 400 personas más viajaron en camioneta en Bastrop.

Resolver problemas con ayuda

Usa las preguntas para resolver este problema.

1. El lunes Ralph vendió 312 boletos por la mañana y 378 boletos por la tarde. El martes vendió 923 boletos durante todo el día. Aproximadamente, ¿cuántos boletos más vendió el martes que el lunes?

   a. **Compréndelo/Planéalo** ¿Qué información conoces? ¿Qué debes hallar? ¿Necesitas una respuesta exacta o una estimación?

   b. **Resuélvelo/Verifícalo** Escribe las oraciones numéricas y resuélvelas. ¿Tiene sentido tu solución? ¿Cómo puedes comprobarlo?

 Hablar de matemáticas ¿Cómo sabes si necesitas una respuesta exacta o una estimación cuando resuelves un problema?

Práctica para resolver problemas

Indica si necesitas una respuesta exacta o una estimación para resolver los problemas. Luego, resuelve.

2. El jueves, 386 personas usaron el servicio de enlace del aeropuerto. El viernes, usaron el servicio de enlace aproximadamente 500 personas más que el jueves. Aproximadamente, ¿cuántas personas usaron el servicio de enlace del aeropuerto el viernes?

3. El lunes, 878 personas compraron boletos de ida y vuelta y 424 personas compraron boletos de ida a Austin. ¿Cuántas personas más compraron boletos de ida y vuelta que de ida?

4. **Reto** Usa los datos de la tabla. ¿El número de personas que viajaron de Giddings y Dime Box a Austin es mayor o menor que el número de personas que viajaron de Lexington a Austin? Explica tu respuesta.

Ruta a Austin	Número de pasajeros
Giddings	252
Dime Box	391
Lexington	635

Leer y escribir matemáticas

Vocabulario de TAKS

Mario está haciendo su tarea de matemáticas. Se está preparando para comenzar su primer problema de resta. "Puedo resolver este problema de varias maneras", dice. Ahora es tu turno. Halla al menos cuatro maneras de resolver el problema. Muestra tu trabajo.

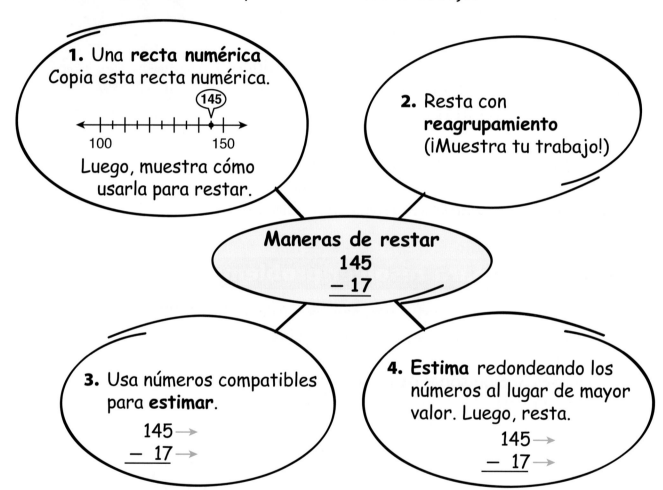

1. Una **recta numérica**
Copia esta recta numérica.

(145)

100   150

Luego, muestra cómo usarla para restar.

2. Resta con **reagrupamiento** (¡Muestra tu trabajo!)

Maneras de restar
145
− 17

3. Usa números compatibles para **estimar**.

145 →
− 17 →

4. Estima redondeando los números al lugar de mayor valor. Luego, resta.

145 →
− 17 →

Escribir ¿Qué pasaría si no tuvieras ni lápiz ni papel ni una calculadora? Indica cómo podrías hacer cálculos mentales para resolver este problema.

Leer Busca libros relacionados con este concepto en tu biblioteca.

Objetivo 6 de TAKS
TEKS 3.15A Explicar y anotar observaciones utilizando objetos, palabras, dibujos, números y tecnología.

3.15B Relacionar el lenguaje informal con el lenguaje y los símbolos matemáticos.
También 3.5B

Práctica adicional basada en los estándares

Conjunto A ———————————— Objetivo 1 de TAKS TEKS 3.3A página 140

Halla las diferencias. Resta con números más fáciles o súmales un número antes de restar. Indica qué método usaste.

1. 53 − 13   **2.** 60 − 21   **3.** 32 − 19   **4.** 77 − 31

Resuelve.

5. Justifica Cora contó 37 autobuses escolares en el estacionamiento antes de la salida de la escuela. Luego se fueron 26 autobuses. Resta con números más fáciles para hallar cuántos autobuses quedaron en el estacionamiento. Indica cómo restaste.

Conjunto B ———————————— Objetivo 1 de TAKS TEKS 3.5A, 3.5B página 142

Usa números compatibles o redondea para estimar.

1. 88 − 24   **2.** 672 − 487   **3.** 361 − 107   **4.** 276 − 158

Decide si las estimaciones son razonables. Si la estimación no es razonable, indica una estimación que lo sea.

5. 782 − 236 es aproximadamente 600   **6.** 88 − 51 es aproximadamente 30

7. 452 − 222 es aproximadamente 400   **8.** 579 − 432 es aproximadamente 200

Resuelve. Indica por qué usaste números compatibles o el redondeo para estimar.

9. Explica Jared está leyendo un libro de 286 páginas. Ha leído 114 páginas. Estima cuántas páginas le quedan por leer. Explica por qué tu estimación es razonable.

Conjunto C ———————————— Objetivo 1 de TAKS TEKS 3.3A, 3.5B página 150

Halla las diferencias. Suma para comprobar.

1. 642 − 158   **2.** 343 − 295   **3.** 717 − 529

Estima. Luego, escoge la respuesta correcta.

4. 968 − 499   **5.** 423 − 246   **6.** 741 − 526
   a. 469 **b.** 369   **a.** 277 **b.** 177   **a.** 115 **b.** 215

 Education Place
Visita www.eduplace.com/txmap/, donde encontrarás más **práctica adicional**.

Capítulo 7 Práctica adicional **157**

Repaso/Examen del capítulo

Vocabulario y conceptos ———————— Objetivo 1 de *TAKS* TEKS 3.3A

Escoge la mejor palabra para completar las oraciones.

> **Banco de palabras**
>
> diferencia
> reagrupar
> redondear
> suma

1. La respuesta a un problema de resta se llama _____.

2. Puedes _____ 10 bloques de unidades como 1 bloque de decenas para mostrar un número de otra manera.

Cálculos ———————— Objetivo 1 de *TAKS* TEKS 3.5A, 3.5B

Halla las diferencias. Estima para comprobar las respuestas.

3. 92
    − 61

4. 45
    − 38

5. 596
    − 189

6. 753
    − 527

7. 382
    − 195

8. 83 − 27

9. 64 − 19

10. 320 − 197

11. 547 − 294

12. 431 − 179

13. 905 − 388

Resolver problemas y razonamiento ———————— Objetivos 1 y 6 de *TAKS* TEKS 3.3B, 3.15A

Indica si necesitas una respuesta exacta o una estimación para cada ejercicio. Luego, resuelve.

14. Harley contó 73 personas en el autobús hacia Plano. Luego contó 54 personas en el autobús hacia Dallas. ¿Cuántas personas más había en el autobús hacia Plano que en el autobús hacia Dallas?

15. Marco observó que había 342 asientos en el avión. Los pasajeros ocupaban 134 asientos. ¿Cuántos asientos estaban vacíos?

Escribir matemáticas Observa el siguiente problema.

79
− 32

¿Qué dará una estimación más aproximada de la diferencia: el redondeo o la estimación por la izquierda?

Preparación para *TAKS* y repaso frecuente

1 ¿Cómo se escribe el número 393,002 en palabras?

   A trescientos noventa y tres mil doscientos

   B trescientos noventa y tres

   C trescientos noventa y tres mil dos

   D tres mil novecientos treinta y dos

Objetivo 1 de **TAKS**   TEKS **3.1A**   página 32

---

2 ¿Cuál es el valor del dígito subrayado en el número 4̲5,691?

   F 400

   G 4,000

   H 40,000

   J 45,000

3 Mirelle hizo una tabla de las porciones de pizza de salchichón, verdura y salchicha que se comieron las personas.

Tipo de pizza	Número de porciones
Salchichón	8
Verdura	4
Salchicha	10

¿Qué oración es verdadera según esta información?

   A En total, se comieron 32 porciones.

   B Menos personas comieron pizza de salchicha que pizza de verdura.

   C Más personas comieron pizza de salchichón que pizza de salchicha.

   D En total, se comieron 22 porciones.

Objetivo 5 de **TAKS**   TEKS **3.13A**   página 94

---

4 **Respuesta con cuadrícula** Lionel encuestó a sus amigos para ver qué sabor de helado era el más popular. Hizo estas marcas de conteo para el helado de vainilla. ¿A cuántos amigos de Lionel les gusta ese sabor?

ℍℍℍ ℍℍℍ ℍℍℍ |||

Objetivo 1 de **TAKS**   TEKS **3.1A**   página 32

Objetivo 5 de **TAKS**   TEKS **3.13A**   página 92

Education Place
Visita www.eduplace.com/txmap/, donde encontrarás **consejos para tomar exámenes** y más **práctica para TAKS.**

Sumar o restar

Cadillac Ranch, Amarillo, Texas

Comprueba lo que sabes

Banco de palabras

adición

dígito

estimación

redondeo

resta

Vocabulario y conceptos

Escoge la palabra que mejor coincida con la definición.

páginas 118 a 144

1. Una operación entre dos o más números cuyo resultado es una suma.

2. Una operación entre dos o más números cuyo resultado es una diferencia.

3. Una respuesta que se aproxima a la respuesta exacta.

Cálculos

Estima la diferencia. páginas 142 a 144

4.	5.	6.	7.	8.	9.
62 − 21	83 − 16	78 − 52	49 − 28	71 − 32	56 − 19

Resolver problemas y razonamiento páginas 150 a 152

Resuelve.

10. Ricardo contó 34 estudiantes en el patio de juegos. Contó 24 estudiantes en la biblioteca. ¿Cuántos estudiantes más había en el patio de juegos que en la biblioteca?

Vocabulario de TAKS

¡Visualízalo!

Al restar, a veces tienes que **reagrupar**.

$$402 - 175 = ?$$

Reagrupa 1 centena como 10 decenas. Luego, reagrupa 1 decena y 2 unidades como 12 unidades. Resta.

$$227 = 402 - 175$$

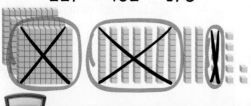

Mi mundo bilingüe

Las palabras que se parecen en español y en inglés muchas veces tienen el mismo significado.

Español	Inglés
diferencia	difference
estimar	estimate
reagrupar	regroup

Consulta el **Glosario español–inglés**, páginas 576 a 588.

reagrupar

Intercambiar cantidades iguales al convertir un número

Education Place Visita www.eduplace.com/txmap/, donde encontrarás el **glosario electrónico**.

 Objetivo 6 de TAKS **TEKS** 3.15B Relacionar el lenguaje informal con el lenguaje y los símbolos matemáticos.

Capítulo 8 161

Objetivos 1 y 6 de *TAKS*

TEKS 3.3A Dar ejemplos de la suma y la resta utilizando dibujos, palabras y números.

3.3.B Seleccionar la suma o la resta y utilizar la operación apropiada para resolver problemas en los que se usan números enteros hasta el 999.

También 3.14D, 3.15A

Materiales

• Bloques de base diez
• Tablero 1
• Manipulativos electrónicos www.eduplace.com/txmap/ (opcional)

Aplícalo
Los ceros en la resta

Objetivo Usar modelos para restar con ceros.

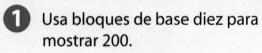
★ **Explorar**

En el Capítulo 7 reagrupaste decenas y centenas para restar.

Pregunta ¿Cómo reagrupas bloques de base diez para restar con ceros?

En un avión viajan 200 pasajeros. Cuando el avión aterriza, se bajan 83 pasajeros. ¿Cuántos pasajeros están esperando para bajar?

Resta 200 − 83.

1 Usa bloques de base diez para mostrar 200.

• Reagrupa 2 centenas como 1 centena y 10 decenas.

• Reagrupa 10 decenas como 9 decenas y 10 unidades.

2 Haz un dibujo rápido para mostrar cómo reagrupaste.

3 Resta 3 unidades. Resta 8 decenas.

• ¿Cuántas unidades quedan?

• ¿Cuántas decenas quedan?

• ¿Cuántas centenas quedan?

◯ pasajeros están esperando para bajar.

Ahora resta 903 − 384.

1 Usa bloques de base diez para mostrar 903.

2 Reagrupa los bloques para poder restar.

3 Haz un dibujo rápido para mostrar cómo reagrupaste.

4 Resta 384 bloques. ¿Cuántos bloques quedan?

★ Extender

Resta. Si necesitas ayuda, usa bloques de base diez.

1. 60 − 27   **2.** 100 − 43   **3.** 150 − 32

4. 260 − 155   **5.** 200 − 88   **6.** 280 − 136

Resta. Si necesitas ayuda, haz dibujos rápidos.

7. 300 − 71   **8.** 302 − 244   **9.** 500 − 315

10. 600 − 408   **11.** 900 − 456   **12.** 410 − 379

Resuelve.

13. Reto Becky anotó 462 puntos en la primera ronda de un juego y 537 puntos en la segunda ronda. En la tercera ronda perdió 209 puntos. ¿Cuál fue su puntaje después de la tercera ronda?

Escribir matemáticas

Encuentra el error Riley hizo dibujos rápidos para mostrar cómo resolver 400 − 139. Explica cuál fue su error.

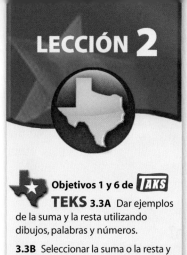
Objetivos 1 y 6 de **TAKS**

TEKS 3.3A Dar ejemplos de la suma y la resta utilizando dibujos, palabras y números.

3.3B Seleccionar la suma o la resta y utilizar la operación apropiada para resolver problemas en los que se usan números enteros hasta el 999.

También 3.15A

Vocabulario de TAKS

reagrupar

Los ceros en la resta

Objetivo Aprender a restar con ceros.

★ Aprender con ejemplos

En la Lección 1 usaste modelos para restar con ceros. Ahora aprenderás a usar números para restar con ceros.

> Una compañía de taxis tiene 300 taxis. Hoy hay 128 taxis de servicio. ¿Cuántos taxis no están de servicio?

Halla 300 − 128.

1 No hay unidades ni decenas de las que restar.

Reagrupa 3 centenas como 2 centenas y 10 decenas.

$$\begin{array}{r} {\scriptstyle 2\ 10} \\ 3\!\!\!/\,\emptyset\,0 \\ -\ 128 \\ \hline \end{array}$$

2 Reagrupa 10 decenas como 9 decenas y 10 unidades.

$$\begin{array}{r} {\scriptstyle 9} \\ {\scriptstyle 2\ 10\,10} \\ 3\!\!\!/\,\emptyset\,\emptyset \\ -\ 128 \\ \hline \end{array}$$

3 Resta.

¿Cuántas unidades hay?
¿Cuántas decenas hay?
¿Cuántas centenas hay?

$$\begin{array}{r} {\scriptstyle 9} \\ {\scriptstyle 2\ 10\,10} \\ 3\!\!\!/\,\emptyset\,\emptyset \\ -\ 128 \\ \hline 172 \end{array}$$

◯ taxis no están de servicio.

Usa números compatibles

Halla 302 − 158.

2 < 8, por lo tanto suma para formar números compatibles. 302 − 128.

★ Práctica guiada

Halla las diferencias reagrupando o usando números compatibles.

1.   504
       − 239

2.   900
       − 647

3.   800
       − 726

4.   405
       − 267

 Hablar de matemáticas ¿Reagrupaste o usaste números compatibles para hallar 504 − 239?

★ Practicar y resolver problemas

Halla las diferencias reagrupando o usando números compatibles.

5.   707
       − 353

6.   802
       − 577

7.   900
       − 652

8.   700
       − 436

9. 808 − 566

10. 500 − 288

11. 702 − 391

12. 609 − 365

13. 637 − 304

14. 700 − 279

Resuelve.

15. Arnaldo contó 200 taxis. Contó 63 taxis rojos. El resto de los taxis eran amarillos. ¿Cuántos taxis amarillos contó Arnaldo?

16. Sigue los pasos Una compañía de taxis tenía 365 taxis. Compró 447 taxis. Si vende 255 taxis, ¿cuántos taxis tendrá la compañía?

17. Reto El servicio de taxis de la ciudad hizo 500 viajes el mes pasado. Este mes hizo 342 viajes. ¿Cuántos viajes más hizo el mes pasado?

Piénsalo

- ¿Hay ceros en el número del que estoy restando?
- Si es así, ¿qué hago?

Analízalo

Recuerda restar de los nuevos valores después de reagrupar.

 Práctica para TAKS (**Selección múltiple**)

18 El servicio de taxis de la ciudad llevó a 510 personas el jueves. El viernes llevó a 279 personas. ¿A cuántas personas más llevó el jueves?

A 789
B 331
C 241
D 231

Consejo para TAKS

Decide si la respuesta será mayor o menor que los números del problema.

Objetivo 1 de TAKS

TEKS 3.3A Dar ejemplos de la suma y la resta utilizando dibujos, palabras y números.

3.5B Utilizar estrategias que incluyen el redondeo y los números compatibles para estimar soluciones a problemas de suma y resta.

También 3.3B

Estrategias de cálculo mental

Objetivo Hacer cálculos mentales para resolver problemas de resta.

★ Aprender con ejemplos

Dos ferries partieron de Port Aransas. El ferry en el que viajó Liza llevaba 67 carros. El ferry en el que viajó Juan llevaba 59 carros. ¿Cuántos carros más llevaba el ferry que tomó Liza?

A veces puedes hacer cálculos mentales para restar.

Manera 1   Suma para formar números compatibles

$$
\begin{array}{rcr}
67 & <+1> & 68 \\
-\ 59 & <+1> & -\ 60 \\
\hline
& & 8
\end{array}
$$

> Suma 1 a cada número

Como el problema te pide que compares, resta para hallar la respuesta.

Manera 2   Descompone un número

$$
\begin{array}{r}
67 \\
-\ 59 \\
\end{array}
\qquad
\begin{array}{r}
67 \\
-\ 7 \\
\hline
60 \\
-\ 50 \\
\hline
10 \\
-\ 2 \\
\hline
8
\end{array}
$$

> Piensa en 59 como 50 + 7 + 2.

Dato divertido

En 1934, partió de Port Bolivar el primer ferry operado por el estado de Texas.

Piénsalo

- ¿Puedo sumar para hallar la diferencia?
- ¿O debo descomponer el número?

★ Práctica guiada

Haz cálculos mentales para hallar la diferencia.
Luego, comprueba tu respuesta usando papel y lápiz.

1. $\begin{array}{r} 83 \\ -\ 55 \\ \hline \end{array}$

2. $\begin{array}{r} 92 \\ -\ 68 \\ \hline \end{array}$

3. $\begin{array}{r} 97 \\ -\ 49 \\ \hline \end{array}$

4. $581 - 67$

5. $492 - 79$

 Hablar de matemáticas ¿Cómo se pueden usar los cálculos mentales para comprobar la respuesta a un problema de resta?

Haz cálculos mentales para hallar la diferencia.
Luego, comprueba tu respuesta usando papel y lápiz.

6. 52
− 45

7. 82
− 68

8. 54
− 26

9. 195
− 58

10. 463
− 95

Suma o resta para resolver.

11. El ferry suele tardar 18 minutos en hacer una travesía. Un día ventoso, tardó 32 minutos. ¿Cuánto tiempo más de lo normal tardó en hacer la travesía?

12. Cuando está lleno, el ferry puede llevar a 500 pasajeros. Durante su último viaje, había 382 pasajeros a bordo. ¿Cuántas personas más podrían haber viajado en el ferry?

 Conexión con la información

Usa la tabla para resolver los problemas 13 a 15.

13. ¿Cuánto más lejos está Dallas de El Paso que San Antonio de Dallas?

14. Samantha conduce desde San Antonio hasta Austin y luego desde Austin hasta Houston. ¿Cuántas millas viaja en total?

15. Reto ¿Qué viaje es más corto: conducir de San Antonio a Dallas y luego de Dallas a El Paso o conducir de El Paso a Houston? Explica tu respuesta.

Altramuces de Texas a lo largo del camino.

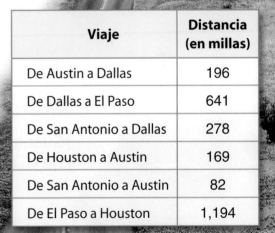

Viaje	Distancia (en millas)
De Austin a Dallas	196
De Dallas a El Paso	641
De San Antonio a Dallas	278
De Houston a Austin	169
De San Antonio a Austin	82
De El Paso a Houston	1,194

 Práctica para *TAKS* **Selección múltiple**

16 Está permitido llevar mascotas en el ferry, pero se deben dejar en el carro. De los 44 carros a bordo, 18 llevaban mascotas. ¿Cuántos carros no llevaban mascotas?

A 24   **B** 26   **C** 34   **D** 36

Consejo para *TAKS*

Resuelve el problema de más de una manera para comprobar tu respuesta.

Objetivos 1 y 6 de **TAKS**

TEKS 3.3A Dar ejemplos de la suma y la resta utilizando dibujos, palabras y números.

3.3B Seleccionar la suma o la resta y utilizar la operación apropiada para resolver problemas en los que se usan números enteros hasta el 999.

3.5A Redondear números enteros a la decena o centena más cercana para aproximar resultados razonables de problemas.

También 3.5B, 3.14A, 3.14B y 3.16B

Práctica de sumas y restas

Objetivo Practicar sumas y restas.

★ Aprender con ejemplos

Has aprendido a hallar sumas y diferencias. Es importante estimar para comprobar que tu respuesta sea razonable.

Jeremy vive en Dallas, Texas. Quiere visitar a sus primos en San Antonio. La mamá de Jeremy lo llevará 196 millas en carro hasta Austin. Su tío lo llevará 80 millas de Austin a San Antonio. ¿Cuántas millas viajará Jeremy?

Suma

Estima con números compatibles.		Luego, suma.	Compara.
$\begin{array}{r} 196 \\ +\ 80 \end{array}$ está cerca de / es exactamente	$\begin{array}{r} 200 \\ +\ 80 \\ \hline 280 \end{array}$	$\begin{array}{r} \overset{1}{1}96 \\ +\ 80 \\ \hline 276 \end{array}$	276 está cerca de 300. La respuesta es razonable.

Jeremy viajará $\bigcirc$ millas.

¿Cuántas millas más viajará con su mamá que con su tío?

Resta

Primero estima.		Luego, resta.	Compara.
$\begin{array}{r} 196 \\ -\ 80 \end{array}$ se redondea a / se redondea a	$\begin{array}{r} 200 \\ -\ 100 \\ \hline 100 \end{array}$	$\begin{array}{r} 196 \\ -\ 80 \\ \hline 116 \end{array}$	116 está cerca de 100. La respuesta es razonable.

Jeremy viajará $\bigcirc$ millas más con su mamá que con su tío.

★ Práctica guiada

Piénsalo

• ¿A qué lugar debo redondear cada número?

• ¿Mi estimación es menor que 300?

Estima. Rodea con un círculo las estimaciones menores que 300. Halla una respuesta exacta para las estimaciones que rodeaste con un círculo.

1. 387
     + 511

2. 149
     + 90

3. 599
     − 406

4. 148
     + 659

5. 949 − 651

6. 462 − 355

7. 439 + 252

Resolver problemas con ayuda

Usa las preguntas para resolver este problema.

8. La tía de Sophia tomó el autobús para ir y volver de Austin a Dallas. Hay 192 millas entre las dos ciudades. ¿Cuántas millas viajó la tía de Sophia?

Estación de autobuses Americanos

a. **Compréndelo** ¿Cuántas millas hay entre las dos ciudades?

b. **Planéalo** ¿Qué debes hallar? Primero estima.

c. **Resuélvelo** Escribe la oración de suma y resuélvela.

$$\bigcirc + \bigcirc = \bigcirc$$

La tía de Sophia viajó $\bigcirc$ millas.

d. **Verifícalo** ¿Se aproxima tu respuesta a tu estimación? ¿Es razonable tu respuesta?

9. Dos meses más tarde, la tía de Sophia condujo 213 millas de Austin a Abilene. Luego condujo hasta San Antonio y recorrió un total de 457 millas. ¿Cuántas millas hay desde Abilene hasta San Antonio?

Hablar de matemáticas ¿Cuándo crees que es mejor redondear y cuándo usar números compatibles?

Estima. Rodea con un círculo las estimaciones menores que 300.

Halla una respuesta exacta para las estimaciones que rodeaste con un círculo.

10. 791
− 618

11. 572
+ 127

12. 643
− 380

13. 551
− 336

14. 919
− 780

Conexión con los estudios sociales

15. Austin creció gracias al ferrocarril. Entre 1870 y 1875, la población de un pequeño pueblo cercano a Austin aumentó de 428 a 815 habitantes. ¿Cuánto aumentó la población en esos 5 años?

16. Reto Estima durante cuántos años se han usado esas vías. Halla el número exacto de años. ¿Es razonable tu respuesta exacta?

Trenes de Texas

- En 1871 se terminaron de construir las primeras vías que llegaron a Austin, Texas. Hoy en día todavía se usan esas vías.

- Este tren, que todavía recorre Austin, funciona con una locomotora diesel eléctrica.

Tren Hill Country Flyer

TEKS 1A de Estudios sociales

Práctica para TAKS (Selección múltiple)

17 Eve vive en Houston. Condujo hasta Austin y luego hasta Fort Worth. En total, condujo 348 millas. ¿Qué oración numérica describe la distancia de Austin a Forth Worth?

A ▢ = 169 + 197   **B** ▢ = 348 − 169
C ▢ = 348 − 197   **D** ▢ = 348 + 169

Ciudad	Distancia desde Houston
Dallas	239 millas
San Antonio	197 millas
Austin	169 millas

Para **Práctica adicional** consulta la página 177, Conjunto C.

Palíndromos

Los *palíndromos* son palabras o números que se leen
de la misma manera hacia delante y hacia atrás.
La palabra *ojo* es un palíndromo porque se escribe
igual tanto hacia atrás como hacia adelante.

Puedes transformar cualquier número en un palíndromo.

Observa cómo transformar 62 en un palíndromo.

- Comienza por escribir el número.   62
- Invierte los dígitos. $+\ 26$
- Halla la suma.   88   ← (Éste es un palíndromo.)

**Algunas veces, debes repetir los pasos en más de
una ocasión.**

Observa cómo transformar 58 en un palíndromo.

- Comienza por escribir el número. 58
- Invierte los dígitos. $+\ 85$
- Halla la suma.   143
- Invierte los dígitos. $+\ 341$
- Halla la suma.   484 ← (Éste es un palíndromo.)

Usa la suma para transformar los números en palíndromos.

1. 18	**2.** 34	**3.** 48	**4.** 76	**5.** 124
6. 312	**7.** 423	**8.** 93	**9.** 521	**10.** 153

**Tarsero oriental
de Indonesia**

Objetivos 1 y 2 de TAKS

TEKS 3.3B, 3.6A

Objetivos 1 y 6 de **TAKS**

TEKS 3.14C Seleccionar o desarrollar un plan o una estrategia de resolución de problemas apropiado en el que el estudiante haga un dibujo, busque un patrón, adivine y compruebe sistemáticamente, haga una dramatización, elabore una tabla, resuelva un problema más sencillo o trabaje desde el final hasta el principio para resolver un problema.

También 3.3A, 3.3B, 3.14B

Resolver problemas: Estrategia
Resuelve un problema más sencillo

Objetivo Resolver un problema más sencillo.

⭐ **Aprender con ejemplos**

La clase de la maestra Keizer recauda dinero para una excursión. Recaudaron $75 en septiembre, $150 en diciembre y $90 en abril. De las ganancias se restaron $22 de gastos. ¿Cuánto dinero tiene la clase para la excursión?

Artesanías hechas por la clase

50¢

$1

COMPRÉNDELO

La clase recaudó $75 en septiembre, $150 en diciembre y $90 en abril. Hubo $22 de gastos.

PLANÉALO

Puedes usar números más sencillos para resolver el problema.

RESUÉLVELO

① Escoge números más sencillos. Imagina que la clase haya recaudado $7, $15 y $9 y que los gastos fueran $2.

Suma y luego resta.

$$
\begin{array}{r}
\$\ 7 \\
15 \\
+\ \ 9 \\
\hline
\$31
\end{array}
\qquad
\begin{array}{r}
\$31 \\
-\ \ 2 \\
\hline
\$29
\end{array}
$$

La clase recaudó $293.

② Vuelve a leer el problema con los números originales.

Suma y luego resta.

$$
\begin{array}{r}
\$\ 75 \\
150 \\
+\ \ 90 \\
\hline
\$315
\end{array}
\qquad
\begin{array}{r}
\$315 \\
-\ \ 22 \\
\hline
\$293
\end{array}
$$

VERIFÍCALO

¿Es razonable tu respuesta?

★ Resolver problemas con ayuda

Usa las preguntas para resolver este problema.

1. Los equipos de fútbol, baloncesto y natación de la escuela Franklin viajan para jugar con otras escuelas. Este año los equipos viajaron un total de 210 millas. El equipo de baloncesto viajó 110 millas y el de fútbol viajó 72 millas. ¿Cuántas millas viajó el equipo de natación?

   a. **Compréndelo/Planéalo** ¿Qué datos conozco? ¿Puedo resolver un problema más sencillo?

   b. **Resuélvelo** Usa números más sencillos para representar el problema. Luego, resuélvelo con los números del problema.

   c. **Verifícalo** ¿Tiene sentido mi respuesta?

 Hablar de matemáticas ¿Cómo te ayuda resolver un problema más sencillo a resolver uno más difícil?

★ Práctica para resolver problemas

Resuelve.

2. En una excursión, los estudiantes volaron 482 millas. Viajaron en autobús 32 millas. También viajaron en tren. El número total de millas que viajaron es 729. ¿Cuántas millas viajaron en tren?

3. Jason ganó 217 puntos en un juego de palabras. Paula ganó 72 puntos más que Jason. Anna ganó 102 puntos menos que Paula. ¿Cuántos puntos ganó Anna?

4. Cindy ganó puntos en un juego de computadora. Su hermano ganó 183 puntos. Su mamá ganó 328 puntos. En total, ganaron 832 puntos. ¿Cuántos puntos ganó Cindy?

5. **Reto** La señora Andrews condujo 321 millas desde su casa hasta una reunión. De regreso a su casa, tomó otro camino. En total, condujo 603 millas. ¿Qué camino fue más corto: el camino de ida o el camino de regreso? ¿Cuánto más corto?

Tyler, TX

En los Parques Estatales de Texas se pueden explorar cientos de millas de senderos para bicicletas. Los senderos tienen distintos niveles de dificultad.

Niños en bicicleta en un parque de Texas

La tabla muestra 3 parques estatales que tienen senderos para bicicletas que pueden recorrer y disfrutar familias enteras.

Usa la tabla para resolver los problemas 6 a 8.

6. El año pasado, Max recorrió 200 millas en bicicleta. Recorrió el Parque Estatal Tyler y el Valle de los Dinosaurios. Cada vez recorrió toda la longitud de los senderos. Recorrió el mismo número de veces cada parque. ¿Cuántas veces recorrió cada parque?

7. En agosto, la familia Thomas recorrió en bicicleta una distancia de 194 millas. Recorrieron todos los senderos del Valle de los Dinosaurios y del Parque Estatal Tyler. También recorrieron todos los senderos de Franklin Mountains excepto 21 millas. El resto del recorrido en agosto lo hicieron mientras visitaban Oklahoma. ¿Cuántas millas recorrieron en Oklahoma en agosto?

8. La familia Wu recorrió todos los senderos del Parque Estatal Tyler tres veces. Recorrieron todos los senderos del Valle de los Dinosaurios una vez. ¿Cuántas millas recorrieron?

Parque estatal	Longitud de los senderos	Ubicación del parque estatal
Parque Estatal Valle de los Dinosaurios	12 millas	sudoeste de Forth Worth
Franklin Mountains	51 millas	este de El Paso
Parque Estatal Tyler	13 millas	este de Dallas

Resuelve.

9. **Patrones** El lunes Marco anduvo en bicicleta durante 20 minutos. El martes anduvo durante 35 minutos y el miércoles, durante 50 minutos. Si este patrón continúa, ¿cuántos minutos andará en bicicleta el sábado? ¿Andará en bicicleta *más* o *menos* que 120 minutos el domingo?

10. **Medición** Farha se tomó una foto junto al Tiranosaurio Rex de 45 pies en el Parque Estatal Dinosaur Valley. Farha dijo que ella medía aproximadamente 41 pies menos que el dinosaurio. ¿Cuánto mide aproximadamente Farha?

Crea y resuelve

11. Pablo escribió este problema en palabras.

   > Anita fue en bicicleta a la tienda. La tienda está 3 cuadras al norte y 4 cuadras al este de su casa. Luego, regresó a su casa. ¿Cuántas cuadras recorrió en total?

12. Resuelve el problema en palabras de Pablo.

13. Escribe tu propio problema en palabras.

14. Resuelve tu problema en una hoja aparte.

15. Intercambia tu problema con el de un compañero. Resuelvan cada uno el problema del otro.

Práctica para TAKS Respuesta con cuadrícula

16 Chan le mostró a Pedro y a Philip cómo hacer pájaros de origami. Los niños hicieron 25 pájaros en total. Si Chan hizo 12 y Philip hizo 6, ¿cuántos hizo Pedro?

Leer y escribir matemáticas

Vocabulario de TAKS

Puedes representar situaciones de **suma** y **resta** con palabras, números y dibujos.

Lee los dos problemas.

Problema 1	Problema 2
Cindy puede llegar a la escuela caminando en 45 minutos. El viaje en autobús dura 36 minutos porque tiene muchas paradas. ¿Cuánto tiempo más tarda Cindy en ir a la escuela caminando que en autobús?	Esta mañana, Cindy tardó 45 minutos en ir a la escuela caminando. Tardó 36 minutos en regresar a su casa. ¿Cuánto tiempo tardó Cindy en ir a la escuela y regresar a su casa?

Responde a estas preguntas.

1. ¿Qué oración numérica usarías para resolver el problema 1? Explica por qué.

$$45 + 36 = \blacksquare$$
$$45 - 36 = \blacksquare$$

2. Halla las respuestas y clasifícalas.

Copia y completa la tabla. Clasifica las palabras y los símbolos.

	Suma	Resta
Símbolos: + ó −	3.	4.
Respuesta: suma o diferencia	5.	6.

Escribir Escoge uno de los problemas en palabras de arriba. Haz un dibujo para representar el problema. Usa el dibujo para resolverlo.

Leer Busca libros relacionados con este concepto en tu biblioteca.

Objetivo 6 de TAKS
TEKS 3.15A Explicar y anotar observaciones utilizando objetos, palabras, dibujos, números y tecnología.

3.15B Relacionar el lenguaje informal con el lenguaje y los símbolos matemáticos.

Práctica adicional basada en los estándares

Conjunto A
Objetivo 1 de TAKS TEKS 3.3A página 164

Halla las diferencias.

1. $90 - 43$ 2. $60 - 29$ 3. $30 - 11$ 4. $390 - 146$ 5. $402 - 331$

6. $800 - 670$ 7. $500 - 329$ 8. $900 - 517$ 9. $890 - 222$ 10. $350 - 234$

11. **Generaliza** Bessie contó 803 estrellas el viernes y 621 estrellas el sábado. Explica cómo restar con ceros mientras determinas cuántas estrellas más contó Bessie el viernes que el sábado.

Conjunto B
Objetivo 1 de TAKS TEKS 3.3A página 166

Haz cálculos mentales para hallar la diferencia. Luego, comprueba la respuesta usando papel y lápiz.

1. $59 - 22$ 2. $75 - 36$ 3. $86 - 67$ 4. $88 - 59$

5. $124 - 75$ 6. $356 - 68$ 7. $688 - 97$ 8. $897 - 368$

9. La distancia de un viaje en autobús de Dallas a Austin es 96 millas, y el viaje de Dallas a Houston es 240 millas. ¿Cuál es la diferencia en millas?

Conjunto C
Objetivo 1 de TAKS TEKS 3.3B página 168

Redondea los números al lugar de mayor valor. Luego, suma o resta. Rodea con un círculo las estimaciones que estén entre 600 y 900. Halla la respuesta exacta para los problemas que rodeaste con un círculo.

1. $454 + 193$ 2. $672 - 258$ 3. $903 - 612$ 4. $830 + 109$ 5. $561 + 174$

6. $498 + 379$ 7. $947 - 798$ 8. $763 - 546$ 9. $512 + 335$

10. Hoy asistirán 547 estudiantes a un programa musical. Mañana asistirán 356 estudiantes. Estima cuántos estudiantes asistirán al programa en total. Halla el número exacto de estudiantes. ¿Es razonable tu respuesta exacta?

Education Place
Visita www.eduplace.com/txmap/, donde encontrarás más **práctica adicional**.

Repaso/Examen del capítulo

Vocabulario y conceptos ———————— Objetivo 1 de **TAKS** TEKS 3.3A

Escoge la mejor palabra para completar las oraciones.

> **Banco de palabras**
> estimar
> reagrupar
> restar
> sumar

1. Para hallar el total debes _____.

2. Para hallar la diferencia debes _____.

3. Puedes _____ 1 bloque de decenas como 10 bloques de unidades para mostrar un número de otra manera.

Cálculos ———————— Objetivo 1 de **TAKS** TEKS 3.3A

Halla las diferencias. Suma o estima para comprobar tus respuestas.

4. 50 − 38

5. 80 − 23

6. 30 − 14

7. 600 − 510

8. 901 − 445

9. 300 − 166

Suma o resta. Haz cálculos mentales o usa papel y lápiz.

10.
$$33$$
$$+ 44$$

11.
$$78$$
$$- 27$$

12.
$$542$$
$$- 142$$

13.
$$908$$
$$+ 410$$

Resolver problemas y razonamiento ———————— Objetivo 1 de **TAKS** TEKS 3.3B

Usa números más fáciles para resolver los problemas.

14. En un partido de fútbol americano ingresaron 589 personas por la entrada A y 392 personas por la entrada B. ¿Cuántas personas ingresaron en total por las puertas A y B?

15. Un total de 748 personas asistieron al partido de la escuela secundaria. De ese número, 592 eran mujeres. ¿Cuántos espectadores eran hombres?

Diario de matemáticas

Escribir matemáticas ¿Qué números más fáciles usaste para resolver el problema 15? Explica por qué usaste esos números más fáciles.

Preparación para *TAKS* y repaso frecuente

1 ¿Qué número falta en el siguiente patrón?

69, 67, 65, 63, _____, 59

A 66

B 58

C 50

D 61

Objetivo 2 de *TAKS* TEKS 3.6A página 16

2 ¿Qué número falta en el siguiente patrón?

_____, 151, 201, 251, 301, 351

F 1

G 101

H 401

J 100

Objetivo 2 de *TAKS* TEKS 3.6A página 8

3 **Respuesta con cuadrícula**
¿Cuál es el número que sigue en el patrón?

100, 95, 90, 85, 80, _____

Objetivo 1 de *TAKS* TEKS 3.6A página 8

4 ¿A qué número de la recta numérica representa mejor el punto *S*?

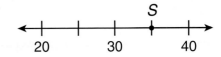

A 25

B 35

C 32

D 39

Objetivo 3 de *TAKS* TEKS 3.10 página 50

5 ¿A qué número de la recta numérica representa mejor el punto *X*?

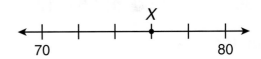

F 73

G 79

H 88

J 76

Objetivo 3 de *TAKS* TEKS 3.10 página 50

Education Place
Visita www.eduplace.com/txmap/, donde encontrarás **consejos para tomar exámenes** y más **práctica para TAKS**.

Repaso/Examen de la Unidad 3

Vocabulario y conceptos

Escoge la mejor palabra para completar las oraciones.

Banco de palabras
diferencia
estimar
reagrupar
suma
sumando

1. En la oración numérica $2 + 8 = 10$, el número 8 es un _____.

2. Cuando no necesitas una respuesta exacta, puedes _____ la respuesta a un problema.

3. Cuando restas, hallas la _____ entre dos cantidades o números.

Cálculos

Redondea los números al lugar de mayor valor. Luego suma o resta para hallar las estimaciones.

4.
$$18$$
$$+ 27$$

5.
$$87$$
$$- 26$$

6.
$$531$$
$$- 215$$

7.
$$112$$
$$+ 381$$

8. $36 - 12$

9. $36 + 12$

10. $461 + 151$

11. $809 - 71$

Suma o resta.

12.
$$83$$
$$- 83$$

13.
$$73$$
$$- 32$$

14.
$$69$$
$$- 28$$

15.
$$97$$
$$- 36$$

16. $652 + 258$

17. $614 - 315$

18. $198 + 22$

Resolver problemas y razonamiento

Resuelve.

19. Tamika y Sara leyeron un total de 87 libros durante el verano. Tamika leyó 39 libros. ¿Cuántos libros leyó Sara?

20. Rafi tiene 105 estampillas. Peng tiene 67 estampillas. Su hermano le regaló 53 estampillas más. ¿Tienen los dos más de 200 estampillas?

¡LA GRAN IDEA!

Escribir matemáticas ¿Cómo puedes darte cuenta si necesitas reagrupar una decena como 10 unidades al mirar un ejercicio?

Evaluar el rendimiento

Objetivo 1 de **TAKS** TEKS 3.3

Diversión en el parque

Tú y tu familia están en el parque de diversiones. Estás en la entrada mirando el cartel que explica cada juego. Al lado del cartel hay un mapa del parque.

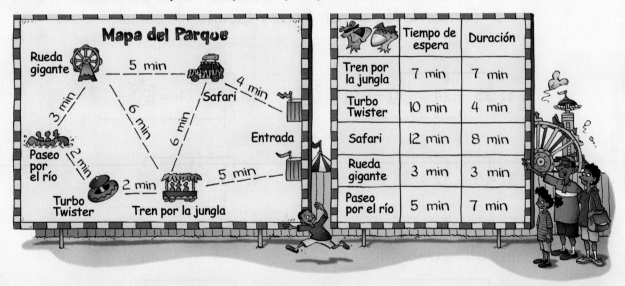

Tarea	Información que necesitas
Usa los carteles y la información para decidir a qué juegos te subirás en el tiempo que te queda.	Te quedan 90 minutos antes de que cierre el parque.
	Quieres subirte a por lo menos 3 juegos distintos.
	Cuando el parque cierre, debes estar otra vez en la entrada.
	El mapa muestra cuánto se tarda en ir por los senderos de un juego a otro.

Unidad 3 Estrategias de cálculo mental

Sumas parciales

¡Las sumas parciales son tan rápidas que son una diversión, sólo debes sumar sin valor de posición!

"Conozco una manera rápida de calcular $35 + 24$. Primero, separo los números en partes; después, sumo las partes. Como $30 + 20 = 50$ y $5 + 4 = 9$, la respuesta es $50 + 9 = 59$. ¡Las sumas parciales forman la lógica numérica y facilitan la suma!"

1. $35 + 24 = \boxed{50} + \boxed{9} = \boxed{59}$

2. $24 + 71 = \boxed{90} + \boxed{} = \boxed{}$

3. $46 + 32 = \boxed{} + \boxed{} = \boxed{}$

4. $73 + 25 = \boxed{} + \boxed{} = \boxed{}$

¡Muy buen trabajo!

5. $51 + 37 = \boxed{} + \boxed{} = \boxed{}$

6. $42 + 43 = \boxed{} + \boxed{} = \boxed{}$

7. $25 + 42 = \boxed{} + \boxed{} = \boxed{}$

8. $72 + 26 = \boxed{} + \boxed{} = \boxed{}$

¡Sigue adelante!

¡Ahora inténtalo siguiendo los pasos mentalmente!

9. $68 - 15$ **10.** $49 - 24$ **11.** $57 - 36$ **12.** $74 - 22$

¡Excelente!

Geometría

¡LAS GRANDES IDEAS!

- Se pueden identificar, describir y comparar las figuras de dos dimensiones según sus atributos.

- Algunas figuras son congruentes; es decir, tienen la misma forma y el mismo tamaño.

- Algunas figuras se pueden dividir por la mitad con un eje de simetría.

Capítulo 9
Figuras de dos dimensiones

Capítulo 10
Congruencia y simetría

Canciones y juegos

 Música y matemáticas
Pista 4

Libritos de matemáticas

- Vamos a caminar
- Pistas de simetría

Juego de memoria

Objetivo del juego Unir figuras que tengan el mismo tamaño y la misma forma.

Materiales
• Recurso de enseñanza 14
• Papel y lápices

Número de jugadores 2

Preparación
Recorta las tarjetas con figuras del Recurso de enseñanza 14 y mézclalas. Coloca las tarjetas boca abajo en un arreglo de 4 × 4.

Cómo se juega

1 El jugador 1 da vuelta dos tarjetas cualesquiera. Si las tarjetas tienen el mismo tamaño y la misma figura, el jugador se queda con las dos tarjetas. Si no coinciden, el jugador vuelve a colocar las tarjetas boca abajo.

2 El jugador 2 repite el paso 1.

3 Los jugadores se turnan hasta encontrar todos los pares. Cada jugador lleva la cuenta del número total de pares que encontró.

4 El jugador 1 junta las tarjetas y las mezcla. Luego, el jugador 2 las vuelve a colocar boca abajo en un arreglo de 4 × 4.

5 Vuelve a jugar, pero esta vez une las figuras que tengan la misma figura pero no el mismo tamaño. Lleva la cuenta de los pares.

6 Gana el jugador que encuentre el mayor número de pares.

Objetivo 3 de TAKS
TEKS 3.9A Identificar figuras congruentes de dos dimensiones.

Education Place
Visita www.eduplace.com/txmap/, donde encontrarás **acertijos**.

184

Leer Cuando lees, pensar en lo que ya sabes te ayuda a comprender un tema nuevo. Ya sabes mucho sobre matemáticas. Puedes aplicar lo que sabes para seguir aprendiendo.

Antes de comenzar una lección sobre figuras de dos dimensiones, José hace una lista de cinco cosas que ya sabe.

Tema: Figuras de dos dimensiones

Lo que ya sé

1. Las formas son figuras de dos dimensiones.
2. Un círculo es una figura de dos dimensiones.
3. Un círculo es redondo.
4. Los triángulos son figuras de dos dimensiones.
5. Los triángulos tienen 3 lados.

Escribir Trabaja con un amigo. Escribe otras tres cosas que sepas acerca de las figuras de dos dimensiones.

> Recuerdo haber hecho figuras con bloques de figuras.

Figuras de dos dimensiones

Panal de abejas

Comprueba lo que sabes

Vocabulario y conceptos

Escoge la mejor palabra para completar las oraciones. Grado 2

1. La vela de un velero tiene 3 lados rectos como un ____.

2. Una moneda de un centavo tiene la forma de un ____.

3. La tapa de un libro tiene la figura de un ____.

Usa la siguiente lista. Escribe el nombre de las figuras. Grado 2

| círculo | rectángulo | cubo | pirámide |
| pentágono | hexágono | cuadrado | triángulo |

4.

5.

6.

7.

8.

9.

Resolver problemas y razonamiento Grado 2

10. Allyson dibujó una figura de dos dimensiones con 4 lados rectos. Nombra dos figuras que pudo haber dibujado.

Vocabulario de TAKS

¡Visualízalo!

cuadrilátero

triángulo

polígonos
- figura de dos dimensiones
- los lados son segmentos de línea

hexágono

pentágono

Mi mundo bilingüe

Los siguientes prefijos provienen del latín y del griego: *tri-* significa "tres", *cuadri-* significa "cuatro", *penta-* significa "cinco" y *hexa-* significa "seis".

Las palabras que se parecen en español y en inglés muchas veces tienen el mismo significado.

Español	Inglés
hexágono	hexagon
cuadrilátero	quadrilateral
triángulo	triangle
pentágono	pentagon

Consulta el **Glosario español–inglés**, páginas 576 a 588.

 Education Place Visita www.eduplace.com/txmap/, donde encontrarás el **glosario electrónico**.

Objetivo 6 de TAKS **TEKS** 3.15B Relacionar el lenguaje informal con el lenguaje y los símbolos matemáticos.

Capítulo 9   187

LECCIÓN 1

Objetivos 3 y 6 de *TAKS*

TEKS 3.8 Identificar, clasificar y describir figuras geométricas de dos y tres dimensiones basándose en sus atributos. El estudiante compara figuras de dos dimensiones, de tres dimensiones o ambas según sus atributos usando vocabulario formal de la geometría.

3.16A Hacer generalizaciones de patrones o de conjuntos de ejemplos y contraejemplos.

También 3.14A, 3.15A, 3.15B

Vocabulario de *TAKS*

figura de dos dimensiones

polígono

lado

vértice

Materiales
Limpiapipas

Aplícalo
Identificar y describir figuras

Objetivo Crear figuras geométricas de dos dimensiones e identificar sus partes.

★ Aprender con manipulativos

Desde kindergarten has aprendido acerca de figuras geométricas, aunque es probable que no supieras cómo se llamaban.

Pregunta ¿Cómo puedes usar limpiapipas para representar figuras geométricas?

Cuando representas una figura geométrica que tiene longitud y ancho, estás dibujando una **figura de dos dimensiones**. Las figuras de dos dimensiones siempre son parte de una superficie plana.

---

1 Observa estas figuras.
Los **polígonos** son figuras cerradas de dos dimensiones.

- Un polígono tiene tres o más **lados** rectos.
- El **vértice** es el punto donde se encuentran dos lados.

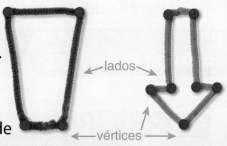

Polígonos

Cada lado de un polígono se conecta con otros dos lados. Esto significa que los polígonos siempre son figuras cerradas.

Usa un limpiapipas para formar un polígono. Indica cuántos lados y cuántos vértices tiene el polígono.

---

2 Observa la siguiente figura.
Un **círculo** es una figura cerrada de dos dimensiones.

Un círculo no es un polígono.
No tiene lados.

Usa un limpiapipas para formar una figura que no sea un polígono.

Círculo

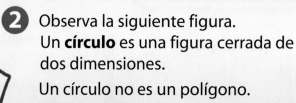

188

★ Práctica guiada

Indica si la figura *es un polígono* o *no es un polígono*. Si es un polígono, indica cuántos lados y cuántos vértices tiene.

1. 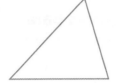   **2.**    **3.**

Usa limpiapipas para formar estas figuras. Haz un dibujo de cada una.

4. un polígono con 7 lados y 7 vértices   **5.** una figura que no sea un polígono

 Hablar de matemáticas ¿Crees que es posible que un polígono tenga sólo 2 vértices? Explica por qué.

★ Practicar y resolver problemas

Indica si la figura *es un polígono* o *no es un polígono*. Explica tu respuesta. Si la figura es un polígono, indica cuántos lados y cuántos vértices tiene.

6.    **7.** 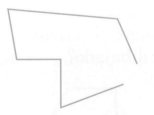   **8.**

9.    **10.**   **11.**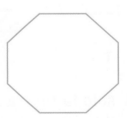

12.    **13.**    **14.**

Usa el limpiapipas para formar estas figuras.
Haz un dibujo de cada una.

15. un polígono con 5 lados y 5 vértices

16. una figura que no sea un polígono

Polly y sus amigos formaron figuras con limpiapipas. Usa las figuras para responder a los ejercicios 17 a 20.

A 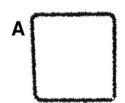 B 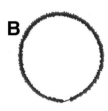 C 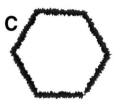 D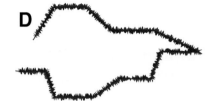

17. ¿Cuáles de estas figuras son polígonos?

18. ¿Cuál de los polígonos tiene el mayor número de vértices?

19. ¿Cuál de los polígonos tiene el menor número de lados?

20. ¿Cuáles de estas figuras no son polígonos? Explica por qué.

Práctica para TAKS · Selección múltiple

21 Matthew dibujó un polígono con más de 3 vértices y menos de 7 lados. ¿Cuál de estas figuras pudo haber dibujado?

Consejo para TAKS

Lee todas las opciones de respuesta antes de escoger la tuya.

I   II   III

A sólo la figura I

B sólo la figura II

C sólo la figura III

D las figuras II y III

Puentes

El diseño abierto de los puentes permite observar cómo se usan las figuras geométricas en la construcción.

Realiza esta actividad con un compañero.

En Internet, ingresa en un motor de búsqueda términos similares a los siguientes:

- lista de puentes
- fotos de puentes
- puentes colgantes
- puentes de Texas

Intenta hallar páginas de Internet con fotografías de puentes y partes de puentes como los que ves aquí.

1. ¿Qué tipos de polígonos hay en las fotografías?

2. ¿Hay figuras que no son cerradas? ¿Por qué crees que es así?

Datos divertidos

El puente Waco

- En la época en que se construyó, el puente Waco era el puente colgante de un solo tramo más largo de la costa oeste del río Mississippi.
- El puente se construyó en 1870.
- El puente todavía se usa como puente peatonal sobre el río Brazos.

Objetivos 3 y 6 de **TAKS**
TEKS 3.8, 3.14A, 3.15A

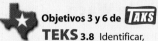

Objetivos 3 y 6 de TAKS

TEKS 3.8 Identificar, clasificar y describir figuras geométricas de dos y tres dimensiones basándose en sus atributos. El estudiante compara figuras de dos dimensiones, de tres dimensiones o ambas según sus atributos usando vocabulario formal de la geometría.

3.14A Identificar las matemáticas en situaciones diarias.

También 3.16A

Vocabulario de TAKS

cuadrilátero

Clasificar figuras de dos dimensiones

Objetivo Identificar y describir diferentes figuras de dos dimensiones.

★ Aprender con ejemplos

Observa esta fotografía de la Casa Blanca, en Washington, D.C. Puedes hallar diferentes figuras de dos dimensiones en la fotografía. ¿Cuántas figuras de dos dimensiones reconoces?

Consejo de vocabulario

Todas las figuras que tienen 4 lados son **cuadriláteros.** Los cuadrados y los rectángulos son tipos especiales de cuadriláteros.

Figuras de dos dimensiones

Algunos polígonos tienen nombres especiales.

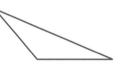

Triángulo
3 lados

Cuadrado
4 lados iguales

Rectángulo
4 lados

Pentágono
5 lados

Hexágono
6 lados

Octágono
8 lados

Polígonos regulares	Polígonos irregulares
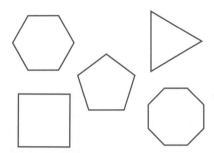	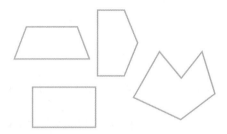
Todos los lados tienen la misma longitud Todos los ángulos tienen el mismo tamaño.	Los lados pueden tener diferentes longitudes. Los ángulos pueden tener diferentes tamaños.

★ Práctica guiada

Indica si las figuras son polígonos. Si lo son, escribe el nombre.

Piénsalo
- ¿La figura es cerrada?
- ¿Cuántos lados tiene la figura?

1.   **2.**   **3.**   **4.**

5. ¿Cuál de estos polígonos es un polígono regular?

Resolver problemas con ayuda

Usa las preguntas para resolver este problema.

6. Emma dibujó un polígono regular que tiene 8 lados. ¿Qué figura de dos dimensiones dibujó Emma?

  a. Compréndelo/Planéalo ¿Cuántos lados tiene la figura de Emma? Explica por qué todos los lados deben tener la misma longitud.

  b. Resuélvelo/Verifícalo ¿Qué figura de dos dimensiones tiene 8 lados de la misma longitud? Haz un dibujo de la figura de Emma para comprobar tu respuesta.

(123) Hablar de matemáticas ¿Todos los triángulos son polígonos? ¿Todos los polígonos son triángulos? Explica tu razonamiento.

Indica si las figuras son polígonos.
Si lo son, escribe el nombre.

7.

8.

9.

10.

Resuelve.

11. Observa la vista aérea del edificio de la derecha. Es el Pentágono en Washington, D.C. Describe los polígonos que observas.

12. Reto Pía dibujó 3 polígonos. El primero tenía dos lados más que el segundo y el doble de lados que el tercero. Los cuatro lados y los cuatro ángulos del segundo polígono eran iguales. ¿Qué polígonos dibujó Pía?

 Conexión con la información

Usa la gráfica para resolver los problemas 13 a 16.

La maestra Díaz pidió a los estudiantes de su clase que anotaran el tipo de polígonos que encontraran en el salón de clases. La gráfica de la derecha muestra los resultados.

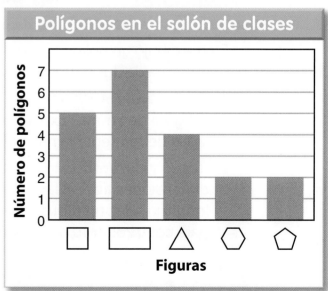

13. ¿Cuántos triángulos encontró la clase?

14. La clase encontró el mismo número de dos tipos de polígonos. ¿Cuáles son?

15. ¿Cuántos polígonos encontró la clase en total?

16. Si se encontraran 2 cuadrados más, ¿cómo cambiaría la gráfica?

17 Observa las siguientes figuras. ¿Cuál de las figuras es un polígono regular?

Figura 1 **Figura 2** **Figura 3** **Figura 4**

A la figura 1 y la figura 3 **B** la figura 2 y la figura 4
C sólo la figura 3 **D** sólo la figura 4

Consejo para TAKS

Recuerda que un polígono regular tiene todos los lados de la misma longitud y todos los ángulos del mismo tamaño.

Reto Noción de las medidas

El tiempo se va volando

Los Estados Unidos están divididos en husos horarios. Hay 1 hora de diferencia entre un huso horario y el siguiente. Por ejemplo, cuando en Maine son las 5:00 p.m., en Texas son las 4:00 p.m.

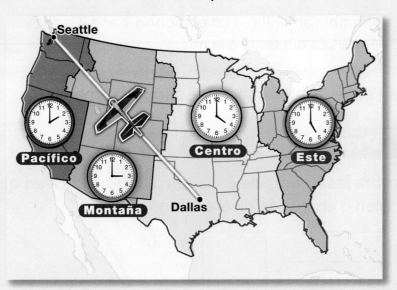

1. Un avión sale de Dallas, Texas, a las 8:00 p.m. hora del Centro. Aterriza en Seattle, Washington, a las 9:00 p.m. hora del Pacífico. ¿Cuántas horas duró el vuelo? Explica tu respuesta.

2. Usa el mapa de los husos horarios para escribir tu propio problema.

Objetivo 4 de TAKS
TEKS 3.12B

LECCIÓN 3

Objetivos 3 y 6 de TAKS

TEKS 3.8 Identificar, clasificar y describir figuras geométricas de dos y tres dimensiones basándose en sus atributos. El estudiante compara figuras de dos dimensiones, de tres dimensiones o ambas según sus atributos usando vocabulario formal de la geometría.

3.15A Explicar y anotar observaciones utilizando objetos, palabras, dibujos, números y tecnología.

También 3.14A, 3.16A

Comparar figuras

Objetivo Comparar figuras geométricas de dos dimensiones.

★ Razonar y aprender

Sarah quiere una alfombra nueva para su habitación. Quiere una que tenga una forma diferente a la alfombra rectangular que tiene ahora.

El papá de Sarah le trajo dos alfombras nuevas para que escoja. ¿Con cuál debería quedarse?

Sarah comparó la figura de las alfombras nuevas con la suya.

La alfombra violeta es similar a la mía. Las dos alfombras tienen 4 lados y 4 vértices y son rectángulos. Son de tamaños diferentes.

La alfombra amarilla es un octágono. Tiene 8 lados y 8 vértices. Es diferente a la mía.

Sarah debería quedarse con la alfombra amarilla.

★ Práctica guiada

Nombra las figuras de cada par. Luego, indica en qué se parecen o en qué se diferencian.

1.

2.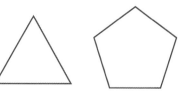

Piénsalo

- ¿Las figuras tienen el mismo número de lados? ¿y de vértices?
- ¿Las figuras tienen el mismo tamaño?

 Hablar de matemáticas ¿Cómo compararías un cuadrado y un rectángulo que no es un cuadrado? Explica tu respuesta.

Nombra las figuras de cada par. Luego, indica en qué se parecen o en qué se diferencian.

3. 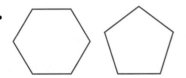   **4.** 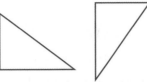   **5.**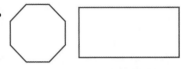

 Conexión con los estudios sociales

Indica en qué se parecen o en qué se diferencian las figuras de cada par de señales.

6. la señal de alto y la señal de cruce de escolares

7. la señal de cruce ferroviario y la señal de ceda el paso

8. la señal de prohibido adelantarse y la señal de ceda el paso

9. la señal de velocidad máxima y la señal de alto

10. Busca dos señales diferentes y dibújalas. Indica en qué se parecen y en qué se diferencian.

11. Inventa una señal que creas que podría ser útil. Debe tener más de 3 lados.

Señales de tránsito

Los gobiernos locales deciden en qué lugar colocar las señales de tránsito. Usan señales de tránsito de diferentes formas para diferentes fines.

Velocidad máxima	Alto
Ceda el paso	**Prohibido adelantarse**

Cruce de escolares	**Cruce ferroviario**

TEKS 9B, 10C de Estudios sociales

★ **Práctica para** **Selección múltiple**

12 ¿Qué dos figuras tienen el mismo número de lados y vértices pero no siempre tienen la misma forma?

A triángulo y cuadrado

B círculo y pentágono

C cuadrado y rectángulo

D hexágono y rectángulo

Objetivos 3 y 6 de *TAKS*

TEKS 3.8 Identificar, clasificar y describir figuras geométricas de dos y tres dimensiones basándose en sus atributos. Comparar figuras de dos dimensiones, de tres dimensiones o ambas según sus atributos usando vocabulario formal de la geometría.

También 3.14B, 3.15A, 3.16A

Resolver problemas: Plan
Razonamiento lógico

Objetivo Usar el razonamiento lógico para resolver problemas.

★ Razonar y aprender

Usa el razonamiento lógico para determinar cuál de estas figuras NO pertenece al grupo.

 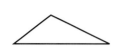 

COMPRÉNDELO

Tres de las figuras tienen algo en común que no tiene la cuarta figura.

PLANÉALO

Puedes clasificar una figura plana respondiendo a estas preguntas.

¿Son todos sus lados líneas rectas?

¿Es cerrada?

¿Qué figura se destaca por ser diferente de las otras figuras?

RESUÉLVELO

Tres de las figuras son cerradas y todos sus lados son líneas rectas. Sólo hay una figura que no es cerrada. Esa figura NO pertenece al grupo.

VERIFÍCALO

¿Responde la solución a la pregunta? ¿Podrías obtener una solución diferente haciendo otras preguntas?

Usa las siguientes preguntas para resolver este problema.

1. ¿Cuál de estas figuras planas NO pertenece al grupo?
Explica por qué hiciste esa elección.

A.    **B.**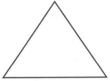

C. 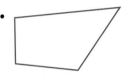   **D.**

a. Compréndelo/Planéalo ¿Cuál es la pregunta?
¿Qué sabes acerca de las figuras?

b. Resuélvelo/Verifícalo ¿Hay alguna figura que
sea diferente? ¿Por qué? ¿Responde tu solución
a la pregunta?

Piénsalo

¿Hay alguna figura que se diferencie de las demás?

2. Usa el razonamiento lógico para determinar cuál de
estas figuras planas NO pertenece al grupo.

A.   **B.**   **C.**    **D.**

 Hablar de matemáticas ¿Pueden dos
figuras tener el mismo número de lados pero no
pertenecer al mismo grupo?

3. Dibuja una figura que pertenezca al
grupo de las figuras de la derecha.
Explica por qué dibujaste esa figura.

4. Dibuja una figura que NO pertenezca
al grupo de las figuras de la derecha.
Explica por qué dibujaste esa figura.

Leer y escribir **matemáticas**

Vocabulario de TAKS

En geometría, hay muchas palabras de vocabulario que tienes que saber.

Al mapa de palabras le faltan algunos rótulos.
Completa las respuestas a los ejercicios 1 a 3.

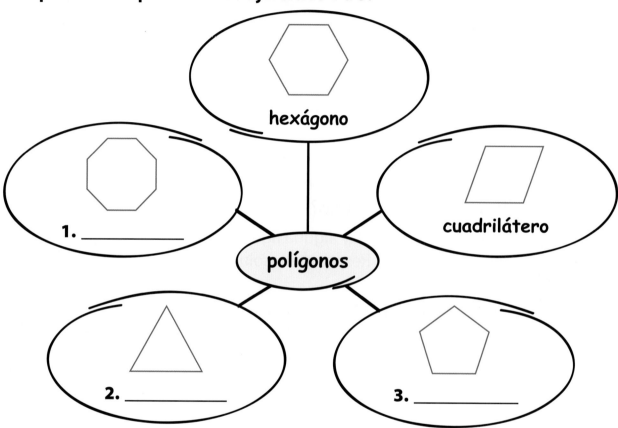

hexágono

cuadrilátero

1. _____

polígonos

2. _____

3. _____

¿Qué le puedes agregar al mapa de palabras?

4. ¿Puedes agregar un dibujo de un *cuadrado* y un *rectángulo*? ¿Dónde los colocarías?

5. ¿Puedes agregar un *círculo?* Explica tu respuesta.

Escribir Un triángulo es un polígono con 3 lados y 3 vértices. ¿Puedes dibujar un polígono con 2 lados y 2 vértices? Explica por qué.

Leer Busca libros relacionados con este concepto en tu biblioteca.

Objetivo 6 de TAKS
TEKS 3.15A Explicar y anotar observaciones utilizando objetos, palabras, dibujos, números y tecnología.

3.15B Relacionar el lenguaje informal con el lenguaje y los símbolos matemáticos.

Práctica adicional basada en los estándares

Conjunto A
Objetivo 3 de **TAKS** TEKS 3.8 página 188

Une la palabra de vocabulario con la definición correcta.

1. lado

2. vértice

3. figura de dos dimensiones

4. polígonos

5. círculo

a. es siempre parte de una superficie plana y tiene longitud y ancho

b. uno de los segmentos de línea que conforman un polígono

c. no es un polígono; no tiene lados

d. punto donde se encuentran dos lados

e. figuras cerradas de dos dimensiones con tres o más lados rectos

Conjunto B
Objetivo 3 de **TAKS** TEKS 3.8 página 192

Selección múltiple

1. ¿Qué figura tiene el menor número de lados?

    A. triángulo   **B.** pentágono

    C. rectángulo   **D.** hexágono

2. ¿Cuál de estas figuras es un polígono regular?

    A. triángulo   **B.** cuadrado

    C. hexágono   **D.** todos son polígonos regulares

3. Dibuja un polígono irregular y un polígono regular. Indica en qué se diferencian.

Conjunto C
Objetivo 3 de **TAKS** TEKS 3.8 página 196

Nombra las figuras de cada par. Luego, indica en qué se parecen y en qué se diferencian.

1. **2.** **3.**

4. Explica Pía dice que un octágono y un hexágono tienen el mismo número de vértices. ¿Tiene razón? Si no es así, explica por qué.

Education Place
Visita www.eduplace.com/txmap/, donde encontrarás más **práctica adicional**.

Repaso/Examen del capítulo

Vocabulario y conceptos

Escoge la mejor palabra para completar las oraciones.

Banco de palabras

octágono
polígono
rectángulo
vértice

1. Un pentágono es un _____ de cinco lados.

2. Dos lados se encuentran en un _____.

3. Un _____ tiene ocho lados.

Escribe el número de lados y vértices de cada polígono.

4.

5.

6.

7.

Indica si la figura *es un polígono* o *no es un polígono*.

8.

9.

10.

11.

Resolver problemas y razonamiento

Resuelve.

12. El señor Halston corta un sándwich con forma rectangular en dos trozos del mismo tamaño. ¿Qué figura tienen los dos trozos de sándwich?

13. La señora Harper tiene en su patio un jardín con cuatro lados. La longitud de cada lado es 5 pies. ¿Qué forma tiene el jardín de la señora Harper?

14. Los escritorios en el salón de clases del maestro Smith están ordenados en semicírculo. ¿Están ordenados en forma de polígono? Explica tu respuesta.

15. Adam usó limpiapipas para formar 2 rectángulos y 1 hexágono. Usó 1 limpiapipas por lado. ¿Cuántos limpiapipas usó?

Diario de matemáticas

Escribir matemáticas Kiesha dibujó un polígono que tenía cuatro lados y cuatro vértices. ¿Qué dos tipos de polígonos pudo haber dibujado? Explica tu respuesta.

Preparación para TAKS y repaso frecuente

1 ¿Qué hora muestra este reloj?

A 11:00   **B** 11:15

C 12:00   **D** 12:15

Objetivo 4 de TAKS TEKS 3.12B página 74

2 Linda tarda 14 minutos en desayunar, 2 minutos en cepillarse los dientes y 11 minutos en vestirse. ¿Qué expresión muestra cuánto tiempo necesita Linda para estar lista?

F $14 - 11 - 2$

G $14 - 2 + 11$

H $14 + 11 + 2$

J $14 + 2 - 11$

Objetivo 1 de TAKS TEKS 3.3A página 118

3 **Respuesta con cuadrícula** Hal tiene 78 canicas y regala 25. ¿Cuántas canicas le quedan?

Objetivo 1 de TAKS TEKS 3.3B página 140

4 Eric recibió $12 para su cumpleaños. Ganó $8 más haciendo trabajos de jardinería. Luego, Eric gastó $6. ¿Qué expresión muestra cuánto dinero le queda a Eric?

A $12 + 8 - 6$

B $12 + 8 + 6$

C $12 - 8 - 6$

D $6 + 12 + 8$

Objetivo 1 de TAKS TEKS 3.3A página 140

5 **Respuesta con cuadrícula** Esta tabla muestra la cantidad de dinero que le pagan a Justin por hacer algunas tareas.

Pago por las tareas					
Número de tareas hechas	1	2	3	4	5
Dólares que recibe Justin	4	8	12	16	

¿Cuántos dólares recibe Justin por hacer 5 tareas?

Objetivo 2 de TAKS TEKS 3.7B página 6

Congruencia y simetría

Mariposa macaón

Comprueba lo que sabes

Banco de palabras

círculo

cuadrado

lados

pentágono

vértices

Vocabulario y conceptos

Escoge la mejor palabra para completar las oraciones. páginas 188 a 190

1. Un polígono tiene el mismo número de lados que de ____.

2. Una figura que no tiene lados es un ____.

3. Todos los ____ de un cuadrado tienen la misma longitud.

¿Las dos figuras tienen exactamente el mismo tamaño y la misma forma? Escribe *sí* o *no*. Grado 2

4.

5.

6.

7.

8.

9.

Resolver problemas y razonamiento Grado 2

10. Stefano sabe que todos los cuadrados tienen la misma forma. Por lo tanto, ¿todos los cuadrados son exactamente iguales? Explica tu respuesta.

Vocabulario de TAKS

¡Visualízalo!

Este número tiene al menos un eje de simetría.	Este número no tiene ejes de simetría.
8 --8--	2

eje de simetría

Línea a lo largo de la cual puede doblarse una figura de manera que las dos mitades coincidan exactamente

simetría

Una figura tiene simetría si puede doblarse por una línea de manera que las dos mitades coincidan exactamente

Mi mundo bilingüe

Las palabras que se parecen en español y en inglés muchas veces tienen el mismo significado.

Español	Inglés
congruente	congruent
simetría	symmetry
vértice	vertex

Consulta el **Glosario español–inglés**, páginas 576 a 588.

 Education Place Visita www.eduplace.com/txmap/, donde encontrarás el **glosario electrónico**.

Objective 6 de **TAKS** **TEKS** 3.15B Relacionar el lenguaje informal con el lenguaje y los símbolos matemáticos.

Capítulo 10 205

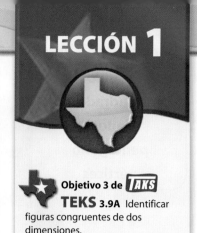
Objetivo 3 de **TAKS**

TEKS 3.9A Identificar figuras congruentes de dos dimensiones.

También 3.8

Vocabulario de TAKS

congruente

Materiales
• Bloques de figuras
• Tablero 1
• Papel de calcar (opcional)
• Manipulativos electrónicos
  www.eduplace.com/txmap/
  (opcional)

Aplícalo
La congruencia

Objetivo Aprender acerca de figuras que tienen la misma forma y el mismo tamaño.

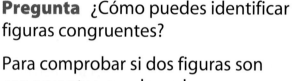

Las figuras que tienen el mismo tamaño y la misma forma son **congruentes**.

Cuando armas un rompecabezas, la pieza que cabe en un espacio debe ser congruente con ese espacio.

Pregunta ¿Cómo puedes identificar figuras congruentes?

Para comprobar si dos figuras son congruentes puedes calcar.

 Escoge un bloque de figuras.

• En tu tablero, traza el contorno del bloque.
• Traza el contorno del mismo bloque en papel.

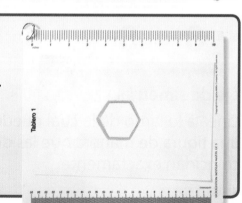

2 Compara las dos figuras que trazaste. Coloca la figura que trazaste en el papel sobre la figura que trazaste en el tablero.

• ¿Las figuras son del mismo tamaño?

• ¿Las figuras tienen la misma forma?

• ¿Las figuras son congruentes?

3 Calca la primera figura de la derecha. Coloca el calco sobre la otra figura para comprobar si las figuras son congruentes.

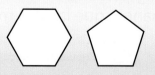

★ Extender

Calca una de las dos figuras. Coloca la figura que calcaste sobre la otra figura. ¿Son congruentes?

1. 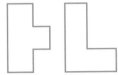   2. 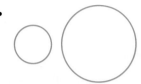   3.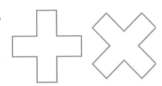

Calca la primera figura. Coloca la figura que calcaste sobre las otras figuras para hallar la figura congruente. Escribe *a*, *b* ó *c*.

4.   a.   b.   c.

5.   a.   b.   c.

6.   a.   b.   c.

7. **¿Correcto o incorrecto?** Brian dice que todos los rectángulos son congruentes. ¿Tiene razón? Haz dibujos para justificar tu respuesta.

8. **Reto** Calca el bloque de figuras hexagonal en un papel. Halla al menos otras dos maneras de construir una figura congruente usando bloques de figuras diferentes.

Diario de matemáticas

Escribir matemáticas

Analiza Isabel dibujó un octágono. Marco dibujó un hexágono. ¿La figura de Isabel puede ser congruente con la de Marco? Explica tu respuesta.

Objetivos 3 y 6 de **TAKS**

TEKS 3.9A Identificar figuras congruentes de dos dimensiones.

3.15B Relacionar el lenguaje informal con el lenguaje y los símbolos matemáticos.

Materiales

- Recurso de enseñanza 13 (Papel de puntos)
- Manipulativos electrónicos www.eduplace.com/txmap/ (opcional)

Aplícalo
Dibujar figuras congruentes

Objetivo Usar papel de puntos para dibujar figuras que sean congruentes con una figura dada.

★ Explorar

En la Lección 1 aprendiste a identificar figuras congruentes.

Pregunta ¿Cómo puedes dibujar una figura congruente con la Figura A?

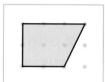

Figura A

1 Escoge un vértice por donde comenzar a dibujar.

Cuenta el número de puntos desde ese vértice hasta el vértice siguiente.

Comienza aquí

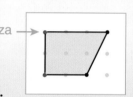

2 Dibuja un lado de la figura.

3 Continúa dibujando los lados de la figura. Asegúrate de contar el número de puntos que tiene cada lado.

Comprueba que cada ángulo tenga el mismo tamaño que tiene en la cuadrícula.

4 Dibuja el lado que falta. Compara la figura original con tu dibujo. ¿Son congruentes? ¿Cómo lo sabes?

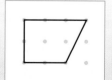

Otro ejemplo

Las figuras pueden estar en posiciones diferentes y aún así ser congruentes. ¿Estas figuras son congruentes? ¿Son congruentes con la figura de la página 208?

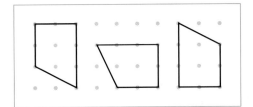

★ **Extender**

Usa papel de puntos. Dibuja una figura congruente para cada una de las siguientes figuras.

1.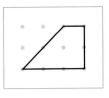

2.

3.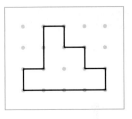

4.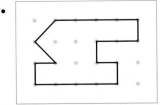

5.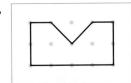

6.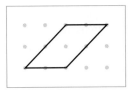

7. Michael dibujó el siguiente patrón usando figuras congruentes.

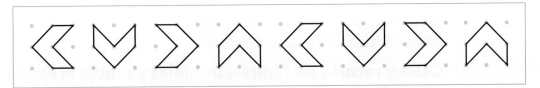

En papel de puntos, dibuja tu propio patrón usando figuras congruentes. Luego, explica cómo sabes que todas las figuras son congruentes.

Diario de matemáticas

Escribir matemáticas

Generaliza Imagina que dibujas dos figuras congruentes en hojas diferentes. ¿Puedes girar una de las hojas para que las figuras dejen de ser congruentes? Explica tu respuesta.

Objetivos 3 y 6 de *TAKS*

TEKS 3.9B Formar figuras de dos dimensiones con ejes de simetría utilizando modelos concretos y tecnología.

3.9C Identificar ejes de simetría en figuras de dos dimensiones.

También 3.15A

Vocabulario de *TAKS*

simetría

Materiales
- Bloques de figuras con forma de trapecio
- Papel de calcar (opcional)
- Tijeras
- Manipulativos electrónicos www.eduplace.com/txmap/ (opcional)

Aplícalo
La simetría

Objetivo Aprender acerca de figuras que tienen ejes de simetría.

★ Aprender con manipulativos

Una figura que tiene **simetría** se puede doblar por una línea de manera que las dos partes sean congruentes y coincidan exactamente. Esa línea se llama eje de simetría.

1 Calca el bloque de figuras con forma de trapecio. Luego, vuelve a calcarlo de manera que los dos trapecios formen un hexágono.

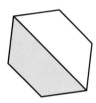

2 Recorta la figura. Luego, dóblala por la mitad.

- ¿Las dos partes coinciden exactamente?
- Marca con un lápiz la línea del doblez. Esa línea es el eje de simetría.

★ Práctica guiada

Calca y recorta las figuras. Dóblalas y dibuja el eje de simetría que encuentres.

Piénsalo

¿Por dónde puedo doblar esta figura para que ambas partes coincidan exactamente?

1.

2.

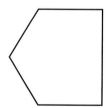

3.

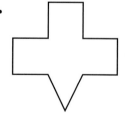

Hablar de matemáticas ¿Las figuras congruentes tienen los mismos ejes de simetría?

★ Practicar y resolver problemas

Calca y recorta las figuras. Dóblalas y dibuja el eje de simetría que encuentres.

4.    **5.**    **6.**

Resuelve.

7. ¿Qué letras del recuadro tienen un eje de simetría?

8. Reto Sandro dobló la figura de la derecha por la línea punteada. Dijo que la figura NO tiene simetría. ¿Tiene razón? Explica tu respuesta.

 Conexión con las ciencias

Algunos seres vivos parecen tener simetría. Observa las imágenes e indica si tienen simetría.

9.    **10.**    **11.**

TEKS 10A y 10B de Ciencias

 Práctica para TAKS Selección múltiple

12 ¿Qué dígito tiene un eje de simetría?

A 7   B 6
C 0   D 4

Consejo para TAKS

Dígito quiere decir cada uno de los números 0, 1, 2, 3, 4, 5, 6, 7, 8 ó 9.

LECCIÓN 4

Objetivos 3 y 6 de *TAKS*

TEKS 3.9B Formar figuras de dos dimensiones con ejes de simetría utilizando modelos concretos y tecnología.

3.9C Identificar ejes de simetría en figuras de dos dimensiones.

También 3.14D, 3.15A

Materiales

- Recurso de enseñanza 13 (Papel de puntos)
- Manipulativos electrónicos www.eduplace.com/txmap/ (opcional)

Aplícalo
Ejes de simetría

Objetivo Usar ejes de simetría para completar figuras.

★ Aprender con manipulativos

La nota de la derecha dice el nombre de la persona a la que Gretchen le está haciendo una torta de cumpleaños. Una parte de la nota está cubierta de pintura. Cada letra de la nota es simétrica. ¿A quién quiere hacerle una torta de cumpleaños?

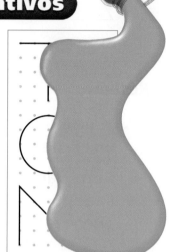

1 Copia cada letra en papel de puntos. Dibuja un eje de simetría.

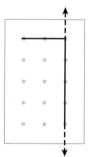

2 Dibuja la otra mitad de las letras. ¿Qué letras formaste?

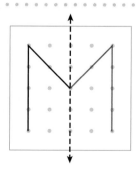

¿Qué dice la nota?

Algunas figuras tienen más de un eje de simetría.

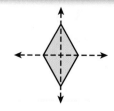
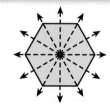

212

★ Práctica guiada

Copia en papel de puntos. Completa las figuras simétricas.

1.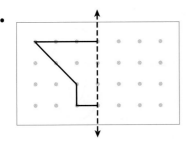

2.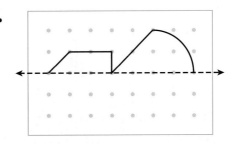

Piénsalo

• ¿Hay algún punto <u>sobre</u> el eje de simetría?

• ¿A cuántos puntos del eje de simetría se encuentra la parte dada?

Resolver problemas con ayuda

Usa las preguntas para resolver este problema.

3. Tasha quiere doblar la figura en dos partes iguales. ¿Por dónde debe doblarla?

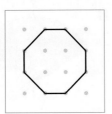

   a. **Compréndelo** ¿Qué debes hallar?

   b. **Planéalo** Usa papel de puntos.

   c. **Resuélvelo** El eje de simetría va hacia abajo por el centro de la figura.

   d. **Verifícalo** ¿Tienen los dos lados la misma cantidad de puntos? ¿Cuando se dobla coinciden las partes?

4. Calca la figura de la derecha. Dibuja todos sus ejes de simetría.

123 Hablar de matemáticas Si una parte de una figura simétrica tiene un ángulo recto, ¿la otra parte también tendrá un ángulo recto?

Copia y dobla las figuras. ¿La línea punteada es un eje de simetría?

5.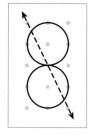

6.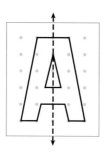

7.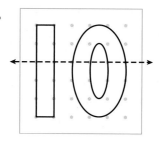

8. Haz un dibujo simétrico en papel de puntos. Dibuja el eje de simetría.

9. Dibuja en papel de puntos una figura que NO tenga eje de simetría.

 ## Conexión con la información

Copia y completa la tabla.

10. ¿La mayoría de las letras del alfabeto tienen ejes de simetría? Puedes averiguarlo organizando los datos en una tabla como ésta.

0 ejes de simetría	1 eje de simetría	Más de 1 eje de simetría
F	A	O

11 ¿Cuál de las siguientes opciones muestra un eje de simetría?

A

B

C

D

Consejo para TAKS

Recuerda que el eje de simetría debe aplicarse a toda la figura y no sólo a una parte de ella.

Simetría

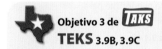

Has aprendido que una figura tiene simetría si se puede doblar por una línea de manera que las dos partes coincidan exactamente.

Usa un programa de computación que te permita dibujar figuras. Dibuja las siguientes figuras y trázales un eje de simetría. Si es posible, imprime tu trabajo y dobla las figuras para comprobar tu respuesta.

1. cuadrado   **2.** corazón   **3.** trapecio   **4.** círculo

5. Reto ¿Alguna de las figuras que dibujaste tiene más de un eje de simetría? Si es así, ¿cuáles son?

Objetivo 3 de TAKS
TEKS 3.9B, 3.9C

¡Matemáticas divertidas!
Diseño de vestuario

Los diseñadores de vestuario hacen los trajes que usan los actores.

1. Una diseñadora hizo una falda. La falda tiene 3 yardas de ancho. ¿Cuántas yardas de tela se necesitan para hacer 4 faldas?

2. Una diseñadora está haciendo una capa simétrica. La diseñadora necesita 4 yardas de tela para una mitad de la capa. ¿Cuánta tela necesita para la otra mitad?

3. Una diseñadora está cortando 2 piezas congruentes de tela para hacer la parte delantera y trasera de un traje. ¿Qué pasaría con el traje si corta una parte más pequeña que la otra?

4. Se necesitan 5 yardas de tela para hacer un traje. Si cada yarda cuesta $5, ¿cuánto costará la tela?

Objetivos 1 y 3 de TAKS
TEKS 3.3A, 3.9A

LECCIÓN 5

Objetivos 3 y 6 de TAKS

TEKS 3.9A Identificar figuras congruentes de dos dimensiones.

3.14C Seleccionar o desarrollar un plan o una estrategia de resolución de problemas apropiado en el que el estudiante haga un dibujo, busque un patrón, adivine y compruebe sistemáticamente, haga una dramatización, elabore una tabla, resuelva un problema más sencillo o trabaje desde el final hasta el principio para resolver un problema.

También 3.14B

Resolver problemas: Estrategia
Razonamiento visual

Objetivo Resolver problemas usando el razonamiento visual.

⭐ Aprender con ejemplos

Andy está tratando de terminar el rompecabezas que se muestra a la derecha. Debe decidir cuál de las tres piezas completa el rompecabezas.

El razonamiento visual es una buena estrategia para resolver un problema sobre colores y figuras.

COMPRÉNDELO

Debes hallar una pieza que encaje en el diseño del rompecabezas.

Pieza 1

Pieza 2

Pieza 3

PLANÉALO

Presta atención a los colores, las formas, las aristas y los tamaños.

RESUÉLVELO

Todas las piezas tienen la forma correcta, pero sólo la pieza 2 tiene los colores correctos que encajan en el rompecabezas.

VERIFÍCALO

¿Por qué no se puede completar el rompecabezas con las piezas 1 y 3?

216

★ Resolver problemas con ayuda

Usa las preguntas para resolver el problema.

1. Vuelve a observar las piezas del rompecabezas de Andy. Decide qué pieza completa el rompecabezas de la derecha.

a. **Compréndelo** ¿Qué debes hallar?

b. **Planéalo** ¿Qué pistas visuales pueden ayudarte?

c. **Resuélvelo** ¿Qué pieza encaja?

d. **Verifícalo** ¿La pieza encaja en todo sentido?

 Hablar de matemáticas ¿Cómo te ayuda pensar en los colores, las formas, las aristas y los tamaños a decidir qué pieza completa un rompecabezas?

★ Práctica para resolver problemas

Resuelve.

2. María está terminando de colocar losetas cuadradas en el piso de su cocina. Observa el siguiente diseño de losetas. ¿Qué losetas completan el diseño?

a.   b.    c.    d.

3. Comprueba la respuesta al problema 2 coloreando los cuadrados de la respuesta, usando el Recurso de enseñanza 7. ¿Tiene un eje de simetría la figura?

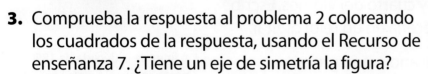

4. Tory hizo un patrón con mosaicos. ¿Qué figura completa el patrón?

a.   b.   c.

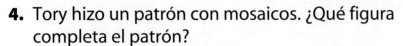

5. ¿Por qué la figura de la derecha no completa el patrón del problema 4?

Excursión

por TEXAS

Ozona, TX

El fuerte Lancaster se construyó en 1855 como puesto militar de los Estados Unidos. Hoy en día, el fuerte Lancaster es un Parque Histórico Estatal cerca de Ozona, Texas.

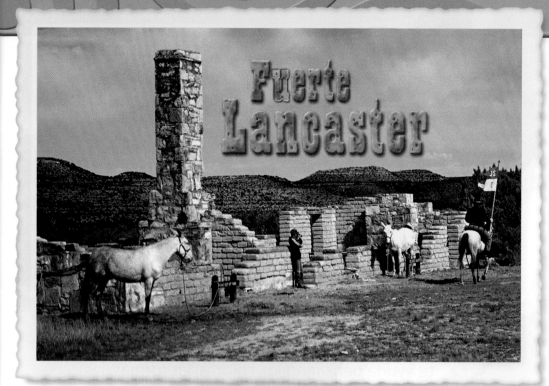

Usa los datos de esta página para resolver los problemas.

6. ¿Hace cuántos años se estableció el fuerte Lancaster como puesto militar de los Estados Unidos?

7. Sigue los pasos La familia de Olivia compró un pase para los Parques Estatales de Texas por $60. Gastaron $95 en un motel y $55 en combustible. ¿Gastaron más o menos de $200? Explica tu respuesta.

8. La familia de Olivia llegó al Parque Estatal Fort Lancaster a las once y cuarto del viernes. Escribe esa hora como aparecería en un reloj digital.

9. ¿Usarías un abrigo liviano o uno grueso para visitar el fuerte Lancaster en enero? Explica por qué.

10. En la década de 1850 los militares llegaron a Texas en dos caravanas de camellos. Había un total de 74 camellos en las dos caravanas. En la primera caravana había 6 camellos menos que en la segunda caravana ¿Cuántos camellos había en cada caravana?

Parque Estatal Fort Lancaster
Horario: Abierto: martes a lunes   8 a.m. a 5 p.m.
Precio del boleto de entrada: $2 por día por persona   a partir de los 13 años
Clima: Julio: máxima promedio de 97 °F   Enero: mínima promedio de 32 °F

Datos divertidos

- A fines de la década de 1850, pasaban por el fuerte Lancaster viajes militares hechos en camello.

- La joroba de un camello almacena grasa, no agua.

Resolver problemas de TAKS

Escoge una estrategia
- Haz una dramatización
- Haz un dibujo
- Adivina y comprueba
- Busca un patrón

1 Soy un polígono con menos lados que un octágono pero más lados que un rectángulo. Tengo un número par de lados. ¿Qué soy?

A triángulo

B pentágono

C hexágono

D paralelogramo

Objetivo 3 de TAKS TEKS 3.8 página 192

2 Escoge la letra de la pieza que falta en el rompecabezas.

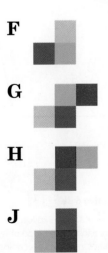

F

G

H

J

Objetivo 6 de TAKS TEKS 3.14C página 216

3 Rhea colocó galletas en el horno a la hora que indica el reloj.

¿A qué hora colocó las galletas en el horno?

A 4:45 p.m.

B 4:30 p.m.

C 4:15 p.m.

D 4:00 p.m.

Objetivo 4 de TAKS TEKS 3.12B página 74

4 **Respuesta con cuadrícula**
Lee el termómetro. ¿Cuál es la temperatura en grados Fahrenheit?

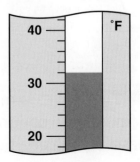

Objetivo 4 de TAKS TEKS 3.12A página 72

Education Place
Visita www.eduplace.com/txmap/, donde encontrarás
consejos para tomar exámenes y más **práctica para TAKS**.

Capítulo 10 Lección 5 **219**

Leer y escribir  matemáticas

Vocabulario de TAKS

Cuando estudias geometría, es importante que puedas decir cuando algo **no** es verdadero. Por ejemplo, tienes que reconocer cuando dos figuras no son **congruentes**.

Estudia las figuras de cada columna. Explica por qué las dos figuras son *congruentes* o *no congruentes*.

Figuras congruentes	Figuras que *no* son congruentes
1. 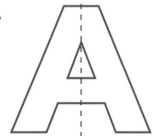	3. 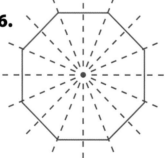
2.	4. 

Calca estas tres figuras en una hoja. Si puedes, traza ejes de simetría.

5.

6.

7.

Escribir ¿Cuál es la mejor manera de demostrar que dos figuras son congruentes? Explica tu respuesta paso a paso. Dibuja una figura como ejemplo.

Leer Busca libros relacionados con este concepto en tu biblioteca.

Objetivo 6 de TAKS
TEKS 3.15A Explicar y anotar observaciones utilizando objetos, palabras, dibujos, números y tecnología.

3.15B Relacionar el lenguaje informal con el lenguaje y los símbolos matemáticos.

Práctica adicional basada en los estándares

Conjunto A
Objetivo 3 de **TAKS** TEKS 3.9A página 206

¿Son congruentes estas dos figuras? Justifica tus respuestas.

1. **2.** **3.**

4. Observa tu salón de clases. Halla figuras congruentes.
Dibújalas y clasifícalas.

Conjunto B
Objetivo 3 de **TAKS** TEKS 3.9C página 210

**Observa los siguientes números. ¿Qué números tienen un
eje de simetría?.**

1. 1   **2.** 3   **3.** 4   **4.** 8   **5.** 5

**Calca y recorta las figuras. Dóblalas y dibuja un eje
de simetría o clasifícalas como *sin eje de simetría*.**

6.   **7.**   **8.**   **9.**

10. Analiza El dibujo de Juan muestra un eje de simetría.
¿Tiene otro eje de simetría la figura? ¿Cómo lo dibujarías?

Conjunto C
Objetivo 3 de **TAKS** TEKS 3.9B, 3.9C página 212

**Dibuja las siguientes figuras en un papel de puntos. Dibuja
un eje de simetría en cada una. ¿Cómo puedes comprobar
si tienen un eje de simetría?**

1. cuadrado   **2.** estrella   **3.** corazón   **4.** triángulo   **5.** hexágono

Education Place
Visita www.eduplace.com/txmap/, donde
encontrarás más **práctica adicional**.

Capítulo 10 Práctica adicional **221**

Repaso/Examen del capítulo

Vocabulario y conceptos

Objetivo 3 de TAKS TEKS 3.9A, 3.9B, 3.9C

Escoge el mejor término para completar las oraciones.

Banco de palabras
congruentes
eje de simetría
forma
vértice

1. Las figuras que son _____ tienen el mismo tamaño y la misma forma.

2. Un _____ divide a una figura en dos partes que coinciden exactamente.

3. Un triángulo y un rectángulo no son congruentes porque no tienen la misma _____.

¿La línea punteada es un eje de simetría?

4.

5.

¿Son congruentes las dos figuras?

6.

7.

8.

Resolver problemas y razonamiento

Objetivos 3 y 6 de TAKS TEKS 3.9A–C, 3.14A–C

Resuelve.

9. En una reunión hay una pizza pequeña de salchichón y una pizza grande de salchicha. ¿Son congruentes las pizzas? ¿Por qué?

10. La señora Bennington dobla servilletas para una comida especial. Toma una servilleta cuadrada y la dobla por un eje de simetría. ¿Qué figura forma la servilleta después de ser doblada?

Diario de matemáticas

Escribir matemáticas ¿Todas las figuras tienen un eje de simetría? Explica y dibuja un ejemplo para justificar tu respuesta.

Preparación para *TAKS* y repaso frecuente

1 Shaun va al trabajo entre las 8:00 y las 9:00. ¿Qué reloj muestra una hora entre las 8:00 y las 9:00?

A    B

C 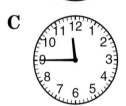   D

Objetivo 4 de *TAKS* TEKS 3.12B página 74

2 ¿Cómo se llama una figura de 5 lados?

F cuadrado   G hexágono

H rectángulo   J pentágono

Objetivo 3 de *TAKS* TEKS 3.8 página 192

3 **Respuesta con cuadrícula** En la clase de Sheila hay 10 niños y 21 niñas. Nueve de las niñas tienen el cabello corto. ¿Cuántas niñas tienen el cabello largo?

Consejo para *TAKS*

Algunos problemas pueden contener información que no necesitas.

Objetivo 1 de *TAKS* TEKS 3.3B página 146

4 Pablo salió de la escuela a las 3:30. Tarda 30 minutos en llegar a su casa. ¿Qué reloj muestra la hora a la que llega a su casa?

A    B

C 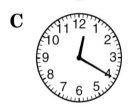   D

Objetivo 4 de *TAKS* TEKS 3.12B página 74

5 Jessica tenía $145. Gastó $61 en un nuevo par de zapatos. Luego encontró un billete de $20. ¿Cuánto dinero tiene Jessica ahora?

F $64   G $104

H $186   J $226

Objetivo 1 de *TAKS* TEKS 3.3B página 146

6 **Respuesta con cuadrícula** Clare leyó 11 libros en el verano, 14 durante el año escolar y 4 libros durante las vacaciones de primavera. ¿Cuántos libros leyó cuando no estaba yendo a la escuela?

Objetivo 1 de *TAKS* TEKS 3.3B página 118

 Education Place
Visita www.eduplace.com/txmap/, donde encontrarás **consejos para tomar exámenes** y más **práctica para TAKS**.

Repaso/Examen de la Unidad 4

Vocabulario y conceptos

Objetivo 3 de TAKS TEKS 3.8, 3.9

Escoge el mejor término para completar las oraciones.

Banco de palabras
- **congruentes**
- **irregulares**
- **lado**
- **vértice**
- **eje de simetría**

1. Se dobla una figura por la mitad y las dos mitades son exactamente iguales. El pliegue se llama ____________.
2. El punto donde se encuentran dos lados de un polígono es el ____________.
3. Dos figuras que tienen el mismo tamaño y la misma forma son ____________.

Cálculos

Objetivo 3 de TAKS TEKS 3.8, 3.9A

¿La figura es un polígono? Si es un polígono, escribe su nombre y el número de lados y vértices que tiene.

4.

5.

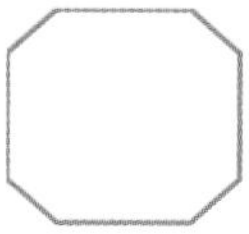

6.

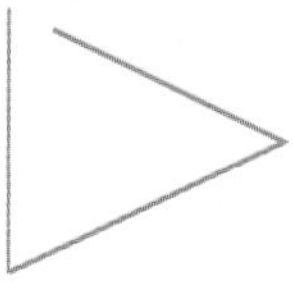

7.

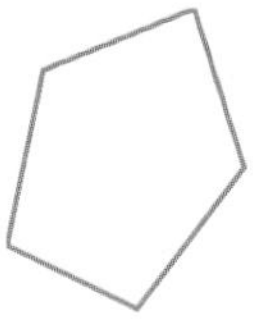

Indica en qué se parecen y en qué se diferencian los pares de figuras.

8. triángulo, rectángulo **9.** cuadrado, pentágono **10.** hexágono, octágono

¿Son congruentes las dos figuras? Escribe *sí* o *no*. Si no es así, dibuja una figura que sea congruente con la primera figura que se muestra.

11.

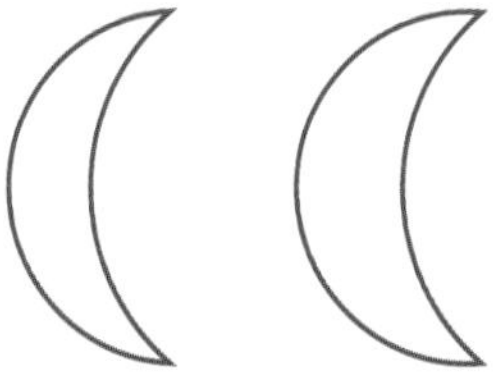

12.

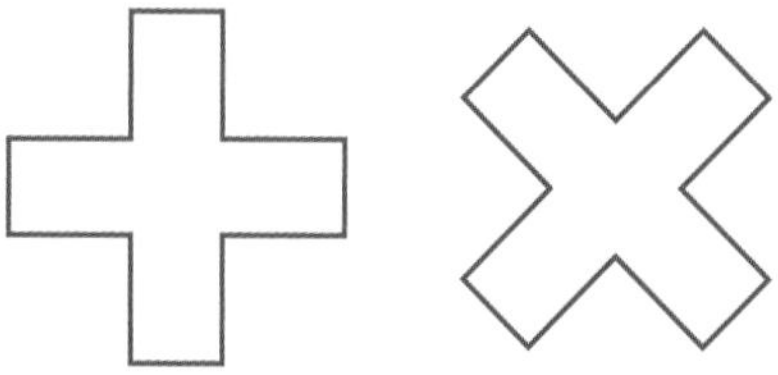

Resolver problemas y razonamiento

Objetivos 3 y 6 de *TAKS*   TEKS 3.9C, 3.14C

Copia la figura. Si la figura tiene un eje de simetría, dibújalo. De lo contrario, escribe *no tiene ningún eje de simetría*.

13.

14.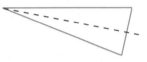

15.

Escribir matemáticas Los ejes de simetría se forman cuando doblas una figura por la mitad y las mitades son iguales. ¿Conoces alguna figura que tenga un número infinito de ejes de simetría? ¿Cómo lo sabes?

Evaluar el rendimiento

Objetivos 3 y 6 de *TAKS*   TEKS 3.8, 3.9A, 3.9B, 3.14C

Folleto sobre las matemáticas y el arte

Haz un folleto para el trabajo de biblioteca de este mes. El tema del trabajo es "Las matemáticas y el arte".

Tarea	Información que necesitas
Usa la información de la derecha para crear el folleto. Explica por qué dibujaste cada figura.	El folleto debe mostrar al menos 2 figuras planas diferentes.
	En el borde del folleto debe haber al menos 2 figuras congruentes diferentes.
	Incluye al menos una figura con dos ejes de simetría.

Unidad 4 Estrategias de cálculo mental

Restas parciales

Las restas parciales son rápidas como una nave, restar las partes es la clave.

Conozco una manera rápida de restar 46 − 15. Primero, separo los números en partes; después, resto las partes. Como 40 − 10 = 30 y 6 − 5 = 1, la respuesta es 31. ¡Las restas parciales facilitan la resta!

1. 46 − 15 = $\boxed{30}$ + $\boxed{1}$ = $\boxed{31}$

2. 45 − 12 = $\boxed{30}$ + ▢ = ▢

3. 67 − 27 = ▢ + $\boxed{0}$ = ▢

4. 86 − 35 = ▢ + ▢ = ▢

¡Buen trabajo! ¡Sigue así!

5. 36 − 24 = ▢ + ▢ = ▢

6. 79 − 12 = ▢ + ▢ = ▢

7. 84 − 63 = ▢ + ▢ = ▢

8. 93 − 31 = ▢ + ▢ = ▢

¡Sigue adelante!

¡Más rápido!

¡Ahora inténtalo siguiendo los pasos mentalmente!

9. 57 − 32   **10.** 98 − 54   **11.** 68 − 32   **12.** 78 − 47

226

Geometría y medición

¡LAS GRANDES IDEAS!

- Se pueden identificar, describir y comparar las figuras de tres dimensiones según sus atributos.
- Se pueden medir algunos de los atributos de las figuras geométricas.
- Algunas figuras de tres dimensiones se pueden identificar según sus caras, aristas y vértices.

Canciones y juegos

Música y matemáticas
Pista 5

Libritos de matemáticas

- Los marcos de James
- Detectives de figuras

Área en acción

Objetivo del juego Formar la mayor cantidad de rectángulos posible con un área determinada.

Materiales

Número de jugadores 2

- 2 dados con números del 1 al 6
- Recurso de enseñanza 12
- Crayones

Cómo se juega

1 El jugador 1 lanza los dados. La suma de los números que salen indica el área, en unidades cuadradas, del rectángulo que el jugador 1 debe colorear.

2 El jugador 1 usa los crayones para mostrar los diferentes rectángulos que puede formar con esa misma área. El jugador 1 suma un punto por cada rectángulo que forma.

3 El jugador 2 repite los pasos 1 y 2.

4 Gana el jugador que sume más puntos después de 3 rondas.

Objetivo 4 de TAKS

TEKS 3.11C Utilizar modelos concretos y pictóricos de unidades cuadradas para determinar el área de superficies de dos dimensiones.

Education Place
Visita www.eduplace.com/txmap/, donde encontrarás **acertijos**.

Visualizar

Cuando lees un cuento, visualizas el escenario. Te imaginas a los personajes y lo que están haciendo. En un cuento con una buena trama, casi puedes ver la acción mediante la visualización.

Visualizar las matemáticas también es una gran estrategia. Cuando visualizas las matemáticas puedes encontrar mucha ayuda en el contexto.

Responde a estas preguntas.

Halla modelos que te ayuden a calcular las respuestas.

¡Conté 8 vértices en este cubo!

1 ¿Cuántas caras tiene un cubo? 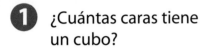	Busca una caja. Cuenta las caras.
2 ¿En qué se parecen un cilindro y una esfera?	Busca una pelota. Consigue una lata de sopa. Compara su forma. 

Escribir

Busca ejemplos de un cubo, un cilindro y una esfera. Luego escribe las respuestas a las dos preguntas.

Perímetro y área

Dálmata

Comprueba lo que sabes

Vocabulario y conceptos

Escoge la mejor palabra para completar las oraciones. página 192

1. Un _____ tiene tres lados.

2. Un rectángulo y un cuadrado tienen el mismo número de _____.

3. La longitud y el ancho de un cuadrado tienen la misma _____.

Cálculos

Halla las sumas. página 118

4. $2 + 3 + 3 + 2$

5. $8 + 7 + 6 + 4$

6. $6 + 8 + 6 + 2 + 4$

Halla las diferencias. página 140

7. $17 - 8$

8. $14 - 9$

9. $12 - 7$

Resolver problemas y razonamiento

Resuelve. página 192

10. Pindi dibujó un cuadrado. Uno de los lados del cuadrado medía 5 pulgadas de largo. ¿Cuánto medían los otros lados?

Vocabulario de TAKS

¡Visualízalo!

La **longitud** se puede medir en **yardas**, **pies** y **pulgadas**, que son medidas del sistema inglés (usual).

36 pulgadas

1 yarda 3 pies

Mi mundo bilingüe

En el sistema métrico decimal, la medida de longitud más usada es el metro, que es igual a unas 1.09 **yardas**. La **yarda** es una medida de longitud que equivale a 3 pies o 36 pulgadas.

Las palabras que se parecen en español y en inglés muchas veces tienen el mismo significado.

Español	Inglés
yarda	**yard**

Consulta el **Glosario español–inglés**, páginas 576 a 588.

longitud

Medida de cuán largo es algo.

Education Place Visita www.eduplace.com/txmap/, donde encontrarás el **glosario electrónico**.

Objetivo 6 de TAKS **TEKS** 3.15B Relacionar el lenguaje informal con el lenguaje y los símbolos matemáticos.

Objetivos 4 y 6 de **TAKS**
TEKS 3.11A Utilizar instrumentos de medición lineal para estimar y medir longitudes utilizando unidades de medida estándares.

3.15A Explicar y anotar observaciones utilizando objetos, palabras, dibujos, números y tecnología.

Vocabulario de TAKS

pulgada (pulg)

centímetro (cm)

pie

Materiales
- Regla de centímetros
- Crayón
- Regla de pulgadas
- Lápiz
- Manipulativos electrónicos www.eduplace.com/txmap/ (opcional)

Aplícalo
Medir la longitud

Objetivo Estimar y medir la longitud.

★ Explorar

Puedes usar unidades del sistema inglés (usual) o del sistema métrico para medir la longitud.

Una **pulgada (pulg)** es una unidad de longitud del sistema inglés. Un **centímetro (cm)** es una unidad de longitud del sistema métrico. Puedes medir la longitud de un objeto con una regla de pulgadas o una regla de centímetros.

También puedes estimar la longitud de un objeto usando unidades no estándares, como la uña o el pulgar.

Pregunta ¿Cuántas pulgadas mide un lápiz?

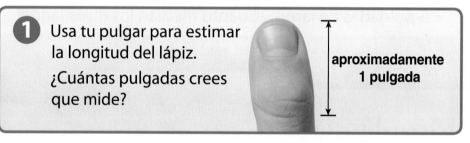

1 Usa tu pulgar para estimar la longitud del lápiz.
¿Cuántas pulgadas crees que mide?

aproximadamente 1 pulgada

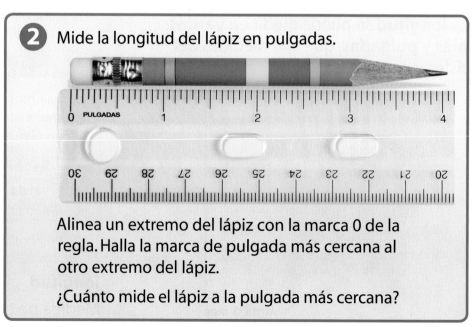

2 Mide la longitud del lápiz en pulgadas.

Alinea un extremo del lápiz con la marca 0 de la regla. Halla la marca de pulgada más cercana al otro extremo del lápiz.

¿Cuánto mide el lápiz a la pulgada más cercana?

Un **pie** también es una unidad de longitud del sistema inglés. Un pie es igual a 12 pulgadas.

Intenta medir la longitud de un crayón en centímetros.

1 Usa una uña para estimar la longitud del crayón.

¿Cuántos centímetros crees que mide?

1 cm

2 Mide la longitud del crayón en centímetros.

¿Cuánto mide el crayón al centímetro más cercano?

★ **Extender**

Sigue estas instrucciones.

- Busca 5 objetos del salón de clases para medir.
- Estima. Luego mide la longitud de cada objeto a la pulgada y al centímetro más cercanos.
- Anota tu trabajo en una tabla como la siguiente.

	Objeto	Mi estimación en pulgadas	Longitud a la pulgada más cercana	Mi estimación en centímetros	Longitud al centímetro más cercano
1.					
2.					

Usa una regla. Dibuja una línea de estas longitudes.

3. 3 pulgadas   **4.** 10 pulgadas   **5.** 7 pulgadas

6. 6 centímetros   **7.** 13 centímetros   **8.** 4 centímetros

Diario de matemáticas

Escribir matemáticas

Conecta ¿Qué operación usarías para hallar la diferencia entre una cinta que mide 10 pulgadas de largo y una cinta que mide 6 pulgadas de largo? ¿Cuál es la diferencia?

Objetivos 4 y 6 de *TAKS*

TEKS 3.11B Utilizar unidades estándares para encontrar el perímetro de una figura.

3.15A Explicar y anotar observaciones utilizando objetos, palabras, dibujos, números y tecnología.

También 3.11A, 3.14D, 3.15B

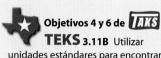

Vocabulario de *TAKS*

perímetro

Materiales
- 2 hojas de papel
- Regla de pulgadas
- Libro
- Regla de centímetros
- Manipulativos electrónicos www.eduplace.com/txmap/

Aplícalo
Explorar el perímetro

Objetivo Medir para hallar la distancia alrededor de una figura.

★ **Explorar**

En la Lección 1 aprendiste a usar una regla para medir la longitud en pulgadas y centímetros. Ahora aprenderás a usar una regla para medir el **perímetro**, que es la distancia alrededor de una figura.

Pregunta ¿Cómo puedes usar una regla para hallar el perímetro de un libro?

Halla el perímetro de un libro.

1 Traza el contorno de un libro en una hoja de papel.

2 Rotula los vértices del dibujo con las letras *A*, *B*, *C* y *D*.

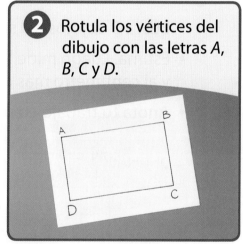

3 Usa la regla de pulgadas para medir cada lado a la pulgada más cercana. Escribe la longitud de cada lado.

4 Suma la longitud de los lados para hallar el perímetro.

Sigue estas instrucciones.

1 Busca un objeto rectangular del salón de clases para medir.

2 Traza el contorno de una cara del objeto.

3 Usa la regla de pulgadas para medir cada lado a la pulgada más cercana.

4 Halla el perímetro en pulgadas.

Repite los pasos anteriores con la regla de centímetros.
Mide cada lado al centímetro más cercano.

★ **Extender**

Copia y completa la siguiente tabla.

	Objeto	Longitud de los lados a la pulgada más cercana	Perímetro en pulgadas	Longitud de los lados al centímetro más cercano	Perímetro en centímetros
1.	cuaderno				
2.	goma de borrar				
3.	calculadora				
4.	libro de pasta blanda				

5. Compara las mediciones de los objetos con las de otros estudiantes de la clase. ¿Fueron iguales las mediciones? Explica por qué.

Diario de matemáticas

Escribir matemáticas

Explica Si dibujases tres figuras con el mismo perímetro, ¿tendrían todas la misma forma? Explica tu respuesta en palabras y con un dibujo.

LECCIÓN 3

Objetivos 1, 4 y 6 de *TAKS*

TEKS 3.3B Seleccionar la suma o la resta y utilizar la operación apropiada para resolver problemas en los que se usan números enteros hasta el 999.

3.11B Utilizar unidades estándares para encontrar el perímetro de una figura.

También 3.14D, 3.15A

Materiales

• Regla de centímetros
• Papel cuadriculado

Hallar el perímetro

Objetivo Hallar la distancia que hay alrededor de una figura.

★ **Aprender con ejemplos**

Sam plantó un jardín con forma de triángulo. Se necesitan 60 pies de material para cercas para rodear el jardín. Sam tiene suficiente material para cercar dos lados del jardín. ¿Cuánto material más necesita?

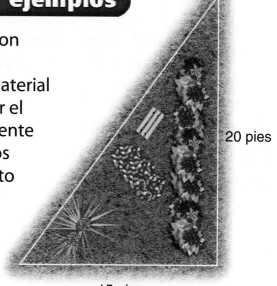

20 pies

15 pies

Puedes usar el perímetro para hallar la longitud que falta.

---

1 El jardín tiene 3 lados en total. Suma la longitud de los 2 lados que conoces.

La suma de los dos lados es ◯ pies.

$$\begin{array}{r} 15 \\ + 20 \\ \hline ◯ \end{array}$$

- -

2 Resta esa suma del perímetro para hallar la longitud que falta.

$$\begin{array}{r} 60 \\ - 35 \\ \hline ◯ \end{array}$$

Sam necesita ◯ pies más de cerca.

Otro ejemplo

Mide en centímetros

Mide los lados de la figura. Luego, halla el perímetro.

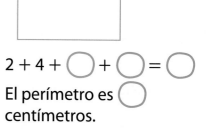

$2 + 4 + ◯ + ◯ = ◯$

El perímetro es ◯ centímetros.

236

Halla las longitudes que faltan.

1. Perímetro = 23 pies

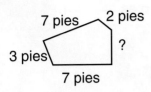

7 pies   2 pies

3 pies   ?

7 pies

2. Perímetro = 8 cm

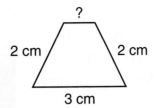

?

2 cm   2 cm

3 cm

Mide los lados de las figuras con una regla de centímetros. Luego, halla el perímetro.

3.

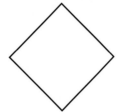

4.

123 Hablar de matemáticas Robyn halló el perímetro de un cuadrado y sólo sabía la longitud de un lado. Explica cómo pudo haberlo hecho.

Halla las longitudes que faltan.

5. Perímetro = 15 pulgadas

5 pulg

2 pulg   2 pulg

3 pulg   ?

6. Perímetro = 30 pies

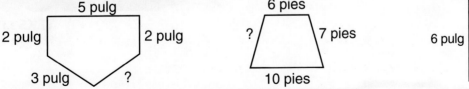

6 pies

?   7 pies

10 pies

7. Perímetro = 16 pulgadas

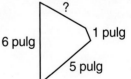

?

6 pulg   1 pulg

5 pulg

Mide los lados de las figuras con una regla de centímetros. Luego, halla el perímetro.

8.

9.

10.

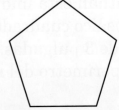

Resuelve.

11. Usa papel cuadriculado para dibujar un rectángulo que tenga un perímetro de 16 unidades. Ahora dibuja un rectángulo diferente que tenga el mismo perímetro.

12. A la derecha hay un diagrama de la huerta del señor Cruz, que quiere construir un borde de ladrillos alrededor de la huerta. Cada ladrillo tiene 1 pie de largo. ¿Cuántos ladrillos necesitará?

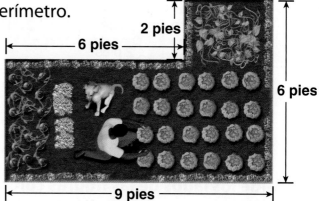

 Conexión con las ciencias

Resuelve.

13. El señor Ming vende plantas de aloe vera a $4 cada una. Vendió algunas plantas por $28. ¿Cuántas plantas vendió?

14. El señor Ming sólo tiene plantas de aloe vera en su huerta. Su huerta es cuadrada. Cada lado mide 10 pies. ¿Cuánto mide el perímetro de su huerta?

15. Reto Imagina que el señor Ming duplica la longitud de su huerta y reduce el ancho a la mitad. ¿Cuál sería el perímetro en ese caso?

Datos divertidos

Aloe Vera

- El aloe vera es una planta que crece en climas cálidos.
- Pertenece a la familia de las liliáceas pero se parece más a un cactus.
- Se cree que la savia ayuda a curar las heridas.

TEKS 3.11B
9A, 9B de Ciencias

 Práctica para TAKS | Selección múltiple

16 Nathan está midiendo un mosaico cuadrado. Un lado mide 3 pulgadas. ¿Cuál es el perímetro del mosaico?

A 15 pulgadas
B 12 pulgadas
C 6 pulgadas
D 3 pulgadas

Consejo para TAKS

A veces debes usar información que no se presenta en el problema para resolverlo.

Para **Práctica adicional** consulta la página 249, Conjunto B.

Tecnología

Perímetros perfectos

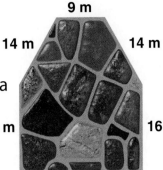

9 m
14 m   14 m
16 m   16 m
22 m

El club de jardinería se reúne en el patio de piedra cerca del arroyo. ¿Cuál es el perímetro del patio?

Usa una calculadora para hallar el perímetro.

Halla el perímetro del patio de piedra.

1 Ingresa: 9
Oprime: +

2 Ingresa: 1 4
Oprime: +

3 Ingresa: 1 6
Oprime: +

4 Ingresa: 2 2
Oprime: +

5 Ingresa: 1 6
Oprime: +

6 Ingresa: 1 4
Oprime: =

El perímetro del patio es 91 metros.

Usa una calculadora para hallar el perímetro de las figuras.

1.

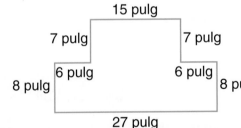

15 pulg
7 pulg   7 pulg
6 pulg   6 pulg
8 pulg   8 pulg
27 pulg

2.

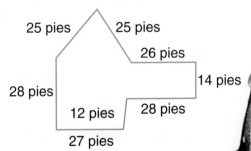

25 pies   25 pies
26 pies
28 pies   14 pies
12 pies   28 pies
27 pies

3. Crea y resuelve Escribe un problema donde debas hallar el perímetro de una figura. Pide a un compañero que resuelva el problema con una calculadora.

Objetivos 4 y 6 de **TAKS**
TEKS 3.11B, 3.14D

Objetivos 4 y 6 de TAKS

TEKS 3.11C Utilizar modelos concretos y pictóricos de unidades cuadradas para determinar el área de superficies de dos dimensiones.

También 3.11B, 3.15A, 3.15B

Vocabulario de TAKS

área

Materiales
- Papel cuadriculado (Tablero 6)
- Manipulativos electrónicos www.eduplace.com/txmap/ (opcional)

Hallar el área

Objetivo Hallar el número de unidades cuadradas que cubren una figura.

★ Razonar y aprender

El número de unidades cuadradas que cubre una figura se llama **área**.

La familia Cruz cambió el piso de la cocina. Los mosaicos son cuadrados. ¿Cuál es el área del piso?

Puedes contar el número de mosaicos cuadrados que cubren el piso para hallar el área.

Cada mosaico o = 1 unidad cuadrada.

Hay ◯ unidades cuadradas.

El área del piso es 24 unidades cuadradas.

Analízalo

Dos $\frac{1}{2}$ unidades cuadradas equivalen a 1 unidad cuadrada.

Otros ejemplos

A. Figura irregular

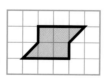

Cada ▢ = 1 unidad cuadrada.

El área es 5 unidades cuadradas.

B. Triángulo

Cada = 1 unidad cuadrada.

El área es $4\frac{1}{2}$ unidades cuadradas.

240

★ Práctica guiada

Halla el área de cada figura.
Expresa tu respuesta en unidades cuadradas.

Cada ☐ ó ⬛ = 1 unidad cuadrada.

1.

2.

3.

Piénsalo
- ¿Cómo hallo el área?
- ¿Qué hago con las mitades de cuadrados?
- ¿Expresé bien mi respuesta?

Resolver problemas con ayuda

Usa las preguntas para resolver este problema.

4. La señora Cruz hizo esta colcha. ¿Cuál es el área de la colcha en pies cuadrados?

Cada ⬛ = 1 pie cuadrado.

a. **Compréndelo** ¿Cuántos ⬛ hay en cada fila? ¿y en cada columna?

b. **Planéalo** ¿Qué debes hallar? Explica por qué puedes contar o sumar para hallar el área.

c. **Resuélvelo** Completa la oración de suma.

4 + ◯ + ◯ + ◯ + ◯ = ◯

El área de la colcha es ◯ pies cuadrados.

d. **Verifícalo** ¿ La suma que hallaste es igual al número de cuadrados que obtendrías si contaras todos los cuadrados?

 Hablar de matemáticas Observa el triángulo del ejercicio 3. Si dos triángulos como ése se uniesen para formar un cuadrado, ¿cuál sería el área del cuadrado? Explica cómo lo sabes.

Halla el área de cada figura. Expresa tu respuesta en unidades cuadradas.

Cada **ó** = **1 unidad cuadrada.**

5.

6.

7.

8.

 Conexión con la información

Usa el diagrama para resolver los problemas 9 a 11.

Cada ó = **1 unidad cuadrada.**

9. El diagrama muestra el diseño de la terraza de mosaicos de una piscina. La terraza rodea toda la piscina. ¿Cuál es el área de la terraza en unidades cuadradas? Explica tu respuesta.

10. ¿Qué área es más grande: la de la terraza o la de la piscina? ¿Cuánto más grande?

11. Imagina que el lado de cada ó = 1 pie. ¿Cuál es el perímetro de la piscina? ¿Cuál es el perímetro de la terraza?

12. Reto Dibuja dos figuras congruentes en papel cuadriculado. ¿Tienen la misma área? Explica tu respuesta.

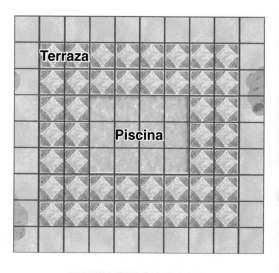

Analízalo

En el problema 11, ¿estoy hallando el área o el perímetro? ¿Qué unidades usaré?

★ **Práctica para TAKS** **Respuesta con cuadrícula**

13 ¿Cuál es el área del triángulo de la derecha?

Cada = 1 unidad cuadrada.

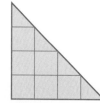

Consejo para TAKS

Recuerda buscar cuadrados parciales que puedas combinar y contar como 1 unidad cuadrada.

Jardín de altramuces de Texas

Cada primavera florecen altramuces en Texas. Imagina que quieres plantar altramuces para bordear un jardín rectangular. El jardín tiene un perímetro de 20 pies. El número de pies de todos los lados debe ser un número entero. ¿Cuál es el área más grande que podría tener el jardín?

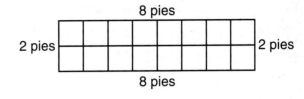

El perímetro de este rectángulo es 20 pies.

Para resolver este problema, deberás hallar y comparar el área de los rectángulos que tienen un perímetro de 20 pies.

Crea rectángulos con un perímetro de 20 pies. Usa papel cuadriculado.

1. Dibuja la mayor cantidad posible de rectángulos que tengan un perímetro de 20 pies. Cambia la longitud de los lados del rectángulo para hacer rectángulos diferentes con un perímetro de 20 pies.

Anota tu trabajo en una tabla como ésta.

Longitudes de los lados	Perímetro	Área
1 pie, 1 pie, 9 pies, 9 pies	20 pies	_____ pies cuadrados
	20 pies	_____ pies cuadrados

2. Halla el área de cada rectángulo.

3. Ordena las áreas de menor a mayor.

4. ¿Cuál es el área más grande que puede tener el jardín?

Altramuces de Texas

Objetivo 4 de TAKS
TEKS 3.11B, 3.11C

Objetivos 4 y 6 de *TAKS*

TEKS 3.14C Seleccionar o desarrollar un plan o una estrategia de resolución de problemas apropiado en el que el estudiante haga un dibujo, busque un patrón, adivine y compruebe sistemáticamente, haga una dramatización, elabore una tabla, resuelva un problema más sencillo o trabaje desde el final hasta el principio para resolver un problema.

También 3.11B, 3.11C

Resolver problemas: Plan
Estimación o respuesta exacta

Objetivo Decidir si para resolver un problema se necesita una estimación o una respuesta exacta.

★ Razonar y aprender

Tanya quiere hacer un área de juegos cuadrada, con cerca y al aire libre, para su nuevo cachorro. Decidió sujetar la cerca a la pared del cobertizo, que mide 11 pies.

Observa los siguientes ejemplos. En ellos se muestra cuándo usar una respuesta exacta y cuándo una estimación.

Ejemplo 1	Ejemplo 2
A veces se necesita una estimación para resolver un problema.	**A veces se necesita una respuesta exacta para resolver el problema.**
Aproximadamente, ¿cuántos pies de material para cercas necesitará Tanya para hacer el área de juegos?	¿Cuánto material para cercas necesitará Tanya para hacer un área de juegos de 11 pies de ancho y 11 pies de largo?
Como la pregunta es *aproximadamente cuántos pies*, puedes estimar para resolver el problema.	Como en la pregunta se pide una cantidad exacta, debes sumar 11 pies tres veces.
11 ⟶ se redondea a ⟶ 10	Recuerda que uno de los 4 lados es la pared del cobertizo.
Recuerda que uno de los 4 lados es la pared del cobertizo.	11 pies + 11 pies + 11 pies = 33 pies
10 pies + 10 pies + 10 pies = 30 pies	Tanya necesita 33 pies de material para cercas para hacer el área de juegos.
Tanya necesita aproximadamente 30 pies de material para cercas para hacer el área de juegos.	

★ Resolver problemas con ayuda

Usa la ilustración y las preguntas para resolver el problema.

1. Tanya quiere cubrir una parte del piso de su habitación con mosaicos cuadrados como se muestra en el dibujo. Cada mosaico cuesta $9. Aproximadamente, ¿cuánto costará colocar los mosaicos?

   a. **Compréndelo/Planéalo** ¿Cuántos mosaicos necesita? ¿Cuánto cuesta cada mosaico? ¿Necesitas una respuesta exacta o una estimación?

   b. **Resuélvelo** Aproximadamente, ¿cuánto cuesta cada cuadrado? ¿Cómo puedes hallar la respuesta? Aproximadamente, ¿cuánto gastará Tanya?

   c. **Verifícalo** ¿Puedes estimar el costo de una manera diferente? ¿Es correcta tu estimación?

(123) Hablar de matemáticas ¿Cómo podrías volver a escribir el problema 1 para que se necesite una respuesta exacta?

★ Práctica para resolver problemas

Resuelve.

2. El padre de Tanya está colocando una cerca. Dijo que tardaría 8 horas en hacer el trabajo. Sólo puede trabajar 2 horas por día. Si empieza el lunes, ¿que día terminará el trabajo?

3. El padre de Tanya quiere cubrir con arena parte del suelo del área de juegos. Si 10 libras de arena cubren unos 5 pies cuadrados, aproximadamente, ¿cuánta arena necesitará para cubrir 13 pies cuadrados?

4. Sonya compró alimento para perros por $12, un juguete por $7 y un cepillo para perros por $18. Pagó con dos billetes de veinte dólares. ¿Cuánto cambio recibe?

5. **Explica** ¿Hallaste una estimación o una respuesta exacta para el problema 4? Explica por qué.

Galveston, TX

En la isla Galveston están el Museo Marítimo de Texas y el velero de mástiles altos oficial de Texas, *Elissa*. La isla Galveston tiene aproximadamente 32 millas de playas.

Elissa es un velero de tres mástiles con casco de hierro que se construyó en Escocia en 1877.

Usa la información de esta página para resolver los siguientes problemas.

6. El Museo Marítimo de Texas abre a las 10 a.m. Observa los relojes de la derecha. ¿Cuál se acerca más a la hora de apertura?

7. Reto Aproximadamente, ¿cuántas millas más de playa hay en Galveston que millas de cuerda en el velero *Elissa*?

Dato divertido

Las jarcias del *Elissa* están hechas con casi 5 millas de cuerda.

8. A bordo del *Elissa* encontrarás al capitán al timón del barco. Piensa en los diferentes timones que has visto. ¿Tienen ejes de simetría? Explica tu respuesta.

9. ¿Cuántos años tiene el velero *Elissa*?

10. Se han registrado los nombres de 132,119 inmigrantes que, entre 1844 y 1954, ingresaron en barco a los Estados Unidos por Galveston. Escribe 132,119 en forma verbal.

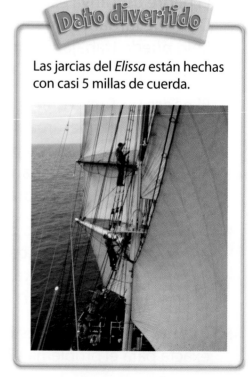

11. Carrie está aprendiendo que Galveston es una ciudad de innovaciones en Texas. Haz una línea cronológica para ordenar las fechas de las notas que tomó Carrie.

Notas sobre Galveston

Innovaciones en Texas

1876: primer orfanato
1836: primera oficina de correos
1842: primera compresa de algodón
1878: primer teléfono
1856: primeras lámparas de gas
1883: primeras lámparas eléctricas

Crea y resuelve

12. Andre creó este problema en palabras.

La familia de Philip viaja en carro de Dallas a Galveston. Luego, irán a Houston. ¿Cuántas millas recorrerán en total?

13. Resuelve el problema de Andre.

14. Escribe tu propio problema en palabras.

15. Resuelve tu problema en una hoja aparte.

16. Intercambia tu problema con un compañero. Intenten resolver cada uno el problema del otro.

Distancia a Galveston

Ciudad	Millas
Houston	48
Austin	205
El Paso	770
Dallas	288

Práctica para TAKS | **Selección múltiple**

17 ¿Cuántas pulgadas de cuerda se necesitan para rodear con una cuerda la parte superior de esta caja?

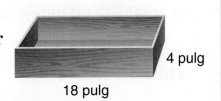

4 pulg

18 pulg

A 11 pulgadas   **B** 22 pulgadas
C 40 pulgadas   **D** 44 pulgadas

Leer y escribir matemáticas

Vocabulario de TAKS

Cuando calculas la distancia alrededor de una figura, hallas su **perímetro**. Cuando calculas cuánta superficie cubre una figura, hallas su **área**.

Copia la siguiente tabla. Usa sujetapapeles y una regla de pulgadas para medir los objetos.

> **Lo que necesitas**
> • un lápiz
> • un libro
> • una regla de pulgadas
> • sujetapapeles

¿Cuál es la longitud del lápiz? Estima y luego mide.

	Estimación	Medida
0 1 2 pulgadas	1.	2.

¿Cuál es el perímetro de tu libro?

	Estimación	Medida
0 1 2 pulgadas	3.	4.

Calca el cuadrado de la derecha. Mide 1 unidad cuadrada.

5. Halla el área de tu libro en unidades cuadradas.

Escribir ¿Cuál es la diferencia entre el perímetro y el área? Usa un dibujo para explicar tu respuesta.

Leer Busca libros relacionados con este concepto en tu biblioteca.

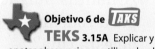

Objetivo 6 de TAKS

TEKS 3.15A Explicar y anotar observaciones utilizando objetos, palabras, dibujos, números y tecnología.

3.15B Relacionar el lenguaje informal con el lenguaje y los símbolos matemáticos.

Práctica adicional basada en los estándares

Conjunto A ——————————— Objetivo 4 de *TAKS* TEKS 3.11A página 232

Usa una regla de pulgadas o centímetros para dibujar una línea para cada longitud.

1. 5 pulgadas **2.** 8 centímetros **3.** 1 pulgada **4.** 3 centímetros

Usa < ó > para completar. Puedes usar las reglas si las necesitas.

5. 1 cm ⬭ 1 pulgada **6.** 3 cm ⬭ 2 pulgadas **7.** 8 cm ⬭ 1 pulgada

Conjunto B ——————————— Objetivo 4 de *TAKS* TEKS 3.11B página 236

Halla la longitud que no se incluye en el problema.

1. Una figura de cuatro lados tiene un perímetro de 14 centímetros. Dos lados miden 4 pulgadas y un lado mide 3 pulgadas. ¿Cuánto mide el otro lado?

2. Una figura de seis lados tiene un perímetro de 18 centímetros. Dos lados miden 2 centímetros cada uno, otros 2 lados miden 3 centímetros cada uno y otro lado mide 4 centímetros. ¿Cuánto mide el último lado?

Usa papel cuadriculado para crear las figuras. Mide y rotula los lados en centímetros; luego calcula el perímetro.

3. cuadrado **4.** triángulo **5.** pentágono **6.** rectángulo

Conjunto C ——————————— Objetivo 4 de *TAKS* TEKS 3.11C página 240

Usa papel cuadriculado de centímetros y cubos de unidades para dibujar las figuras y estimar el área.

1. triángulo **2.** rectángulo **3.** pentágono **4.** cuadrado

Usa papel cuadriculado de centímetros para dibujar una figura con unidades cuadradas. (Recuerda que puedes usar 2 cuadrados por la mitad para formar uno entero).

5. 20 unidades cuadradas **6.** 9 unidades cuadradas **7.** 3 unidades cuadradas **8.** 6 unidades cuadradas

Education Place
Visita www.eduplace.com/txmap/, donde encontrarás más **práctica adicional**.

Capítulo 11 Práctica adicional **249**

Repaso/Examen del capítulo

Vocabulario y conceptos ———————————— Objetivo 4 de *TAKS* TEKS 3.11A, 3.11B, 3.11C

Escoge el mejor término para completar las oraciones.

Banco de palabras
área
perímetro
pulgadas
unidades cuadradas

1. Una regla mide en _____ y en centímetros.

2. La distancia que hay alrededor de una figura es el _____.

3. El área se mide en _____.

Usa una regla. Dibuja una línea de cada una de las longitudes.

4. 5 pulgadas

5. 9 centímetros

6. $4\frac{1}{2}$ pulgadas

Cálculos ———————————————————— Objetivo 4 de *TAKS* TEKS 3.11B, 3.11C

Halla el perímetro de cada figura.

7.
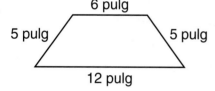
6 pulg
5 pulg
5 pulg
12 pulg

8.
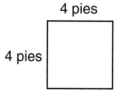
4 pies
4 pies

Halla el área de las figuras. Cada ▢ **= 1 unidad cuadrada.**

9.
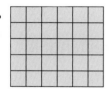

10.

11.

Resolver problemas y razonamiento ——— Objetivos 4 y 6 de *TAKS* TEKS 3.11A, 3.11C, 3.14A

12. ¿Qué estimación es mejor para la longitud de un lápiz: 5 pulgadas o 50 pulgadas?

13. Un tablero tiene 30 casilleros. Si el área de un casillero es 1 unidad cuadrada, ¿cuál es el área de todo el tablero?

Diario de matemáticas

Escribir matemáticas Heather quiere dibujar un rectángulo con un área de 8 pies cuadrados. Tomó un trozo de cartulina de 3 pies por 2 pies. ¿Cuál fue el error de Heather?

Preparación para TAKS y repaso frecuente

1 ¿Qué número está entre 6,194 y 6,206?

   A 6,105   **B** 6,107

   C 6,205   **D** 6,193

Objetivo 1 de *TAKS* TEKS 3.1B página 48

2 Crazy Burger vendió 922 hamburguesas el martes, 919 el miércoles, 823 el jueves y 907 el viernes. ¿Cuál de las opciones muestra los días de menor a mayor según la cantidad de hamburguesas vendidas?

   F martes, miércoles, viernes, jueves

   G miércoles, jueves, martes, viernes

   H jueves, viernes, miércoles, martes

   J jueves, viernes, martes, miércoles

Objetivo 1 de *TAKS* TEKS 3.1B página 48

3 **Respuesta con cuadrícula** Un autobús tiene 88 asientos. Hay 21 personas en el autobús. Redondea para estimar cuántos asientos están vacíos.

Objetivo 1 de *TAKS* TEKS 3.5B página 140

4 ¿Entre qué dos números está 3,748?

   A 3,479 y 3,874

   B 3,847 y 3,874

   C 3,847 y 4,837

   D 360 y 380

Objetivo 1 de *TAKS* TEKS 3.1B página 48

5 La señora Lowe tiene $307 en su bolsillo. Compra una bicicleta que cuesta $194. ¿Cuál es la mejor estimación de la cantidad de cambio que recibe?

   F $500

   G $300

   H $200

   J $100

Consejo para *TAKS*

Recuerda que puedes redondear para hallar una estimación.

Objetivo 1 de *TAKS* TEKS 3.5B página 142

6 **Respuesta con cuadrícula** Había 189 personas mirando el comienzo de un partido de baloncesto. En el entretiempo, se fueron 97 personas. ¿Cuántas personas se quedaron mirando el partido?

Objetivo 1 de *TAKS* TEKS 3.3B página 146

Capítulo 12

Figuras de tres dimensiones

Auditorio y Sala de esculturas Helen Devitt Jones, Lubbock, Texas

252

Comprueba lo que sabes

Vocabulario y conceptos

Escoge la mejor palabra para completar las oraciones. Grado 2

1. Una lata de sopa tiene la figura de un ____.
2. Una pelota de tenis tiene la figura de una ____.
3. Una caja de cereales tiene la figura de un ____.

Banco de palabras

cilindro

esfera

pirámide

polígono regular

prisma rectangular

Usa la siguiente lista. Escribe el nombre de las figuras. Grado 2

prisma rectangular   cilindro   cubo   cuadrado
pirámide   cono   triángulo   esfera

4.

5.

6.

7.

8.

9.

Resolver problemas y razonamiento Grado 2

10. Nolan hizo una figura de tres dimensiones cuyas caras eran cuadrados. ¿Qué figura hizo?

Vocabulario de TAKS

¡Visualízalo!

Figuras de tres dimensiones

 cubo
Seis caras cuadradas del mismo tamaño

 prisma rectangular
Seis caras rectangulares

 cono
Una superficie plana circular, una superficie curva y un vértice

 **cilindro**
Dos caras planas circulares y congruentes y una superficie curva

Mi mundo bilingüe

Las palabras que se parecen en español y en inglés muchas veces tienen el mismo significado.

Español	Inglés
cono	cone
cubo	cube
cilindro	cylinder
prisma rectangular	rectangular prism

Consulta el **Glosario español–inglés**, páginas 576 a 588.

 Education Place Visita www.eduplace.com/txmap/, donde encontrarás el **glosario electrónico**.

Objetivo 6 de TAKS **TEKS** 3.15B Relacionar el lenguaje informal con el lenguaje y los símbolos matemáticos.

★ Objetivos 3 y 6 de **TAKS**

TEKS 3.8 Identificar, clasificar y describir figuras geométricas de dos y tres dimensiones basándose en sus atributos. Comparar figuras de dos dimensiones, de tres dimensiones o ambas según sus atributos usando vocabulario formal de la geometría.

3.14A Identificar las matemáticas en situaciones diarias.

También 3.15A

Vocabulario de TAKS

cara

prisma rectangular

cubo

pirámide
  cuadrangular

arista

vértice

Materiales
Cuerpos geométricos

Aplícalo
Explorar figuras de tres dimensiones

Objetivo Usar modelos para identificar y clasificar prismas rectangulares, cubos y pirámides.

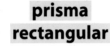 **Explorar**

En el Capítulo 9 aprendiste sobre polígonos. Las figuras de tres dimensiones no son planas como los polígonos.

Éstas son algunas figuras de tres dimensiones que tienen superficies planas, llamadas **caras**. El contorno de cada cara es un polígono.

prisma rectangular	**cubo**	**pirámide cuadrangular**

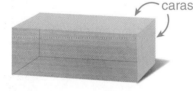
caras

cara

cara
cara

Estas figuras de tres dimensiones tienen **aristas**. Las aristas son el lugar donde se encuentran dos caras.

aristas
aristas
aristas

Estas figuras de tres dimensiones tienen **vértices**. El vértice es el punto donde se encuentran las aristas.

vértices
vértices
vértices

Observa tu salón de clases. Señala los ejemplos de figuras de tres dimensiones que veas.

Pregunta ¿Cómo puedes usar modelos para explorar figuras de tres dimensiones?

1 Traza las caras de un prisma rectangular.

• ¿Qué forma tienen las caras?
• ¿Cuántas caras hay?

2 Cuenta el número de aristas. Luego, cuenta el número de vértices.

Anota tus respuestas en una tabla como la siguiente.

3 Repite los **pasos 1** y **2** con el cubo y la pirámide cuadrangular para completar la tabla.

Modelo	Forma de las caras	Número de caras	Número de aristas	Número de vértices
Prisma rectangular				
Cubo				
Pirámide cuadrangular				

★ Extender

Nombra la figura de tres dimensiones que tiene las siguientes caras.

1.
2.
3.

Nombra la figura de tres dimensiones a la que se parece cada objeto.

4.
5.
6.

7. Compara las figuras de tres dimensiones y los polígonos. ¿En qué se parecen? ¿En qué se diferencian?

Diario de matemáticas

Escribir matemáticas

Analiza ¿Tiene alguna de las figuras de tres dimensiones de la página 254 más vértices que aristas? Explica tu razonamiento.

 Objetivos 3 y 6 de TAKS

TEKS 3.8 Identificar, clasificar y describir figuras geométricas de dos y tres dimensiones basándose en sus atributos. Comparar figuras de dos dimensiones, de tres dimensiones o ambas según sus atributos usando vocabulario formal de la geometría.

3.14A Identificar las matemáticas en situaciones diarias.

También 3.15A

Describir figuras de tres dimensiones

Objetivo Identificar y clasificar cilindros, conos y esferas.

★ Razonar y aprender

En la Lección 1 aprendiste sobre figuras de tres dimensiones cuyas caras son superficies planas. Esta lección trata sobre figuras de tres dimensiones que tienen superficies curvas.

---

1 Examina estas figuras de tres dimensiones.

cono   **cilindro**   **esfera**

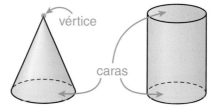

---

2 Completa la tabla.

Modelo	Forma de las caras	Número de caras	Número de vértices
cilindro			
cono			
esfera			

★ Práctica guiada

Nombra la figura de tres dimensiones a la que se parece cada objeto.

1.   **2.**   **3.**

123 Hablar de matemáticas ¿En qué se diferencian las caras de un cubo y de un cilindro?

Vocabulario de TAKS

cono

cilindro

esfera

Materiales
• Cuerpos geométricos: cilindro, cono, esfera

Consejo de vocabulario

El vértice de un cono a veces se llama *ápice*.

Piénsalo

• ¿Tiene la figura una o dos caras circulares?
• ¿Tiene la figura una superficie curva?

Nombra la figura de tres dimensiones a la que se parece cada objeto.

4.

5.

6.

7.

 Conexión con la información

Cada estudiante llevó a clase una figura de tres dimensiones pequeña. Usa la gráfica de barras para resolver los problemas 8 a 11.

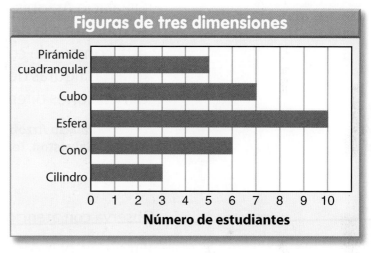

Figuras de tres dimensiones

8. ¿Qué figura llevó la mayoría de los estudiantes?

9. ¿Cuál es la diferencia numérica entre la figura que llevó el mayor número de estudiantes y la que llevó el menor número de estudiantes?

Objetivo 5 de TAKS
TEKS 3.13E

10. ¿Cuántos estudiantes llevaron un cubo o una pirámide cuadrangular?

11. ¿Cuáles fueron las dos figuras que llevaron el menor número de estudiantes?

 Práctica para (**Selección múltiple**)

12 ¿Qué objeto es más probable que tenga forma de esfera?

    A caja de galletas

    B canica

    C lata de maíz

    D techo

Objetivos 3 y 6 de TAKS

TEKS 3.8 Identificar, clasificar y describir figuras geométricas de dos y tres dimensiones basándose en sus atributos. Comparar figuras de dos dimensiones, de tres dimensiones o ambas según sus atributos usando vocabulario formal de la geometría.

3.15A Explicar y anotar observaciones utilizando objetos, palabras, dibujos, números y tecnología.

También 3.9A

Comparar y contrastar figuras de tres dimensiones

Objetivo Comparar y contrastar figuras de tres dimensiones.

★ Razonar y aprender

Para poder describir las formas de los edificios, primero debes poder comparar y contrastar figuras de tres dimensiones.

El Palacio Arzobispal, que se muestra a la derecha, está construido con muchas figuras de tres dimensiones diferentes.

Palacio Arzobispal, Galveston, Texas

Analízalo

Las caras de algunas figuras de tres dimensiones no son polígonos.

Observa con atención el cono y la esfera.

¿En qué se parecen estas figuras?
¿En qué se diferencian?

- ¿Son las superficies planas o curvas? ¿Pueden rodar las figuras?

- Compara el número y la forma de las caras.

- Compara el número de vértices.

Otro ejemplo

¿Cuál de estas figuras de tres dimensiones tiene todas las caras congruentes?

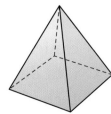

Piénsalo

- ¿Son las *superficies* planas o curvas? ¿Pueden rodar las figuras?
- Compara el número de *aristas* que tiene cada una.

Escribe en qué se parecen y en qué se diferencian las figuras de cada par. Cuenta las caras y los vértices.

1.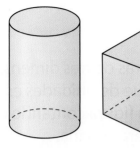

2.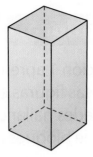

 Hablar de matemáticas ¿En qué se parecen las caras de las figuras del ejercicio 2? ¿En qué se diferencian?

★ **Practicar y resolver problemas**

Escribe en qué se parecen y en qué se diferencian las figuras de cada par. Cuenta las caras y los vértices.

3.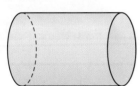

4.

Resuelve.

5. La familia de Beulah fue de campamento. Durmieron en una carpa que tenía 5 caras, 5 vértices y 8 aristas. ¿Qué figura describe mejor la carpa?

6. Reto Busca un objeto en tu salón de clases que sea un prisma rectangular. ¿Qué caras son congruentes? Explica cómo lo sabes.

 Práctica para TAKS Selección múltiple

7 ¿Cuántas aristas tiene esta pirámide?

A 8 **B** 6 **C** 5 **D** 4

Consejo para TAKS

Recuerda que una **arista** es el lugar donde se encuentran dos caras.

Objetivos 4 y 6 de *TAKS*

TEKS 3.11F Utilizar modelos concretos que aproximan unidades cúbicas para determinar el volumen de un recipiente dado u otra figura geométrica de tres dimensiones.

3.15A Explicar y anotar observaciones utilizando objetos, palabras, dibujos, números y tecnología.

También 3.15B

Vocabulario de *TAKS*

volumen

Materiales
• Bloques de unidades
• Caja pequeña
• Diferentes recipientes

Aplícalo
Explorar el volumen

Objetivo Medir el volumen de una figura.

★ Explorar

En la Lección 1 aprendiste sobre las figuras de tres dimensiones. Una de esas figuras es el cubo. Un bloque de unidades es un cubo. Puedes hallar el **volumen** de una figura contando el número de bloques que se necesitan para llenarla.

Pregunta ¿Cómo puedes usar cubos para hallar el volumen de una caja?

1 Llena la caja con bloques de unidades. Cuenta y anota el número de bloques que usaste. Este número es el **volumen** de la caja expresado en bloques de unidades.

¿Cuál es el volumen de la caja?

2 Ahora usa todos los bloques de unidades de la caja para construir una nueva figura de tres dimensiones.

¿Cuál es el volumen de la nueva figura?

Construye diferentes figuras con el mismo número de bloques.

¿Cuál es el volumen de cada figura?

3 Ahora usa bloques de unidades para construir una figura como la siguiente.

¿Cuál es el volumen de la figura?

★ Extender

Copia la tabla. Sigue las instrucciones de la derecha.

	Modelo	Número de bloques
1.	Caja de regalo	
2.	Caja de espaguetis	
3.	Caja de cereales pequeña	
4.	Taza	
5.	Lata de sopa	

1 Busca recipientes como los que se enumeran en la tabla.

2 Llena cada recipiente con bloques de unidades. Anota en la tabla el número de bloques que usaste.

Construye las figuras con bloques de unidades.
Escribe el número de bloques que usaste.

6.

7.

8.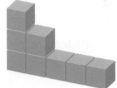

9.

10.

11.

Resuelve.

12. David construye una figura con 10 bloques de unidades. Chris construye una figura con el doble de bloques de unidades. ¿Cuál es el volumen de la figura de Chris?

13. ¿Es el volumen de una lata de sopa mayor o menor que el número de bloques de unidades que entran en la lata? Explica cómo lo sabes.

Escribir matemáticas

Analiza Imagina que dos figuras de tres dimensiones tienen el mismo volumen. ¿Deben tener la misma forma? Explica tu respuesta.

Objetivos 4 y 6 de TAKS
TEKS 3.11F Utilizar modelos concretos que aproximan unidades cúbicas para determinar el volumen de un recipiente dado u otra figura geométrica de tres dimensiones.

3.16A Hacer generalizaciones de patrones o de conjuntos de ejemplos y contraejemplos.

También 3.14D

Vocabulario de TAKS

1 unidad cúbica

1 unidad

Cada arista tiene una longitud de 1 unidad.

volumen

Materiales
Bloques de unidades

Piénsalo

- ¿Cómo puedo hallar el volumen de una figura?
- ¿Cuántos cubos hay en cada capa?

Hallar el volumen

Objetivo Hallar el volumen de una figura de tres dimensiones.

★ Aprender con ejemplos

Éste es un cubo de unidades. Tiene un volumen de 1 **unidad cúbica**. El **volumen** es el número de unidades cúbicas que forman una figura de tres dimensiones. **1 unidad**

Para hallar el volumen de una figura de tres dimensiones, cuenta las unidades cúbicas que la forman.

1 Halla el volumen de la figura de la derecha.

Cada = 1 unidad cúbica.

- ¿Cuántas capas de cubos tiene?
- ¿Cuántos cubos hay en cada capa?
- ¿Cuál es el volumen total?

2 Halla el volumen de la figura de la derecha.

- ¿Cuántos cubos hay en la capa inferior?
- ¿Cuántos cubos hay en la capa superior?
- ¿Cuál es el volumen total?

★ Práctica guiada

Halla el volumen de las figuras.

Cada = 1 unidad cúbica.

1.

2.

Resolver problemas con ayuda

Usa las preguntas para resolver este problema.

Cada = 1 unidad cúbica.

3. En cada hay una pelota de béisbol. ¿Cuántas pelotas de béisbol hay en la ilustración de la derecha?

a. **Compréndelo** ¿Qué debes hallar?

b. **Planéalo** Explica por qué hallar el volumen te ayudará a hallar el número de pelotas de béisbol.

Analízalo

¿Puedo ver todos los cubos?

c. **Resuélvelo**

¿Cuántos cubos hay en cada capa?

El volumen es ⬡ unidades cúbicas.

Hay ⬡ pelotas de béisbol en la ilustración.

d. **Verifícalo** ¿Cómo puedes usar cubos para comprobar tu respuesta?

(123) Hablar de matemáticas ¿Es posible que figuras de tres dimensiones diferentes tengan un volumen de 8 unidades cúbicas? Explica tu respuesta.

Analízalo

En el ejercicio 6, no te olvides de contar los cubos que están ocultos.

★ Practicar y resolver problemas

Halla el volumen de las figuras.

Cada = 1 unidad cúbica.

4.

5.

6.

Usa las siguientes figuras para resolver los problemas 7 y 8.

7. ¿Cuál es el volumen de cada figura en unidades cúbicas?

8. Predice Si el patrón continúa, ¿cuántos cubos tendrá la figura que sigue? Explica tu razonamiento.

9. ¿Cuál es el volumen de esta figura?

 Analízalo

En el ejercicio 9, puedes usar cubos de unidades para hacer un modelo de la figura del dibujo.

Conexión con las ciencias

Usa los dibujos de peceras para resolver los problemas.

Después de una visita al acuario del estado, Tristán decide comprar una pecera. Las peceras que hay en la tienda de mascotas vienen en diferentes tamaños.

10. Predicción Antes de contar los cubos, predice cuál de las peceras crees que tiene el mayor volumen. Explica tu razonamiento.

11. Cuenta los cubos para hallar el volumen de cada pecera en unidades cúbicas.

12. ¿Correcto o incorrecto? Según Joel, si llena con agua la pecera A y luego vierte el agua en una pecera C vacía, el agua se desbordará. ¿Tiene razón? Explica tu razonamiento.

Datos divertidos

Acuario del estado de Texas

¿Has visto la exposición de playas vivientes en el acuario del estado de Texas?

• ¡Es la primera etapa de un plan general para ampliar y mejorar el acuario!

• El plan incluye piscinas en las que se podrán tocar los peces y 6 acuarios.

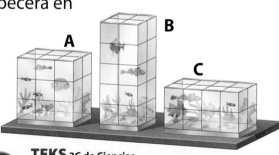

TEKS 2C de Ciencias

 Práctica para *TAKS* **Selección múltiple**

13 ¿Cuál es el volumen de esta figura?

Cada = 1 unidad cúbica.

A 4 unidades cúbicas
B 5 unidades cúbicas
C 6 unidades cúbicas
D 7 unidades cúbicas

Consejo para **TAKS**

Observa con atención las ilustraciones o dibujos que se incluyen en un examen.

Para **Práctica adicional** consulta la página 269, Conjunto C.

¡Matemáticas divertidas!

La torre inclinada de Pisa

La torre inclinada de Pisa es un edificio famoso que está en Italia. ¡Esta torre no se construyó para que se inclinara! El problema es que los cimientos de la torre no son lo suficientemente profundos y el suelo es blando.

Actualmente los edificios suelen construirse sobre cimientos de concreto.

Las personas que rellenan los cimientos deben calcular el volumen de concreto que necesitan.

Los trabajadores rellenan los cimientos con cemento

Resuelve.

1. Daniel necesita concreto para los cimientos de un nuevo cobertizo. Con el diagrama de Daniel, calcula cuántas unidades cúbicas se necesitan.

2. ¿Qué figura de tres dimensiones usarías para describir la figura del bloque del diagrama de Daniel?

3. **Escoge una estrategia** Si cada unidad cúbica de concreto cuesta cinco dólares, ¿cuánto le costará al papá de Daniel el bloque de concreto?

4. **Reto** Si el papá de Daniel sólo tiene $350, ¿cuántas unidades cúbicas deberá quitar del diagrama? Usa cubos para representar el bloque anterior y el nuevo. ¿Cuál podría ser la nueva longitud y el nuevo ancho del cobertizo?

Objetivos 3 y 4 de **TAKS**
TEKS 3.11F, 3.8
4A de Estudios sociales

LECCIÓN 6

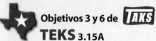

Objetivos 3 y 6 de **TAKS**
TEKS 3.15A
Explicar y anotar observaciones utilizando objetos, palabras, dibujos, números y tecnología.

3.15B Relacionar el lenguaje informal con el lenguaje y los símbolos matemáticos.

También 3.8, 3.14B

Resolver problemas: Plan
Razonamiento lógico

Objetivo Usar el razonamiento lógico para resolver problemas.

★ Razonar y aprender

Ollie envolvió algunos regalos para su familia. El regalo de su mamá no está envuelto en forma de prisma rectangular. El regalo de su papá no está envuelto en forma de pirámide. El paquete del regalo de su hermana puede rodar. Indica qué regalo es para cada persona.

COMPRÉNDELO

El regalo de la mamá de Ollie no está envuelto en forma de prisma rectangular.

El regalo de su papá no está envuelto en forma de pirámide.

El paquete del regalo de su hermana puede rodar.

PLANÉALO/RESUÉLVELO

Puedes organizar lo que sabes en una tabla.

Lee las pistas y decide en qué espacios puedes escribir *no*.

Cuando en un espacio de una tabla lógica dice *sí*, en el resto de los espacios de su fila y columna debe decir *no*.

Regalo	Figura	Mamá	Papá	Hermana
A	cilindro	no	no	sí
B	prisma rectangular	no	sí	no
C	pirámide cuadrangular	sí	no	no

hermana: regalo A, papá: regalo B, mamá: regalo C

VERIFÍCALO

¿Cómo sabes que el regalo A es el único paquete que rueda?

Usa las preguntas para resolver este problema.

1. Annie, Shelly y Tom fueron a la tienda. Annie compró un objeto que rueda. El objeto que compró Shelly no tiene caras. Tom no compró un cilindro. ¿Qué objeto compró cada uno?

   a. **Compréndelo/Planéalo** ¿Qué sabes sobre lo que compró cada persona? Organiza lo que sabes en una tabla lógica.

   b. **Resuélvelo** ¿En qué espacios puedes escribir *no*? ¿Qué objeto compró cada uno?

   c. **Verifícalo** ¿Cómo sabes que una naranja no tiene caras?

 Hablar de matemáticas ¿Cómo podrías obtener información que no se menciona directamente en el problema?

Usa los grupos de la derecha para resolver los problemas 2 a 4.

2. ¿De qué grupo habla Angie si dice que ninguna de las figuras puede rodar?

3. ¿De qué grupo habla Fred si dice que todas las figuras se pueden apilar?

4. ¿De qué grupo habla Cary si dice que ninguna de las figuras tiene vértices?

5. Beth, Lou y Tim compraron camisas nuevas. Una camisa es azul, otra es roja y otra es amarilla. La camisa de Beth no es roja. La camisa de Tim no es amarilla. La camisa de Lou es azul. ¿Qué camisa compró cada niño?

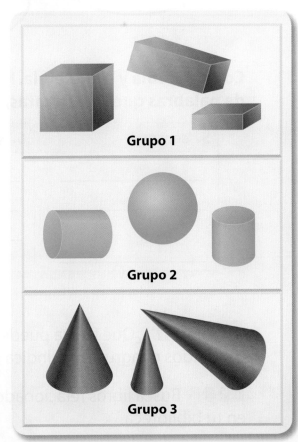

Grupo 1

Grupo 2

Grupo 3

Leer y escribir matemáticas

Vocabulario de TAKS

Las **figuras de tres dimensiones** tienen nombres específicos.

Al mapa de palabras le faltan algunos rótulos.
¿Cómo rotularías las figuras 1 a 4?

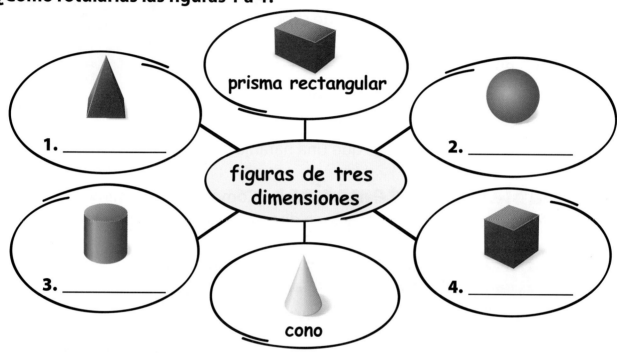

prisma rectangular

figuras de tres dimensiones

cono

1. _____

2. _____

3. _____

4. _____

Copia la tabla y complétala. Haz una lista de los objetos del mapa de palabras que tienen caras, superficies curvas y vértices.

5. caras	6. superficies curvas	7. vértices
_____	_____	_____
_____	_____	_____
_____	_____	_____
_____		

Escribir ¿Qué figura puedes hacer con seis cuadrados congruentes? Indica cómo lo sabes.

Leer Busca libros relacionados con este concepto en tu biblioteca.

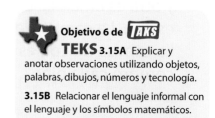

Objetivo 6 de TAKS
TEKS 3.15A Explicar y anotar observaciones utilizando objetos, palabras, dibujos, números y tecnología.

3.15B Relacionar el lenguaje informal con el lenguaje y los símbolos matemáticos.

Práctica adicional basada en los estándares

Conjunto A ———————————————————— Objetivo 3 de **TAKS** TEKS 3.8 página 254

Une la palabra de vocabulario con la definición correcta.

1. cuerpo
a. objeto de tres dimensiones, no plano

2. cara
b. punto donde se encuentran las aristas

3. arista
c. superficie plana de un objeto

4. vértice
d. lugar donde se encuentran dos caras

Conjunto B ———————————————————— Objetivo 3 de **TAKS** TEKS 3.8 página 256

Escoge la mejor respuesta.

1. ¿Qué objeto es más probable que tenga la forma de un prisma rectangular?

    a. una pelota de béisbol   **b.** una caja de cereales   **c.** un bonete   **d.** una lata de frutas

2. ¿Qué objeto es más probable que tenga la forma de un cono?

    a. una pelota   **b.** un sombrero de cumpleaños   **c.** una lata de frutas   **d.** una caja de cereales

3. ¿Qué objeto es más probable que tenga la forma de un cilindro?

    a. un dado   **b.** una pelota de béisbol   **c.** una lata de frutas   **d.** una caja de cereales

Conjunto C ———————————————————— Objetivo 4 de **TAKS** TEKS 3.11F página 262

Resuelve.

1. Una caja rectangular está hecha con cubos. Un lado de la caja tiene dos filas de 4 cubos. ¿Cuál podría ser el volumen de la caja?

2. Tengo un cubo grande que está lleno de cubos de unidades pequeños. Veo que la parte superior del cubo tiene 9 cubos de unidades. También veo que el cubo tiene 3 capas de cubos de unidades. ¿Qué volumen tiene el cubo? Muestra tu trabajo.

3. ¿Qué figura sería más fácil medir en unidades cúbicas? Justifica tu respuesta.

    a. ¿Un cubo o un cilindro?   **b.** ¿Un prisma rectangular o una esfera?

Education Place
Visita www.eduplace.com/txmap/, donde encontrarás más **práctica adicional**.

Repaso/Examen del capítulo

Vocabulario y conceptos

Objetivos 3 y 4 de **TAKS** TEKS 3.8, 3.11F

Escoge el mejor término para completar las oraciones.

1. Una pelota playera forma la figura de una _____.

2. Un _____ tiene dos caras en forma de círculos.

3. Para hallar el _____, cuenta las unidades cúbicas que forman el cuerpo geométrico.

> **Banco de palabras**
> cilindro
> cuerpo geométrico
> esfera
> volumen

Nombra los cuerpos geométricos que tienen las siguientes caras.

4. □ △ △ △ △

5. □ □ □ □ □ □

Nombra el cuerpo geométrico al que se parece cada objeto.

6.

7.

Halla el volumen de la figura. Cada  **= 1 unidad cúbica.**

8.

Resolver problemas y razonamiento

Objetivos 3, 4 y 6 de **TAKS** TEKS 3.8, 3.11F, 3.14A–C

9. Cuando Bella dobla su toalla playera, ésta tiene un volumen de 2 unidades cúbicas. ¿Cuántas toallas podría poner Bella en su bolsa si puede contener un volumen de 10 unidades cúbicas?

Diario de matemáticas

> **Escribir matemáticas** Kelly dice que un bote de basura, una lata de sopa, una caja de arroz y un vaso tienen todos la forma de un cilindro. Explica por qué está equivocada.

Preparación para TAKS y repaso frecuente

1 ¿Qué número falta en el siguiente patrón?

3	6	12	24	

A 29

B 35

C 48

D 52

Objetivo 2 de TAKS TEKS 3.6A página 6

---

2 Si el patrón que muestran los rectángulos de abajo continúa, ¿cuál será la altura del próximo rectángulo?

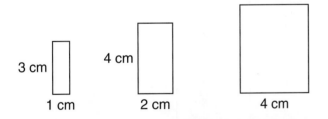

3 cm   4 cm

1 cm   2 cm   4 cm

F 6 cm

G 7 cm

H 10 cm

J 12 cm

Consejo para TAKS

Asegúrate de observar las medidas correctas cuando buscas la respuesta.

Objetivo 2 de TAKS TEKS 3.6A página 6

Usa la pictografía para responder a las preguntas 3 a 5.

Manzanas vendidas	
Bill	🍎🍎🍎🍎
Carl	🍎🍎🍎
Doug	🍎🍎🍎🍎🍎
Erin	🍎🍎🍎
Fran	🍎🍎

Cada 🍎 equivale a 3 manzanas.

3 ¿Cuántas manzanas vendió Bill?

A 4   **B** 8

C 12   **D** 16

Objetivo 5 de TAKS TEKS 3.13B página 94

---

4 **Respuesta con cuadrícula**
¿Cuántas manzanas vendieron Carl y Erin entre los dos?

Objetivo 5 de TAKS TEKS 3.13B página 94

---

5 **Respuesta con cuadrícula**
Si mañana Fran vende 4 manzanas más, ¿cuántas manzanas habrá vendido?

Objetivo 5 de TAKS TEKS 3.13B página 94

Education Place
Visita www.eduplace.com/txmap/, donde encontrarás **consejos para tomar exámenes** y más **práctica para TAKS.**

Repaso/Examen de la Unidad 5

Vocabulario y conceptos

Objetivos 3 y 4 de **TAKS** TEKS 3.8, 3.11C, 3.11F

Escribe *verdadero* o *falso* junto a las oraciones.

1. El punto donde se encuentran las aristas se llama vértice.

2. Una unidad cuadrada se usa para medir el volumen.

3. Un cuerpo geométrico que no tiene aristas ni vértices es una esfera.

Cálculos

Objetivos 3 y 4 de **TAKS** TEKS 3.8, 3.11A, 3.11B, 3.11C, 3.11

Usa una regla para hallar la longitud de las líneas en pulgadas.

4. ●━━━━━●

5. ●━━━━━━━●

Usa una regla para hallar el perímetro de las figuras en centímetros.

6.

7.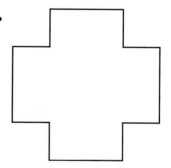

Halla el área de las figuras. Cada ☐ = 1 unidad cuadrada.

8.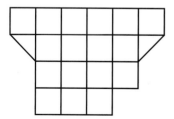

9.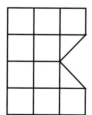

Nombra el cuerpo geométrico.

10.

11.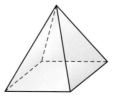

12.

Halla el volumen. Cada = 1 unidad cúbica.

13.

14.

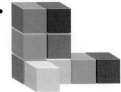

Resolver problemas y razonamiento

Objetivos 4 y 6 de **TAKS**   TEKS 3.11C, 3.11F, 3.14B

Resuelve.

15. Katia construyó una torre con bloques. La torre tiene 3 bloques de ancho y 2 bloques de profundidad. Katia usó 12 bloques. ¿Cuántos bloques de alto tiene la torre?

¡LA GRAN IDEA!

Escribir matemáticas El número de caras, aristas y vértices de un cuerpo geométrico se relaciona con el tipo de cuerpo geométrico. Compara el número de aristas y el número de vértices de un cubo y una pirámide cuadrangular.

Evaluar el rendimiento

Objetivos 3 y 4 de **TAKS**   TEKS 3.8, 3.11F

Construcciones de tres dimensiones

Puedes construir una torre usando bloques. Cada bloque equivale a 1 unidad cúbica.

Tarea	Información que necesitas
Debes usar la información de la derecha para hacer tu torre. Explica cómo decidiste de qué manera hacer cada parte de tu torre.	La torre debe tener 3 unidades de alto.
	La torre no puede ser un prisma rectangular.
	El volumen de la torre debe ser 26 unidades cúbicas.

En sus marcas... con Greg Tang

Unidad 5 Estrategias de cálculo mental

Multiplicar por 6

¡Un grupo de 6 rápido ves si piensas en grupos de 3!

"Conozco una manera rápida de calcular 6×4. Como sólo se trata de 6 grupos de 4, sumo 3 grupos de 4 a otros 3 grupos de 4 y obtengo $12 + 12 = 24$. ¡La multiplicación no es más que la suma repetida en grupos fáciles de calcular!"

1. $6 \times 4 = \boxed{12} + \boxed{12} = \boxed{24}$
　　　　3×4　3×4

2. $6 \times 6 = \boxed{18} + \blacksquare = \blacksquare$
　　　　3×6　3×6

3. $6 \times 5 = \blacksquare + \blacksquare = \blacksquare$
　　　　3×5　3×5

4. $6 \times 9 = \blacksquare + \blacksquare = \blacksquare$
　　　　3×9　3×9

¡Así se hace!

5. $6 \times 3 = \blacksquare + \blacksquare = \blacksquare$

6. $6 \times 8 = \blacksquare + \blacksquare = \blacksquare$

7. $6 \times 10 = \blacksquare + \blacksquare = \blacksquare$

8. $6 \times 15 = \blacksquare + \blacksquare = \blacksquare$

¡Bravo!

¡Sigue adelante!

¡Ahora inténtalo siguiendo los pasos mentalmente!

9. 6×7

10. 6×11

11. 6×12

12. 6×24

274

Unidad

La multiplicación

¡LAS GRANDES IDEAS!

- En los problemas de multiplicación puede ser necesario unir grupos iguales o hacer combinaciones.

- La multiplicación se puede representar de diferentes maneras.

- Puedes multiplicar separando un problema en operaciones conocidas.

Canciones y juegos

 Música y matemáticas
Pista 6

Libritos de matemáticas

- Colecciones por cuatro
- El taller
- Esto es lo que hago

Juego

Coloréalo

Objetivo del juego Hacer arreglos.

Materiales
- Recurso de enseñanza 15
- 2 dados con números del 1 al 6
- Crayones

Número de jugadores 2

Cómo se juega

1 El jugador 1 lanza los dados. Un dado muestra el número de filas. El otro dado muestra el número de columnas.

2 El jugador 1 colorea un arreglo en papel cuadriculado con los números que salieron.

> El arreglo puede tener 3 filas de 5 ó 5 filas de 3.

3 El jugador 2 repite los pasos 1 y 2. Los jugadores se turnan para lanzar los dados y colorear sus arreglos.

4 El juego continúa hasta que cada jugador haya lanzado los dados 5 veces. Gana el jugador que coloree el mayor número de cuadrados.

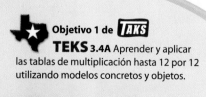

Objetivo 1 de TAKS
TEKS 3.4A Aprender y aplicar las tablas de multiplicación hasta 12 por 12 utilizando modelos concretos y objetos.

Education Place
Visita www.eduplace.com/txmap/, donde encontrarás **acertijos**.

Leer Tanto en la lectura como en las matemáticas debes preguntarte "¿Cuál es el propósito?" o "¿De qué se trata?". Si puedes responder a esta pregunta, conoces la gran idea.

Mientras Jill lee su libro de texto de matemáticas, toma notas para comprender las grandes ideas. Éstas son las notas que tomó en el Capítulo 13.

La gran idea	Notas/Ejemplos
• En los problemas de multiplicación puede ser necesario unir grupos iguales o hacer combinaciones.	Hay 3 grupos. Cada grupo tiene la misma cantidad.
• La multiplicación se puede representar de diferentes maneras.	3 grupos de 5 = 3 × 5
• Puedes multiplicar separando un problema en operaciones conocidas.	

Cuando multiplico, sé que mi respuesta debe ser más grande que los factores.

Escribir Copia la tabla de La gran idea para la Unidad 6. Toma notas a medida que leas la unidad.

Conceptos sobre la multiplicación

Estrellas de mar

Comprueba lo que sabes

Vocabulario y conceptos

Escoge el mejor término para completar las oraciones. Grado 2

1. Cuando multiplicas dos números, la respuesta es el _____.

2. Una manera de resolver una oración de multiplicación es _____.

3. Multiplicas _____ para hallar el producto.

Cálculos

Escribe la oración de multiplicación. Grado 2

4. $2 + 2 + 2 + 2 = 8$
5. $5 + 5 + 5 = 15$
6. $1 + 1 + 1 + 1 + 1 = 5$

Halla los números que faltan. Grado 2

7. 2, 4, 6, ▓ , 10
8. 5, 10, ▓ , 20, 25, 30
9. 3, 6, 9, 12, ▓

Resolver problemas y razonamiento Grado 2

10. Keiko tiene un número favorito. Si suma ese número a sí mismo, la respuesta es la misma que si lo multiplica por sí mismo. ¿Cuál podría ser el número favorito de Keiko?

Vocabulario de TAKS

¡Visualízalo!

¿Cómo puedes hallar el número total?	
Puedes contar o sumar para hallar el total. $2 + 3 + 4 = 9$ La **suma** es 9.	Puedes contar o sumar para hallar el total. $3 + 3 + 3 = 9$ También puedes **multiplicar** para hallar el total. $3 \times 3 = 9$ El **producto** es 9.

Mi mundo bilingüe

Las palabras que se parecen en español y en inglés muchas veces tienen el mismo significado.

Español	Inglés
suma	sum
producto	product
multiplicar	multiply

Consulta el **Glosario español–inglés**, páginas 576 a 588.

multiplicar
Combinar grupos iguales
producto
Resultado de una multiplicación

 Education Place Visita www.eduplace.com/txmap/, donde encontrarás el **glosario electrónico**.

 Objetivo 6 de TAKS TEKS 3.15B Relacionar el lenguaje informal con el lenguaje y los símbolos matemáticos.

Capítulo 13 279

Objetivos 1, 2 y 6 de TAKS

TEKS 3.4A Aprender y aplicar las tablas de multiplicación hasta 12 por 12 utilizando modelos concretos y objetos.
3.6B Identificar patrones en las tablas de multiplicación utilizando objetos concretos, modelos pictóricos o tecnología.

También 3.6A, 3.14D, 3.15A, 3.15B, y 3.16A

Vocabulario de TAKS

multiplicación

factores

producto

Materiales
• 20 fichas
• 5 hojas de papel
• Manipulativos electrónicos www.eduplace.com/txmap/ (opcional)

Aplícalo
Ejemplos de multiplicación

Objetivo Usar la suma repetida para dar ejemplos de multiplicación.

★ Explorar

En el Capítulo 6 aprendiste a hallar sumas.

Pregunta ¿De qué otra manera puedes hallar el número total de algo?

Lorraine tiene 3 tiras de calcomanías. Cada tira tiene 5 calcomanías.

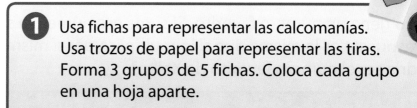

1 Usa fichas para representar las calcomanías. Usa trozos de papel para representar las tiras. Forma 3 grupos de 5 fichas. Coloca cada grupo en una hoja aparte.

2 Escribe una oración de suma para mostrar cuántas calcomanías tiene Lorraine en total. Usa la suma repetida.

$$5 + 5 + 5 = \bigcirc$$

• ¿Cuántas fichas hay en total?
• ¿Cuántas calcomanías hay en total?

3 Cuando sumas grupos iguales, puedes escribir una oración de **multiplicación**.

$$3 \times 5 = 15$$

factores producto

3 grupos de 5 = $\bigcirc$

La oración de multiplicación se puede leer así:
Tres por cinco es igual a quince.

Juan compró dos hojas de calcomanías. Cada hoja tiene 8 calcomanías. ¿Cuántas calcomanías compró Juan?

1 Usa fichas para representar las calcomanías. ¿Cuántos grupos hay? ¿Cuántas calcomanías hay en cada grupo?

2 Haz un dibujo de tu grupo de fichas. ¿Cómo puedes describir el dibujo con palabras y números?

3 Escribe una oración de suma para describir el dibujo. Usa la suma repetida.

4 Escribe una oración de multiplicación para describir el dibujo. ¿Cuántas calcomanías compró Juan?

★ **Extender**

Representa cada conjunto con fichas. Luego escribe una oración de suma y una oración de multiplicación para cada uno.

1. 4 grupos de 3   **2.** 5 grupos de 2   **3.** 2 grupos de 7

4. 5 grupos de 4   **5.** 3 grupos de 6   **6.** 2 grupos de 10

Escribe una oración de multiplicación para cada suma.

7. $4 + 4 + 4 = 12$

8. $3 + 3 + 3 + 3 + 3 + 3 = 18$

9. $7 + 7 + 7 + 7 = 28$

10. $5 + 5 + 5 + 5 + 5 + 5 + 5 = 35$

11. Crea y resuelve Escribe un problema en palabras que se pueda resolver usando la suma repetida o la multiplicación. Luego escribe dos oraciones numéricas para resolver el problema.

Diario de matemáticas

Escribir matemáticas

Analiza ¿Puedes escribir una oración de multiplicación que describa este dibujo? ¿Por qué?

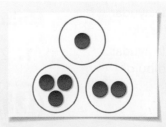

Multiplicar por 2 y 5

Objetivo Usar diferentes maneras de multiplicar cuando los factores son 2 ó 5.

Objetivos 1 y 2 de TAKS

TEKS 3.4A Aprender y aplicar las tablas de multiplicación hasta 12 por 12 utilizando modelos concretos y objetos.
3.6B Identificar patrones en las tablas de multiplicación utilizando objetos concretos, modelos pictóricos o tecnología.

También 3.4B

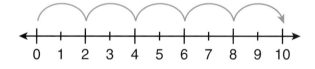
Aprender con ejemplos

Claude tiene 2 monedas de veinticinco centavos de 5 estados diferentes. ¿Cuántas monedas estatales de veinticinco centavos tiene?

Multiplica. 5 × 2 = ◯ ó

2 ←factor
×5 ←factor
◯ ←producto

factor factor producto

Diferentes maneras de resolver 5 × 2

Manera 1 **Cuenta salteado.**

Cuenta salteado de 2 en 2 hasta decir 5 números. **Cuenta:** 2, 4, 6, 8, 10

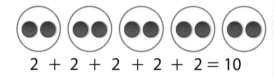

0 1 2 3 4 5 6 7 8 9 10

Manera 2 **Haz un dibujo.**

Luego usa la suma repetida.

2 + 2 + 2 + 2 + 2 = 10

Moneda de veinticinco centavos de Texas

Claude tiene ◯ monedas estatales de veinticinco centavos. Puedes contar salteado de 5 en 5 o hacer un dibujo para multiplicar por 5.

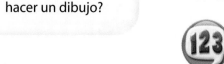
Práctica guiada

Piénsalo
• ¿Me puede ayudar contar salteado?
• ¿Me puede ayudar hacer un dibujo?

Multiplica.

1. 2 × 4   **2.** 5 × 3   **3.** 8 × 2   **4.** 7 × 5

123 **Hablar de matemáticas** ¿Es igual 2 × 3 que 3 × 2? Explica tu respuesta.

Escribe una oración de multiplicación para cada dibujo.

5.

6.

7.

Halla los productos.

8.	9.	10.	11.	12.	13.
2	6	5	5	9	5
× 2	× 2	× 2	× 5	× 2	× 9

14. 5 × 10   **15.** 2 × 7   **16.** 5 × 6   **17.** 8 × 5   **18.** 5 × 4

 Conexión con los estudios sociales

Resuelve.

19. Un museo tiene una muestra de 8 cajas; cada caja tiene 5 adornos de piedra. ¿Cuántos adornos de piedra se exhiben en la muestra?

20. Un hacha de piedra mide 3 pulgadas de largo. Otra hacha de piedra mide el doble de largo que la primera. ¿Cuánto mide el hacha más larga?

Desde el pasado

- Las personas que vivieron en Texas durante la prehistoria crearon muchas clases de herramientas y adornos con rocas comunes.

- Las herramientas y adornos que usaban las personas de Texas han cambiado a través del tiempo.

- Aquí puedes ver algunas herramientas y adornos prehistóricos que se encontraron en Texas.

TEKS 1A de Estudios sociales

★ **Práctica para** TAKS  **Respuesta con cuadrícula**

21 En la fila para comprar palomitas de maíz hay 4 niños y 3 niñas. Cada uno tiene 5 dólares. ¿Cuántos dólares tienen en total?

Consejo para TAKS

Es posible que necesites más de un paso para resolver algunos problemas de los exámenes.

LECCIÓN 3

Objetivos 1 y 2 de **TAKS**
TEKS 3.4A Aprender y aplicar las tablas de multiplicación hasta 12 por 12 utilizando modelos concretos y objetos.
3.7B Identificar y describir patrones en una tabla de pares de números relacionados que se basan en un problema relevante y extender la tabla.

También 3.4B, 3.6B, 3.7A

Multiplicar por 4

Objetivo Usar diferentes maneras de multiplicar cuando el factor es 4.

★ Aprender con ejemplos

Tres amigos quieren intercambiar tarjetas de deportes. Cada uno lleva 4 tarjetas. ¿Cuántas tarjetas tienen para intercambiar todos los amigos?

Multiplica.

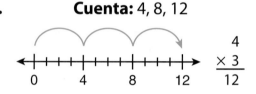

$$3 \times 4 = \bigcirc$$

factor   factor   producto

ó

$$\begin{array}{r} 4 \leftarrow \text{factor} \\ \times 3 \leftarrow \text{factor} \\ \hline \bigcirc \leftarrow \text{producto} \end{array}$$

Diferentes maneras de resolver 3 × 4

Manera 1 **Cuenta salteado.**   **Cuenta: 4, 8, 12**

Cuenta salteado de 4 en 4 hasta decir 3 números.

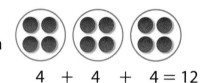

$$\begin{array}{r} 4 \\ \times 3 \\ \hline 12 \end{array}$$

Manera 2 **Haz un dibujo.**

Luego usa la suma repetida.

4 + 4 + 4 = 12

Manera 3 **Escribe una oración de multiplicación.**

$$\bigcirc \times \bigcirc = \bigcirc$$

Piensa: 3 grupos de 4 = 12

Los amigos tienen ◯ tarjetas de deportes para intercambiar.

★ Práctica guiada

Piénsalo
- ¿Cuántos grupos hay?
- ¿Cuántos hay en cada grupo?

Escribe una oración de multiplicación para cada dibujo.

1.

2.

Multiplica.

3. 2
$\times\,4$

4. 4
$\times\,5$

5. 7
$\times\,4$

6. 4
$\times\,9$

7. 4
$\times\,8$

Resolver problemas con ayuda

Usa las preguntas para resolver este problema.

8. Tyrone está buscando mapas en la biblioteca estatal de Texas. Encuentra 4 mapas de El Paso. Hace 5 copias de cada mapa. ¿Cuántas copias tiene Tyrone?

a. **Compréndelo** ¿Cuántos mapas encuentra Tyrone? ¿Cuántas copias hace de cada mapa?

b. **Planéalo** Explica por qué puedes multiplicar para hallar cuántos mapas tiene Tyrone.

Analízalo
¿Puedes usar grupos iguales para resolver el problema?

c. **Resuélvelo** Escribe la oración numérica y resuélvela.

$\bigcirc \times \bigcirc = \bigcirc$

Tyrone tiene $\bigcirc$ copias.

d. **Verifícalo** Usa la suma repetida para resolver el problema. ¿Es la misma respuesta?

 Hablar de matemáticas ¿Cómo te ayuda saber que $7 \times 2 = 14$ a hallar 7×4?

Escribe una oración de multiplicación para cada dibujo.

9. 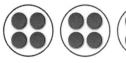 **10.** 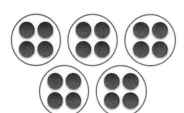 **11.**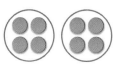

Halla los productos.

12. 4×6 **13.** 7×4 **14.** 4×8 **15.** 9×2

Copia y completa las tablas.

16. Una bicicleta tiene 2 ruedas.

Número de bicicletas	1	2	3	4	5	6	7	8
Número de ruedas	2	4						

17. Un violín tiene 4 cuerdas.

Número de violines	1	2	3	4	5	6	7	8
Número de cuerdas	4	8						

Halla los números que faltan.

18. $2 \times 5 = 10$
  $5 \times 2 = \blacksquare$

19. $4 \times 8 = 32$
  $8 \times 4 = \blacksquare$

20. $16 = 8 \times 2$
  $\blacksquare = 2 \times 8$

 Conexión con la información

Usa el cartel para resolver los problemas 21 a 23.

21. ¿Cuál es el costo total de los boletos para 5 adultos?

22. ¿Cuánto cuestan en total los boletos para 3 niños, 2 adultos y 2 adultos mayores?

23. **Reto** El señor Ronin compra 6 boletos para niños. Comparte los gastos con la señora Adams. ¿Cuánto pagará cada uno?

EXPOSICIÓN DE INTERCAMBIO DE TARJETAS

Precios de los boletos

Niños.....................$ 2
Adultos.................$ 4
Adultos mayores....$ 3

24 Erica practica piano una vez por día, los martes y los jueves. Los sábados, practica el doble. ¿Cuántas veces practica piano en 7 semanas?

A 40 veces
B 30 veces
C 28 veces
D 22 veces

> **Consejo para TAKS**
>
> La palabra *doble* significa *dos veces*.

Reto Lógica numérica

¿Y ahora cuántas?

Los números te rodean, incluso cuando estás solo. Pero cuando estás con tus amigos y mascotas, ¡mira cómo aumentan los números!

Copia y completa las tablas.

Número de personas	1	2	3	4	5	6	7	8
Número de piernas	2	4						

2 × 1 2 × 2 2 × 3 2 × 4

Número de perros	1	2	3	4	5	6	7	8
Número de patas	4	8						

4 × 1 4 × 2 4 × 3

Número de manos	1	2	3	4	5	6	7	8
Número de dedos	5							

5 × 1 5 × 2

Número de gatos	1	2	3	4	5	6	7	8
Número de orejas								

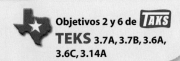
Objetivos 2 y 6 de TAKS
TEKS 3.7A, 3.7B, 3.6A, 3.6C, 3.14A

Multiplicar por 1 y 0

Objetivo Usar propiedades especiales para multiplicar cuando el factor es 1 ó 0.

Objetivos 1 y 2 de TAKS
TEKS 3.4A Aprender y aplicar las tablas de multiplicación hasta 12 por 12 utilizando modelos concretos y objetos.

3.6A Identificar y extender patrones de números enteros y patrones geométricos para hacer predicciones y resolver problemas.

También 3.4B, 3.6B

★ Aprender con ejemplos

Los abuelos de Jake le enviaron algunas ágatas y bolsas para guardarlas.

Puedes usar propiedades especiales para multiplicar. Observa los siguientes ejemplos.

Propiedad del uno

Cuando el factor es 1, el producto siempre es igual al otro factor.

En un paquete, Jake recibió 4 bolsas violetas con 1 ágata grande en cada una. ¿Cuántas ágatas había en el paquete?

Multiplica.

$$4 \times 1 = \bigcirc \quad \text{ó} \quad \begin{array}{r} 1 \\ \times 4 \\ \hline \end{array}$$

$$4 \times 1 = 4 \qquad \bigcirc$$

Jake recibió $\bigcirc$ ágatas grandes.

Propiedad del cero

Cuando el factor es 0, el producto siempre es 0.

En otro paquete, los abuelos de Jake le enviaron 2 bolsas vacías. ¿Cuántas ágatas había en el paquete?

Multiplica.

$$2 \times 0 = \bigcirc \quad \text{ó} \quad \begin{array}{r} 0 \\ \times 2 \\ \hline \end{array}$$

$$2 \times 0 = 0 \qquad \bigcirc$$

Jake recibió $\bigcirc$ ágatas.

Multiplica.

Piénsalo

• Si 1 es un factor, ¿cuál debe ser el producto?

• Si 0 es un factor, ¿cuál debe ser el producto?

1. $\begin{array}{r} 1 \\ \times\, 6 \\ \hline \end{array}$ **2.** $\begin{array}{r} 0 \\ \times\, 7 \\ \hline \end{array}$ **3.** $\begin{array}{r} 1 \\ \times\, 5 \\ \hline \end{array}$ **4.** $\begin{array}{r} 0 \\ \times\, 9 \\ \hline \end{array}$

5. 4×1 **6.** 8×0 **7.** 0×2 **8.** 1×3

123 Hablar de matemáticas La oración numérica 3×0 significa 3 grupos de 0. ¿Por qué el producto debe ser cero?

★ **Practicar y resolver problemas**

Multiplica.

9. $\begin{array}{r} 0 \\ \times\, 8 \\ \hline \end{array}$ **10.** $\begin{array}{r} 1 \\ \times\, 7 \\ \hline \end{array}$ **11.** $\begin{array}{r} 2 \\ \times\, 0 \\ \hline \end{array}$ **12.** $\begin{array}{r} 1 \\ \times\, 9 \\ \hline \end{array}$ **13.** $\begin{array}{r} 5 \\ \times\, 1 \\ \hline \end{array}$ **14.** $\begin{array}{r} 0 \\ \times\, 4 \\ \hline \end{array}$

15. 6×0 **16.** 1×0 **17.** 1×1 **18.** 0×3 **19.** 10×0

Usa las oraciones numéricas de la derecha para resolver los problemas 20 a 22.

20. ¿Qué número representa cada figura?

21. Imagina que Marisa tiene 8 cajas vacías. ¿Qué oración de multiplicación muestra cuántas canicas tiene?

22. Steve colecciona cristales. Le dio 1 cristal a cada uno de sus 4 amigos. ¿Qué oración de multiplicación muestra cuántos cristales les dio a sus amigos?

$4 \times \blacktriangle = 4$

$2 \times \bigcirc = 0$

$8 \times \blacksquare = 0$

$\blacklozenge \times 8 = 8$

★ **Práctica para TAKS** **Selección múltiple**

23 Marly colocó una canica en cada una de 4 bolsas. ¿Qué oración numérica muestra lo que hizo Marly?

A $4 + 1 = 5$

B $4 \times 0 = 0$

C $4 \times 1 = 4$

D $4 - 1 = 3$

Consejo para TAKS

Primero decide qué operación se puede usar para resolver el problema.

Objetivos 1 y 6 de *TAKS*

TEKS 3.14C Seleccionar o desarrollar un plan o una estrategia de resolución de problemas apropiado en el que el estudiante haga un dibujo, busque un patrón, adivine y compruebe sistemáticamente, haga una dramatización, elabore una tabla, resuelva un problema más sencillo o trabaje desde el final hasta el principio para resolver un problema.

3.15A Explicar y anotar observaciones utilizando objetos, palabras, dibujos, números y tecnología.

También 3.4A, 3.14A, 3.14B

Materiales
Fichas

Mariposa reina

Resolver problemas: Estrategia
Usa modelos para hacer una dramatización

Objetivo Usar modelos para hacer una dramatización.

★ Aprender con ejemplos

Durante una visita al Centro de Flores Silvestres Lady Bird Johnson, Kristen quiere comprar 4 tarjetas de notas para cada uno de sus 5 amigos. ¿Cuántas necesita comprar? Usa fichas para hacer una dramatización.

COMPRÉNDELO

Kristen quiere comprar 4 tarjetas para cada uno de sus 5 amigos.

PLANÉALO

¿Cuántos grupos necesitarás?

¿Cuántas fichas habrá en cada grupo?

RESUÉLVELO

Cuenta las fichas para calcular cuántas tarjetas necesita comprar Kristen en total. En total hay 20 fichas. Kristen necesita comprar 20 tarjetas de notas.

¿Qué oración de multiplicación podrías usar para representar este problema?

$$5 \times 4 = 20$$

VERIFÍCALO

Usa un método diferente para comprobar tu trabajo.

★ Resolver problemas con ayuda

Usa fichas para hacer una dramatización de este problema.

1. La señora López está comprando semillas de flores silvestres. Compra 3 paquetes de semillas. En cada paquete hay 7 semillas. ¿Cuántas semillas compra?

   a. **Compréndelo** ¿Qué datos conoces?

   b. **Planéalo** ¿Cómo puedes usar fichas para representar este problema?

   c. **Resuélvelo** ¿Cómo puedes resolver el problema?

   d. **Verifícalo** ¿Tiene sentido la solución?

123 Hablar de matemáticas ¿Qué oración de multiplicación podrías escribir para resolver el problema 1?

★ Práctica para resolver problemas

Usa fichas para representar los problemas.

2. ¿Cuál es el costo total de 4 paquetes de semillas de castillejas?

3. ¿Cuál es el costo total de 7 paquetes de semillas de alfombrillas?

4. ¿Cuánto cuestan 3 paquetes de liras de San Pedro, 2 paquetes de castillejas y 4 paquetes de alfombrillas juntos?

5. Muestra por qué el costo de 5 paquetes de castillejas es el mismo que el precio de 3 paquetes de alfombrillas. Haz un dibujo para explicar.

6. **Reto** La señora Allen compra 6 paquetes de castillejas y 2 paquetes de liras de San Pedro. Después de pagar las semillas le sobran $12. ¿Cuánto dinero llevó a la venta de plantas de Texas?

Venta de Plantas autóctonas de Texas

★ PRECIOS DE SEMILLAS POR PAQUETE ★

Liras de San Pedro $2

Castillejas $3

Alfombrillas $5

Austin, TX

El Centro de Flores Silvestres Lady Bird Johnson es un jardín botánico de plantas autóctonas de 279 acres. Fundado en 1982, el centro ayuda a salvar las plantas autóctonas y a educar a la población.

Centro de Flores Silvestres Lady Bird Johnson

Usa los datos de esta página para resolver los problemas.

7. ¿Hace cuántos años se fundó el parque?

8. El Centro de Flores Silvestres está abierto todos los días de martes a domingos y los días lunes, durante el mes de abril. El centro cierra 4 días de feriado nacional. Aproximadamente, ¿cuántos días al año el centro abre las puertas a sus visitantes?

Pista

En un año hay 52 semanas y en un año hay 365 ó 366 días.

9. El Centro de Flores Silvestres cultiva plantas autóctonas de Texas. Cultiva 28 especies de plantas que están amenazadas o en vías de extinción. Las otras 174 especies que cultiva se consideran en riesgo. ¿Cuántas especies de plantas se cultivan en el Centro de Flores Silvestres?

Datos divertidos

- El altramuz es la flor estatal de Texas.

- Es autóctona del estado, florece de marzo a mayo en las laderas, a los bordes de las carreteras y en las praderas de Texas.

10. ¿Cuántos meses al año florecen los altramuces? ¿Cuántos meses no florecen?

11. Reto El sábado la tienda de regalos del Centro de Flores Silvestres vendió 20 afiches de flores. El domingo vendieron 15 afiches más que el sábado. ¿Cuántos afiches vendieron los dos días?

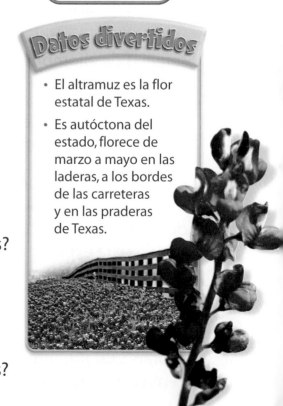

Escoge una estrategia
- Haz un dibujo
- Busca un patrón
- Haz una dramatización
- Trabaja desde el final

Resolver problemas de TAKS

1 Ryan ordenó sus fotos de la siguiente manera.

¿Qué oración numérica muestra cuántas fotos tiene en total?

A $2 \times 4 = 6$

B $2 \times 4 = 8$

C $2 + 4 = 8$

D $2 + 4 = 6$

Objetivo 1 de TAKS **TEKS 3.4A** página 280

2 Lila fue a la tienda con $13. Después de comprar naranjas y manzanas, tenía $4. Si las naranjas costaron $2, ¿cuál de estas expresiones muestra una manera de hallar el costo de las manzanas?

F $13 + 4 + 2$

G $13 + 4 - 2$

H $13 - 4 + 2$

J $13 - 4 - 2$

Objetivo 6 de TAKS **TEKS 3.15B** página 166

3 ¿Cuál de las siguientes figuras es un cilindro?

A

B

C

D

Objetivo 3 de TAKS **TEKS 3.8** página 256

4 **Respuesta con cuadrícula**
¿Qué número falta en el siguiente patrón?

3, 8, 13, ___ , 23

Objetivo 2 de TAKS **TEKS 3.6A** página 8

5 **Respuesta con cuadrícula**
La señora Walsh compró 32 panecillos de manzana, 12 panecillos de limón y 24 panecillos de pasas para el picnic. ¿Cuántos panecillos llevó en total?

Objetivo 1 de TAKS **TEKS 3.3B** página 122

Education Place
Vista www.eduplace.com/txmap/, donde encontrarás
consejos para tomar exámenes y más **práctica para TAKS**.

Leer y escribir matemáticas

Vocabulario de TAKS

Cuando resuelves problemas en palabras, puedes usar muchas estrategias diferentes.

Sam tiene tres carros de carreras de juguete. Cada carro tiene cuatro ruedas. ¿Cuántas ruedas hay en total?

Halla por lo menos cuatro maneras de resolver el problema. Muestra tu trabajo.

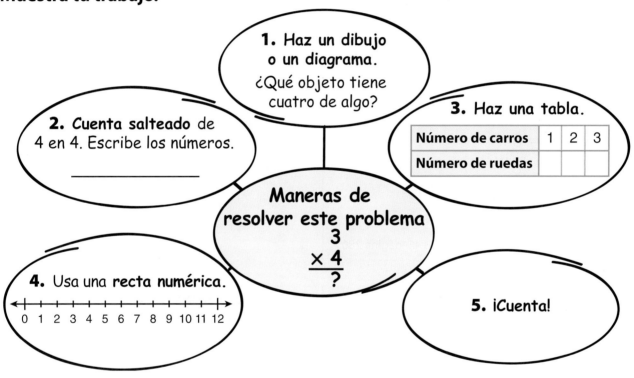

1. Haz un dibujo o un diagrama.

¿Qué objeto tiene cuatro de algo?

3. Haz una tabla.

Número de carros	1	2	3
Número de ruedas			

2. **Cuenta salteado** de 4 en 4. Escribe los números.

_____

Maneras de resolver este problema

$$\begin{array}{r} 3 \\ \times\ 4 \\ \hline ? \end{array}$$

4. Usa una **recta numérica**.

0 1 2 3 4 5 6 7 8 9 10 11 12

5. ¡Cuenta!

Escribir Escribe una oración de multiplicación para este dibujo. Luego, explícala.

Objetivo 6 de TAKS
TEKS 3.15A Explicar y anotar observaciones utilizando objetos, palabras, dibujos, números y tecnología.

3.15B Relacionar el lenguaje informal con el lenguaje y los símbolos matemáticos.

Leer Busca libros relacionados con este concepto en tu biblioteca.

Práctica adicional basada en los estándares

Conjunto A

Objetivos 1 y 2 de **TAKS** TEKS 3.4A, 3.6B página 282

Multiplica. Si necesitas ayuda, usa una estrategia.

1. 2×5 **2.** 5×5 **3.** 2×11 **4.** 5×10 **5.** 2×8

6. 5×8 **7.** 2×12 **8.** 5×6 **9.** 5×11 **10.** 5×9

11. $\begin{array}{r} 5 \\ \times 7 \\ \hline \end{array}$ **12.** $\begin{array}{r} 2 \\ \times 3 \\ \hline \end{array}$ **13.** $\begin{array}{r} 2 \\ \times 9 \\ \hline \end{array}$ **14.** $\begin{array}{r} 5 \\ \times 4 \\ \hline \end{array}$ **15.** $\begin{array}{r} 2 \\ \times 4 \\ \hline \end{array}$

16. Compara Julie escuchó música 5 minutos por día durante 2 días. Rebecca escuchó música 2 minutos por día durante 5 días. ¿Rebecca escuchó música durante más minutos que Julie?

Conjunto B

Objetivo 1 de **TAKS** TEKS 3.4A página 284

Multiplica. Si necesitas ayuda, usa una estrategia.

1. $\begin{array}{r} 4 \\ \times 2 \\ \hline \end{array}$ **2.** $\begin{array}{r} 4 \\ \times 5 \\ \hline \end{array}$ **3.** $\begin{array}{r} 6 \\ \times 4 \\ \hline \end{array}$ **4.** $\begin{array}{r} 4 \\ \times 9 \\ \hline \end{array}$ **5.** $\begin{array}{r} 6 \\ \times 8 \\ \hline \end{array}$

6. 6×5 **7.** 4×3 **8.** 6×6 **9.** 4×7 **10.** 6×7

11. Explica Frank y Peter fueron a pescar. Frank pescó 4 peces. Peter pescó 4 veces más peces que Frank. ¿Cuántos peces pescaron entre los dos niños? Indica cómo obtuviste la respuesta.

Conjunto C

Objetivos 1 y 2 de **TAKS** TEKS 3.4A, 3.6A página 288

Multiplica. Si necesitas ayuda, usa una estrategia.

1. $\begin{array}{r} 1 \\ \times 4 \\ \hline \end{array}$ **2.** $\begin{array}{r} 1 \\ \times 2 \\ \hline \end{array}$ **3.** $\begin{array}{r} 0 \\ \times 4 \\ \hline \end{array}$ **4.** $\begin{array}{r} 1 \\ \times 6 \\ \hline \end{array}$ **5.** $\begin{array}{r} 0 \\ \times 1 \\ \hline \end{array}$

6. 0×6 **7.** 1×7 **8.** 1×8 **9.** 0×2 **10.** 1×10

11. Explica Roberto tiene 7 carros de carrera en cada caja. Tiene 4 cajas para sus carros. Usa una oración de multiplicación para indicar cuántos carros tiene Roberto en total.

Education Place
Visita www.eduplace.com/txmap/, donde encontrarás más **práctica adicional**.

Capítulo 13 Práctica adicional   **295**

Repaso/Examen del capítulo

Vocabulario y conceptos
Objetivos 1 y 2 de TAKS TEKS 3.4A, 3.6B

Escoge la mejor palabra para completar las oraciones.

Banco de palabras
factor
multiplicación
producto
resta

1. Cuando sumas grupos iguales, puedes escribir una oración de _____ .

2. En $5 \times 4 = 20$, 20 es el _____.

3. En $2 \times 9 = 18$, 2 es un _____.

Haz un modelo de cada conjunto con fichas. Haz un dibujo de tu modelo. Escribe la oración de multiplicación.

4. 2 grupos de 4

5. 3 grupos de 5

Cálculos
Objetivo 1 de TAKS TEKS 3.4A

Multiplica.

6. 3×2

7. 1×9

8. 5×7

9. 3×0

10. 1×6

11. 3×3

12. 2×8

13. 5×5

14. 0×5

15. 2×7

16. 4×6

17. 5×6

Resolver problemas y razonamiento
Objetivos 1, 2 y 6 de TAKS TEKS 3.4A, 3.6A–B, 3.7A, 3.14A, 3.14D

Resuelve. Puedes usar fichas para hacer un modelo de los problemas.

18. Cada patín tiene 4 ruedas.

Número de patines	1	2	3	4
Número de ruedas	4	8		

19. Shana puso 8 flores silvestres en cada florero. Tenía 3 floreros. ¿Cuántas flores silvestres usó?

20. Matt compró 5 paquetes de semillas. Cada paquete cuesta $2. ¿Cuánto gastó en semillas?

Preparación para TAKS y repaso frecuente

1 ¿Cuál de los siguientes cuerpos geométricos puede girar?

A cubo

B prisma rectangular

C cilindro

D pirámide

Objetivo 3 de TAKS TEKS 3.8 página 258

2 ¿Cuántas patas hay en 5 gatos?

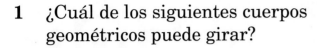

Cats	1	2	3	4	5
Legs	4	8	12	16	

F 4

G 20

H 28

J 32

Objetivo 1 de TAKS TEKS 3.4A página 282

3 **Respuesta con cuadrícula**
Mike tiene 3 veces más estampillas que Marcy. Si Marcy tiene 5 estampillas, ¿cuántas tiene Mike?

Objetivo 1 de TAKS TEKS 3.4A página 282

4 ¿Cuál de las siguientes figuras no es un polígono?

A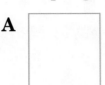

B

C

D

Objetivo 3 de TAKS TEKS 3.8 página 188

5 Matt hizo este dibujo. ¿Qué oración numérica se puede usar para describir el dibujo de Matt?

F $3 + 6 = 9$ **G** $6 \times 2 = 12$

H $2 \times 3 = 6$ **J** $3 + 2 = 5$

Objetivo 1 de TAKS TEKS 3.4A página 280

Education Place
Visita www.eduplace.com/txmap/, donde encontrarás **consejos para tomar exámenes** y más **práctica para TAKS.**

Operaciones de multiplicación

Ranita venenosa

Comprueba lo que sabes

Vocabulario y conceptos

Escoge el mejor término para completar las oraciones.

páginas 280 y 288

Banco de palabras

Banco de palabras
factor
multiplicar
producto
propiedad del cero
propiedad del uno

1. Para hallar el producto, debes _____ dos números.

2. Cuando multiplicas por 1, puedes usar la _____.

3. Cuando multiplicas por 0, puedes usar la _____ .

Cálculos

Multiplica y escribe el producto. páginas 282 a 289

4. 5×4

5. 2×6

6. 4×4

7. 1×0

8. 4×6

9. 1×42

Resolver problemas y razonamiento páginas 288 y 289

10. Cuando usas el número favorito de Jake como factor, el producto siempre es el mismo número que el otro factor. ¿Cuál es el número favorito de Jake?

Vocabulario de TAKS

¡Visualízalo!

arreglo

Agrupación de objetos o dibujos en filas y columnas iguales

$3 \times 4 = 12$

factores

Números que se multiplican

$$\begin{array}{r} 4 \\ \times\ 3 \\ \hline 12 \end{array}$$

producto

Resultado de una multiplicación

Mi mundo bilingüe

Las palabras que se parecen en español y en inglés muchas veces tienen el mismo significado.

Español	Inglés
factor	factor
producto	product

Consulta el **Glosario español–inglés**, páginas 576 a 588.

Education Place Visita www.eduplace.com/txmap/, donde encontrarás el **glosario electrónico**.

Objetivo 6 de TAKS **TEKS 3.15B** Relacionar el lenguaje informal con el lenguaje y los símbolos matemáticos.

Capítulo 14   299

Objetivos 2 y 6 de TAKS

TEKS 3.4A Aprender y aplicar las tablas de multiplicación hasta 12 por 12 utilizando modelos concretos y objetos.

3.6B Identificar patrones en las tablas de multiplicación utilizando objetos concretos, modelos pictóricos o tecnología.

También 3.6C, 3.15B

Vocabulario de TAKS

arreglo

factores

producto

Materiales
• 12 fichas
• Tablero 1
• Manipulativos electrónicos www.eduplace.com/txmap/ (opcional)

Aplícalo
Arreglos y la propiedad del orden
Objetivo Usar arreglos para multiplicar.

★ Aprender con manipulativos

Un **arreglo** muestra objetos agrupados en filas y columnas. Cada fila tiene un mismo número de plantas. Cada columna tiene un mismo número de plantas.

Las plantas de este jardín están agrupadas en un arreglo. ¿Cómo puedes usar fichas para mostrar el número de plantas del jardín?

Represéntalo	Escríbelo
1 Agrupa 12 fichas de manera que haya 4 filas y 3 columnas.	◯ × ◯ = ◯ ↑filas ↑plantas en cada fila ↑número total de plantas
2 Ahora, con las fichas, haz un jardín que tenga 3 filas y 4 columnas.	◯ × ◯ = ◯ ↑filas ↑plantas en cada fila ↑número total de plantas

El número total de plantas es el mismo por la propiedad del orden de la multiplicación. El orden de los **factores** no altera el **producto**.

$$4 \times 3 = 12$$
↑factor ↑factor ↑producto

$$3 \times 4 = 12$$
↑factor ↑factor ↑producto

★ Práctica guiada

Escribe una oración de multiplicación para cada arreglo.

Piénsalo
- ¿Cuántas filas hay?
- ¿Qué número hay en cada fila?

1.

2. ★★★★★ ★★
   ★★★★★ ★★
            ★★
            ★★
            ★★

 Hablar de matemáticas ¿Cómo te ayuda saber que $4 \times 6 = 24$ a hallar 6×4?

★ Practicar y resolver problemas

Escribe una oración de multiplicación para cada arreglo.

3.

4.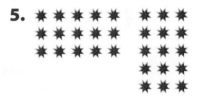

5. ✳✳✳✳✳ ✳✳✳
   ✳✳✳✳✳ ✳✳✳
   ✳✳✳✳✳ ✳✳✳
            ✳✳✳
            ✳✳✳

Halla los números que faltan. Si necesitas ayuda, usa objetos.

6. $2 \times 6 = 12$
   $6 \times \blacksquare = 12$

7. $8 = 4 \times 2$
   $\blacksquare = 2 \times 4$

8. $21 = 7 \times 3$
   $21 = 3 \times \blacksquare$

9. $3 \times 4 = 12$
   $4 \times \blacksquare = 12$

Resuelve.

10. **Sigue los pasos** Donna planta un jardín de cactus de Texas. Planta 4 filas de 5. Tres de las plantas mueren. ¿Cuántas plantas quedan?

11. **Reto** Lisa quiere hacer un jardín. Tiene 12 cactus. ¿Cuáles son todas las maneras diferentes en las que Lisa puede agrupar las plantas en filas iguales?

 Práctica para TAKS Selección múltiple

12 Jed agrupó sus fichas en el siguiente patrón.

¿Qué oración numérica muestra el número total de fichas?

A $3 + 2 = 5$
B $2 \times 2 = 4$
C $2 \times 3 = 6$
D $3 - 2 = 1$

Consejo para TAKS
Observa el dibujo antes de escoger una respuesta.

Objetivos 2 y 6 de TAKS

TEKS 3.4A Aprender y aplicar las tablas de multiplicación hasta 12 por 12 utilizando modelos concretos y objetos.

3.6B Identificar patrones en las tablas de multiplicación utilizando objetos concretos, modelos pictóricos o tecnología.

También 3.4B, 3.15B

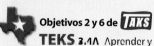

Vocabulario de TAKS

arreglo

Multiplicar por 3

Objetivo Usar diferentes maneras de multiplicar cuando el factor es 3.

★ Aprender con ejemplos

Has aprendido a multiplicar por 2, 4 y 5. Puedes multiplicar por 3 prácticamente de la misma manera.

La familia Serpa irá a caminar por el parque. Cada miembro de la familia llevará 3 botellas de agua. Si hay 5 miembros, ¿cuántas botellas de agua llevarán?

Multiplica. $5 \times 3 = \bigcirc$ ó $\begin{array}{r} 3 \\ \times 5 \\ \hline \end{array}$

Diferentes maneras de hallar 5 × 3

Manera 1 **Cuenta salteado.**

Cuenta salteado de 3 en 3.

Cuenta: 3, 6, 9, 12, 15

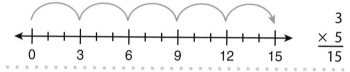

$$\begin{array}{r} 3 \\ \times 5 \\ \hline 15 \end{array}$$

Manera 2 **Haz un dibujo o usa objetos.**

Luego, usa la suma repetida.

$3 + 3 + 3 + 3 + 3 = 15$

Manera 3 **Dibuja un arreglo.**

5 filas de 3 son $\bigcirc$.

Manera 4 **Escribe una oración de multiplicación.**

$5 \times 3 = \bigcirc$

$3 \times 5 = \bigcirc$

Piensa: 5 grupos de 3 son 15.

La familia Serpa llevará $\bigcirc$ botellas de agua.

Multiplica.

1. 3×2 2. 1×3 3. 3×3 4. 5×3

Piénsalo

• ¿Cómo puedo usar la propiedad del orden?

(123) Hablar de matemáticas ¿Cómo te ayuda saber que $2 \times 4 = 8$ a hallar 3×4?

★ **Practicar y resolver problemas**

Halla los productos.

5. 6×3 6. 4×3 7. 8×3 8. 3×9

9. 3×5 10. 3×2 11. 3×10 12. 0×3

Conexión con las ciencias

En el área de picnic al final de cada sendero hay un área de reciclaje con 3 cestos para la basura. Usa la tabla para resolver los problemas 13 a 15.

13. El parque tiene 8 senderos. ¿Cuántos cestos para la basura hay al final de los senderos?

14. Un camión pequeño recolecta los materiales reciclables cada 2 semanas. Sólo puede vaciar los cestos para la basura de 4 áreas por vez. ¿Cuántos cestos puede vaciar el camión en un viaje?

Algunos objetos encontrados en los 3 cestos para la basura del Área de reciclaje		
Papel	**Plástico**	**Metal**
Periódicos	Bolsas de supermercado	Latas de bebidas
Cartones de jugo	Botellas de agua	Un tenedor torcido

TEKS 1B de Ciencias

15. **Reto** Menciona un objeto más para cada categoría.

★ **Práctica para** TAKS **Respuesta con cuadrícula**

16 Nancy horneó estos panecillos. ¿Cuántos panecillos horneó?

Consejo para TAKS

Aplica lo que sabes sobre arreglos para hallar la respuesta.

Objetivos 1, 2 y 6 de TAKS

TEKS 3.4A Aprender y aplicar las tablas de multiplicación hasta 12 por 12 utilizando modelos concretos y objetos.

3.6A Identificar y extender patrones de números enteros y patrones geométricos para hacer predicciones y resolver problemas.

También 3.4B, 3.6B, 3.16B

Multiplicar por 9

Objetivo Usar diferentes maneras de multiplicar cuando el factor es 9.

★ Aprender con ejemplos

En la Lección 2 aprendiste diferentes maneras de multiplicar por 3. Ahora aprenderás una manera de usar patrones para multiplicar por 9.

Esta tabla muestra la mayoría de los productos de las operaciones con 9. La operación que sigue en la tabla es $8 \times 9 = \bigcirc$.

¿Cuánto es 8×9?

Multiplica. $8 \times 9 = \bigcirc$ ó $\begin{array}{r} 9 \\ \times\, 8 \\ \hline \end{array}$

Factores	Productos
$\underline{1} \times 9 =$	9
$\underline{2} \times 9 =$	18
$\underline{3} \times 9 =$	27
$\underline{4} \times 9 =$	36
$\underline{5} \times 9 =$	45
$\underline{6} \times 9 =$	54
$\underline{7} \times 9 =$	63
$\underline{8} \times 9 =$	■
$\underline{9} \times 9 =$	■
$\underline{10} \times 9 =$	■

Usa patrones para hallar operaciones con 9

- Observa cada fila de la tabla. El dígito de las decenas del producto es siempre 1 número menos que el factor subrayado.

$$\overset{\downarrow}{7} \times 9 = 63$$

- Observa los productos. La suma de los dígitos siempre es 9.

$$7 \times 9 = \boxed{63} \longrightarrow 6 + 3 = 9$$

Ahora usa estos patrones para hallar 8×9.

$\underline{8} \times 9 = \boxed{}$

$8 - 1 = \bigcirc$

Piensa: El dígito de las decenas es 1 número menos que el factor que estás multiplicando por 9.

$\underline{8} \times 9 = \boxed{7}$

$7 + \bigcirc = 9$

Piensa: La suma de los dígitos del producto es 9.

$8 \times 9 = \bigcirc$

Multiplica.

1. $\begin{array}{r} 9 \\ \times\ 3 \\ \hline \end{array}$

2. $\begin{array}{r} 7 \\ \times\ 9 \\ \hline \end{array}$

3. $\begin{array}{r} 9 \\ \times\ 2 \\ \hline \end{array}$

4. $\begin{array}{r} 5 \\ \times\ 9 \\ \hline \end{array}$

5. 4×9

6. 1×9

7. 9×6

8. 10×9

Resolver problemas con ayuda

Usa las preguntas para resolver este problema.

9. Una clase de arte visitó los jardines Moody. Los 2 estudiantes que visitaron la muestra sobre África dibujaron 4 orquídeas cada uno. Los 3 estudiantes que visitaron la muestra sobre los Estados Unidos dibujaron 9 orquídeas cada uno. ¿Cuántas orquídeas dibujaron los estudiantes en total?

a. **Compréndelo/Planéalo** ¿Cuántos estudiantes fueron a cada muestra? ¿Cuántas orquídeas dibujó cada uno? ¿Qué debes hallar?

b. **Resuélvelo/Verifícalo** Usa oraciones numéricas.

$2 \times 4 = \bigcirc$ dibujos de orquídeas africanas

$3 \times 9 = \bigcirc$ dibujos de orquídeas estadounidenses

$\bigcirc \ + \ \bigcirc \ = \ \bigcirc$

↑ dibujos de orquídeas africanas   ↑ dibujos de orquídeas estadounidenses   ↑ total de dibujos de orquídeas

Los estudiantes dibujaron $\bigcirc$ orquídeas. ¿Es razonable tu respuesta?

orquídea

123 **Hablar de matemáticas** ¿Cómo puedes usar patrones para hallar 9×9?

Halla los productos.

10.	9	**11.**	9	**12.**	4	**13.**	9	**14.**	1	**15.**	8
	× 3		× 6		× 9		× 0		× 9		× 9

16. 4 × 9 **17.** 10 × 9 **18.** 2 × 9 **19.** 9 × 3 **20.** 5 × 9

Halla los números que faltan.

21. 3 × 5 = ▧ × 3

22. 6 × 4 = ▧ × 3

23. 8 × 5 = 10 × ▧

24. 9 × 1 = ▧ × 3

25. 4 × 5 = ▧ × 4

26. 7 × 4 = 4 × ▧

 Conexión con la información

Usa la tabla de la derecha para resolver los problemas 27 y 28.

27. Escoge uno de los dos temas de la encuesta que se muestran. Haz una encuesta a tus compañeros de clase y amigos. Encuesta a 20 personas como mínimo. Anota los resultados de tu encuesta.

Temas de la encuesta	
Flor favorita	**Actividad favorita en el parque**
Rosa	Excursionismo
Margarita	Ciclismo
Altramuz	Canotaje

28. Haz una pictografía con los resultados de tu encuesta. Asegúrate de incluir una clave en tu gráfica.

29. Escribe dos preguntas que se puedan responder usando tu pictografía.

 Práctica para ***TAKS*** **Selección múltiple**

30 ¿Qué número hace que esta oración numérica sea verdadera?

　　▧ × 9 = 72

A 6
B 7
C 8
D 9

Consejo para ***TAKS***

Comprueba tu respuesta probando las demás opciones en el espacio en blanco.

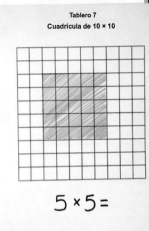

Tablero 7
Cuadrícula de 10 × 10

5 × 5 =

HOUGHTON MIFFLIN MATH. LV 3

Números al cuadrado

Cuando los dos factores de un producto son iguales, el producto es un número al cuadrado. Usa el Tablero 7 para averiguar si 25 es un número al cuadrado.

1 Dibuja el borde de un cuadrado cuyos lados tengan 5 unidades cuadradas de longitud.

2 Sombrea el interior del cuadrado. ¿Cuántas unidades cuadradas están sombreadas?

3 Escribe una oración de multiplicación que describa tu cuadrado. ¿El número 25 es un número al cuadrado?

Copia y completa esta tabla sobre números al cuadrado. Usa el Tablero 7 como ayuda.

Longitud del lado	Número de unidades cuadradas sombreadas	Oración de multiplicación
1		
2		
3		
4		
5		
6		
7		
8		
9		
10		

Reto Todos los números de la segunda columna son números al cuadrado. Usa una calculadora para hallar los 5 números al cuadrado que siguen.

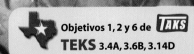

Objetivos 1, 2 y 6 de **TAKS**
TEKS 3.4A, 3.6B, 3.14D

Objetivos 1, 2 y 6 de *TAKS*
TEKS 3.4A Aprender y aplicar las tablas de multiplicación hasta 12 por 12 utilizando modelos concretos y objetos.

3.6B Identificar patrones en las tablas de multiplicación utilizando objetos concretos, modelos pictóricos o tecnología.

También 3.15A, 3.16A

Materiales
• Tablero 7
• Manipulativos electrónicos www.eduplace.com/txmap/ (opcional)

Aplícalo
Multiplicar por 6, 7 y 8

Objetivo Multiplicar por 6, 7 y 8 como factores.

★ **Explorar**

En esta unidad has aprendido a multiplicar por 0, 1, 2, 3, 4, 5 y 9.

Pregunta ¿Cómo puedes usar una tabla de multiplicación para aprender las operaciones de multiplicación por 6, 7 y 8?

1 Usa el Tablero 7. Escribe los números de 0 a 9 de forma horizontal en la parte superior de la cuadrícula y de forma vertical en la parte izquierda de la cuadrícula, como se muestra.

2 Comienza a hacer tu tabla de multiplicación. Multiplica el número de cada fila por el número de cada columna. Comienza por las filas y las columnas del 0.

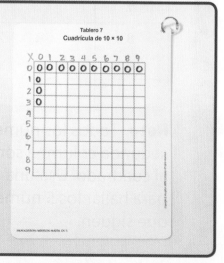

308

3 Sabes cómo multiplicar por 1, 2, 3, 4, 5 y 9. Completa esas filas de la tabla de multiplicación.

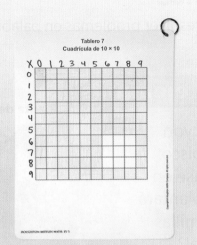

4 Termina la tabla de multiplicación de manera tal que todos los cuadrados estén completos.

¿Cómo puedes hallar los productos que faltan?

Haz una lista de las nuevas operaciones de multiplicación que aprendiste. Luego, halla los productos.

★ **Extender**

Halla los productos. Puedes usar la tabla de multiplicación.

1. 6 × 3

2. 8 × 8

3. 7 × 2

4. 5 × 8

5. 9 × 6

6. 4 × 6

7. 9 × 7

8. 2 × 8

9. 0 × 7

10. 8 × 8

11. 7 × 7

12. 1 × 8

13. 6 × 2

14. 5 × 7

15. 8 × 0

16. 7 × 3

17. 8 × 6

18. 7 × 1

19. 6 × 5

20. 9 × 8

Diario de matemáticas

Escribir matemáticas

Generaliza ¿Cómo puedes usar una tabla de multiplicación para mostrar que puedes multiplicar factores en cualquier orden?

Objetivos 1, 2 y 6 de TAKS

TEKS 3.6B Identificar patrones en las tablas de multiplicación utilizando objetos concretos, modelos pictóricos o tecnología.

3.14C Seleccionar o desarrollar un plan o una estrategia de resolución de problemas apropiado en el que el estudiante haga un dibujo, busque un patrón, adivine y compruebe sistemáticamente, haga una dramatización, elabore una tabla, resuelva un problema más sencillo o trabaje desde el final hasta el principio para resolver un problema.

También 3.4A, 3.4B, 3.14A, 3.14B

Resolver problemas: Estrategia
Usa modelos pictóricos para resolver problemas

Objetivo Usar dibujos para resolver problemas en palabras relacionados con arreglos.

★ Aprender con ejemplos

La clase de la maestra Lyon cultivará plantas de hibisco. La maestra divide la clase en 8 grupos. Cada grupo plantará 3 semillas. ¿Cuántas semillas plantará la clase en total? Haz un dibujo para hallar la respuesta.

Planta de hibisco

COMPRÉNDELO/PLANÉALO

Hay 8 grupos. Cada grupo plantará 3 semillas.

Puedes dibujar un arreglo.

¿Cuántas filas habrá?
¿Cuántas semillas habrá en cada fila?

RESUÉLVELO/VERIFÍCALO

Dibuja el arreglo.

8 filas de 3 es 24.

La clase plantará ◯ semillas.

Escribe una oración de multiplicación para el arreglo.

◯ × ◯ = ◯

¿Responde tu solución a la pregunta?

★ Resolver problemas con ayuda

Dibuja arreglos y usa las preguntas para resolver este problema.

1. Hay 8 grupos en la clase de la maestra Lyon. Hay 5 estudiantes en cada grupo. ¿Cuántos estudiantes hay en total?

    a. Compréndelo/Planéalo ¿Qué datos conoces? ¿Cómo puedes hacer un dibujo para resolver este problema?

    b. Resuélvelo/Verifícalo ¿Cuántas filas hay en tu arreglo? ¿Qué cantidad hay en cada fila? ¿Es razonable tu solución?

(123) Hablar de matemáticas ¿Por qué el problema 1 es un problema de multiplicación?

★ Práctica para resolver problemas

Usa arreglos para resolver los problemas.

2. Jane riega su planta 4 veces a la semana. ¿Cuántas veces la regará en 4 semanas?

3. Cada semilla necesita 9 tazas de tierra. Si cada grupo planta 3 semillas, ¿cuántas tazas de tierra necesita cada grupo?

4. La planta de Terence crece 7 pulgadas el primer mes. Si crece la misma cantidad todos los meses, ¿cuál será la altura de la planta en 6 meses?

5. Ron coloca sus plantas al sol 4 horas todos los días. ¿Cuántas horas de sol reciben las plantas en 1 semana?

6. Reto Ruth tenía $40. Compró 3 plantas a $9 cada una y dos bolsas de alimento para plantas. Le sobraron $7. ¿Cuánto dinero costó una bolsa de alimento para plantas?

Leer y escribir matemáticas

Vocabulario de TAKS

Usar un **arreglo** es una buena manera de graficar la multiplicación.

¿El producto de 4 × 7 es igual que el producto de 7 × 4?

7 × 4
7 veces cuatro
7 × 4 = 28

4 × 7
4 veces siete
4 × 7 = 28

Escribe la oración de multiplicación para los siguientes arreglos.

1. (estrellas)

2.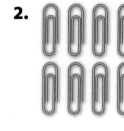

3. (esferas)

4. (botones)

5.

6.

Escribir Vuelve a leer la pregunta que está al principio de la página y respóndela. Indica qué conclusiones puedes sacar.

Leer Busca libros relacionados con este concepto en tu biblioteca.

Objetivo 6 de TAKS

TEKS 3.15A Explicar y anotar observaciones utilizando objetos, palabras, dibujos, números y tecnología.

3.15B Relacionar el lenguaje informal con el lenguaje y los símbolos matemáticos.

Práctica adicional basada en los estándares

Conjunto A
Objetivos 1 y 2 de TAKS TEKS 3.4A, 3.6B página 300

Escribe y resuelve una oración de multiplicación para cada arreglo.

1. ☐☐☐
☐☐☐
☐☐☐

2. ☐☐☐☐
☐☐☐☐

3. ☐☐☐☐☐☐
☐☐☐☐☐☐
☐☐☐☐☐☐

4. ☐☐☐☐☐
☐☐☐☐☐

5. ☐☐☐☐
☐☐☐☐
☐☐☐☐

Resuelve.

6. Explica Albert tiene 12 rosales. ¿Cómo puede plantarlos para que estén dispuestos en más de una fila?

Conjunto B
Objetivos 1 y 2 de TAKS TEKS 3.4A, 3.6B página 302

Multiplica por 3.

1. $\begin{array}{r} 5 \\ \times\,3 \\ \hline \end{array}$
2. $\begin{array}{r} 3 \\ \times\,8 \\ \hline \end{array}$
3. $\begin{array}{r} 9 \\ \times\,3 \\ \hline \end{array}$
4. $\begin{array}{r} 3 \\ \times\,7 \\ \hline \end{array}$
5. $\begin{array}{r} 3 \\ \times\,6 \\ \hline \end{array}$
6. $\begin{array}{r} 4 \\ \times\,3 \\ \hline \end{array}$
7. $\begin{array}{r} 3 \\ \times\,2 \\ \hline \end{array}$

Resuelve.

8. Tres niños tuvieron que dividir quince caramelos. ¿Cuántos caramelos recibió cada uno? Puedes dibujar un arreglo como ayuda.

9. Explica Una empresa de transporte entrega muebles a 3 casas durante la mañana y a 3 casas por la tarde. ¿Cuántas entregas pueden hacer en 5 días? Explica cómo obtuviste la respuesta.

Conjunto C
Objetivos 1 y 2 de TAKS TEKS 3.4A, 3.6B página 304

Multiplica. Si necesitas ayuda, usa una estrategia.

1. $\begin{array}{r} 4 \\ \times\,9 \\ \hline \end{array}$
2. $\begin{array}{r} 9 \\ \times\,5 \\ \hline \end{array}$
3. $\begin{array}{r} 6 \\ \times\,9 \\ \hline \end{array}$
4. $\begin{array}{r} 9 \\ \times\,8 \\ \hline \end{array}$
5. $\begin{array}{r} 7 \\ \times\,9 \\ \hline \end{array}$
6. $\begin{array}{r} 9 \\ \times\,3 \\ \hline \end{array}$
7. $\begin{array}{r} 2 \\ \times\,9 \\ \hline \end{array}$

Resuelve.

8. Mark compra 3 pencas de bananas. Cada penca tiene 9 bananas. ¿Cuántas bananas compró Mark? Explica cómo obtuviste la respuesta.

Education Place
Visita www.eduplace.com/txmap/, donde encontrarás más **práctica adicional**.

Repaso/Examen del capítulo

Vocabulario y conceptos ———————— Objetivos 1 y 2 de **TAKS** TEKS 3.4A, 3.6B

Escoge la mejor palabra para completar las oraciones.

> **Banco de palabras**
> arreglo
> factores
> producto
> suma

1. El _____ es el resultado de multiplicar dos números.

2. La agrupación de objetos en filas y columnas se llama _____.

3. Los _____ son números que se pueden multiplicar entre sí.

Escribe una oración de multiplicación para cada arreglo.

4.

5.

6.

Cálculos ———————— Objetivo 1 de **TAKS** TEKS 3.4A

Halla los productos.

7. 5×6 8. 3×9 9. 8×5 10. 4×9 11. 5×5

12. 9×9 13. 6×8 14. 7×10 15. 9×5 16. 6×7

Resolver problemas y razonamiento   Objetivos 1, 2 y 6 de **TAKS** TEKS 3.14C, 3.15A, 3.15B, 3.4A, 3.6A, 3.6B

Resuelve.

17. Cuatro personas comieron cada una dos porciones de pizza. ¿Cuántas porciones de pizza comieron en total?

18. El señor Lowell compró cinco libros para cada uno de sus cuatro hijos. ¿Cuántos libros compró?

19. Ellen estudia matemáticas 15 minutos por día. ¿Cuántos minutos estudia matemáticas en tres días?

20. Jay regaló 40 calcomanías a sus cinco amigos. Cada amigo recibió el mismo número de calcomanías. ¿Cuántas recibió cada uno?

Escribir matemáticas El mes pasado, Emily ganó $21 por cuidar niños. Compró tres libros por $5 cada uno. ¿Cuánto le sobró? Explica tu respuesta.

Preparación para TAKS y repaso frecuente

1 Grace tenía 17 velas azules, 14 velas rojas, 9 velas amarillas y 13 velas verdes. Grace regaló todas las velas que **NO** eran amarillas. ¿Cuántas velas regaló?

A 34   **B** 44

C 53   **D** 54

Objetivo 1 de TAKS TEKS 3.3B página 126

2 La banda tocó para 91 personas el miércoles, para 48 el jueves y para 200 el viernes. Redondeando a la decena más cercana, ¿cuántas personas más vieron a la banda el viernes que el miércoles y el jueves juntos?

F 50

G 60

H 70

J 80

Objetivo 1 de TAKS TEKS 3.5B página 142

3 **Respuesta con cuadrícula**
Timothy le regaló 36 rosas a su madre, 37 margaritas a su tía, y 57 margaritas a su hermana. ¿Cuántas margaritas regaló?

Objetivo 1 de TAKS TEKS 3.3B página 126

4 ¿Cuál es el perímetro de esta figura?

3 pies (alto), 5 pies (base)

A 8 pies

B 13 pies

C 15 pies

D 16 pies

Objetivo 4 de TAKS TEKS 3.11B página 236

5 Shali tiene 9 macetas con 2 flores en cada una. ¿Qué oración numérica se puede usar para describir el número de flores que tiene Shali?

F $2 + 9 = 11$

G $9 \times 2 = 18$

H $9 - 2 = 7$

J $2 \times 6 = 12$

Objetivo 1 de TAKS TEKS 3.4A página 282

6 **Respuesta con cuadrícula**
Tim regaló 6 calcomanías a cada uno de sus 8 amigos. ¿Cuántas calcomanías regaló Tim?

Objetivo 1 de TAKS TEKS 3.4A página 308

Education Place
Visita www.eduplace.com/txmap/, donde encontrarás **consejos para tomar exámenes** y más **práctica para TAKS.**

Patrones de multiplicación hasta 12

Armarios de escuela

Comprueba lo que sabes

Banco de palabras

arreglo

multiplicar

oración de multiplicación

producto

propiedad del orden

Vocabulario y conceptos

Escoge el mejor término para completar las oraciones. página 300

1. Un _____ muestra grupos iguales en filas y columnas.

2. La _____ indica que el orden de los factores no altera el producto.

3. Una _____ incluye factores y un producto.

Cálculos

Escribe los números que faltan. páginas 8, 280 y 282

4. 3, 6, ▦ , 12, 15

5. 7, ▦ , 21, 28, 35

6. $6 + 6 + 6 + 6 = ▦$

7. $8 + 8 + 8 = ▦$

8. $5 \times 9 = ▦$

9. $6 \times 2 = ▦$

Resolver problemas y razonamiento páginas 308 y 309

10. Josephine sabe que 8×7 es igual a 56. ¿Cómo puede hallar 8×8 sin multiplicar?

Vocabulario de TAKS

¡Visualízalo!

Puedes usar las operaciones de multiplicación que conoces para resolver las que no conoces.

Multiplica 4×6.

Si no conoces el **producto** de 4×6, piensa en el factor 4. Sabes que 4×6 es el doble de 2×6.

multiplicación

Operación que se usa para hallar el número total de objetos (el producto) que hay en varios grupos iguales

Mi mundo bilingüe

Las palabras que se parecen en español y en inglés muchas veces tienen el mismo significado.

Español	Inglés
producto	product
multiplicación	multiplication

Consulta el **Glosario español–inglés**, páginas 576 a 588.

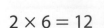 $2 \times 6 = 12$

 $2 \times 6 = 12$

$12 + 12 = 24$

Por lo tanto,

$4 \times 6 = 24$

 Education Place Visita www.eduplace.com/txmap/, donde encontrarás el **glosario electrónico**.

 Objetivo 6 de TAKS **TEKS** 3.15B Relacionar el lenguaje informal con el lenguaje y los símbolos matemáticos.

Capítulo 15   317

LECCIÓN 1

Objetivos 1, 2 y 6 de TAKS

TEKS 3.4A Aprender y aplicar las tablas de multiplicación hasta 12 por 12 utilizando modelos concretos y objetos.

3.6A Identificar y extender patrones de números enteros y patrones geométricos para hacer predicciones y resolver problemas.

También 3.6B, 3.15A

Materiales

• Papel cuadriculado o Recurso de enseñanza 12
• Hoja de papel
• Bloques de base diez
• Manipulativos electrónicos www.eduplace.com/txmap/ (opcional)

Aplícalo
Extender la tabla de multiplicación

Objetivo Extender la tabla de multiplicación hasta 10 × 10.

★ **Explorar**

En el Capítulo 14 estudiaste las operaciones de multiplicación hasta el 9.

Pregunta ¿Cómo puedes usar la tabla de multiplicación para multiplicar por 10?

Usa papel cuadriculado para hacer una tabla de multiplicación.

1 Coloca el borde de una hoja de papel debajo de la fila que muestra el producto de un número por 0. ¿Cómo puedes describir los números de esa fila?

×	0	1	2	3	4	5	6	7	8	9	10
0	0	0	0	0	0	0	0	0	0	0	
1	0	1	2	3	4	5	6	7	8	9	
2	0	2	4	6	8	10	12	14	16	18	
3	0	3	6	9	12	15	18	21	24	27	
4	0	4	8	12	16	20	24	28	32	36	
5	0	5	10	15	20	25	30	35	40	45	
6	0	6	12	18	24	30	36	42	48	54	
7	0	7	14	21	28	35	42	49	56	63	
8	0	8	16	24	32	40	48	56	64	72	
9	0	9	18	27	36	45	54	63	72	81	
10											

2 Coloca un 0 debajo del 10 para mostrar que 10 × 0 = 0.

• ¿Sigue el cero que escribiste el patrón de los otros productos de esa fila?

318

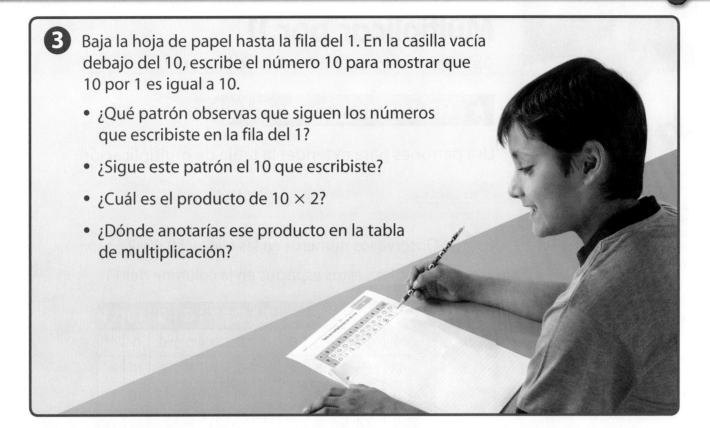

3 Baja la hoja de papel hasta la fila del 1. En la casilla vacía debajo del 10, escribe el número 10 para mostrar que 10 por 1 es igual a 10.

- ¿Qué patrón observas que siguen los números que escribiste en la fila del 1?

- ¿Sigue este patrón el 10 que escribiste?

- ¿Cuál es el producto de 10×2?

- ¿Dónde anotarías ese producto en la tabla de multiplicación?

★ Extender

Continúa escribiendo los productos de la fila y de la columna del 10.

1. ¿Qué diferencia hay entre los números que escribes en la columna del 10 y el número de esa fila?

2. ¿Cuál sería una regla fácil para multiplicar cualquier número por 10?

3. Usa el patrón que siguen los productos de la columna del 10 para completar la fila del 10.

4. Escribe las nuevas operaciones que has aprendido para el 10.

5. Escoge una operación para una decena. Usa bloques de decenas. Luego haz un dibujo rápido para mostrar la operación.

Diario de matemáticas

Escribir matemáticas

Explica El producto de un número por 10 es 80. ¿Cuál es ese número? Explica cómo lo sabes.

Objetivos 1 y 2 de TAKS

TEKS 3.4A Aprender y aplicar las tablas de multiplicación hasta 12 por 12 utilizando modelos concretos y objetos.

3.6A Identificar y extender patrones de números enteros y patrones geométricos para hacer predicciones y resolver problemas.

También 3.6B

Materiales

- Tabla de multiplicación de 10 × 10 completada en la Lección 1 o Recurso de enseñanza 18
- Manipulativos electrónicos www.eduplace.com/txmap/ (opcional)

Multiplicar por 11

Objetivo Multiplicar por factores de 11 hasta 11 × 11.

★ Razonar y aprender

Usa patrones para extender la tabla de multiplicación.

Ejemplo

1 Observa los números en las filas del 0, 1 y 2.

Completa estos espacios en la columna del 11.

×	0	1	2	3	4	5	6	7	8	9	10	11
0	0	0	0	0	0	0	0	0	0	0	0	
1	0	1	2	3	4	5	6	7	8	9	10	
2	0	2	4	6	8	10	12	14	16	18	20	
3	0	3	6	9	12	15	18	21	24	27	30	
4	0	4	8	12	16	20	24	28	32	36	40	
5	0	5	10	15	20	25	30	35	40	45	50	
6	0	6	12	18	24	30	36	42	48	54	60	
7	0	7	14	21	28	35	42	49	56	63	70	
8	0	8	16	24	32	40	48	56	64	72	80	
9	0	9	18	27	36	45	54	63	72	81	90	
10	0	10	20	30	40	50	60	70	80	90	100	
11												

2 Observa cómo aparecen dígitos que se repiten en la columna del 11. Usa patrones para escribir los demás productos de 11.

¿Qué productos escribiste?

3 Los productos de la columna del 11 están en el mismo orden que los productos de la fila del 11. Completa la fila del 11.

Multiplica.

Piénsalo

- ¿Puedo usar un patrón como ayuda?
- ¿Conozco otra operación de multiplicación que me pueda ayudar?

1. $\begin{array}{r} 11 \\ \times\ 3 \\ \hline \end{array}$
  2. $\begin{array}{r} 11 \\ \times\ 8 \\ \hline \end{array}$
  3. $\begin{array}{r} 11 \\ \times\ 2 \\ \hline \end{array}$
  4. $\begin{array}{r} 11 \\ \times\ 7 \\ \hline \end{array}$

 Hablar de matemáticas ¿Cómo te ayuda el hecho de que el número 11 tenga un 1 en el lugar de las decenas y de las unidades a recordar otros productos cuando el factor es 11?

★ Practicar y resolver problemas

Halla los productos.

5. 11×4 **6.** 11×1 **7.** 11×6 **8.** 11×0 **9.** 11×5

 Conexión con las ciencias

Usa el mapa para responder a las preguntas 10 a 12.

10. ¿En qué ciudad del mapa fue noviembre el mes más húmedo?

11. ¿En qué dos ciudades cayó la mayor cantidad de lluvia en noviembre: en Victoria y El Paso o en San Angelo y Houston? Explica tu respuesta.

12. Reto ¿En qué área de Texas cayó la mayor cantidad de lluvia durante noviembre: este, oeste, centro o norte? Explica tu respuesta.

Lluvia caída en noviembre de 2004

OKLA.

N.M.

El Paso
2 pulg

San Angelo
5 pulg

Victoria
16 pulg

Houston
12 pulg

MÉXICO

TEKS 2E de Ciencias

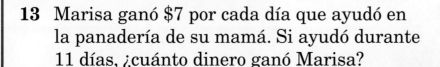

★ Práctica para TAKS Respuesta con cuadrícula

13 Marisa ganó $7 por cada día que ayudó en la panadería de su mamá. Si ayudó durante 11 días, ¿cuánto dinero ganó Marisa?

Consejo para TAKS

Primero decide qué operación usarás para resolver el problema.

Objetivos 1, 2 y 6 de *TAKS*

TEKS 3.4A Aprender y aplicar las tablas de multiplicación hasta 12 por 12 utilizando modelos concretos y objetos.
3.6A Identificar y extender patrones de números enteros y patrones geométricos para hacer predicciones y resolver problemas.

También 3.6B, 3.15A

Materiales

• Tabla de multiplicación de 11 × 11 completada en la Lección 2
• Manipulativos electrónicos www.eduplace.com/txmap/ (opcional)

Multiplicar por 12

Objetivo Multiplicar por un factor de 12 hasta 12 × 12.

★ Razonar y aprender

Puedes extender la tabla de multiplicación que hiciste en la Lección 2 hasta 12 × 12 extendiendo los patrones.

Ejemplo

1 Observa el patrón de los números en las filas del 0, 1 y 2.

Completa estos espacios en la columna del 12.

×	0	1	2	3	4	5	6	7	8	9	10	11	12
0	0	0	0	0	0	0	0	0	0	0	0	0	
1	0	1	2	3	4	5	6	7	8	9	10	11	
2	0	2	4	6	8	10	12	14	16	18	20	22	
3	0	3	6	9	12	15	18	21	24	27	30	33	
4	0	4	8	12	16	20	24	28	32	36	40	44	
5	0	5	10	15	20	25	30	35	40	45	50	55	
6	0	6	12	18	24	30	36	42	48	54	60	66	
7	0	7	14	21	28	35	42	49	56	63	70	77	
8	0	8	16	24	32	40	48	56	64	72	80	88	
9	0	9	18	27	36	45	54	63	72	81	90	99	
10	0	10	20	30	40	50	60	70	80	90	100	110	
11	0	11	22	33	44	55	66	77	88	99	110	121	
12													

2 Usa los patrones de la tabla para escribir los demás productos de 12.

¿Qué productos escribiste?

Multiplica.

Piénsalo
• ¿Puedo usar un patrón como ayuda?
• ¿Conozco otra operación de multiplicación que me pueda ayudar?

1. 12
      × 3

2. 12
      × 2

3. 12
      × 8

4. 12
      ×11

Resolver problemas con ayuda

Usa las preguntas para resolver este problema.

5. Cuando llueve, viajan 7 niños más en el autobús de Sylvia. Si cada uno de los 12 autobuses lleva 7 niños más, ¿cuántos niños más viajan en autobús cuando llueve?

 a. **Compréndelo** ¿Cuántos niños más viajan en cada autobús cuando llueve? ¿Cuántos autobuses hay?

 b. **Planéalo** ¿Qué operación debes usar?

 c. **Resuélvelo** Escribe la oración de multiplicación y resuélvela.

 $\bigcirc \times \bigcirc = \bigcirc$

 d. **Verifícalo** Usa la propiedad del orden o patrones para comprobar tu respuesta.

(123) Hablar de matemáticas ¿Cómo te ayuda saber cuál es el producto de 3×12 a hallar el producto de 6×12?

★ **Practicar y resolver problemas**

Halla los productos.

6. 12
      × 5

7. 12
      × 12

8. 12
      × 9

9. 12
      × 10

10. 12
       × 6

Resuelve.

11. El año pasado se cancelaron por lluvia 3 conciertos al aire libre por mes. ¿Cuántos conciertos se cancelaron por lluvia el año pasado?

12. Sigue los pasos Una mañana lluviosa 5 estudiantes de la clase de la maestra Rose fueron a la escuela con botas de lluvia. A la clase del maestro Lu fueron con botas 7 estudiantes. ¿Cuántas botas mojadas había en total en los dos salones de clase?

13. El señor Steven vendió una docena de paraguas todos los días durante 1 semana. ¿Cuántos paraguas vendió?

14. Reto En la biblioteca de la escuela hay 4 libros sobre tormentas de lluvia. Hay el triple de libros sobre tormentas de nieve. ¿Cuántos libros sobre tormentas hay?

Conexión con la información

Usa la gráfica de barras para resolver los problemas 15 a 18.

15. ¿Cuántas pulgadas de lluvia cayeron en total en Rainbow, Crawford y Sherman?

16. Durante un año, cayeron sólo 12 pulgadas de lluvia en la ciudad de Sarah. ¿En qué ciudad cayó el doble de esa cantidad de lluvia?

17. Dibuja una recta numérica que muestre la cantidad de lluvia que cayó en cada una de las ciudades de la tabla. ¿En qué ciudad cayó la menor cantidad de lluvia? ¿En qué ciudad cayó la mayor cantidad de lluvia?

18. Reto ¿En qué ciudad cayó exactamente la mitad de la cantidad de lluvia que cayó en otra ciudad de la lista?

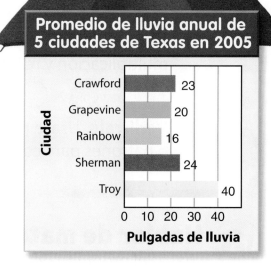

Promedio de lluvia anual de 5 ciudades de Texas en 2005

Ciudad	Pulgadas de lluvia
Crawford	23
Grapevine	20
Rainbow	16
Sherman	24
Troy	40

Simetría y perímetro

Puedes usar una computadora para crear figuras de dos dimensiones. En esta actividad crearás figuras con ejes de simetría y luego hallarás su perímetro.

Visita **www.eduplace.com/txmap/.**

Haz clic en **Pattern Blocks** (bloques de figuras).

Aparecerá una pantalla similar a ésta.

- Usa el botón [botón] para agregar figuras en tu tablero.

- Usa el botón [botón] para mover las figuras.

- También puedes usar el botón [botón] para rotar las figuras.

Usa el tablero.

1. Crea una figura usando un hexágono y 2 triángulos. Tu figura deberá tener al menos 2 ejes de simetría.

2. Imagina que cada lado del triángulo y del hexágono mide 12 unidades de largo. ¿Cuál es el perímetro de la figura?

3. ¿Cómo puedes usar la multiplicación para hallar el perímetro?

4. Crea otra figura en el tablero. Imprímela y señala los ejes de simetría.

5. Crea una figura que tenga más de 3 ejes de simetría.

Reto Sonia cree que si mide el perímetro de un lado del eje de simetría, puede hallar el perímetro de toda la figura. ¿Tiene razón? Explica tu respuesta.

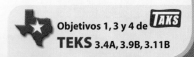
Objetivos 1, 3 y 4 de **TAKS**
TEKS 3.4A, 3.9B, 3.11B

Objetivos 1, 2 y 6 de **TAKS**

TEKS 3.4A Aprender y aplicar las tablas de multiplicación hasta 12 por 12 utilizando modelos concretos y objetos.

3.6A Identificar y extender patrones de números enteros y patrones geométricos para hacer predicciones y resolver problemas.

También 3.6B, 3.15A

Materiales

• Tabla de multiplicación de 12 × 12 completada en la Lección 3 o Recurso de enseñanza 17
• Manipulativos electrónicos www.eduplace.com/txmap/ (opcional)

Patrones en una tabla de multiplicación

Objetivo Hallar patrones usando una tabla de multiplicación.

★ **Razonar y aprender**

Puedes usar una tabla de multiplicación para observar patrones numéricos.

Ejemplo

×	0	1	2	3	4	5	6	7	8	9	10	11	12
0	0	0	0	0	0	0	0	0	0	0	0	0	0
1	0	1	2	3	4	5	6	7	8	9	10	11	12
2	0	2	4	6	8	10	12	14	16	18	20	22	24
3	0	3	6	9	12	15	18	21	24	27	30	33	36
4	0	4	8	12	16	20	24	28	32	36	40	44	48
5	0	5	10	15	20	25	30	35	40	45	50	55	60
6	0	6	12	18	24	30	36	42	48	54	60	66	72
7	0	7	14	21	28	35	42	49	56	63	70	77	84
8	0	8	16	24	35	40	48	56	64	72	80	88	96
9	0	9	18	27	36	45	54	63	72	81	90	99	108
10	0	10	20	30	40	50	60	70	80	90	100	110	120
11	0	11	22	33	44	55	66	77	88	99	110	121	132
12	0	12	24	36	48	60	72	84	96	108	120	132	144

Todos los números de la fila del 2 son múltiplos de 2. Un múltiplo de 2 es cualquier número que tenga 2 como factor.

0, 2, 4, 6, 8, etc. son múltiplos de 2.

Enumera los múltiplos de 2 y de 4 que se muestran en la tabla. Compara los números de las listas.

¿Qué patrón puedes hallar?

★ Práctica guiada

Piénsalo

• ¿Cómo sé si un número es *par*?

• ¿Puedo hallar un ejemplo para hacer que la oración sea falsa?

Escribe *verdadero* o *falso* para cada oración.
Da un ejemplo para justificar cada respuesta.

1. Si un número es par, todos sus múltiplos serán pares.

2. Si un número es impar, todos sus múltiplos serán impares.

3. Cualquier múltiplo de 4 también es múltiplo de 2.

(123) Hablar de matemáticas Explica cómo sabes que todos los números tienen al menos un múltiplo que termina en cero.

★ Practicar y resolver problemas

Resuelve.

4. ¿Correcto o incorrecto? Según Lonnie, el múltiplo de un número tiene que ser mayor que el número. ¿Tiene razón? ¿Por qué?

5. ¿Hay algún número distinto de cero que aparezca seis veces en la tabla de multiplicación de 12 × 12? Si es así, ¿de qué números es múltiplo?

6. Cada fila del cine tiene 12 asientos. Hay dos secciones. Una tiene 5 filas. La otra tiene 6 filas. ¿Cuántos asientos hay en el cine?

7. Reto Usa patrones y la tabla de multiplicación. ¿Cuáles son los productos de 13?

★ Práctica para TAKS — Selección múltiple

8 Roger se equivocó al copiar este patrón numérico. ¿Cuál de los números es incorrecto?

4	8	12	16	21	24	28

A 16

B 21

C 24

D 28

Consejo para TAKS

Busca un patrón en los números. ¿Qué número NO sigue el patrón?

Objetivos 1 y 6 de *TAKS*

TEKS 3.14A Identificar las matemáticas en situaciones diarias.

3.4A Aprender y aplicar las tablas de multiplicación hasta 12 por 12 utilizando modelos concretos y objetos.

Resolver problemas: Estrategia
Haz un dibujo

Objetivo Usar dibujos y barras comparativas para resolver problemas en los que hay que hacer comparaciones.

★ Aprender con ejemplos

Puedes usar barras comparativas para resolver problemas en los que hay que comparar números.

Ejemplo 1

Roscoe, el perro de Daphne, participa en competencias caninas. Ha ganado 42 premios de primer lugar y 6 premios de segundo lugar.

Roscoe ha ganado ◯ veces más premios de primer lugar que de segundo lugar.

> Usa una barra con rótulos para mostrar 1 grupo de 6 premios de segundo lugar.

> Usa una barra con rótulos para contar salteado de 6 en 6 y mostrar 42 premios de primer lugar.

Premios de segundo lugar 6
Premios de primer lugar 6 | 6 | 6 | 6 | 6 | 6 | 6

Hay 1 grupo de 6 premios de segundo lugar.
Hay 7 grupos de 6 premios de primer lugar.

Roscoe ha ganado 7 veces más premios de primer lugar que de segundo lugar.

Ejemplo 2

Daphne tiene 7 años. Su abuelo tiene 56 años.

El abuelo de Daphne tiene ◯ veces más años que Daphne.

> Usa una barra con rótulos para mostrar 1 grupo de 7 años.

> Usa una barra con rótulos para contar salteado de 7 en 7 y mostrar 56 años.

Edad de Daphne 7
Edad del abuelo 7 | 7 | 7 | 7 | 7 | 7 | 7 | 7

El abuelo de Daphne tiene 8 veces más años que Daphne.

★ Resolver problemas con ayuda

Usa las preguntas para resolver este problema.

1. Khang practicó piano durante 9 minutos hoy. Lucy practicó piano durante 45 minutos. ¿Cuántas veces más de las que practicó Khang practicó Lucy?

   a. **Compréndelo/Planéalo** ¿Qué debes hallar? Dibuja barras comparativas.

   b. **Resuélvelo/Verifícalo** ¿Cuál es la respuesta a la pregunta del problema? Indica por qué tiene sentido tu respuesta.

(123) Hablar de matemáticas Explica cómo podrías usar la multiplicación para resolver el problema 1.

★ Práctica para resolver problemas

Haz un dibujo para resolver.

2. Otis invitó a 36 personas a su fiesta. Marissa invitó a 12 personas a su fiesta. ¿Cuántas veces más personas que Marissa invitó Otis a su fiesta?

3. En un campamento de verano había 96 excursionistas de Austin y 8 excursionistas de San Antonio. ¿Cuántas veces más excursionistas de Austin que de San Antonio había en el campamento?

4. **Reto** Deshawn tiene 11 veces más dinero ahorrado que su hermanito Raymond. Deshawn tiene ahorrados $121. ¿Cuánto dinero tiene ahorrado Raymond?

Glen Rose, TX

El Parque Estatal Valle de los Dinosaurios, situado en Glen Rose, Texas, abrió sus puertas al público en 1972.

PARQUE ESTATAL VALLE DE LOS DINOSAURIOS

Usa los datos de esta página para resolver los problemas 5 a 8.

5. **Dinero** La señora Malinsky entró a la tienda del parque. Compró dos camisetas, una taza y una gorra. ¿Cuánto dinero gastó?

6. Dos modelos de dinosaurio del parque son un Apatosaurio de 70 pies y un Tiranosaurio Rex de 45 pies. ¿Cuál es la diferencia de altura?

7. El tío de Mike trabajó en el Parque Estatal Valle de los Dinosaurios desde el día que abrió. Dejó de trabajar allí exactamente 28 años después. ¿En qué año dejó de trabajar en el parque el tío de Mike?

8. **Reto** Katy tenía el dinero justo para comprar 9 afiches, pero decidió usarlo para comprar camisetas. ¿Cuántas camisetas pudo comprar?

9. Un autobús con 58 visitantes llegó al estacionamiento principal. Sólo 43 de esas personas eran de Texas. ¿Cuántas personas del autobús no eran de Texas?

TIENDA DEL PARQUE

LISTA DE PRECIOS

CAMISETAS	$9
GORRAS	$12
TAZAS	$7
AFICHES	$5

10. Un día, la temperatura máxima en el parque fue 101 °F. Esa noche, la mínima fue 77 °F. ¿Cuál fue la diferencia de temperatura entre la máxima y la mínima?

11. Arshag se fue de campamento con su hermano mayor, Sarkis. Sarkis dice que el piso de la carpa es un rectángulo. ¿Tiene razón? Explica tu respuesta.

12. ¿Cuál es la longitud del perímetro de la carpa de Sarkis y Arshag?

Carpa de Arshag y Sarkis

85"
52"
43"
85"

Crea y resuelve

13. Manuel escribió este problema usando los datos de la tabla.

> Tina entró a la oficina del parque para pagar 2 sitios para acampar por 3 días. Si el padre de Tina le dio 8 billetes de veinte dólares, ¿cuánto cambio recibirá Tina?

> Resuelve el problema en palabras de Manuel.

14. Crea tu propio problema en palabras. Piensa cuál será la pregunta.

15. Escribe tu propio problema en palabras.

16. Resuelve tu problema. Asegúrate de mostrar los pasos que seguiste para resolverlo.

17. Intercambia los problemas con un compañero. Intenten resolver los problemas del otro.

TARIFAS DEL CAMPAMENTO (POR DÍA)

Sitios para acampar	$25
Excursiones con mochila	$12
Lugares para picnic	$20
Estacionamiento de vehículos	$5

Práctica para **TAKS** **Respuesta con cuadrícula**

18 En un parque estatal hicieron una excursión cinco veces más niños que adultos. Había 4 adultos en la excursión. ¿Cuántos niños había?

Leer y escribir matemáticas

Vocabulario de TAKS

Puedes **multiplicar** para resolver un problema.

Rosa está dando un paseo en balsa con amigos. Han alquilado 9 balsas con capacidad para 3 personas cada una. ¿Cuántas personas pueden dar el paseo en balsa?

Escoge una palabra o una frase del Banco de palabras para completar los ejercicios 1 a 5.

$$9 \times 3 = 27 \text{ ó } \begin{array}{r} 3 \\ \times 9 \\ \hline 27 \end{array}$$

Banco de palabras
balsas
cociente
el número en cada grupo
grupos
nueve
producto
tres

Primer factor

1. En el problema en palabras, hay 9 ____?____ .

2. El número 9 representa el número de ____?____ .

Segundo factor

3. ¿Cuál es el otro factor? ____?____

4. En el problema en palabras, ¿qué indica ese factor? ____?____

La respuesta

5. ¿Cuál es el término matemático para el número 27? ____?____

6. ¿Cómo responde el número 27 a la pregunta del problema?

Escribir Escribe un problema en palabras que se pueda resolver con una multiplicación. Haz un mapa de palabras como éste para el problema.

Leer Busca libros relacionados con este concepto en tu biblioteca.

Objetivo 6 de TAKS

TEKS 3.15A Explicar y anotar observaciones utilizando objetos, palabras, dibujos, números y tecnología.

3.15B Relacionar el lenguaje informal con el lenguaje y los símbolos matemáticos.

Práctica adicional basada en los estándares

Conjunto A
Objetivo 1 de TAKS TEKS 3.4A página 320

Multiplica para hallar los productos. Recuerda usar los patrones que has aprendido.

1. 10×3 2. 11×2 3. 12×2 4. 10×5 5. 10×7

6. 11×6 7. 12×5 8. 11×8 9. 12×4 10. 10×6

11. 11×9 12. 12×8 13. 10×9 14. 7×11 15. 10×11

16. Hay diez carros en fila en el semáforo. En cada carro viajan 4 personas. ¿Cuántas personas viajan en los carros en total?

Conjunto B
Objetivo 1 de TAKS TEKS 3.4A página 322

Multiplica. Si necesitas ayuda, usa una estrategia.

1. 10×4 2. 12×9 3. 11×10 4. 12×12 5. 10×12

6. **Justifica** Una escuela tiene 120 estudiantes que van en autobús. Cada autobús lleva 12, 24 ó 36 estudiantes. ¿Cuál es el número menor de autobuses que puede usar la escuela? ¿Cuál es el número mayor de autobuses que pueden usar? Justifica tus respuestas.

Conjunto C
Objetivos 1 y 2 de TAKS TEKS 3.4A, 3.6A, 3.6B página 326

1. ¿Qué patrón observas en la fila de arriba de la tabla?

2. ¿Qué patrón observas en la segunda fila de la tabla?

3. **Explica** ¿Qué patrón observas si miras en diagonal desde el 16 al 144?

16	20	24	28	32	36	40	44	48
20	25	30	35	40	45	50	55	60
24	30	36	42	48	54	60	66	72
28	35	42	49	56	63	70	77	84
35	40	48	56	64	72	80	88	96
36	45	54	63	72	81	90	99	108
40	50	60	70	80	90	100	110	120
44	55	66	77	88	99	110	121	132
48	60	72	84	96	108	120	132	144

Repaso/Examen del capítulo

Vocabulario y conceptos

Objetivo 1 de *TAKS* TEKS 3.4A

1. Puedes _____ para hallar el número total de objetos de un arreglo.

2. Los números como el 3, 5, 7 y 9 son números _____.

3. Los números que son múltiplos de 2 son números _____.

Banco de palabras

impares

multiplicar

pares

producto

Cálculos

Objetivos 1 y 2 de *TAKS* TEKS 3.4A, 3.6A

Halla los productos.

4. 12×5

5. 11×9

6. 2×11

7. 4×12

8. 10×11

9. 0×11

10. 12×0

11. 8×12

12. 12×11

Completa el número que falta en cada patrón.

13. 46, 50, 54, 58, ■

14. ■, 18, 21, 24, 27

15. ■, 95, 90, 85, 80

16. 0, ■, 22, 33, 44

17. 75, 73, ■, 69, 67

18. 36, 48, 60, ■, 84

Resolver problemas y razonamiento

Objetivos 1, 2 y 6 de *TAKS* TEKS 3.4A, 3.6A, 3.14A–C

Resuelve.

19. Una residencia canina cuida 11 perros. Cada perro recibe 3 comidas diarias. ¿Cuántas comidas en total se sirven por día en la residencia canina?

20. Evan ahorra $10 por mes de su mesada. ¿Cuánto dinero habrá ahorrado Evan en un año?

Diario de matemáticas

Escribir matemáticas ¿Por qué el producto de 22 y 10 es igual que el producto de 5 y 44? Explica tu respuesta.

Preparación para TAKS y repaso frecuente

1 Observa la figura.

¿Qué figura es congruente con la figura de arriba?

A

B

C

D

Objetivo 3 de TAKS TEKS 3.9A página 206

2 **Respuesta con cuadrícula**
¿Cuál es el área de la siguiente figura en unidades cuadradas?

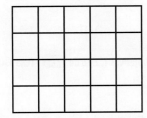

Objetivo 4 de TAKS TEKS 3.11C página 240

3 El patio rectangular de Becky tiene 28 pies de largo y 110 pies de ancho. ¿Cuál es el perímetro de su patio?

F 138 pies

G 166 pies

H 248 pies

J 276 pies

> **Consejo para** TAKS
> Recuerda que un rectángulo tiene 4 lados.

Objetivo 4 de TAKS TEKS 3.11B página 234

4 Observa la figura.

¿Qué figura es congruente con la figura de arriba?

A   **B**

C   **D**

Objetivo 3 de TAKS TEKS 3.9A página 206

5 **Respuesta con cuadrícula**
Una caja contiene una docena de huevos. Hay 12 huevos en una docena. ¿Cuántos huevos contienen 3 cajas?

Objetivo 1 de TAKS TEKS 3.4A página 322

Education Place
Visita www.eduplace.com/txmap/, donde encontrarás **consejos para tomar exámenes** y más **práctica para TAKS**.

Repaso/Examen de la Unidad 6

Vocabulario y conceptos

Objetivo 6 de **TAKS** TEKS 3.4A

Escoge la mejor palabra para completar las oraciones.

1. En la oración numérica $2 \times 3 = 6$, los números 2 y 3 se llaman _____.

2. Para calcular el número total de objetos en grupos de igual tamaño, se usa la _____.

3. La respuesta a un problema de multiplicación se llama _____.

> **Banco de palabras**
> sumando
> factor
> producto
> suma
> multiplicación

Cálculos

Objetivos 1 y 6 de **TAKS** TEKS 3.4A, 3.15A

Escribe una oración de multiplicación y resuélvela.

4.

5.

6.

Haz un modelo y halla el producto.

7. 11×7 8. 8×2 9. 12×4

Escribe una oración de multiplicación para hallar el número que falta.

10. ▇ $\times 3 = 12$ 11. $9 = 9 \times$ ▇   12. ▇ $\times 11 = 22$

Resolver problemas y razonamiento

Objetivos 1, 2 y 6 de **TAKS** TEKS 3.4A, 3.6B, 3.14C, 3.15A

Resuelve.

13. Sarah hizo 9 bolsitas con sorpresas para una fiesta. En cada bolsita hay 7 golosinas. ¿Cuántas golosinas puso Sarah en las bolsitas con sorpresas?

Resuelve.

14. Dominique hizo 8 postres de banana. Cada uno tiene 3 bolas de helado. ¿Cuántas bolas de helado sirvió Dominique en total?

15. Bart hace un arreglo cuadrado con bloques. Hay 64 bloques en su arreglo. ¿Cuántos bloques tiene cada lado?

¡LA GRAN IDEA!

Escribir matemáticas Hay muchos patrones en la tabla de multiplicación. Explica cómo se relacionan entre sí las filas y las columnas.

Evaluar el rendimiento

Objetivos 1 y 6 de *TAKS*   TEKS 3.3B, 3.4B, 3.14B

Organizar un álbum de postales

Hazel tiene 120 postales. Quiere colocar las postales en folios plásticos. Tiene diferentes clases de folios.

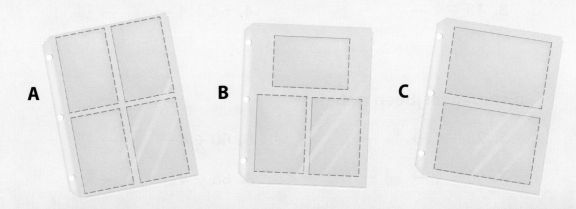

A   B   C

Tarea	Información que necesitas
Usa la información que hay en esta página. ¿Cuántos folios de cada tipo debe usar? Explica tu razonamiento.	Tiene 20 folios tipo A. En cada uno entran 4 postales.
	Tiene 20 folios tipo B. En cada uno entran 3 postales.
	Tiene 40 folios tipo C. En cada uno entran 2 postales.

Unidad 6 Estrategias de cálculo mental

Divide entre 4

¿Dividir entre 4? Un atajo te comparto: ¡la mitad de la mitad es un cuarto!

"Conozco una manera rápida de calcular 36 ÷ 4. Como dividir entre 4 es igual que dividir entre 2 dos veces, primero divido 36 entre 2 para obtener 18 y después divido 18 entre 2 para obtener 9. ¡Dividir en dos pasos es más fácil que dividir en uno!"

1. 36 ÷ 4 → ☐18☐ → ☐9☐
Divide 36   Divide
entre 2   entre 2

2. 32 ÷ 4 → ☐ → ☐
Divide 32   Divide
entre 2   entre 2

3. 48 ÷ 4 → ☐ → ☐
Divide 48   Divide
entre 2   entre 2

4. 64 ÷ 4 → ☐ → ☐
Divide 64   Divide
entre 2   entre 2

¡Estupendo! ¡Buen trabajo!

5. 28 ÷ 4 → ☐ → ☐

6. 60 ÷ 4 → ☐ → ☐

7. 56 ÷ 4 → ☐ → ☐

8. 88 ÷ 4 → ☐ → ☐

¡Más rápido!

¡Sigue adelante!

¡Ahora inténtalo siguiendo los pasos mentalmente!

9. 24 ÷ 4

10. 72 ÷ 4

11. 96 ÷ 4

12. 144 ÷ 4

Unidad 7

La división

¡LAS GRANDES IDEAS!

- En los problemas de división puede ser necesario separar un grupo en grupos iguales o hacer comparaciones.
- Se pueden hallar operaciones de división usando operaciones de multiplicación relacionadas.
- No se puede dividir entre cero.

Canciones y juegos

Música y matemáticas
Pista 7

- Corey y las galletas
- La mesa de tareas
- ¡Perdidos!

Altramuz de Texas, Condado de Llano, Texas

¡De muchas maneras!

Objetivo del juego Explorar cómo separar objetos en grupos iguales.

Materiales
- 2 dados con números del 1 al 6
- Tablero 7
- Cubos de unidades

Número de jugadores 2

Cómo se juega

1 El jugador 1 lanza los dados. Luego, multiplica los dos números que salieron. El producto es el número de cubos de unidades que obtiene el jugador 1.

2 El jugador 1 coloca los cubos de unidades en el Tablero 7 para mostrar las diferentes maneras de colocarlos en grupos iguales.

3 El jugador 1 obtiene 1 punto por cada manera correcta de agrupar los cubos de unidades. Luego, quita todos sus cubos de unidades.

4 grupos de 2

2 grupos de 4

8 grupos de 1

4 El jugador 2 repite los pasos 1 a 3. Gana el primer jugador que sume un total de 20 puntos.

Objetivo 1 de TAKS

TEKS 3.4C Utilizar modelos para resolver problemas de división y utilizar oraciones numéricas para anotar las soluciones.

Education Place
Visita www.eduplace.com/txmap/, donde encontrarás **acertijos**.

Comprender la pregunta

Para obtener la respuesta correcta a un problema de matemáticas, debes asegurarte de que comprendes la pregunta.

1 Marcel está haciendo carros de juguete. La tabla muestra el número de ruedas que necesita para diferentes números de carros.

Número de carros	3	4	5	6	7
Número de ruedas	12	16	20		28

¿Cuántas ruedas necesitará para 6 carros?

- 36
- 24
- 32
- 22

Razonar el problema

- Primero, razona la pregunta.

- Pregúntate: ¿Cómo se relacionan los carros y las ruedas?

- Di para ti mismo: "Para 3 carros, Marcel necesita 12 ruedas. Para 4 carros, necesita 16 ruedas. Todos los carros necesitan 4 ruedas. Multiplicaré 6 × 4".

Siempre comprueba tu respuesta. Verifica si tiene sentido.

Escribir

¡Ahora es tu turno! Resuelve el problema 2. Luego escribe, paso a paso, cómo lo resolviste.

2

56

8

Shaniqua quiere colocar 56 fotos en un álbum familiar. Puede colocar 8 fotos en cada página. ¿Cuántas páginas necesitará?

- 6
- 48
- 7
- 64

En algunos exámenes, los números en las preguntas de selección múltiple están ordenados de **mayor** a **menor** o de **menor** a **mayor**. Una vez que sé la respuesta, ¡puedo encontrar la opción correcta rápidamente!

Conceptos sobre la división

Capítulo
16

Cachorros bóxer

Comprueba lo que sabes

Vocabulario y conceptos

Escoge el mejor término para completar las oraciones. página 300

1. En la oración numérica $2 \times 4 = 8$, el 2 es un _____ .

2. Puedes usar la suma repetida para _____.

3. Puedes mostrar _____ en cada fila de un arreglo.

Cálculos

Escribe dos oraciones de multiplicación para cada arreglo. páginas 300 y 301

4. • • • • • • •
   • • • • • • •

5. • • • • • •
   • • • • • •
   • • • • • •
   • • • • • •

Multiplica. páginas 282 y 283

6. 2×7 7. 2×9 8. 5×7 9. 5×8

Resolver problemas y razonamiento   páginas 284 a 286

10. En una tienda de animales domésticos hay 4 jaulas con pájaros. Hay 6 pájaros en cada jaula. ¿Cuántos pájaros hay en la tienda?

Vocabulario de TAKS

¡Visualízalo!

Si se dividen 20 puntos en cinco grupos iguales, ¿cuántos puntos hay en cada grupo?

Puedes **dividir** para hallar la respuesta. Cuando divides, separas una cantidad en grupos iguales más pequeños.

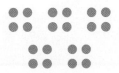

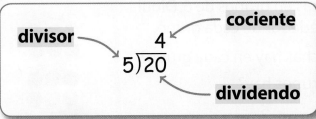

divisor → cociente

$5 \overline{)20}$ ← 4

dividendo

Mi mundo bilingüe

Las palabras que se parecen en español y en inglés muchas veces tienen el mismo significado.

Español	Inglés
dividendo	dividend
divisor	divisor
dividir	divide
cociente	quotient

Consulta el **Glosario español–inglés**, páginas 576 a 588.

Education Place Visita www.eduplace.com/txmap/, donde encontrarás el **glosario electrónico**.

Objetivo 6 de TAKS **TEKS 3.15B** Relacionar el lenguaje informal con el lenguaje y los símbolos matemáticos.

Capítulo 16 343

LECCIÓN 1

Objetivos 1 y 6 de TAKS
TEKS 3.4C Utilizar
modelos para resolver problemas
de división y utilizar oraciones
numéricas para anotar las soluciones.
También 3.14D, 3.15A, 3.15B

Vocabulario de TAKS

dividir

división

Materiales
• Fichas
• Tablero 1
• Manipulativos electrónicos
www.eduplace.com/txmap/
(opcional)

Aplícalo
Significado de la división

Objetivo Usar modelos para explorar dos maneras de pensar acerca de la división.

★ Explorar

Pregunta ¿Cómo puedes usar fichas para mostrar cómo **dividir** números?

Cuando divides, separas elementos en grupos iguales. Representa dos maneras distintas de pensar acerca de la **división**.

Bennett tiene 18 fotografías de animales. Las guarda en 6 sobres. Si coloca el mismo número en cada sobre, ¿cuántas fotografías hay en cada uno?

---

1 Dibuja 6 círculos. Reparte 18 fichas en partes iguales entre los círculos.

• ¿Cuántos grupos hay?

• ¿Cuántas fichas hay en cada grupo?

$$18 \div 6 = \bigcirc$$

número de fichas   número de grupos   número en cada grupo

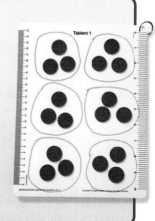

Imagina que Bennet decide colocar 6 fotografías en cada sobre. ¿Cuántos sobres necesitará?

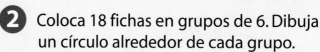

2 Coloca 18 fichas en grupos de 6. Dibuja un círculo alrededor de cada grupo.

• ¿Cuántas fichas hay en cada grupo?

• ¿Cuántos grupos hay?

$$18 \div 3 = 6$$

número de fichas   número de grupos   número en cada grupo

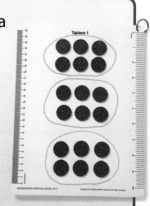

★ **Extender**

Usa fichas para hallar el número en cada grupo.
Luego, completa las oraciones de división.

	Número de fichas	Número de grupos iguales	Número en cada grupo	Oración de división
1.	6	2	▓	6 ÷ 2 = ▓
2.	18	3	▓	18 ÷ 3 = ▓
3.	16	4	▓	16 ÷ 4 = ▓

Usa fichas para hallar el número de grupos iguales.
Luego, completa las oraciones de división.

	Número de fichas	Número de grupos iguales	Número en cada grupo	Oración de división
4.	9	▓	3	9 ÷ 3 = ▓
5.	14	▓	2	14 ÷ 2 = ▓
6.	30	▓	6	30 ÷ 6 = ▓

Escribe una oración de división que describa cada dibujo.

7.

8.

9.

10.

Escribir matemáticas

Analiza Anna quiere repartir 15 fichas en grupos iguales. Coloca más de una ficha en cada grupo. ¿Cuál es el número máximo de grupos iguales que puede formar Anna si usa todas las fichas?

LECCIÓN 2

Objetivos 1 y 3 de *TAKS*

TEKS 3.4C Utilizar modelos para resolver problemas de división y utilizar oraciones numéricas para anotar las soluciones.

3.10 Localizar y nombrar puntos en una recta numérica utilizando números enteros y fracciones, incluyendo un medio y un cuarto.

También 3.3B

Vocabulario de *TAKS*

cociente
$$10 \div 5 = 2$$

Ejemplos de división como resta repetida

Objetivo Usar la resta repetida para hallar cocientes.

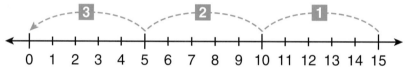 **Aprender con ejemplos**

Will tiene 15 zanahorias para alimentar a 5 conejos. Si le da la misma cantidad a cada conejo, ¿cuántas zanahorias recibirá cada uno? Usa la resta repetida para hallar el **cociente**.

Usa la resta repetida para hallar $15 \div 5$

1 Comienza en 15. Resta 5 hasta llegar a 0.

Restaste la misma cantidad ◯ veces.

Hay ◯ zanahorias en cada grupo.

2 Escribe una oración de división. $15 \div 5 = 3$

Piénsalo

• ¿Por dónde comienzo?

• ¿Qué número estoy restando?

• ¿Cuántas veces resté?

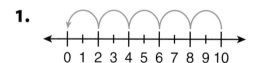 **Práctica guiada**

Usa la resta repetida para hallar los cocientes.

1.

$10 \div 2 = $ ▪

2.

$8 \div 4 = $ ▪

 Hablar de matemáticas ¿En qué se parece usar la recta numérica para dividir a usar la recta numérica para multiplicar?

Usa la resta repetida para hallar los cocientes.

3.

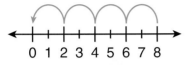

0 1 2 3 4 5 6 7 8

$8 \div 2 = $ ▪

4.

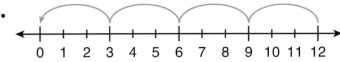

0 1 2 3 4 5 6 7 8 9 10 11 12

$12 \div 3 = $ ▪

**Une la recta numérica con la oración de división correcta.
Luego, resuelve las oraciones de división.**

5.

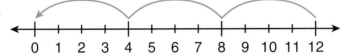

0 1 2 3 4 5 6 7 8 9 10 11 12

> **A.** $6 \div 2 = $ ▪
> **B.** $12 \div 2 = $ ▪
> **C.** $12 \div 4 = $ ▪

6.

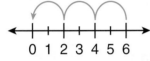

0 1 2 3 4 5 6

7.

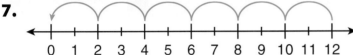

0 1 2 3 4 5 6 7 8 9 10 11 12

8. Denise tiene 4 conejos como mascotas. Tiene el mismo número de conejos comunes que de conejos de angora. ¿Cuántos conejos de angora tiene?

9. Reto Alteir repartió fotos de conejos entre sus 3 amigos. A cada uno le regaló el mismo número de fotos. Cuando empezó tenía 10 fotos y se quedó con 1 para él. ¿Cuántas fotos le regaló a cada uno de sus amigos?

conejo común

conejo de angora

10 Paul coloca 18 conejos en 3 jaulas. Coloca el mismo número de conejos en cada jaula. ¿Cuántos conejos hay en cada jaula?

Consejo para TAKS

Puedes hacer un dibujo para resolver el problema.

Objetivos 1, 2 y 6 de TAKS

TEKS 3.4C Utilizar modelos para resolver problemas de división y utilizar oraciones numéricas para anotar las soluciones.

3.6C Identificar patrones en oraciones relacionadas de multiplicación y división (familias de operaciones) tales como $2 \times 3 = 6$, $3 \times 2 = 6$, $6 \div 2 = 3$ y $6 \div 3 = 2$.

También 3.16A

Vocabulario de TAKS

dividendo

divisor

cociente

Relacionar la división y la multiplicación

Objetivo Usar arreglos y patrones para relacionar la multiplicación y la división.

★ Aprender con ejemplos

Puedes usar arreglos y patrones para comprender que la multiplicación y la división son operaciones opuestas. Las 12 fotos de caballos forman un arreglo.

La multiplicación y la división están relacionadas

Multiplica para hallar el número total de fotos.	Divide para hallar el número de fotos en cada fila.
$3 \quad \times \quad 4 \quad = \quad 12$	$12 \quad \div \quad 3 \quad = \quad 4$
número de filas — número en cada fila — número total	número total — número de filas — número en cada fila
factor **factor** **producto**	**dividendo** **divisor** **cociente**

La multiplicación y la división son operaciones opuestas.

Observa los siguientes arreglos de 10 fichas.

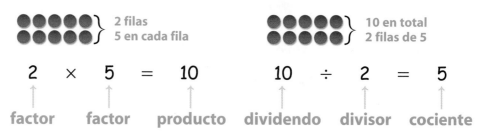

2 × 5 = 10   10 ÷ 2 = 5

factor   factor   producto   dividendo   divisor   cociente

★ Práctica guiada

Completa las oraciones numéricas.

1.

⬛ × 6 = 12   ⬛ ÷ 2 = 6

Piénsalo

• En las oraciones relacionadas de multiplicación y división, ¿qué número es igual al producto?

• ¿Qué números son iguales a los factores?

2. 6 × 5 = 30

30 ÷ 6 = ⬛

3. 21 = 3 × 7

7 = ⬛ ÷ 3

4. 5 × 8 = 40

40 ÷ ⬛ = 8

123 Hablar de matemáticas Si tienes una oración de multiplicación, ¿cómo te ayudan los patrones a completar la oración relacionada de división?

★ Practicar y resolver problemas

Usa el arreglo para completar las oraciones numéricas.

5.

1 × ⬛ = 7

7 ÷ ⬛ = 7

6.

⬛ × 3 = 6

⬛ ÷ 2 = 3

7.

⬛ × 5 = 10

⬛ ÷ 2 = 5

Dibuja un arreglo para cada oración de multiplicación. Luego, escribe una oración relacionada de división.

8. 3 × 2 = 6

9. 4 × 3 = 12

10. 2 × 7 = 14

11. 2 × 10 = 20

12. 3 × 9 = 27

13. 4 × 9 = 36

Usa patrones para completar las oraciones relacionadas de división.

14. 8 × 3 = 24

24 ÷ 8 = ⬛

15. 28 = 4 × 7

7 = 28 ÷ ⬛

16. 6 × 8 = 48

48 ÷ 6 = ⬛

17. 3 × 6 = 18

18 ÷ 3 = ⬛

18. 2 × 9 = 18

18 ÷ ⬛ = 9

19. 9 × 4 = 36

36 ÷ ⬛ = 4

20. 35 = 5 × 7

⬛ = 35 ÷ 5

21. 7 × 8 = 56

56 ÷ 7 = ⬛

Escribe las oraciones relacionadas de multiplicación y división para cada arreglo.

22. 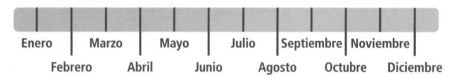 23. 24.

 Conexión con los estudios sociales

Las familias, incluyendo tías, tíos y abuelos, a veces viven cerca unos de otros. Otras veces viven lejos.

La señora Percy se turna para visitar a sus dos hijos. Visita a su hija cada dos meses. Y visita a su hijo, que vive más lejos, cada cuatro meses. La señora Percy visita a sus dos hijos en enero.

Usa la línea cronológica para responder a las preguntas.

Enero	Marzo	Mayo	Julio	Septiembre	Noviembre	
Febrero	Abril	Junio	Agosto	Octubre	Diciembre	

25. ¿Cuántas veces visitará la señora Percy a su hija en un año?

26. ¿Cuántas veces visitará a su hijo en un año?

27. ¿En la casa de quién estará la señora Percy en julio?

TEKS 3B de Estudios sociales

 Práctica para TAKS Selección múltiple

28 Kim agrupó las calcomanías como se muestra. ¿Qué par de oraciones muestra cómo las agrupó?

A $5 \times 5 = 25$
$25 \div 5 = 5$

B $5 \times 6 = 30$
$30 \div 5 = 6$

C $4 \times 6 = 24$
$24 \div 4 = 6$

D $5 \times 4 = 20$
$20 \div 5 = 4$

Arreglos con objetos

Matt y Peggy hacen arreglos con objetos.

Siguen las instrucciones de la tarjeta.

Turno de Matt

Turno de Peggy

- Coloca 20 cubos o canicas en una bolsa.
- Toma algunos de ellos.
- Haz todos los arreglos de multiplicación diferentes que puedas.
- Ahora escribe las oraciones relacionadas de división.
- Suma un punto por cada oración numérica **diferente** que hayas escrito.

Matt escribió estas oraciones numéricas.

$1 \times 15 = 15$	$15 \div 1 = 15$
$15 \times 1 = 15$	$15 \div 15 = 1$
$3 \times 5 = 15$	$15 \div 3 = 5$
$5 \times 3 = 15$	$15 \div 5 = 3$

Matt sumó 8 puntos.

Peggy escribió estas oraciones numéricas.

$1 \times 11 = 11$	$11 \div 1 = 11$
$11 \times 1 = 11$	$11 \div 11 = 1$

Peggy sumó 4 puntos.

Haz la actividad con un compañero.

Lleva la cuenta de los números con los que empiezas y los puntos que sumas.

Usa tus resultados para responder a estas preguntas.

1. ¿Qué número o números sumarán la mayor cantidad de puntos? ¿Cuántos puntos suman?

2. ¿Qué número entre 1 y 20 sumará la menor cantidad de puntos? ¿Cuántos puntos suma?

3. ¿Qué número o números entre 10 y 20 sumarán la menor cantidad de puntos? ¿Cuántos puntos suman?

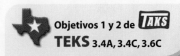

Objetivos 1 y 2 de **TAKS**
TEKS 3.4A, 3.4C, 3.6C

Objetivos 1, 2 y 3 de TAKS

TEKS 3.4C Utilizar modelos para resolver problemas de división y utilizar oraciones numéricas para anotar las soluciones.

3.6C Identificar patrones en oraciones relacionadas de multiplicación y división (familias de operaciones) tales como $2 \times 3 = 6, 3 \times 2 = 6, 6 \div 2 = 3$ y $6 \div 3 = 2$.

También 3.10

Vocabulario de TAKS

dividendo

cociente

$$2\overline{)12}^{6}$$

divisor

Materiales
- Fichas
- Tableros 1 y 5
- Manipulativos electrónicos www.eduplace.com/txmap/ (opcional)

Dividir entre 2 y 5

Objetivo Usar maneras diferentes para dividir entre 2 y 5.

★ Aprender con ejemplos

En una clase de adiestramiento, un adiestrador usa 20 golosinas para los perros. Cada perro recibe 5 golosinas. ¿Cuántos perros hay en la clase?

Sabes el número de golosinas y el número de golosinas que recibe cada perro. Divide para hallar el número de perros.

Halla $20 \div 5$.

Diferentes maneras de dividir

Manera 1 Usa la resta repetida en una recta numérica.

Usa una recta numérica.

- ¿Por qué número empezarás?
- ¿Qué número restarás?
- ¿Cuántas veces restarás?

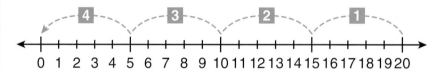

Manera 2 Haz grupos iguales.

Usa círculos y fichas.
- ¿Cuántas fichas hay en total?
- ¿Cuántas fichas hay en cada grupo?
- ¿Cuántos grupos hay?

Manera 3 Usa una operación relacionada de multiplicación para hallar $20 \div 5$.

$5 \times \bigcirc = 20$ $20 \div 5 = \bigcirc$ $5\overline{)20}^{\bigcirc}$

Hay $\bigcirc$ perros en la clase.

Usa la operación de multiplicación para hallar los cocientes.

1. $2 \times 9 = 18$ $18 \div 2 =$ ▇

2. $2 \times 5 = 10$ $10 \div 2 =$ ▇

Resolver problemas con ayuda

3. En un refugio para animales hay 12 perros. Un voluntario puede pasear 2 perros a la vez. ¿Cuántos voluntarios se necesitan para pasear todos los perros al mismo tiempo?

  a. Compréndelo/Planéalo ¿Cuántos perros hay en total? ¿Cuántos perros habrá en cada grupo?

  b. Resuélvelo/Verifícalo Piensa en una operación relacionada de multiplicación que te ayude a resolver el problema. Luego, escribe la oración de división.

  Se necesitan ◯ voluntarios.

(123) Hablar de matemáticas ¿Cómo te ayuda saber que $5 \times 6 = 30$ a hallar $30 \div 5$?

★ **Practicar y resolver problemas**

Divide.

4. $2\overline{)4}$ **5.** $5\overline{)5}$ **6.** $5\overline{)25}$ **7.** $2\overline{)16}$ **8.** $5\overline{)35}$

9. Sigue los pasos Joel adiestra a su perro dos veces por día durante 10 minutos. ¿Cuánto tiempo dedica a adiestrarlo en 5 días?

10. Reto Jared dividió 32 correas para perros en 4 grupos iguales. ¿Cuántas correas hay en cada grupo?

★ **Práctica para TAKS** Respuesta con cuadrícula

11 Los boletos para la feria cuestan $2 cada uno. ¿Cuántos boletos puede comprar Ron con $14?

Consejo para TAKS
Piensa en una oración relacionada de multiplicación.

LECCIÓN 5

Objetivos 1, 2 y 6 de TAKS

TEKS 3.4C Utilizar modelos para resolver problemas de división y utilizar oraciones numéricas para anotar las soluciones.

3.6C Identificar patrones en oraciones relacionadas de multiplicación y división (familias de operaciones) tales como $2 \times 3 = 6, 3 \times 2 = 6, 6 \div 2 = 3$ y $6 \div 3 = 2$.

También 3.14D

Materiales

- Fichas
- Tablero 1
- Manipulativos electrónicos www.eduplace.com/txmap/ (opcional)

El 0 y el 1 en la división

Objetivo Usar reglas especiales para dividir con 0 y 1.

★ Aprender con manipulativos

Puedes usar modelos para descubrir las reglas de división con 0 y 1.

Ejemplo 1 Divide un número entre 1

1 Usa fichas para completar la tabla.
Dibuja círculos para representar el número de grupos.
Luego, reparte el mismo número de fichas entre los grupos.

Número de fichas	Número de grupos iguales	Número en cada grupo	Oración de división
12	4		
12	3		
12	2		
12	1		

2 ¿Cuál es el cociente cuando divides un número entre 1?

Ejemplo 2 Divide un número entre sí mismo

1 Usa fichas para completar la tabla.

Número de fichas	Número de grupos iguales	Número en cada grupo	Oración de división
6	6		
5	5		
3	3		

2 ¿Cuál es el cociente cuando divides un número entre sí mismo?

Ejemplo 3 Divide 0 entre un número

1 Usa fichas para completar la tabla.

Número de fichas	Número de grupos iguales	Número en cada grupo	Oración de división
0	4		
0	3		
0	2		

2 ¿Cuál es el cociente cuando divides 0 entre un número?

Ejemplo 4 Divide un número entre 0

Intenta repartir 3 fichas en partes iguales entre 0 grupos.
No es posible. No tienes grupos donde colocar las fichas.
No puedes dividir un número entre 0.

★ Práctica guiada

Piénsalo

¿Qué significa...
· dividir entre 1?
· dividir 0 entre un número?
· dividir un número entre sí mismo?

Divide.

1. $2 \div 1$ **2.** $1 \div 1$ **3.** $0 \div 9$

4. $6\overline{)6}$ **5.** $8\overline{)0}$ **6.** $7\overline{)7}$

 Hablar de matemáticas ¿Qué regla de división podría ayudarte a hallar $486 \div 1$?

★ Practicar y resolver problemas

Divide.

7. $1\overline{)9}$ **8.** $7\overline{)7}$ **9.** $2\overline{)8}$ **10.** $1\overline{)1}$

11. $2\overline{)6}$ **12.** $5\overline{)20}$ **13.** $2\overline{)10}$ **14.** $7\overline{)0}$

15. $3 \div 3$ **16.** $4 \div 2$ **17.** $4 \div 4$ **18.** $12 \div 2$

19. $15 \div 5$ **20.** $0 \div 3$ **21.** $5 \div 5$ **22.** $8 \div 1$

Escoge una oración de división para ejemplificar las reglas de división. Luego, resuelve las oraciones de división.

23. Cuando se divide cualquier número distinto de 0 entre sí mimo, el cociente es 1.

24. Cuando se divide cualquier número entre 1, el cociente es ese número.

25. Cuando se divide 0 entre un número distinto de 0, el cociente es 0.

A. 689 ÷ 1 = ▪

B. 2,385 ÷ 2,385 = ▪

C. 0 ÷ 5,288 = ▪

 Conexión con la información

Usa la tabla para resolver los problemas 26 a 30.

26. En el rancho Bar K hay 5 corrales para cerdos. En cada uno hay el mismo número de cerdos. ¿Cuántos cerdos hay en cada corral?

27. ¿Qué rancho tiene más vacas?

28. ¿Qué rancho tiene más caballos?

29. Reto ¿Cuántos animales más tiene el rancho Bar K que el rancho Two-T?

30. Reto El rancho Two-T tiene casi el doble de un animal que el rancho Bar K. ¿Qué animal es?

	Rancho Bar K	Rancho Two-T
Cerdos	20	0
Cabras	2	1
Caballos	56	109
Vacas	1,278	1,003

★ **Práctica para** *TAKS* (**Selección múltiple**)

31 ¿Qué oración NO es verdadera?

A $10 ÷ 5 = 2$

B $9 ÷ 9 = 1$

C $9 ÷ 1 = 9$

D $1 ÷ 1 = 0$

Consejo para *TAKS*

Piensa en cómo dividir el dividendo en grupos iguales.

Truenos y relámpagos

Puedes usar la división para estimar a qué distancia está un relámpago de ti.

Cuando ves un relámpago, oyes un trueno unos segundos más tarde. Eso se debe a que la luz y el sonido viajan a velocidades diferentes. Ves el relámpago primero porque la luz viaja muy rápido. El sonido del trueno tarda 5 segundos en recorrer cada milla hacia dónde estás tú.

Imagina que ves un relámpago. Cuentas 20 segundos y luego oyes el trueno. ¿A cuántas millas de distancia se produjo el relámpago?

20 ÷ 5 = 4

| número de segundos que cuentas | número de segundos que tarda el sonido en recorrer 1 milla | número estimado de millas de distancia |

El relámpago está a aproximadamente 4 millas de distancia de ti.

Cada ejercicio muestra el tiempo que trascurre entre que ves un relámpago y oyes el trueno. Estima a qué distancia está el relámpago.

1. 10 segundos **2.** 35 segundos **3.** 15 segundos **4.** 30 segundos

Cada ejercicio indica a qué distancia está el relámpago. Estima en cuánto tiempo se oirá el trueno.

5. 4 millas **6.** 8 millas **7.** 5 millas **8.** 9 millas

Objetivo 1 de **TAKS**
TEKS 3.4A, 3.4C

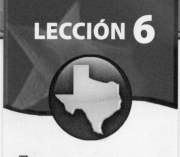

LECCIÓN 6

Objetivos 1 y 6 de TAKS

TEKS 3.14C Seleccionar
o desarrollar un plan o una
estrategia de resolución de
problemas apropiado en el que el
estudiante haga un dibujo, busque
un patrón, adivine y compruebe
sistemáticamente, haga una
dramatización, elabore una tabla,
resuelva un problema más sencillo
o trabaje desde el final hasta el
principio para resolver un problema.

También 3.4C, 3.14A, 3.14B

Resolver problemas: Estrategia
Haz un dibujo

Objetivo Usar dibujos de partes iguales para resolver problemas en palabras de división.

★ Aprender con ejemplos

La excursión al zoológico interactivo incluye un picnic. En cada mesa al aire libre se pueden sentar cinco estudiantes. ¿Cuántas mesas necesitan 30 estudiantes?

COMPRÉNDELO

Hay 30 estudiantes. Se pueden sentar cinco por mesa.

PLANÉALO

Puedes usar un dibujo de partes iguales para resolver el problema.

RESUÉLVELO

Dibuja grupos de 5.

Cuenta de 5 en 5 a medida que dibujas los grupos. Detente cuando llegues a 30.

5, 10, 15, 20, 25, 30

Cuenta los grupos. Hay 6 grupos.

Los 30 estudiantes necesitan 6 mesas.

VERIFÍCALO

Verifica el problema.

Resuelve el problema de una manera diferente para comprobar tu respuesta.

Resolver problemas con ayuda

Usa las preguntas para resolver este problema.

1. Dos grupos iguales de estudiantes están esperando para interactuar con los corderitos. Si hay 12 estudiantes esperando, ¿cuántos hay en cada grupo?

    a. **Compréndelo** ¿Cuántos estudiantes están esperando? ¿Cuántos grupos hay?

    b. **Planéalo** Explica cómo puedes hacer un dibujo para resolver el problema.

    c. **Resuélvelo** Copia y completa el dibujo para resolver.

    d. **Verifícalo** Hay ◯ niños en cada grupo. ¿Parece razonable tu respuesta?

123 Hablar de matemáticas ¿En qué se diferencia un dibujo que se usa para resolver un problema de división de un dibujo que se usa para resolver un problema de multiplicación?

Práctica para resolver problemas

Haz dibujos para resolver estos problemas.

Analízalo
Hacer un dibujo te puede ayudar a decidir si un problema es de multiplicación o de división.

2. La señora Li lleva 40 naranjas. Hay 10 naranjas en cada bolsa. ¿Cuántas bolsas lleva?

3. Hay 20 vacas descansando a la sombra en 5 grupos iguales. ¿Cuántas vacas hay en cada grupo?

4. Hay 3 corrales para animales. Cada corral tiene 6 animales. ¿Cuántos animales hay en total?

5. Paul vio 21 conejos divididos en grupos iguales en 3 corrales. ¿Cuántos conejos había en cada corral?

por TEXAS

Dallas, TX

El Zoológico de Dallas es el refugio de alrededor de 380 tipos diferentes de animales. En el zoológico hay una excursión de safari en monocarril que tiene una distancia de una milla y que recorre 6 hábitats africanos.

Los pavos reales tienen colores muy vistosos.

Usa los datos de esta página para resolver los problemas.

6. Escribe en forma extendida el número de los diferentes tipos de animales que viven en el Zoológico de Dallas.

7. En el establo de los cabritos, Joel cepilló algunos cabritos enanos. Joel mide 52 pulgadas. ¿Cuánto más alto que estos cabritos es Joel?

8. Joel pesa 63 libras. ¿Pesa más o menos que los cabritos? ¿Cuánto más o cuánto menos?

9. Shareeta vio 8 animales diferentes. Vio 2 cabritos más que conejos. ¿Cuántos vio de cada uno?

10. La cola de un pavo real puede medir hasta 5 pies de largo. ¿Cuántas pulgadas son?

Datos divertidos

- Los cabritos enanos de Nigeria vinieron del oeste de África.

- Son buenos animales domésticos porque son muy mansos.

- Los cabritos enanos adultos miden entre 17 y 24 pulgadas de altura. Pesan aproximadamente 75 libras.

Cabritos enanos de Nigeria

Mientras Adam recorrió el safari en monocarril, vio un okapi. Un okapi es un animal africano que pertenece a la familia de la jirafa.

	Datos del okapi	Datos de la jirafa	Datos de los seres humanos
Altura	5 pies	14 pies a 18 pies	varía
Peso	440 libras a 770 libras	1,500 libras a 3,000 libras	varía
Longitud de la lengua	14 pulgadas	20 pulgadas	4 pulgadas

okapi

Crea y resuelve

11. Adam creó y resolvió el siguiente problema a partir de los datos de la tabla de arriba.

> Las jirafas tienen lenguas largas para arrancar las hojas de las ramas de los árboles. ¿Cuántas veces más larga que la lengua de un ser humano es la lengua de una jirafa?

Resuelve el problema de Adam.

12. Escribe tu propio problema. Indica qué información incluirás en el problema. Indica cuál será la pregunta de tu problema.

13. Muestra la solución de tu problema. Asegúrate de mostrar los pasos que usaste para resolverlo.

14. Intercambia los problemas con otro compañero. Intenten resolver mutuamente los problemas.

★ **Práctica para** TAKS **Respuesta con cuadrícula**

15 Pamela vio 48 caballos. Estaban divididos en grupos iguales en 4 corrales. ¿Cuántos caballos había en cada corral?

Leer y escribir matemáticas

Vocabulario de TAKS

Cuando resuelves problemas de **división**, puedes usar muchos métodos diferentes.

Josh tiene 30 aviones de juguete. Los coloca en cajas. En cada caja entran 5 aviones. ¿Cuántas cajas necesita Josh?

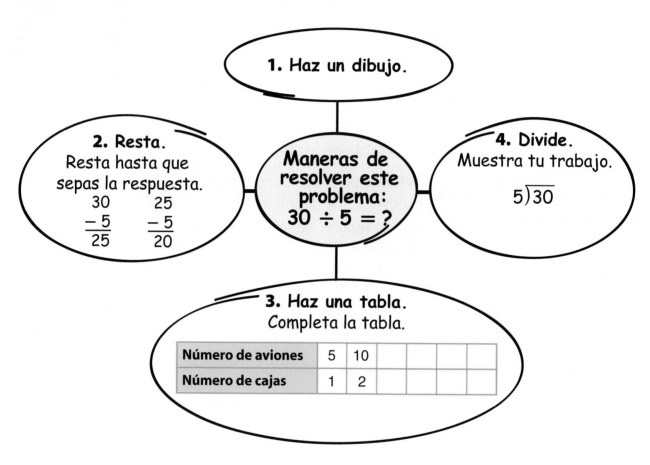

1. Haz un dibujo.

2. Resta.
Resta hasta que sepas la respuesta.
$$30 - 5 = 25 \qquad 25 - 5 = 20$$

Maneras de resolver este problema:
$30 \div 5 = ?$

4. Divide.
Muestra tu trabajo.
$$5\overline{)30}$$

3. Haz una tabla.
Completa la tabla.

Número de aviones	5	10			
Número de cajas	1	2			

Escribir ¿Qué manera de dividir prefieres? Indica por qué.

Leer Busca libros relacionados con este concepto en tu biblioteca.

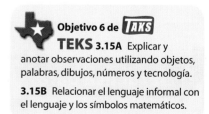

Objetivo 6 de TAKS

TEKS 3.15A Explicar y anotar observaciones utilizando objetos, palabras, dibujos, números y tecnología.

3.15B Relacionar el lenguaje informal con el lenguaje y los símbolos matemáticos.

Práctica adicional basada en los estándares

Conjunto A
Objetivos 1 y 3 de *TAKS* TEKS 3.4C, 3.10 página 346

Une las rectas numéricas con la oración de división correcta.
Resuelve.

1. $6 \div 2 = $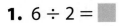

2. $12 \div 3 = $

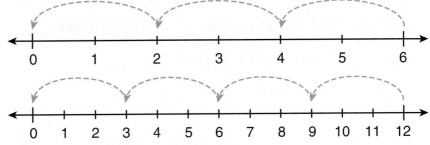

3. Explica Jessie usó una recta numérica para dividir. Dijo que 12 dividido entre 4 es 8. ¿Tiene razón? Si no es así, ¿cuál fue su error?

Conjunto B
Objetivos 1 y 2 de *TAKS* TEKS 3.4C, 3.6C página 348

Dibuja un arreglo que represente cada oración de multiplicación.
Luego, completa las oraciones relacionadas de división.

1. $2 \times 9 = 18$
$18 \div \blacksquare = 9$

2. $2 \times 6 = 12$
$12 \div 2 = \blacksquare$

3. $4 \times 7 = 28$
$\blacksquare \div 7 = 4$

4. Escribe una oración de multiplicación y una oración de división para describir estos conejos.

Conjunto C
Objetivo 1 de *TAKS* TEKS 3.6C página 352

Divide.

1. $2\overline{)12}$ **2.** $2\overline{)10}$ **3.** $5\overline{)30}$ **4.** $2\overline{)16}$ **5.** $5\overline{)25}$

6. $35 \div 5$ **7.** $40 \div 5$ **8.** $14 \div 2$ **9.** $5 \div 5$ **10.** $8 \div 2$

Conjunto D
Objetivo 1 de *TAKS* TEKS 3.6C página 354

Halla los cocientes.

1. $0 \div 4$ **2.** $9 \div 1$ **3.** $8 \div 8$ **4.** $3 \div 1$ **5.** $0 \div 1$

6. Karen tiene 4 gatos. Tiene 4 canastas. En cada canasta duerme el mismo número de gatos. ¿Cuántos gatos duermen en cada canasta?

 Education Place
Visita www.eduplace.com/txmap/, donde
encontrarás más **práctica adicional**.

Repaso/Examen del capítulo

Vocabulario y conceptos

Escoge la mejor palabra para completar las oraciones.

Banco de palabras
cociente
dividendo
divisor
factor

1. El resultado de un problema de división es el _____.

2. En el problema $3\overline{)15}$, el 15 es el _____ .

3. En el problema $15 \div 3$, el 3 es el _____.

Cálculos

Usa patrones para completar las oraciones relacionadas de división.

4. $3 \times 5 = 15$
$15 \div \blacksquare = 3$

5. $6 \times 4 = 24$
$\blacksquare \div 4 = 6$

6. $9 \times 8 = 72$
$72 \div \blacksquare = 8$

Divide.

7. $2\overline{)16}$ **8.** $5\overline{)25}$ **9.** $5\overline{)45}$ **10.** $2 \div 2$ **11.** $0 \div 5$

12. $8\overline{)64}$ **13.** $9\overline{)54}$ **14.** $6\overline{)42}$ **15.** $35 \div 7$ **16.** $49 \div 7$

Resolver problemas y razonamiento

Resuelve. Si necesitas ayuda, puedes hacer un dibujo.

17. La maestra Leek dividió a sus 28 estudiantes en 4 grupos iguales. ¿Cuántos estudiantes hay en cada grupo?

18. Jared hizo 20 panqueques para el desayuno. Cada miembro de su familia comió 5 panqueques. ¿Cuántas personas hay en la familia de Jared?

19. El señor Williams agrupó a los 18 cantantes en 2 filas iguales para el concierto. ¿Cuántos cantantes hay en cada fila?

20. El boleto para una feria cuesta $1. ¿Cuántos boletos puede comprar Pauline con $8?

Diario de matemáticas

Escribir matemáticas ¿Cómo puedes usar una operación de multiplicación para resolver $18 \div 6$?

Preparación para *TAKS* y repaso frecuente

1 ¿Cuántas personas escogieron chocolate como su sabor favorito?

Sabor favorito de yogur helado	
Vainilla	🍦🍦🍦🍦
Fresa	🍦🍦
Chocolate	🍦🍦🍦🍦🍦
Cada 🍦 equivale a 2 personas.	

A 4   **B** 5

C 8   **D** 10

Objetivo 5 de *TAKS* TEKS 3.13B página 94

2 **Respuesta con cuadrícula** La gráfica de barras muestra cuántas millas recorre cada persona en bicicleta cada semana.

¿Cuántas millas más que Chloe recorrió Franklin?

Objetivo 5 de *TAKS* TEKS 3.13B página 96

3 ¿Qué oración de multiplicación describe el dibujo?

F $4 \times 3 = 12$ **G** $4 \times 1 = 4$

H $3 \times 3 = 9$ **J** $6 \times 2 = 12$

Objetivo 1 de *TAKS* TEKS 3.4A página 280

4 ¿Qué arreglo describe esta oración de multiplicación?

$$16 = 2 \times 8$$

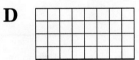

A   **B**

C   **D**

Objetivo 1 de *TAKS* TEKS 3.4A página 300

5 Antonio tiene una colección de máscaras en una pared. Las máscaras están agrupadas en 12 filas con 4 máscaras en cada fila. ¿Qué oración numérica muestra el número de máscaras que tiene Antonio en la pared?

F $12 + 4 = 16$ **G** $12 - 4 = 8$

H $12 \times 4 = 48$ **J** $12 \div 4 = 3$

Objetivo 1 de *TAKS* TEKS 3.4A página 322

Education Place
Visita www.eduplace.com/txmap/, donde encontrarás **consejos para tomar exámenes** y más **práctica para TAKS**.

La multiplicación y la división están relacionadas

Nopal

Comprueba lo que sabes

Banco de palabras

cociente
dividendo
división
divisor
factor

Vocabulario y conceptos

Escoge la mejor palabra para completar las oraciones. página 348

1. En la oración numérica $14 \div 2 = 7$, el 2 es el ____.

2. La respuesta a un problema de división se llama ____.

3. En la oración numérica $40 \div 5 = 8$, el ____ es 40.

Cálculos

Escribe una oración de multiplicación y una oración de división para cada arreglo. página 348

4.

5. ▲▲▲▲▲▲ ▲▲▲▲▲▲ ▲▲▲▲▲▲

6. ▲▲▲▲▲▲▲▲ ▲▲▲▲▲▲▲▲ ▲▲▲▲▲▲▲▲

Divide. páginas 352 a 356

7. $10 \div 5$

8. $0 \div 6$

9. $16 \div 2$

Resolver problemas y razonamiento   página 352

10. Omar tiene 20 fresas. Quiere colocar el mismo número de fresas en 5 recipientes. ¿Cuántas fresas debe colocar en cada recipiente?

Vocabulario de TAKS

¡Visualízalo!

familia de operaciones

Operaciones relacionadas que usan los mismos números

Familia de operaciones de 2, 4 y 8	
$4 \times 2 = 8$	$2 \times 4 = 8$
$8 \div 2 = 4$	$8 \div 4 = 2$

Los miembros de una *familia* se relacionan unos con otros y comparten cosas. En matemáticas, los miembros de una misma *familia de operaciones* comparten números.

Las palabras que se parecen en español y en inglés muchas veces tienen el mismo significado.

Español	Inglés
divisor	divisor
dividendo	dividend
familia	family
factor	factor

Consulta el **Glosario español–inglés**, páginas 576 a 588.

 Education Place Visita www.eduplace.com/txmap/, donde encontrarás el **glosario electrónico**.

Objetivo 6 de TAKS **TEKS** 3.15B Relacionar el lenguaje informal con el lenguaje y los símbolos matemáticos.

Capítulo 17   367

Objetivos 1, 2 y 6 de **TAKS**

TEKS 3.4C Utilizar modelos para resolver problemas de división y utilizar oraciones numéricas para anotar las soluciones.

3.6C Identificar patrones en oraciones relacionadas de multiplicación y división (familias de operaciones) tales como $2 \times 3 = 6, 3 \times 2 = 6, 6 \div 2 = 3$ y $6 \div 3 = 2$.

También 3.15A, 3.16A

Vocabulario de TAKS

divisor

dividendo

cociente

Materiales
• Recurso de enseñanza 18 (tabla de multiplicación completa)
• Manipulativos electrónicos www.eduplace.com/txmap/ (opcional)

Aplícalo
Dividir con una tabla de multiplicación

Objetivo Usar una tabla de multiplicación para observar cómo se relacionan los divisores, los dividendos y los cocientes.

★ Explorar

Has usado una tabla de multiplicación para hallar productos.

Pregunta ¿Cómo puedes usar una tabla de multiplicación para dividir?

---

1 Usa la tabla para hallar $30 \div 5$.

columna ↓

✕	0	1	2	3	4	5	6	7	8	9	10
0	0	0	0	0	0	0	0	0	0	0	0
1	0	1	2	3	4	5	6	7	8	9	10
2	0	2	4	6	8	10	12	14	16	18	20
3	0	3	6	9	12	15	18	21	24	27	30
4	0	4	8	12	16	20	24	28	32	36	40
5	0	5	10	15	20	25	⑳30	35	40	45	50
6	0	6	12	18	24	30	36	42	48	54	60
7	0	7	14	21	28	35	42	49	56	63	70
8	0	8	16	24	35	40	48	56	64	72	80
9	0	9	18	27	36	45	54	63	72	81	90
10	0	10	20	30	40	50	60	70	80	90	100

fila →

• Primero ubica la fila del 5. Este número es el **divisor**.

• Avanza por esa fila hasta la columna que muestre 30. Este número es el **dividendo**.

• Observa el número 6 en la parte superior de la columna. Este número es el **cociente**.

• ¿Por qué puedes usar una tabla de multiplicación para dividir?

2 Haz una tabla como ésta y complétala.

Usa la tabla de multiplicación como ayuda.

Ejemplo	Divisor	Dividendo	Cociente
24 ÷ 6			
35 ÷ 7			
56 ÷ 8			

3 Busca el número 20 en cuatro lugares de la tabla.

Usa el 20 como dividendo.

Anota los divisores y los cocientes.

Luego, escribe oraciones de división para cada uno.

¿En qué se parecen las oraciones? ¿En qué se diferencian?

4 Ahora busca el número 25 en la tabla.

Escribe una oración de división con el 25 como dividendo.

Escribe una oración relacionada de multiplicación.

¿Qué observas sobre los factores, el divisor y el cociente?

★ **Extender**

Usa la tabla de multiplicación para hallar los cocientes.

1. 12 ÷ 2   **2.** 9 ÷ 1   **3.** 36 ÷ 4   **4.** 0 ÷ 5

5. 15 ÷ 5   **6.** 28 ÷ 4   **7.** 30 ÷ 6   **8.** 28 ÷ 7

9. 16 ÷ 8   **10.** 27 ÷ 9   **11.** 45 ÷ 9   **12.** 49 ÷ 7

Diario de matemáticas

Escribir matemáticas

Explica ¿Cómo puedes usar una tabla de multiplicación para hallar 32 ÷ 4?

Objetivos 1, 2, 3 y 6 de TAKS

TEKS 3.4C Utilizar modelos para resolver problemas de división y utilizar oraciones numéricas para anotar las soluciones.

3.6C Identificar patrones en oraciones relacionadas de multiplicación y división (familias de operaciones) tales como $2 \times 3 = 6$, $3 \times 2 = 6$, $6 \div 2 = 3$ y $6 \div 3 = 2$.

3.16A Hacer generalizaciones de patrones o de conjuntos de ejemplos y contraejemplos.

También 3.10

Materiales
- Fichas
- Tableros 1 y 5
- Manipulativos electrónicos www.eduplace.com/txmap/ (opcional)

Dividir entre 3 y 4

Objetivo Usar diferentes maneras de dividir entre 3 y 4.

★ Aprender con ejemplos

Un paisajista plantó 15 árboles en 3 filas. Cada fila tiene el mismo número de árboles. ¿Cuántos árboles hay en cada fila?

Como el paisajista colocó los árboles en grupos iguales, divide para hallar el número de árboles en cada grupo.

Halla 15 ÷ 3.

Diferentes maneras de dividir

Manera 1 **Usa la resta repetida.**

Usa una recta numérica.

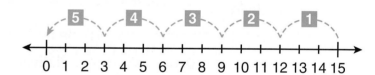

Por lo tanto $15 \div 3 = 5$.

Manera 2 **Haz grupos iguales.**

Usa círculos y fichas.

$15 \div 3 = \bigcirc$

Manera 3 **Usa una operación relacionada de multiplicación o división.**

$3 \times \bigcirc = 15$ $15 \div 3 = \bigcirc$

Hay $\bigcirc$ árboles en cada fila.

★ Práctica guiada

Divide.

1. $9 \div 3$ **2.** $12 \div 4$ **3.** $20 \div 4$

4. $24 \div 3$ **5.** $4\overline{)16}$ **6.** $3\overline{)3}$

7. $4\overline{)36}$ **8.** $3\overline{)21}$

Piénsalo

- ¿Qué operación de multiplicación puedo usar?
- ¿Puedo formar grupos iguales?

Resolver problemas con ayuda

Usa las preguntas para resolver este problema.

9. Un paisajista puede plantar árboles en 2 y 3 grupos iguales. Tiene más de 10 árboles y menos de 15. ¿Cuántos árboles plantará el paisajista?

a. Compréndelo Hay entre 11 y 14 árboles. El número de árboles se puede dividir entre ◯ y entre ◯.

b. Planéalo Traza una recta numérica desde el 0 hasta el 14.

c. Resuélvelo Tacha todos los números entre 11 y 14 que no puedas dividir de manera exacta entre 2.

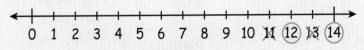

¿Qué número se puede dividir entre 3?

El paisajista plantará ◯ árboles.

d. Verifícalo Resuelve el problema de otra manera para comprobar tu respuesta.

 Hablar de matemáticas ¿Cómo se relacionan los dividendos, los divisores y los cocientes en las ecuaciones $16 \div 2 = 8$ y $32 \div 4 = 8$?

★ Practicar y resolver problemas

Halla los factores y los cocientes.

10. $3 \times \blacksquare = 24$

$24 \div 3 = \blacksquare$

11. $4 \times \blacksquare = 36$

$36 \div 4 = \blacksquare$

12. $4 \times \blacksquare = 0$

$0 \div 4 = \blacksquare$

Divide.

13. $3\overline{)6}$

14. $4\overline{)16}$

15. $3\overline{)18}$

16. $3\overline{)3}$

17. $4\overline{)20}$

18. $4\overline{)36}$

19. $3\overline{)21}$

20. $4\overline{)12}$

21. $4 \div 4$

22. $9 \div 3$

23. $24 \div 3$

24. $32 \div 4$

25. $0 \div 3$

26. $27 \div 3$

27. $28 \div 4$

28. $24 \div 4$

 ## Conexión con la información

Usa la tabla para resolver los problemas 29 a 31.

29. En cada plantación, los trabajadores cosechan naranjas del mismo número de plantas. ¿De cuántas plantas cosecha cada trabajador de la Plantación 1?

30. ¿Los trabajadores de la Plantación 3 cosechan de más o de menos plantas que los de la Plantación 2? Explica tu respuesta.

31. Reto ¿Cuántas plantas más habría que agregar en la Plantación 1 para que los trabajadores cosechen del mismo número de plantas que los de la Plantación 4? Explica tu respuesta.

Plantaciones de cítricos en el valle del río Bravo		
	Plantas de naranjas	Agricultores
Plantación 1	32	4
Plantación 2	50	5
Plantación 3	18	2
Plantación 4	27	3

 **Práctica para** 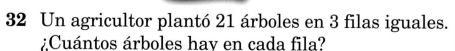 **Respuesta con cuadrícula**

32 Un agricultor plantó 21 árboles en 3 filas iguales. ¿Cuántos árboles hay en cada fila?

Consejo para TAKS

Puedes hacer un dibujo para resolver el problema.

Para **Práctica adicional** consulta la página 383, Conjunto A.

¡Matemáticas divertidas!

¡Hasta la cima!

El pico Guadalupe es la montaña más alta de Texas. Está a 8,749 pies sobre el nivel del mar.

1. Mientras escalaban la montaña, varios montañistas recolectaron 12 rocas. Usa fichas para mostrar todas las maneras posibles de dividir las rocas en grupos iguales.

2. Durante el descenso, los mismos montañistas hallaron 3 rocas más. Usa fichas para mostrar de qué maneras podrían dividir ahora las rocas en grupos iguales.

3. Justin coloca en un álbum las fotos de su excursión a la montaña. El álbum tiene 12 páginas y entran 4 fotos por página. ¿Cuántas fotos hay en total?

4. Un grupo de 6 excursionistas llevó 72 libras de equipaje. Cada excursionista llevó la misma cantidad de peso. ¿Cuánto llevó cada uno?

Pico Guadalupe

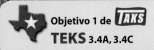
Objetivo 1 de TAKS
TEKS 3.4A, 3.4C

Objetivos 1, 2 y 6 de **TAKS**

TEKS 3.6C Identificar patrones en oraciones relacionadas de multiplicación y división (familias de operaciones) tales como $2 \times 3 = 6$, $3 \times 2 = 6$, $6 \div 2 = 3$, $6 \div 3 = 2$.

También 3.4A, 3.4C, 3.15A, 3.16A

Vocabulario de TAKS

familia de operaciones

Familias de operaciones

Objetivo Usar familias de operaciones para mostrar cómo se relacionan la multiplicación y la división.

★ Razonar y aprender

Una **familia de operaciones** es un grupo de oraciones numéricas en las que se usan los mismos números. Las familias de operaciones muestran cómo se relacionan la multiplicación y la división.

Puedes usar un arreglo para pensar en la multiplicación y la división. En este arreglo hay 12 puntos. Hay 4 filas iguales. Cada fila tiene 3 puntos.

A partir de un arreglo, puedes escribir una familia de operaciones.

Familia de operaciones con 3, 4 y 12

Estas operaciones de multiplicación describen el arreglo. En ellas se usan los mismos números, por lo tanto están en la misma familia de operaciones.

$$4 \times 3 = 12 \qquad 3 \times 4 = 12$$

filas — número en cada fila — total   número en cada fila — filas — total

Estas operaciones de división describen el mismo arreglo. En ellas se usan los mismos números que en las operaciones de multiplicación. Ellas también están en la familia de operaciones.

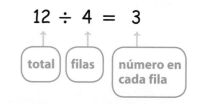

$$12 \div 3 = 4 \qquad 12 \div 4 = 3$$

total — número en cada fila — filas   total — filas — número en cada fila

Familia de operaciones con 4, 4 y 16

En estas oraciones numéricas se usan los mismos números, por lo tanto están en la misma familia de operaciones. En esta familia de operaciones hay sólo dos operaciones básicas.

$4 \times 4 = 16$
$16 \div 4 = 4$

¿Dónde está el 16 en el arreglo?
¿Dónde están los 4?

★ Práctica guiada

Copia y completa las familias de operaciones.

Piénsalo
- ¿Debo hallar el número de filas o el número en cada fila?
- ¿Debo hallar el total?

1.

$3 \times 2 = 6$
$2 \times 3 = \blacksquare$
$6 \div 2 = \blacksquare$
$6 \div 3 = \blacksquare$

2.

$3 \times 3 = 9$
$9 \div 3 = \blacksquare$

 Hablar de matemáticas ¿Cómo se relacionan los productos y los dividendos en cada familia de operaciones?

★ Practicar y resolver problemas

Copia y completa las familias de operaciones.

3.

$1 \times 6 = 6$
$6 \times 1 = 6$
$6 \div 1 = \blacksquare$
$6 \div 6 = \blacksquare$

4.

$2 \times 4 = 8$
$4 \times 2 = \blacksquare$
$8 \div 4 = \blacksquare$
$8 \div 2 = \blacksquare$

5.

$2 \times 2 = 4$
$4 \div 2 = \blacksquare$

Copia y completa las familias de operaciones.

6. $2 \times 7 = 14$

$7 \times \blacksquare = 14$

$14 \div 2 = \blacksquare$

$14 \div \blacksquare = 2$

7. $4 \times 6 = 24$

$6 \times \blacksquare = 24$

$24 \div 4 = \blacksquare$

$24 \div \blacksquare = 4$

8. $21 = 3 \times 7$

$21 = 7 \times \blacksquare$

$\blacksquare = 21 \div 3$

$3 = 21 \div \blacksquare$

9. $5 \times 8 = 40$

$8 \times \blacksquare = 40$

$40 \div 5 = \blacksquare$

$40 \div \blacksquare = 5$

10. $30 = 3 \times 10$

$30 = \blacksquare \times 3$

$10 = 30 \div \blacksquare$

$3 = 30 \div \blacksquare$

11. $5 \times 9 = 45$

$\blacksquare \times 5 = 45$

$45 \div \blacksquare = 9$

$45 \div 9 = \blacksquare$

Escribe una familia de operaciones para cada arreglo.

12.

13.

Escribe una familia de operaciones para cada conjunto de números.

14. 2, 3, 6

15. 10, 2, 20

16. 8, 3, 24

17. 4, 9, 36

18. 1, 5, 5

19. 5, 7, 35

20. 7, 7, 49

21. 6, 8, 48

Resuelve.

22. ¿Correcto o incorrecto? Shelley dice que $4 \times 8 = 32$ y que $8 \div 4 = 2$ están en la misma familia de operaciones. ¿Es correcto o incorrecto lo que dice? Explica tu respuesta.

23. Cálculo mental Imagina que haces dos arreglos. Un arreglo tiene 4 filas y 2 columnas. El otro tiene 3 filas y 4 columnas. ¿Qué arreglo muestra el dividendo más grande? Explica tu respuesta.

Conexión con las ciencias

Usa la información de la derecha para resolver los problemas 24 a 28.

24. Este tocón es de un árbol que se cortó este año. Jackie nació 6 años después que el árbol. ¿Qué edad tiene Jackie ahora?

25. Otro árbol del jardín tiene el doble de edad que el árbol que se cortó. ¿Cuántos años tiene ese árbol?

26. El hermano mayor de Jackie trepó a este árbol dos veces por año desde que tenía 10 años. Nació el mismo año en que brotó el árbol. ¿Cuántas veces ha trepado al árbol?

- La edad de un árbol se puede calcular contando el número de anillos que tiene el tronco.
- Un anillo equivale a un año de crecimiento.
- El ancho de los anillos de un árbol brinda información sobre el medio ambiente en el que vivió el árbol.

TEKS 8B, 8C de Ciencias

27. Cada 4 años, una nueva familia de ardillas construye su hogar en el árbol. ¿Cuántas familias de ardillas han vivido en este árbol?

28. Reto En el patio de la escuela crecen 18 árboles. ¿Cuántos anillos más tendrán a todos los árboles en conjunto en 2 años? ¿y en 4 años? ¿y en 6 años? Usa una calculadora para hallar las respuestas.

 Práctica para TAKS **Selección múltiple**

29 Sin querer, Larry borró una de las oraciones numéricas de una familia de operaciones. ¿Qué oración numérica pertenece a esta familia de operaciones?

$8 \times 3 = 24$ $24 \div 8 = 3$ $3 \times 8 = 24$

A $8 \times 4 = 32$ **B** $6 \times 8 = 48$
C $24 \div 3 = 8$ **D** $24 \div 6 = 4$

Consejo para TAKS

Intenta hallar la respuesta correcta antes de comprobar las opciones de respuesta.

LECCIÓN 4

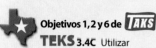

Objetivos 1, 2 y 6 de **TAKS**

TEKS 3.4C Utilizar modelos para resolver problemas de división y utilizar oraciones numéricas para anotar las soluciones.

3.6C Identificar patrones en oraciones relacionadas de multiplicación y división (familias de operaciones) tales como $2 \times 3 = 6, 3 \times 2 = 6, 6 \div 2 = 3, 6 \div 3 = 2$.

También 3.14D, 3.15A

Materiales
- Fichas
- Tablero 1
- Manipulativos electrónicos www.eduplace.com/txmap/ (opcional)

Piénsalo
- ¿Cuántos objetos hay en cada uno de 9 grupos iguales?
- ¿Qué operación de división puedo usar?

Dividir entre 9

Objetivo Usar diferentes maneras de dividir entre 9.

★ Aprender con ejemplos

El señor Nakane tiene 63 cuadros. Colgará el mismo número de cuadros en 9 salas de un museo. ¿Cuántos cuadros colgará en cada sala?

Como los cuadros se colgarán en grupos iguales, divide para hallar el número que habrá en cada uno.

Halla $63 \div 9$.

Diferentes maneras de dividir entre 9
Manera 1 **Forma grupos iguales.**
Usa círculos y fichas.
$63 \div 9 = \bigcirc$
Manera 2 **Usa una operación relacionada de multiplicación o división.**
$9 \times \bigcirc = 63$ $63 \div 9 = \bigcirc$

Se colgarán $\bigcirc$ cuadros en cada sala.

★ Práctica guiada

Halla los cocientes.

1. $9\overline{)45}$ **2.** $9\overline{)63}$ **3.** $81 \div 9$ **4.** $9 \div 9$

 Hablar de matemáticas Sin dividir, ¿cómo puedes saber que $45 \div 9$ es mayor que $36 \div 9$?

Halla los factores y los cocientes.

5. $9 \times \blacksquare = 36$

$36 \div 9 = \blacksquare$

6. $9 \times \blacksquare = 45$

$45 \div 9 = \blacksquare$

7. $9 \times \blacksquare = 18$

$18 \div 9 = \blacksquare$

Divide.

8. $4\overline{)36}$

9. $9\overline{)9}$

10. $9\overline{)27}$

11. $9\overline{)63}$

12. $72 \div 9$

13. $54 \div 9$

14. $81 \div 9$

15. $45 \div 9$

Resuelve.

16. El señor Nakane tiene 36 esculturas para exhibir en una vitrina. Si coloca 9 esculturas en cada fila, ¿cuántas filas tendrá?

17. Patrones El señor Nakane coloca las esculturas grandes en filas. Coloca 2 esculturas en la primera fila, 5 esculturas en la segunda fila y 8 esculturas en la tercera fila. Si el patrón continúa, ¿cuántas esculturas colocará en la quinta fila?

Pista

Para resolver el problema 17, primero busca el patrón. Luego, úsalo para responder a la pregunta.

18. Reto El señor Nakane también tiene 40 esculturas pequeñas. Quiere agrupar todas estas esculturas en una vitrina, con el mismo número de esculturas en cada fila. ¿Cuáles son todas las maneras diferentes en que puede agruparlas?

 Práctica para  **Selección múltiple**

Consejo para TAKS

Usa las operaciones relacionadas de multiplicación para resolver los problemas de división.

19 ¿Qué número hace que esta oración numérica sea verdadera?

$\bigcirc \div 9 = 7$

A 54   **B** 62

C 63   **D** 72

Objetivos 2 y 6 de TAKS
TEKS 3.7A General
una tabla de pares de números
basada en la vida real, por ejemplo,
los insectos y sus patas.

3.16A Hacer generalizaciones
de patrones o de conjuntos de
ejemplos y contraejemplos.

También 3.7B, 3.14B, 3.14C,
3.16B

Resolver problemas: Estrategia
Patrones en una tabla

Objetivo Hacer una tabla para resolver problemas.

★ Aprender con ejemplos

María envía sus tazones de sopa
en cajas de 4. ¿Cuántas cajas
necesita para enviar 24 tazones
de sopa?

Analízalo

En la segunda caja
hay 4 tazones más.
Por lo tanto, María
puede enviar 8
tazones en 2 cajas.

COMPRÉNDELO/PLANÉALO

María coloca 4 tazones en cada caja.

Necesita enviar 24 tazones.

Haz una tabla para resolver el problema.

RESUÉLVELO

Haz la tabla.
Rotula las filas.
Escribe los datos que sabes.

Cajas	1				
Tazones	4				

Usa los datos que sabes
para completar dos
columnas más de la tabla.

Cajas	1	2	3		
Tazones	4	8	12		

Busca un patrón. Úsalo
para extender la tabla
a 24 tazones.

Cajas	1	2	3	4	5	6
Tazones	4	8	12	16	20	24

¿Cuál es el patrón?

María necesita ◯ cajas para enviar 24 tazones.

VERIFÍCALO

¿Es razonable la solución?

★ Resolver problemas con ayuda

Usa las preguntas para resolver este problema.

1. María usa 3 libras de arcilla para hacer un jarrón. ¿Cuántos jarrones puede hacer con 15 libras de arcilla?

   a. **Compréndelo/Planéalo** ¿Cuántas libras de arcilla usa María para hacer 1 jarrón? ¿Qué debes hallar? Explica cómo puedes hacer una tabla para resolver el problema.

   b. **Resuélvelo/Verifícalo** Completa la tabla para resolver. ¿Cómo puedes demostrar que tu respuesta es correcta?

   María puede hacer ◯ jarrones con 15 libras de arcilla.

 Hablar de matemáticas ¿Cuándo es útil usar una tabla para resolver un problema?

★ Práctica para resolver problemas

Haz tablas para resolver estos problemas.

2. **Dinero** Un pequeño recipiente de cerámica cuesta $9. Un cliente paga $72 por recipientes pequeños. ¿Cuántos recipientes compró el cliente?

3. Cinco estudiantes hicieron el mismo número de platos. Hay 40 platos. ¿Cuántos platos hizo cada estudiante?

4. **Medición** Un recipiente grande de cerámica pesa 5 libras. ¿Cuánto pesan 7 recipientes grandes?

5. En cada clase de cerámica hay 8 estudiantes. ¿Cuántas clases se necesitan para enseñar cerámica a 56 estudiantes?

6. Los tazones cuestan $5 cada uno. El vendedor de un local recibió $45 por la venta de un juego de tazones. ¿Cuántos tazones vendió?

7. **Reto** Un torno de alfarero gira 260 veces cada 2 minutos. ¿Cuántas veces gira en 6 minutos?

Vocabulario de TAKS

Cuando resuelves problemas, hacer un dibujo puede ser una muy buena estrategia. A veces, escribir una **oración numérica** puede ayudarte a resolver el problema.

Lee los dos problemas. Luego, responde a las preguntas.

Problema 1	Problema 2
La empleada de la tienda de deportes de Murphy está ordenando las pelotas de tenis que están a la venta. Hay 6 pelotas en cada paquete. Cuenta 9 paquetes. ¿Cuántas pelotas de tenis hay?	Un cliente de la tienda de deportes de Murphy decide probar las pelotas de tenis que están a la venta. Abre 9 paquetes y prueba las 54 pelotas. Cada paquete tienen el mismo número de pelotas. ¿Cuántas pelotas de tenis había en cada paquete?
1. Haz un dibujo para representar el problema y la solución.	**4. Haz un dibujo** para representar el problema y la solución.
2. Completa la oración. 9 grupos de 6 pelotas equivalen a ___?___ .	**5. Completa la oración.** 54 pelotas en 9 grupos iguales equivalen a ___?___ en cada grupo.
3. Escribe la oración numérica.	**6. Escribe la oración numérica.**

7. Escribe cuatro oraciones numéricas de la familia de operaciones usando estos números: 6, 9, 54.

Escribir En los problemas 1 y 4 hiciste un dibujo. Indica cómo decidiste qué dibujar en uno de los problemas. Explica tu razonamiento paso a paso.

Leer Busca libros relacionados con este concepto en tu biblioteca.

Objetivo 6 de TAKS
TEKS 3.15A Explicar y anotar observaciones utilizando objetos, palabras, dibujos, números y tecnología.

3.15B Relacionar el lenguaje informal con el lenguaje y los símbolos matemáticos.

Práctica adicional basada en los estándares

Conjunto A ———————————————— Objetivo 1 de *TAKS* TEKS 3.4C página 370

Divide.

1. $3\overline{)24}$ **2.** $3\overline{)15}$ **3.** $4\overline{)36}$ **4.** $4\overline{)8}$ **5.** $3\overline{)30}$

6. $32 \div 4$ **7.** $3 \div 3$ **8.** $0 \div 3$ **9.** $12 \div 4$ **10.** $0 \div 4$

Conjunto B ———————————————— Objetivo 2 de *TAKS* TEKS 3.6C página 374

Copia y completa las familias de operaciones.

1. $2 \times 4 = 8$ **2.** $4 \times 8 = 32$ **3.** $3 \times 4 = 12$ **4.** $10 \times 2 = 20$
$4 \times \blacksquare = 8$ $\blacksquare \times 4 = 32$ $4 \times 3 = \blacksquare$ $2 \times \blacksquare = 20$
$8 \div 2 = \blacksquare$ $32 \div 4 = \blacksquare$ $12 \div \blacksquare = 4$ $20 \div \blacksquare = 2$
$8 \div \blacksquare = 2$ $32 \div \blacksquare = 4$ $12 \div 4 = \blacksquare$ $\blacksquare \div 2 = 10$

5. Justifica Olivia no pudo escribir 4 operaciones diferentes en la familia de $3 \times 3 = 9$. ¿Tiene razón? Explica tu respuesta.

Conjunto C ———————————————— Objetivos 1 y 2 de *TAKS* TEKS 3.4C, 3.6C página 378

Halla los cocientes.

1. $72 \div 9$ **2.** $63 \div 9$ **3.** $18 \div 9$ **4.** $45 \div 9$ **5.** $36 \div 9$

6. En un equipo de béisbol juegan 9 jugadores. Si 54 personas quieren jugar al béisbol, ¿cuántos equipos pueden formar? Dibuja grupos iguales para mostrar tu trabajo.

Conjunto D ———————————————— Objetivos 2 y 6 de *TAKS* TEKS 3.7A, 3.14C, 3.15A página 380

Haz una tabla para resolver los problemas.

1. Un rollito primavera cuesta $3 en un restaurante. ¿Cuánto cuestan 5 rollitos primavera?

2. En un club se usan 9 yardas de cinta para cada banderín que se hace. Se usaron 63 yardas de cinta. ¿Cuántos banderines se hicieron en el club?

3. Jason gastó $30 en libros de pasta blanda. Si cada libro cuesta $6, ¿cuántos libros compró Jason?

 Education Place
Visita www.eduplace.com/txmap/, donde encontrarás más **práctica adicional**.

Repaso/Examen del capítulo

Vocabulario y conceptos

Objetivos 1 y 2 de **TAKS** TEKS 3.4C, 3.6C

Escoge el mejor término para completar las oraciones.

Banco de palabras

cociente

dividendo

divisor

familia de operaciones

producto

1. En la oración numérica $20 \div 4 = 5$, el 4 es el _____.

2. Un grupo de oraciones numéricas que usan los mismos números se llama _____.

3. En la oración numérica $12 \div 3 = 4$, el 12 es el _____.

Cálculos

Objetivos 1 y 2 de **TAKS** TEKS 3.4C, 3.6C

Escribe el resto de la familia de operaciones para las siguientes operaciones.

4. $3 \times 9 = 27$ 5. $6 \times 6 = 36$ 6. $6 \times 2 = 12$

Divide.

7. $4\overline{)36}$ 8. $3\overline{)24}$ 9. $9\overline{)0}$ 10. $9\overline{)54}$ 11. $4\overline{)16}$

12. $12 \div 4$ 13. $81 \div 9$ 14. $30 \div 3$ 15. $63 \div 9$ 16. $32 \div 4$

Resolver problemas y razonamiento

Objetivos 1, 2 y 6 de **TAKS** TEKS 3.4C, 3.7A, 3.14C, 3.15A

Resuelve. Puedes hacer una tabla como ayuda.

17. Cheryl invitó a 28 personas a una fiesta. En cada mesa entran 4 personas. ¿Cuántas mesas necesita preparar Cheryl?

18. Una camiseta cuesta $9. Leah pagó $45 por unas camisetas. ¿Cuántas camisetas compró?

19. Daniel ordena su colección de piedras en filas de 9. Hizo 8 filas. ¿Cuántas piedras tiene Daniel en su colección?

20. Un tubo de pelotas de tenis tiene 3 pelotas. Roberto compró 18 pelotas de tenis. ¿Cuántos tubos de pelotas de tenis compró?

Diario de matemáticas

Escribir matemáticas Una familia de operaciones de multiplicación y división tiene sólo dos operaciones. ¿Qué sabes de estas operaciones?

Preparación para TAKS y repaso frecuente

1 El lunes viajaron en el ferry 504 personas. El martes, viajaron 312 personas. ¿Cuántas personas más viajaron el lunes que el martes?

A 192

B 212

C 292

D 816

Objetivo 1 de TAKS TEKS 3.3B página 146

2 Corey tiene 197 canicas en su colección. Su hermano tiene 85 canicas. ¿Cuántas canicas tienen en total?

F 112

G 172

H 272

J 282

Objetivo 1 de TAKS TEKS 3.3B página 122

3 **Respuesta con cuadrícula**
Sandra está plantando lechuga en su huerta. Coloca las plantas de lechuga en 3 filas de 6. ¿Cuántas plantas de lechuga planta?

Objetivo 1 de TAKS TEKS 3.4A página 300

4 ¿Qué operación de multiplicación puede ayudarte a calcular $15 \div 5 = \blacksquare$?

A 4×4

B 9×1

C 2×4

D 5×3

Objetivo 2 de TAKS TEKS 3.6C página 348

5 En la feria, 42 personas dieron una vuelta en la rueda gigante. Cuando se detuvo, 18 personas se quedaron en la rueda para dar otra vuelta. ¿Cuántas personas se bajaron de la rueda gigante?

F 18

G 34

H 24

J 60

Objetivo 1 de TAKS TEKS 3.3B página 146

6 Martín multiplicó 4 por 5 y obtuvo 20 como producto. ¿Cuál de las siguientes oraciones numéricas muestra otra manera de hallar el resultado de este problema?

A $4 + 4 + 4 + 4 + 4$

B $5 + 5 + 5$

C $5 + 5 + 5 + 5 + 5$

D $4 + 4 + 4 + 4$

Objetivo 1 de TAKS TEKS 3.4A página 280

Education Place
Visita www.eduplace.com/txmap/, donde encontrarás **consejos para tomar exámenes** y más **práctica para TAKS**.

Más operaciones y patrones

Cebras

Comprueba lo que sabes

Vocabulario y conceptos

Escoge el mejor término para completar las oraciones.

páginas 300, 346 y 347, 374 a 377

1. Un grupo de oraciones numéricas que usan los mismos números es una _____.

2. Puedes usar la resta repetida para _____.

3. Puedes mostrar la _____ con un arreglo.

Cálculos

Escribe una oración de división que se relacione con cada oración de multiplicación. páginas 348 a 350

4. $6 \times 3 = 18$

5. $8 \times 7 = 56$

6. $9 \times 4 = 36$

Divide. páginas 370 y 378

7. $21 \div 3$

8. $54 \div 9$

9. $32 \div 4$

Resolver problemas y razonamiento   página 344

10. Shauna colocó 12 flores en 3 ramos iguales. Joe colocó 12 flores en 4 ramos iguales. ¿Quién tenía más flores en cada ramo?

Vocabulario de TAKS

¡Visualízalo!

Puedes hacer dibujos para dividir.

En el parque de diversiones hay 7 carros chocadores. Si pueden jugar 14 niños por vez, ¿cuántos niños pueden subir en cada carro?

Pueden subir 14 niños.	Hay 7 carros.
	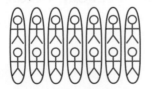

Cuenta el número de niños que hay en cada grupo. Entran 2 niños en cada carro.

Mi mundo bilingüe

Las palabras que se parecen en español y en inglés muchas veces tienen el mismo significado.

Español	Inglés
dividir	divide
división	division
problema	problem

Consulta el **Glosario español–inglés**, páginas 576 a 588.

dividir

Separar una cantidad en grupos más pequeños e iguales para hallar el número de grupos o el número que hay en cada grupo

 Education Place Visita www.eduplace.com/txmap/, donde encontrarás el **glosario electrónico**.

Objetivo 6 de TAKS **TEKS 3.15B** Relacionar el lenguaje informal con el lenguaje y los símbolos matemáticos.

Capítulo 18   387

Objetivos 1, 2, 3 y 6 de TAKS

TEKS 3.4C Utilizar modelos para resolver problemas de división y utilizar oraciones numéricas para anotar las soluciones.

3.6C Identificar patrones en oraciones relacionadas de multiplicación y división (familias de operaciones) tales como $2 \times 3 = 6, 3 \times 2 = 6, 6 \div 2 = 3$ y $6 \div 3 = 2$.

También 3.10, 3.14D, 3.15A, 3.16A

Materiales

- Fichas
- Tableros 1 y 5
- Manipulativos electrónicos www.eduplace.com/txmap/ (opcional)

Aplícalo
Dividir entre 6

Objetivo Aprender diferentes maneras de dividir entre 6.

★ Explorar

Kyle usa limpiapipas para formar las piernas de sus modelos de insectos. Cada insecto tiene 6 piernas. Kyle tiene 18 limpiapipas. ¿Cuántos insectos puede hacer?

Pregunta ¿Cómo puedes usar diferentes maneras de dividir entre 6?

1 Usa la resta repetida para hallar $18 \div 6$.

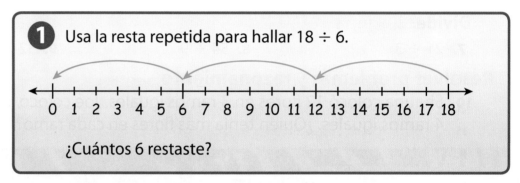

¿Cuántos 6 restaste?

2 Forma grupos iguales para hallar $18 \div 6$.

- Usa fichas para representar 18.
- Divide las fichas en grupos de 6.
- ¿Cuántos grupos hay?
- Escribe una oración numérica que muestre la división.

Kyle puede hacer 3 insectos.

Las oraciones numéricas relacionadas de una familia de operaciones te pueden ayudar a dividir entre 6.

$$18 \div 6 = \bigcirc$$

1 Usa 18, 6 y $\bigcirc$ para escribir una oración relacionada de multiplicación.

$$6 \times \bigcirc = 18$$

¿Qué número completará la oración?

2 Usa los mismos números para escribir una oración de división.

$$\bigcirc \div \bigcirc = \bigcirc$$

3 Usa 18, 6 y $\bigcirc$ para escribir otra oración relacionada de división.

$$\bigcirc \div \bigcirc = \bigcirc$$

★ Extender

Halla los cocientes. Puedes formar grupos iguales, usar la resta repetida o pensar en una operación relacionada de multiplicación o división que te ayude a hallar los cocientes.

1. $6\overline{)36}$ **2.** $6\overline{)24}$ **3.** $6\overline{)42}$ **4.** $6\overline{)54}$

5. $6 \div 6$ **6.** $0 \div 6$ **7.** $12 \div 6$ **8.** $48 \div 6$

9. $54 \div 6$ **10.** $6 \div 1$ **11.** $30 \div 6$ **12.** $18 \div 6$

13. Escribe todas las operaciones relacionadas de multiplicación y división que puedas usar para hallar $30 \div 6$.

14. Los voluntarios recibieron una donación de cincuenta y cuatro botellas de agua en el día de la limpieza. El agua estaba en paquetes de 6 unidades. ¿Cuántos paquetes de 6 unidades se donaron?

Diario de matemáticas

Escribir matemáticas

Analiza Indica por qué hay sólo dos oraciones numéricas en la familia de operaciones de los números 6, 6 y 36.

LECCIÓN 2

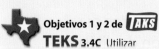

Objetivos 1 y 2 de TAKS

TEKS 3.4C Utilizar modelos para resolver problemas de división y utilizar oraciones numéricas para anotar las soluciones.

3.6C Identificar patrones en oraciones relacionadas de multiplicación y división (familias de operaciones) tales como $2 \times 3 = 6, 3 \times 2 = 6, 6 \div 2 = 3$ y $6 \div 3 = 2$.

Materiales

• Fichas
• Tablero 1
• Manipulativos electrónicos www.eduplace.com/txmap/ (opcional)

Dividir entre 7

Objetivo Usar diferentes maneras de dividir entre 7.

★ Aprender con ejemplos

Un guía de turismo está planeando un viaje a los jardines Bayou Bend para 21 visitantes. Viajarán en camionetas con capacidad para 7 personas cada una. ¿Cuántas camionetas necesitará el guía de turismo?

Jardines Bayou Bend, Houston, Texas

Diferentes maneras de hallar 21 ÷ 7

Manera 1 Forma grupos iguales

Usa círculos y fichas.

$21 \div 7 = \bigcirc$

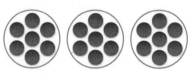

· ·

Manera 2 Usa una operación relacionada de multiplicación

$21 \div 7 = \bigcirc$ Piensa: $7 \times \bigcirc = 21$

$7 \times 3 = 21$

Por lo tanto $21 \div 7 = 3$.

· ·

Manera 3 Usa una operación relacionada de división

$21 \div 7 = \bigcirc$ Piensa: $21 \div \bigcirc = 7$

$21 \div 3 = 7$

Por lo tanto $21 \div 7 = 3$.

El guía de turismo necesitará $\bigcirc$ camionetas.

★ Práctica guiada

Halla los cocientes.

1. $7\overline{)14}$ **2.** $7\overline{)49}$ **3.** $42 \div 7$ **4.** $35 \div 7$

 Hablar de matemáticas ¿Qué operaciones de multiplicación y división puedes usar para hallar $63 \div 7$?

Piénsalo

• ¿Qué operación de multiplicación puedo usar?

• ¿Qué operación de división puedo usar?

Divide.

5. $7\overline{)28}$ **6.** $7\overline{)63}$ **7.** $7\overline{)35}$ **8.** $7\overline{)14}$ **9.** $7\overline{)42}$

10. $7\overline{)0}$ **11.** $7\overline{)21}$ **12.** $7\overline{)56}$ **13.** $7\overline{)49}$ **14.** $7\overline{)7}$

15. $56 \div 7$ **16.** $7 \div 7$ **17.** $49 \div 7$ **18.** $35 \div 7$ **19.** $63 \div 7$

Escribe $+, -, \times$ ó $\div$ en cada ■.

20. $20 \ \blacksquare \ 4 = 5$ **21.** $16 = 20 \ \blacksquare \ 4$ **22.** $20 \ \blacksquare \ 4 = 24$

23. $21 \ \blacksquare \ 7 = 3$ **24.** $21 \ \blacksquare \ 7 = 28$ **25.** $14 = 21 \ \blacksquare \ 7$

Resuelve.

26. En las vacaciones de verano, Andy estuvo en Texas 28 días. ¿Cuántas semanas estuvo en Texas?

Pista
7 días = 1 semana

27. Sigue los pasos Bianca trabaja como voluntaria en los jardines Bayou Bend 2 días a la semana. Trabaja 4 horas por día. ¿Cuántas horas trabaja en 3 semanas?

28. Reto ¿Cuántas camionetas se necesitan si 84 visitantes quieren visitar Bayou Bend? Cada camioneta puede llevar 7 pasajeros.

★ **Práctica para TAKS** Selección múltiple

29 Mark colocó 42 fotos en un álbum. Colocó el mismo número de fotos en cada una de las 7 páginas. ¿Cuál de las siguientes oraciones numéricas muestra cuántas fotos hay en cada página?

A $42 - 7 = 35$
B $4 + 2 + 1 = 7$
C $42 \div 7 = 6$
D $42 + 7 = 49$

Consejo para TAKS

Piensa qué operación resolverá el problema.

Objetivos 1 y 2 de TAKS
TEKS 3.4C Utilizar modelos para resolver problemas de división y utilizar oraciones numéricas para anotar las soluciones.

3.6C Identificar patrones en oraciones relacionadas de multiplicación y división (familias de operaciones) tales como $2 \times 3 = 6$, $3 \times 2 = 6$, $6 \div 2 = 3$ y $6 \div 3 = 2$.

Materiales
• Fichas
• Tablero 1
• Manipulativos electrónicos www.eduplace.com/txmap/ (opcional)

Dividir entre 8

Objetivo Usar diferentes maneras de dividir entre 8.

★ Aprender con ejemplos

El señor Schultz enseña contradanza a los niños de una colonia de vacaciones. Agrupó a los 32 niños en grupos de 8 para el baile. ¿Cuántos grupos hay?

Como los bailarines están agrupados en grupos iguales, divides para hallar el número de bailarines que hay en cada grupo.

Diferentes maneras de hallar $32 \div 8$

Manera 1 **Forma grupos iguales**

Usa círculos y fichas.

Hay ◯ grupos de 8 fichas cada uno.

$32 \div 8 =$ ◯

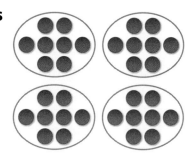

- -

Manera 2 **Usa una familia de operaciones**

$$8 \times 4 = 32 \qquad 4 \times 8 = 32$$

$$32 \div 4 = 8 \qquad 32 \div 8 = \bigcirc$$

Hay ◯ grupos de bailarines.

★ Práctica guiada

Divide.

1. $8\overline{)8}$ **2.** $8\overline{)24}$ **3.** $8\overline{)48}$ **4.** $8\overline{)16}$

5. $0 \div 8$ **6.** $64 \div 8$ **7.** $56 \div 8$ **8.** $72 \div 8$

Piénsalo
• ¿Cuántos grupos iguales puedo formar?
• ¿Qué operación de multiplicación o división puedo usar?

Resolver problemas con ayuda

9. Una profesora de danza ordenó a 40 niños en 8 filas iguales. ¿Cuántos niños hay en cada fila?

   a. Compréndelo/Planéalo ¿Qué datos conoces? ¿Qué debes hallar?

   b. Resuélvelo/Verifícalo Escribe la oración de división.

$$\bigcirc \div \bigcirc = \bigcirc$$

   Hay $\bigcirc$ niños en cada fila.

   ¿Cómo puedes comprobar tu respuesta?

 Hablar de matemáticas ¿Cómo te ayuda saber que $40 \div 8 = 5$ a hallar $48 \div 8$?

★ Practicar y resolver problemas

Divide.

10. $8\overline{)16}$ **11.** $8\overline{)32}$ **12.** $8\overline{)64}$ **13.** $8\overline{)0}$ **14.** $8\overline{)8}$ **15.** $8\overline{)24}$

 Conexión con la información

Usa la información de la derecha para resolver los problemas 16 a 18.

16. En una contradanza, una figura suele tener una duración de 8 compases. ¿Cuántas figuras suele haber en una sección de la danza?

17. Si una figura tiene 8 compases de duración, ¿cuántas figuras hay en una danza completa?

18. Reto Imagina que una danza tiene 2 figuras de 4 compases de duración cada una. El resto de las figuras tienen 8 compases. ¿Cuántas figuras de 8 compases hay en la danza?

Contradanza	
Número de compases en toda la danza	Número de compases en una sección
64	16

19 ¿Qué número hace que esta oración numérica sea verdadera?

$$\blacksquare \div 8 = 9$$

Consejo para TAKS

Usa una oración relacionada de multiplicación o división para hallar ■.

Tecnología | **Computadora**

Bits y bytes

Para enviar mensajes las computadoras usan pequeños códigos electrónicos llamados *bytes*. Cada *byte* tiene en su interior 8 partes más pequeñas llamadas *bits*.

> **1 byte = 8 bits**

Recorta 10 tiras de papel cuadriculado. Cada tira, o byte, debe tener un largo de 8 cuadrados o bits. Escribe tu nombre escribiendo una letra en cada tira.

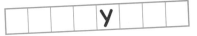

Resuelve.

1. ¿Cuántos bits hay en el ejemplo anterior? ¿Cuántos bytes hay?

2. ¿Cuántos bits hay en tu nombre? ¿Cuántos bytes?

3. Morgan envió este mensaje a su mamá: ¡Te amo! Su mensaje tenía 64 bits. ¿Cuántos bytes tenía?

4. Para enviar el nombre de un estado se necesitan 40 bits: ¿Es Iowa o Texas el estado?

5. Margaret quiere enviar un mensaje que tenga 8 bytes. ¿Cuántos bits habrá en su mensaje?

 **Objetivo 1 de TAKS** **TEKS 3.4C**

¡Juega sin correr riesgos!

La hermana mayor de Lola trabaja en un parque de diversiones. Su trabajo es asegurarse de que el juego que esté en funcionamiento sea seguro. Si hay muchas personas en el juego, no será seguro.

Completa las tablas para calcular cuántas personas puede permitir Lola que ingresen en los juegos al mismo tiempo.

1.

Juego del globo					
número de globos	2	4		7	8
número de participantes	10		25		40

2.

Despegue					
número de cohetes	1		5	8	9
número de participantes	4	8		32	

3.

Vértigo y estruendo					
número de carros	1		5		9
número de participantes	3	9		21	27

4.

Botes de travesía					
número de botes		2	5	8	12
número de participantes	6	12		48	

5. Inventa tu propio juego para el parque de diversiones. Haz una tabla que muestre el número de personas que podrían jugar sin correr riesgos en 1, 3, 5, 7 y 9 carros del juego.

Objetivos 2 y 6 de TAKS
TEKS 3.7A, 3.7B, 3.14A

Objetivos 1, 2 y 3 de TAKS

TEKS 3.4C Utilizar modelos para resolver problemas de división y utilizar oraciones numéricas para anotar las soluciones.

3.6C Identificar patrones en oraciones relacionadas de multiplicación y división (familias de operaciones) tales como $2 \times 3 = 6$, $3 \times 2 = 6$, $6 \div 2 = 3$ y $6 \div 3 = 2$.

También 3.6A, 3.10

Materiales
Tablero 5

Aplícalo
Dividir entre 10

Objetivo Aprender diferentes maneras de dividir entre 10.

★ Explorar

En las lecciones anteriores has aprendido a dividir entre números del 0 al 9.

Pregunta ¿Cómo puedes dividir entre 10?

El señor Kaplan es director de un campamento. En el campamento los grupos son de 10 personas cada uno. Si hay 30 personas en el campamento, ¿cuántos grupos hay?

1 Usa la resta repetida para hallar $30 \div 10$.

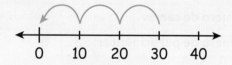

0   10   20   30   40

- Rotula la recta numérica de 0 a 100 por decenas.

- Comienza en 30. $30 \div 10 = \bigcirc$

- Cuenta hacia atrás de 10 en 10 hasta llegar a 0.

- ¿Cuántas grupos de 10 restaste?

Usa la recta numérica para hallar $40 \div 10$,

$50 \div 10$ y $60 \div 10$.

2 Busca un patrón.

Cuando divides entre 10 un número de dos dígitos que tiene un cero en el lugar de las unidades, ¿cuál es el cociente?

Continúa el patrón para hallar $80 \div 10$.

Puedes buscar otros patrones para aprender más acerca de cómo dividir entre 10.

¿Qué patrones observas en estas oraciones de división?

$$60 \div 10 = 6$$

$$600 \div 10 = 60$$

$$6{,}000 \div 10 = 600$$

★ Extender

Usa patrones para completar la tabla.

	Dividendo		Divisor		Cociente
1.	10	÷	10	=	▢
2.	▢	÷	10	=	3
3.	▢	÷	10	=	5
4.	▢	÷	10	=	7
5.	90	÷	10	=	▢
6.	▢	÷	10	=	11

Resuelve.

7. Las golosinas para perros vienen en cajas de 10 unidades. Irina necesita comprar 60 golosinas para su perro. ¿Cuántas cajas debe comprar?

8. El paquete de pilas más grande contiene 80 unidades. Cada niño necesita una provisión de 10 pilas para su linterna. ¿Cuántos niños recibirán una provisión completa de pilas?

Diario de matemáticas

Escribir matemáticas

Encuentra el error La página de Internet de la compañía de la señora Simon recibió 500 visitas en 10 horas. Recibió el mismo número de visitas por hora. La señora Simon dijo que la página recibió 5 visitas por hora. Explica cuál fue su error.

Consejo de vocabulario

Se llama *visita* a cada persona que ingresa a una página de Internet.

Objetivos 1 y 2 de TAKS

TEKS 3.4C Utilizar modelos para resolver problemas de división y utilizar oraciones numéricas para anotar las soluciones.

3.6C Identificar patrones en oraciones relacionadas de multiplicación y división (familias de operaciones) tales como $2 \times 3 = 6$, $3 \times 2 = 6$, $6 \div 2 = 3$ y $6 \div 3 = 2$.

Materiales

- Manipulativos electrónicos www.eduplace.com/txmap/ (opcional)

Dividir entre 11 y 12

Objetivo Usar una tabla de multiplicación para dividir entre 11 y 12.

★ Aprender con ejemplos

Una panadera usa 33 tazas de harina para preparar 11 hogazas de pan del mismo tamaño. ¿Cuántas tazas de harina usa para cada hogaza?

Halla $33 \div 11$.

Usa una tabla de multiplicación como ayuda.

×	0	1	2	3	4	5	6	7	8	9	10	11	12
0	0	0	0	0	0	0	0	0	0	0	0	0	0
1	0	1	2	3	4	5	6	7	8	9	10	11	12
2	0	2	4	6	8	10	12	14	16	18	20	22	24
3	0	3	6	9	12	15	18	21	24	27	30	33	36
4	0	4	8	12	16	20	24	28	32	36	40	44	48
5	0	5	10	15	20	25	30	35	40	45	50	55	60
6	0	6	12	18	24	30	36	42	48	54	60	66	72
7	0	7	14	21	28	35	42	49	56	63	70	77	84
8	0	8	16	24	35	40	48	56	64	72	80	88	96
9	0	9	18	27	36	45	54	63	72	81	90	99	108
10	0	10	20	30	40	50	60	70	80	90	100	110	120
11	0	11	22	(33)	44	55	66	77	88	99	110	121	132
12	0	12	24	36	48	60	72	84	96	108	120	132	144

- Busca la fila del 11. Éste es el divisor.

- Avanza por la fila hasta el 33. Éste es el dividendo.

- Observa el número en la parte superior de la columna. Allí hallarás el cociente de $33 \div 11$.

$$33 \div 11 = \bigcirc$$

La panadera usa $\bigcirc$ tazas de harina para cada hogaza de pan.

Usa la tabla de multiplicación de la página 398 para hallar los cocientes.

1. $11\overline{)77}$ **2.** $11\overline{)132}$ **3.** $12\overline{)72}$ **4.** $12\overline{)144}$

 Hablar de matemáticas ¿Qué patrón siguen la mayoría de los dividendos y de los cocientes en las operaciones con 11?

Piénsalo

- ¿Dónde puedo buscar el divisor, el dividendo y el cociente en la tabla de multiplicación?

 Practicar y resolver problemas

Usa la tabla de multiplicación para hallar los cocientes.

5. $11\overline{)22}$ **6.** $12\overline{)36}$ **7.** $11\overline{)66}$ **8.** $12\overline{)108}$

9. $12 \div 12$ **10.** $48 \div 12$ **11.** $99 \div 11$ **12.** $110 \div 11$

 Conexión con los estudios sociales

El dueño de una panadería lleva un registro de los tipos de panecillos que se compran cada mañana. Esto le permite saber cuántos panecillos hornear.

Usa la tabla para resolver los problemas.

13. ¿Cuántos panecillos de arándano se preparan por la mañana?

14. Razonamiento Una mañana, un panadero preparó 96 panecillos de banana. ¿Preparó suficientes panecillos? Explica tu respuesta.

15. Reto Al mediodía quedaban 6 panecillos de banana, 8 de arándano y 10 de nuez. ¿Cuántas docenas de panecillos se vendieron durante la mañana?

Morning Glory PANADERÍA

PANECILLOS PARA LA MAÑANA	
TIPO DE PANECILLO	**CANTIDAD (EN DOCENAS)**
BANANA	9
ARÁNDANO	6
NUEZ	10

TEKS 8B de Estudios sociales

 Práctica para TAKS **Selección múltiple**

20 Hay 88 jugadores de fútbol. Un equipo de fútbol tiene 11 jugadores. ¿Cuál de las siguientes oraciones numéricas muestra la cantidad de equipos que se pueden formar?

A $88 - 11 = 77$
B $88 \div 11 = 8$
C $88 + 11 = 99$
D $88 - 8 = 80$

Consejo para TAKS

La respuesta debe ser menor que 88, por lo tanto puedes eliminar una respuesta.

Objetivo 6 de TAKS

TEKS 3.14C Seleccione o desarrolle un plan o una estrategia de resolución de problemas apropiado en el que el estudiante haga un dibujo, busque un patrón, adivine y compruebe sistemáticamente, haga una dramatización, elabore una tabla, resuelva un problema más sencillo o trabaje desde el final hasta el principio para resolver un problema.

También 3.14A, 3.14B, 3.16B

Resolver problemas: Estrategia
Trabaja desde el final

Objetivo Trabajar desde el final para resolver problemas.

★ Aprender con ejemplos

El señor Frey es carpintero. Cortó una tabla en 2 partes iguales. Luego, cortó 3 pies de una de las partes. La parte que queda mide 5 pies de longitud. ¿Cuánto medía la tabla original?

COMPRÉNDELO

El señor Frey cortó la tabla en dos partes iguales.

Cortó 3 pies de una de las partes.

La parte que queda mide 5 pies de longitud.

PLANÉALO

Sabes cuál es la longitud final. Por lo tanto, trabaja desde el final para resolver el problema.

RESUÉLVELO

longitud final	vuelve a colocar 3 pies		junta las 2 partes iguales	longitud original
5 pies	+ 3 pies	= 8 pies	8 pies × 2 =	16 pies

La tabla original medía 16 pies de longitud.

VERIFÍCALO

Comienza con tu respuesta y trabaja desde el principio para ver si llegas a la longitud final.

longitud original	se corta en 2 partes iguales	3 pies menos	longitud final
◯	÷ 2	− 3 pies	= 5 pies

★ Resolver problemas con ayuda

Trabaja desde el final y usa las preguntas para resolver este problema.

1. El señor Frey cortó otra tabla en 3 partes iguales. Cortó 2 pulgadas de una parte para que mida 7 pulgadas de longitud. ¿Cuánto medía la tabla original?

   a. **Compréndelo/Planéalo** ¿Sabes cuál es la longitud original o la longitud final de la tabla? Explica cómo puedes trabajar desde el final para resolver el problema.

   b. **Resuélvelo** Trabaja desde el final para resolver.

   La tabla original medía ◯ pulgadas de longitud.

   c. **Verifícalo** Trabaja desde el principio para comprobar.
   $27 \div 3 = 9; 9 - 2 = 7$. ¿Queda comprobado?

(123) Hablar de matemáticas ¿Cómo sabes qué operaciones usar cuando trabajas desde el final?

★ Práctica para resolver problemas

Trabaja desde el final para resolver estos problemas.

2. Alan compró algunas latas de jugo para beber mientras trabaja. Bebió 3 latas. Luego, compró 5 latas más y bebió 2 de esas latas. Le quedan 4 latas. ¿Cuántas latas tenía al principio?

3. **Dinero** En la tienda de artesanías, Amy gastó $15 en un juego de casitas para aves y $8 en un martillo. Su papá le dio $5. A Amy le sobraron $7. ¿Cuánto dinero tenía Amy cuando llegó a la tienda de artesanías?

4. Jill pesó una bolsa de tornillos. Agregó 2 libras de tornillos a la bolsa. Después de sacar 3 libras de tornillos, la bolsa pesaba 4 libras. ¿Cuánto pesaba la bolsa al principio?

Wichita Falls, TX

El Parque Estatal Lake Arrowhead está cerca de Wichita Falls. Se convirtió en parque estatal en 1970.

Lago Arrowhead

Un grupo de estudiantes hizo una gráfica que muestra qué actividades hicieron mientras estuvieron en el lago Arrowhead. Usa la gráfica para resolver los problemas.

5. En cada bote viajaron nueve estudiantes. ¿Cuántos botes se usaron?

6. ¿Cuántos estudiantes fueron a pescar o a pasear en bote?

7. Los estudiantes hicieron caminatas en grupos de 8. ¿Cuántos grupos había?

8. Sigue los pasos Las cabalgatas recorrían 5 millas. Cada caballo hizo 3 cabalgatas. ¿Cuántas millas recorrió cada caballo?

9. Todos los estudiantes hicieron una actividad. Aproximadamente, ¿cuántos estudiantes había en todo el grupo?

Actividades en el lago Arrowhead

Número de estudiantes

25
20
15
10
5
0

pescar cabalgar caminar pasear en bote

Actividades

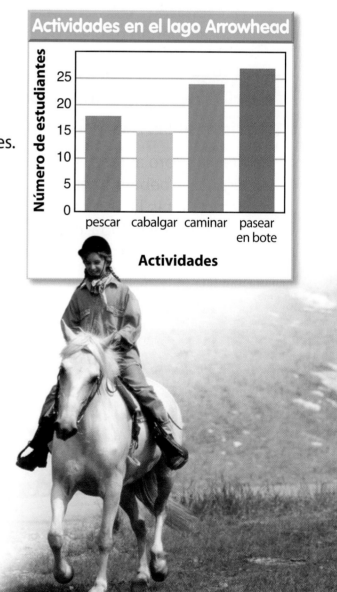

Resolver problemas de TAKS

Escoge una estrategia
- Busca un patrón
- Adivina y comprueba
- Haz una dramatización
- Trabaja desde el final

1 ¿Qué número hace que esta oración numérica sea verdadera?

□ ÷ 7 = 7

A 1

B 14

C 49

D 56

Consejo para TAKS

Reemplaza las opciones de respuesta en la oración para comprobar que has escogido la opción correcta.

Objetivo 1 de TAKS TEKS 3.4C página 390

2 ¿Qué oración numérica NO está en la misma familia de operaciones que las demás?

F 3 × 6 = 18

G 6 ÷ 3 = 2

H 6 × 3 = 18

J 18 ÷ 6 = 3

Objetivo 2 de TAKS TEKS 3.6C página 374

3 Respuesta con cuadrícula
Cindy tiene 54 lápices. Divide los lápices en partes iguales entre 6 estuches. ¿Cuántos lápices hay en cada estuche?

Objetivo 1 de TAKS TEKS 3.4A página 388

4 Todos los días, Lucas viaja 10 millas en el autobús escolar. ¿Cuál de las siguientes tablas muestra una manera de hallar cuántas millas viaja Lucas en el autobús escolar en 5 días?

A

Días	1	2	3	4	5
Millas	5	10	15	20	25

B

Días	1	2	3	4	5
Millas	10	8	6	4	2

C

Días	1	2	3	4	5
Millas	10	11	12	13	14

D

Días	1	2	3	4	5
Millas	10	20	30	40	50

Objetivo 1 de TAKS TEKS 3.7B página 380

5 Respuesta con cuadrícula
Dana corta una cinta en 2 partes iguales. Luego, corta 3 pies de una de las partes. La parte que queda mide 6 pies de longitud. ¿Cuánto medía la cinta original?

Objetivo 6 de TAKS TEKS 3.14C página 400

Education Place
Visita www.eduplace.com/txmap/, donde encontrarás **consejos para tomar exámenes** y más **práctica para TAKS**.

Capítulo 18 Lección 6 **403**

Leer y escribir matemáticas

Vocabulario de TAKS

Cuando unes conjuntos iguales, **multiplicas**. Cuando separas un conjunto en otros conjuntos iguales, **divides**.

Observa los dos arreglos. Usa el Banco de palabras para rotular las partes del problema. Puedes usar algunas palabras más de una vez.

Banco de palabras

cociente

dividendo

divisor

factor

producto

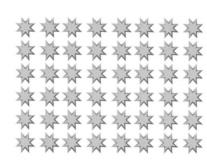

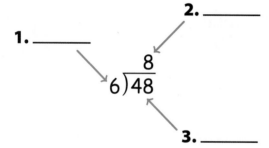

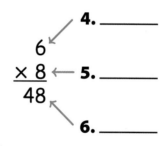

7. Escribe un problema en palabras en el que se usen los números del problema de división y resuélvelo.

8. Escribe un problema en palabras en el que se usen los números del problema de multiplicación y resuélvelo.

Escribir Describe otra manera (además de usar un arreglo) de graficar $48 \div 6 = 8$. Describe cada parte de tu dibujo.

Leer Busca libros relacionados con este concepto en tu biblioteca.

Objetivo 6 de TAKS
TEKS 3.15A Explicar y anotar observaciones utilizando objetos, palabras, dibujos, números y tecnología.

3.15B Relacionar el lenguaje informal con el lenguaje y los símbolos matemáticos.

Práctica adicional basada en los estándares

Conjunto A ——————————————————————————— Objetivo 1 de TAKS TEKS 3.4C página 388

Divide.

1. 6)30   **2.** 6)18   **3.** 6)48   **4.** 6)36   **5.** 6)0

Conjunto B ——————————————————————————— Objetivo 1 de TAKS TEKS 3.4C página 390

Halla los cocientes.

1. $56 \div 7$ **2.** $49 \div 7$ **3.** $14 \div 7$ **4.** $42 \div 7$ **5.** $28 \div 7$

6. En un restaurante se cortan los pasteles en 7 porciones para servirlos. Se sirvieron 63 porciones de pastel. ¿Cuántos pasteles se cortaron? Haz grupos iguales para mostrar la respuesta.

Conjunto C ——————————————————————————— Objetivos 1 y 2 de TAKS TEKS 3.4C, 3.6C página 392

Divide.

1. 8)24   **2.** 8)80   **3.** 8)16   **4.** 8)40   **5.** 8)64

6. La señora Martínez es programadora de computadoras. Trabaja 8 horas por día. La semana pasada, trabajó 32 horas. ¿Cuántos días trabajó? Escribe las operaciones relacionadas que representan este problema.

Conjunto D ——————————————————————————— Objetivo 1 de TAKS TEKS 3.4C página 396

Halla los cocientes.

1. $20 \div 10$ **2.** $60 \div 10$ **3.** $100 \div 10$ **4.** $40 \div 10$ **5.** $10 \div 10$

6. Diez monedas de diez centavos tienen el mismo valor que 1 dólar. Jon contó 50 monedas de diez centavos en su tarro de monedas. ¿Cuánto valen estas monedas en dólares?

Conjunto E ——————————————————————————— Objetivos 1 y 2 de TAKS TEKS 3.4C, 3.6C página 398

Halla los cocientes. Si necesitas ayuda, usa una tabla de multiplicación.

1. $66 \div 11$ **2.** $72 \div 12$ **3.** $44 \div 11$ **4.** $36 \div 12$ **5.** $96 \div 12$

6. Una docena tiene 12 huevos. Rachel juntó 84 huevos. ¿Cuántas docenas de huevos juntó?

 Education Place
Visita www.eduplace.com/txmap/, donde
encontrarás más **práctica adicional**.

Repaso/Examen del capítulo

Vocabulario y conceptos

Objetivos 1 y 6 de TAKS TEKS 3.4C, 3.14C, 3.16A

¿Verdadero o falso?

1. Puedes usar un patrón para hallar un producto.

2. Los productos de la tabla del 11 muchas veces tienen el mismo dígito en el lugar de las unidades y de las decenas.

Cálculos

Objetivo 1 de TAKS TEKS 3.4C

Divide.

3. $7\overline{)21}$ **4.** $10\overline{)90}$ **5.** $6\overline{)12}$ **6.** $8\overline{)56}$

7. $8 \div 8$ **8.** $24 \div 12$ **9.** $54 \div 6$ **10.** $70 \div 7$

11. $88 \div 11$ **12.** $72 \div 8$ **13.** $30 \div 10$ **14.** $35 \div 7$

15. $49 \div 7$ **16.** $63 \div 9$ **17.** $72 \div 12$ **18.** $55 \div 5$

Resolver problemas y razonamiento

Objetivos 1 y 6 de TAKS TEKS 3.4C, 3.14C

Resuelve.

20. Greg cortó 2 pulgadas de una tabla. Luego cortó el trozo restante en 4 trozos iguales. Cada trozo tiene 5 pulgadas de largo. ¿Cuál era la longitud de la tabla original?

19. En un museo, un guía puede incluir a 8 personas en una visita guiada. Si 40 personas quieren hacer una visita guiada, ¿cuántos guías se necesitan?

Diario de matemáticas

Escribir matemáticas La maestra Jameson quiere exponer las figuras de arcilla hechas por 24 estudiantes. Pondrá el mismo número de figuras en cada mesa. Habrá al menos 2 figuras en cada mesa. Explica cómo puedes hallar todas las maneras diferentes en las que la maestra Jameson puede exponer las figuras.

Preparación para *TAKS* y repaso frecuente

1 ¿Qué opción muestra doscientos ocho?

   A 28

   B 208

   C 280

   D 2,008

Objetivo 1 de *TAKS* TEKS 3.1A página 28

2 ¿Cuál es el lugar que ocupa el dígito subrayado?

5,902

   F unidades

   G millares

   H decenas

   J centenas

Objetivo 1 de *TAKS* TEKS 3.1A página 32

3 ¿Cómo se escribe 4,207 en forma extendida?

   A 4,000 + 200 + 7

   B 4,000 + 20 + 7

   C 400 + 200 + 7

   D 4,000 + 200 + 70

Objetivo 1 de *TAKS* TEKS 3.1A página 32

4 ¿Cuáles de las siguientes figuras son polígonos regulares?

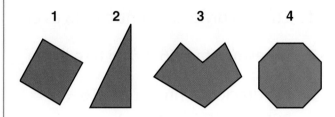

1   2   3   4

   F Figuras 1 y 2

   G Figuras 2 y 3

   H Figuras 2 y 4

   J Figuras 1 y 4

Objetivo 3 de *TAKS* TEKS 3.8 página 193

5 **Respuesta con cuadrícula**
¿Cuántas de estas figuras tienen un eje de simetría?

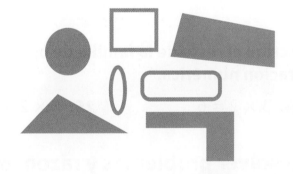

Objetivo 3 de *TAKS* TEKS 3.9C página 210

Repaso/Examen de la Unidad 7

Vocabulario y conceptos
Objetivos 1 y 2 de **TAKS** TEKS 3.4A, 3.4C, 3.6C

Escoge el mejor término para completar las oraciones.

1. Cuando divides 48 entre 6, 48 es el _____.

2. La respuesta a $56 \div 7 = 8$ se llama _____.

3. Las oraciones numéricas $16 \div 2 = 8$ y $2 \times 8 = 16$ pertenecen a la misma _____.

Banco de palabras
cociente
dividendo
divisor
familia de operaciones
producto
reagrupar

Cálculos
Objetivos 1 y 2 de **TAKS** TEKS 3.4A, 3.4C, 3.6C

Halla los cocientes.

4. $0 \div 6$
5. $5\overline{)5}$
6. $2\overline{)18}$
7. $30 \div 10$

8. $9\overline{)54}$
9. $28 \div 4$
10. $63 \div 7$
11. $8\overline{)64}$

12. $24 \div 8$
13. $36 \div 9$
14. $12 \div 2$
15. $10 \div 5$

16. $44 \div 11$
17. $36 \div 12$
18. $88 \div 11$
19. $84 \div 12$

20. $81 \div 9$
21. $10\overline{)100}$
22. $9\overline{)72}$
23. $48 \div 6$

Escribe el resto de la familia de operaciones para cada oración numérica.

24. $3 \times 2 = 6$
25. $5 \times 2 = 10$
26. $3 \times 4 = 12$

Resolver problemas y razonamiento
Objetivos 1,2 y 6 de **TAKS** TEKS 3.4A, 3.4C, 3.6C, 3.14B, 3.14C

Resuelve los problemas.

27. Joe regaló las 24 rosas de papel que hizo. Le regaló una cantidad igual a su madre, a su tía y a su prima. ¿Cuántas rosas le regaló a cada persona?

28. Un libro sobre la naturaleza pesa 2 libras. ¿Cuántas libras pesarían 12 libros?

Resuelve.

29. Ben compró algunas postales mientras estaba de vacaciones. Envió 2 por correo a sus amigos. Luego compró 6 postales más y envió 3. Le quedan 5 postales. ¿Cuántas postales tenía al principio?

30. Jackie tiene 24 canicas divididas por igual en 3 bolsas. ¿Cuántas canicas hay en cada bolsa?

¡LA GRAN IDEA!

Escribir matemáticas Explica cómo puedes usar una tabla de multiplicación para hallar 48 ÷ 6.

Evaluar el rendimiento

Objetivos 1 y 6 de *TAKS* TEKS 3.6C, 3.14B, 3.14C

Animalitos para una fiesta

Imagina que tu clase está haciendo animalitos para una fiesta. A ti te corresponde 1 bolsa de malvaviscos y 2 bolsas de palillos de dientes. Tienes que usar todos los malvaviscos y palillos de dientes que tomes.

Tarea	Información que necesitas
Usa 1 malvavisco para los cuerpos y palillos de dientes de plástico para las patas.	Cada insecto tendrá 6 patas.
	Cada araña tendrá 8 patas.
Usa la información de la derecha para decidir cuántos animalitos harás. Explica tu razonamiento.	Cada pájaro tendrá 2 patas.
	Cada animal tendrá 4 patas.

5 malvaviscos

7 malvaviscos

10 palillos de dientes

15 palillos de dientes

20 palillos de dientes

21 palillos de dientes

Multiplica por 9

¡Si con un grupo de 9 quieres trabajar, comienza con 10 para luego restar!

Conozco una manera rápida de multiplicar 9×5. En lugar de 9 grupos de 5, comienzo con 10 grupos de 5 porque es más fácil. $10 \times 5 = 50$, entonces para obtener el resultado por 9, resto 5 y obtengo 45. ¡Un grupo de 9 es más fácil si hacemos 10 menos 1!

1. $9 \times 5 = \boxed{50} - \boxed{5} = \boxed{45}$
${\scriptstyle 10 \times 5}{\scriptstyle 1 \times 5}$

2. $9 \times 7 = \boxed{70} - \blacksquare = \blacksquare$
${\scriptstyle 10 \times 7}{\scriptstyle 1 \times 7}$

3. $9 \times 6 = \blacksquare - \blacksquare = \blacksquare$
${\scriptstyle 10 \times 6}{\scriptstyle 1 \times 6}$

4. $9 \times 12 = \blacksquare - \blacksquare = \blacksquare$
${\scriptstyle 10 \times 12}{\scriptstyle 1 \times 12}$

¡Maravilloso!

5. $9 \times 3 = \blacksquare - \blacksquare = \blacksquare$

6. $9 \times 9 = \blacksquare - \blacksquare = \blacksquare$

7. $9 \times 23 = \blacksquare - \blacksquare = \blacksquare$

8. $9 \times 52 = \blacksquare - \blacksquare = \blacksquare$

¡Excelente!

¡Sigue adelante!

¡Ahora inténtalo siguiendo los pasos mentalmente!

9. 9×8

10. 9×11

11. 9×36

12. 9×78

El dinero y la multiplicación

¡LAS GRANDES IDEAS!

- Cada moneda o billete de un grupo tiene un valor específico.
- La multiplicación se puede representar y anotar de diferentes maneras.
- Los factores se pueden unir o separar para que sea más fácil calcular.

Capítulo 19
El dinero

Capítulo 20
Multiplicar por números de un dígito

Canciones y juegos

Música y matemáticas
Pista 8

Libritos de matemáticas

- Diversión en la feria del estado
- El niño del autolavado

¡Cuéntalo!

Objetivo del juego Practicar cómo contar cantidades de dinero.

Materiales

- Conjunto de 20 tarjetas en blanco con cantidades de dinero hasta un dólar
- Dinero de juguete (5 monedas de 50 centavos, 5 de 25 centavos, 10 de 10 centavos, 15 de 5 centavos y 50 o más de 1 centavo)
- Reloj o cronómetro

Preparación

Formen parejas o grupos pequeños. Cada pareja recibe dinero de juguete.

Número de jugadores

2 equipos de 2 a 4 jugadores

Cómo se juega

1 Coloquen las tarjetas en blanco boca abajo. El equipo 1 escoge una tarjeta en blanco y anuncia la cantidad a la que debe llegar.

95¢

2 El equipo 1 tiene 3 minutos para hacer la mayor cantidad de combinaciones posible de monedas que sean iguales a la cantidad que tenían como meta. El equipo 1 anota el número de combinaciones que hace.

3 El equipo 2 escoge una tarjeta y sigue las instrucciones del paso 2. El equipo que forma la mayor cantidad de combinaciones correctas obtiene 1 punto.

4 El juego continúa hasta que se acaben las tarjetas en blanco. Gana el equipo que obtenga más puntos.

Objetivo 1 de **TAKS**

TEKS 3.1C Determinar el valor de un grupo de billetes y monedas.

Education Place
Visita www.eduplace.com/txmap/, donde encontrarás **acertijos**.

Leer Cuando lees, puedes usar una tabla S-Q-A para comprender mejor. Para resolver un problema de matemáticas, puedes usar la tabla S-Q-P-A. En la tabla se muestran los datos importantes sin información adicional. Aquí tienes un ejemplo:

Jerry compró 2 libros en una venta de libros. Recibió como cambio 1 moneda de cincuenta centavos, 4 monedas de diez centavos, 1 moneda de cinco centavos y 2 monedas de un centavo. ¿Tiene suficiente dinero para comprar un libro de pasta blanda en oferta por 99¢?

Lo que Sé	Lo que Quiero saber	Mi Plan para hallar la respuesta	Lo que Aprendí
• 1 moneda de cincuenta centavos • 4 monedas de diez centavos • 1 moneda de cinco centavos • 2 monedas de un centavo	• ¿Tiene Jerry 99¢?	• Contar para hallar cuánto dinero tiene Jerry. • Comparar con los 99¢.	

50-60-70-80-90-95-96-97¢. Jerry no tiene suficiente dinero.

Escribir Usa la información de esta tabla S-Q-P-A para escribir tu propio problema.

Lo que Sé	Lo que Quiero saber	Mi Plan para hallar la respuesta	Lo que Aprendí
• 2 monedas de veinticinco centavos • 3 monedas de diez centavos • 1 moneda de cinco centavos • 4 monedas de un centavo	• ¿Tiene suficiente dinero para comprar un refrigerio por 79¢?		

El dinero

Comprueba lo que sabes

Vocabulario y conceptos

Escoge el mejor término para completar las oraciones. Grado 2

Banco de palabras

dólar

moneda de
cinco centavos

moneda de
diez centavos

moneda de
un centavo

1. Una forma de escribir el valor de una _____ es 10¢.

2. Cien centavos equivalen a un _____.

3. Una forma de escribir el valor de una _____ es 1¢.

Cálculos

Escribe el valor de las monedas. Grado 2

4.   5.   6.   7.

Escribe las cantidades con el símbolo de centavos. Grado 2

8. cuarenta y un centavos   9. veintitrés centavos

Resolver problemas y razonamiento Grado 2

10. Nombra dos grupos de monedas que podrías usar para formar 50¢.

Vocabulario de TAKS

¡Visualízalo!

cantidades equivalentes

Números o grupos de monedas
que tienen el mismo valor

Cuenta las monedas.

¿Cuál es el total? ¿Cuántas otras maneras hay
de obtener una **cantidad equivalente**?

Mi mundo bilingüe

En el lenguaje cotidiano, si las personas
dicen que tienen algo de *valor*,
quieren decir que tienen algo que es
muy importante para ellas. Si grupos
de monedas tienen el mismo *valor*,
significa que hay la misma cantidad de
dinero en cada grupo.

Las palabras que se parecen en
español y en inglés muchas veces
tienen el mismo significado.

Español	Inglés
equivalente	equivalent
valor	value
grupo	group

Consulta el **Glosario español–inglés**,
páginas 576 a 588.

 Education Place Visita www.eduplace.com/txmap/, donde encontrarás el **glosario electrónico**.

 Objetivo 6 de TAKS **TEKS** 3.15B Relacionar el lenguaje informal con el lenguaje
y los símbolos matemáticos.

Capítulo 19   415

LECCIÓN 1

★ Objetivos 1 y 6 de TAKS
TEKS **3.1C** Determinar
el valor de un grupo de billetes
y monedas.

3.14D Utilizar herramientas tales
como objetos reales, manipulativos y
tecnología para resolver problemas.

También 3.14A, 3.15B

Materiales

• Dinero de juguete (dólares,
  monedas de diez centavos
  y monedas de un centavo)
• Manipulativos electrónicos
  www.eduplace.com/txmap/
  (opcional)

Aplícalo
El valor del dinero

Objetivo Usar modelos para hallar el valor de los dólares,
las monedas de diez centavos y las monedas de un centavo.

★ **Explorar**

Pregunta ¿Cómo puedes usar dinero de juguete para
determinar el valor de las monedas y los billetes?

En la escuela de Diego se venden golosinas. Diego llevó
dinero de su casa para comprar una golosina. Tiene un
billete de 1 dólar, 1 moneda de diez centavos y 1 moneda
de un centavo. ¿Cuál es el valor total de su dinero?

Dólar	Moneda de diez centavos	Moneda de un centavo
1 dólar 100 centavos 100 ¢	**1 moneda de diez centavos** 10 centavos 10 ¢	**1 moneda de un centavo** 1 centavo 1 ¢

El valor total del dinero de Diego es $1.11.

un dólar con once centavos

símbolo de dólar → $1.11 punto decimal

1 Toma algunas monedas. Cuenta cuánto
dinero tienes. Escribe el valor.

2 Agrega algunos billetes de dólar.
Ahora escribe el valor.

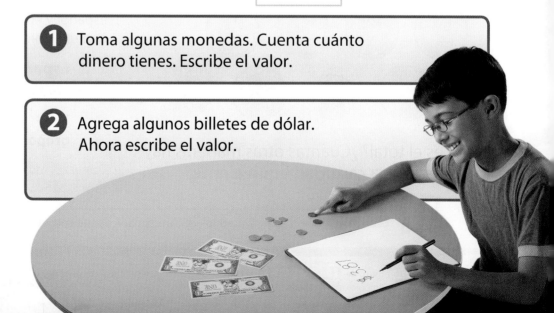

★ Extender

Escribe las cantidades con el símbolo de dólar y el punto decimal.

1.

2.

3.

4.

5. siete dólares con cuarenta y cuatro centavos

6. nueve dólares con noventa y tres centavos

Usa monedas y billetes de juguete para representar estas cantidades de dinero. Luego, escribe las cantidades con el símbolo de dólar y el punto decimal.

7. 63 centavos

8. ochenta y cinco centavos

9. un dólar con veinticinco centavos

10. cinco dólares con setenta y dos centavos

11. Cora vacía su alcancía para comprarle un regalo a su hermana. Tiene 4 billetes de un dólar, 8 monedas de diez centavos y 5 monedas de un centavo. ¿Cuánto dinero puede gastar Cora en el regalo?

12. Reto Sara tiene 5 monedas que suman 41 centavos. ¿Cuáles son las 5 monedas?

Escribir matemáticas

Diario de matemáticas

Compara Jed tiene un billete de 1 dólar y 3 monedas de diez centavos. Jed escribe esa cantidad como $1.30. Sharon escribe esa cantidad como 130 centavos. Compara la manera en que Jed y Sharon consideran esa cantidad de dinero.

LECCIÓN 2

Objetivos 1 y 6 de **TAKS**
TEKS 3.1C Determinar
el valor de un grupo de billetes
y monedas.
También 3.15A

Materiales
• Dinero de juguete (monedas
  y billetes)
• Manipulativos electrónicos
  www.eduplace.com/txmap/
  (opcional)

1 moneda de
cincuenta centavos
50 centavos
50¢

1 moneda de
veinticinco centavos
25 centavos
25¢

Piénsalo

• ¿Qué valor tiene cada
  billete y cada moneda?
• ¿Conté el dinero
  en orden del mayor
  al menor valor?

Contar monedas y billetes

Objetivo Nombrar y contar monedas y billetes.

★ Aprender con ejemplos

¿Cuál es el valor total de las siguientes monedas?

$0.50 ⟹ $0.75 ⟹ $0.85 ⟹ $0.90 ⟹ $0.91

Comienza por la moneda de mayor valor.

El valor total de las monedas es ⬜.

Otro ejemplo

$10.00 ⟹ $15.00 ⟹ $15.50 ⟹ $15.60

El valor total de los billetes y las monedas es $15.60.

★ Práctica guiada

**Escribe las cantidades con el símbolo de dólar
y el punto decimal.**

1.

2.

 **Hablar de matemáticas** ¿Por qué
debes comenzar por el billete o la moneda de
mayor valor al contar dinero?

Escribe las cantidades con el símbolo de dólar y el punto decimal.

3.

4.

5. 2 billetes de 1 dólar, 1 moneda de 50 centavos, 4 monedas de 5 centavos

6. 1 billete de un dólar, 2 monedas de 50 centavos, 3 de 25 centavos, 2 de 10 centavos

7. 1 billete de 1 dólar, 1 moneda de veinticinco centavos, 7 de 10 centavos, 3 de 5 centavos

8. 1 billete de un dólar, 1 moneda de 50 centavos, 1 de 10 centavos, 5 de 5 centavos, 2 de un centavo

9. 1 billete de 5 dólares, 2 billetes de un dólar, 1 moneda de 25 centavos, 2 monedas de 5 centavos

10. 1 billete de un dólar, 2 monedas de 50 centavos, 3 de 25 centavos, 1 de 1 centavo

 Conexión con la información

Usa el cartel para resolver los problemas 11 y 12.

11. Michel pagó un libro con un billete de un dólar, 2 monedas de 10 centavos, 2 de 5 centavos y 5 de un centavo. ¿Qué tipo de libro compró?

12. **Sigue los pasos** Nina tenía un billete de un dólar y 2 monedas de 25 centavos. Pidió prestada 1 moneda de 5 centavos a Michel y compró un libro. ¿Qué tipo de libro compró?

Libros usados	
Tipo de libro	Costo
Biografía	$1.55
Suspenso	$1.80
Poesía	$1.35
Artesanías	$0.99

13. **Reto** Janey tiene 5 monedas que suman 96¢. ¿Cuáles son las 5 monedas?

★ **Práctica para TAKS** (**Selección múltiple**)

14 Larry tiene un billete de un dólar, 2 monedas de 25 centavos y 1 moneda de 10 centavos. Su mamá le da 3 billetes de 1 dólar, 1 moneda de 10 centavos y 2 de 5 centavos. ¿Cuánto dinero tiene ahora?

A $2.90
B $3.60
C $4.80
D $5.30

Consejo para TAKS

Cuenta todos los billetes de un dólar primero y luego cuenta las monedas.

LECCIÓN 3

Objetivos 1 y 6 de TAKS
TEKS 3.1C Determinar
el valor de un grupo de billetes
y monedas.

También 3.14A, 3.15B

Vocabulario de TAKS

**cantidades
equivalentes**

Comparar cantidades de dinero

Objetivo Comparar cantidades de dinero.

★ Aprender con ejemplos

En la Lección 2 aprendiste a
contar monedas y billetes.
Ahora aprenderás a comparar
cantidades de dinero.

Bob y Dora compran
porciones de pastel
de frutas en la venta
de pasteles de la
escuela. ¿Qué clase
de pastel cuesta más?

Banana   Manzana

---

1 Halla el valor de cada grupo de monedas.

Bob usa estas monedas para   Dora usa estas monedas para
comprar pastel de banana.   comprar pastel de manzana.

25¢ ⟹ 50¢ ⟹ 55¢   25¢ ⟹ 35¢ ⟹ 45¢ ⟹ 50¢

- -

2 Compara los valores de dinero. 55¢ > 50¢

El pastel de banana cuesta más.

Otro ejemplo

Las siguientes cantidades de dinero son **cantidades
equivalentes**. Esto significa que tienen el mismo valor.
Ambos grupos representan $11.25.

Práctica guiada

Compara. Escribe >, < ó = en cada  **.**

1.

2.

Piénsalo

- ¿Qué valor tiene cada billete o moneda?
- ¿Cuál es la cantidad total?
- ¿Cómo se comparan las cantidades?

Resolver problemas con ayuda

Usa las preguntas para resolver este problema.

3. Hans tiene 2 billetes de cinco dólares, 3 billetes de un dólar, cuatro monedas de diez centavos y tres monedas de cinco centavos. Charlie tiene un billete de diez dólares y cuatro monedas de veinticinco centavos. ¿Quién tiene más dinero?

a. **Compréndelo** ¿Qué debes hallar?

b. **Planéalo** Halla la cantidad total de dinero que tiene cada niño. Luego, compara.

c. **Resuélvelo** Completa las oraciones.

Hans tiene $ ◯ .

Charlie tiene $ ◯ .

☐ tiene más dinero.

d. **Verifícalo** ¿Cómo sabes que tu respuesta es correcta?

 Hablar de matemáticas Observa nuevamente los ejercicios 1 y 2. ¿Qué ejercicio muestra cantidades equivalentes? Explica cómo lo sabes.

Capítulo 19 Lección 3 **421**

Compara. Escribe >, < ó = en cada .

4.

5.

Halla el valor total de las monedas. Indica si el valor es equivalente a las monedas que se muestran.

6. 1 moneda de veinticinco centavos, 4 monedas de diez centavos, 3 monedas de cinco centavos

7. 6 monedas de diez centavos, 3 monedas de cinco centavos

 Conexión con los estudios sociales

Una clase de tercer grado va a decorar su salón de clases como una ciudad. Los estudiantes comprarán afiches para hacer carteles. Usa la tabla de la derecha para resolver los problemas 8 y 9.

8. Jacob compró un afiche con 4 monedas de 25 centavos, 2 monedas de 10 centavos, 4 de 5 centavos y 10 de un centavo. ¿Cuál es la figura del afiche que compró?

9. Reto Zoe quiere hacer un cartel de ceda el paso en un afiche con forma de triángulo. Tiene 3 monedas de 25 centavos y 5 de cinco centavos. ¿Qué monedas necesita pedir prestadas para comprar el afiche?

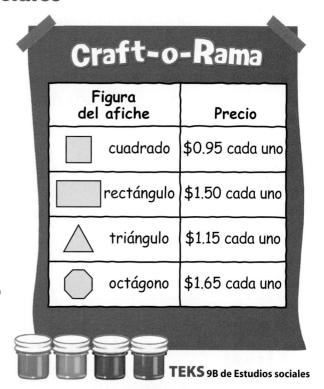

Figura del afiche	Precio
cuadrado	$0.95 cada uno
rectángulo	$1.50 cada uno
triángulo	$1.15 cada uno
octágono	$1.65 cada uno

TEKS 9B de Estudios sociales

10 Roger tiene 2 monedas de veinticinco centavos, 2 monedas de diez centavos y 1 moneda de cinco centavos. ¿Qué grupo de monedas tiene el mismo valor que la cantidad de dinero que tiene Roger?

A 3 monedas de 25 centavos, 1 moneda de 5 centavos

B 2 monedas de 25 centavos, 3 monedas de 5 centavos

C 1 moneda de 25 centavos, 5 monedas de 10 centavos

D 3 monedas de 25 centavos, 1 moneda de 10 centavos

Tecnología — Manipulativos electrónicos

Dinero

Puedes usar la computadora para hallar 5 × $6.

Visita **http://www.eduplace.com/txmap**.

Haz clic en **Coins and Bills** (monedas y billetes).

1 Usa el botón 🔖 para introducir $6 en tu tablero. Para comprobar la cantidad, oprime el botón **1 2 3** .

2 Ahora tu tablero debería verse así.

3 Ahora coloca un total de 4 grupos más de $6 en el tablero.

4 Oprime el botón **1 2 3** para ver cuánto dinero tienes. 5 × $6 = $30

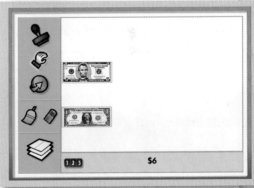

Usa el tablero para resolver los problemas 1 a 3.

1. Morgan gana $5 por cada hora que trabaja. Trabaja durante 4 horas. ¿Cuánto dinero ha ganado?

2. Una familia alquila 3 películas. El alquiler de las películas cuesta $4. ¿Cuánto dinero gastan en películas?

3. Reto Trianna vende 5 brazaletes por hora en su tienda. Cada brazalete cuesta $2. La tienda está abierta por 8 horas. ¿Cuánto gana en un día?

Objetivos 1, 2 y 6 de **TAKS**
TEKS 3.1C, 3.6B, 3.14D, 3.15A

LECCIÓN 4

Objetivos 1 y 6 de **TAKS**
TEKS 3.1C Determinar
el valor de un grupo de billetes
y monedas.
También 3.14A, 3.14B, 3.16B

Resolver problemas: Plan
Cuenta el cambio

Objetivo Calcular el cambio de una determinada cantidad.

★ **Aprender con ejemplos**

La señora Ruiz se detiene en un puesto agrícola al costado de la carretera para comprar fresas. Las fresas cuestan $2.35. Paga con un billete de cinco dólares. ¿Cuánto cambio debe recibir?

COMPRÉNDELO/PLANÉALO

Las fresas cuestan $2.35.
La señora Ruiz paga con un billete de $5.
Cuenta desde el costo de las fresas
hacia arriba hasta la cantidad pagada.

RESUÉLVELO

Empieza con el costo de las fresas.

Cuenta hacia arriba a partir de esa cantidad.
Cuenta las monedas y los billetes hasta llegar
a cinco dólares.

La señora Ruiz debe recibir $2.65 de cambio.

VERIFÍCALO

¿Parece razonable tu respuesta?

Resolver problemas con ayuda

Usa las preguntas para resolver este problema.

1. Luis está en la feria del condado. Compra boletos para subirse a los juegos. Los boletos cuestan $3.15. Luis le da al vendedor un billete de diez dólares. ¿Cuánto cambio recibirá?

   a. **Compréndelo** ¿Cuánto cuestan los boletos? ¿Cuánto dinero le dio Luis al vendedor?

   b. **Planéalo/Resuélvelo** Para calcular cuánto cambio debe recibir Luis, empieza a contar hacia arriba desde $3.15.

   Luis debe recibir [   ] de cambio.

   c. **Verifícalo** ¿Es razonable tu respuesta? ¿Por qué?

 **Hablar de matemáticas** Imagina que tienes un billete de cinco dólares. Explica por qué cuanto menos dinero gastes, más cambio recibirás.

Práctica para resolver problemas

Usa los artículos que están a la derecha para los problemas 2 a 5.

2. Alan compra un tubo de pasta de dientes. Paga $3. ¿Cuánto cambio debe recibir?

3. Meg compra una bolsa de alpiste. Paga con un billete de diez dólares. ¿Cuánto cambio debe recibir? Enumera la menor cantidad de monedas y billetes que podría recibir.

4. **Sigue los pasos** Jamil compra un bloc de notas. Paga $1. Después usa el cambio para comprar una goma de borrar. ¿Cuánto dinero le queda a Jamil del billete de un dólar que usó para pagar?

5. Anita compra una revista de cocina. Paga $5.00. ¿Recibe suficiente cambio para comprar el libro de crucigramas que cuesta $2.00? Explica tu respuesta.

San Antonio

El paseo River Walk en San Antonio se comenzó en el año 1939. El paseo tenía más de 17,000 pies de senderos.

Puedes dar una vuelta en bote por el paseo River Walk.

Usa los datos de esta página para resolver los problemas.

6. ¿Cuál de los relojes muestra la hora de comienzo del desfile?

A 　　B 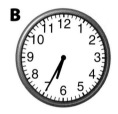　　C 　　D

7. Juan y Paul quieren un globo del desfile para cada uno. Su padre les da un billete de $20. ¿Cuánto cambio reciben?

8. La oficina de ventas vendió 250 boletos el lunes, 300 boletos el martes y 350 boletos el miércoles. Si este patrón continúa, ¿cuántos boletos venderán el sábado?

9. Reto La familia Santos, de 3 miembros, quiere comprar boletos para el desfile. Deciden comprar boletos de $12. María tiene 3 billetes de veinte dólares. ¿Cuánto cambio debe recibir?

DESFILE EN EL RÍO

Un evento especial de la primavera

23 de abril a las 7:30 p.m.

Precios de los boletos:
$10, $12, $15, $20, $22

Sombreros del desfile: $6.25
Globos del desfile: $2.00

10. Paul vio 52 carrozas en el desfile de la Batalla de las Flores y 47 carrozas en el desfile de Flambeau. ¿Cuántas carrozas vio en total?

11. Paul y Juan compraron sombreros del desfile. Su padre les dio un billete de diez dólares y un billete de cinco dólares. ¿Cuánto cambio recibieron?

Crea y resuelve

12. Juan contó el número de bandas en cada uno de los 3 desfiles. Después escribió un problema en palabras.

Resuelve el problema usando los datos de la tabla.

> Había 25 miembros en cada banda. ¿Cuántas personas tocaron en las bandas del paseo River Walk?

13. Escribe tu propio problema.

14. Escribe la solución de tu problema en una hoja aparte.

15. Intercambia los problemas con un compañero. Intenten resolver el problema del otro.

Tuba

Fiesta	
Desfile	**Número de bandas**
River Walk	5
La batalla de las flores	10
Flambeau	8

Práctica para TAKS **Selección múltiple**

16 Jordyn compró un libro que costaba $5.85. Si pagó con un billete de diez dólares, ¿cuánto cambio debe recibir?

A $4.05　　B $4.15
C $4.25　　D $5.25

Consejo para TAKS
Empieza con la moneda o el billete de mayor valor para que la suma sea más fácil.

Vocabulario de [TAKS]

Puedes usar monedas para representar problemas.

Cuando regresaba de la escuela, Janine compró una banana por 25 centavos. Le dio al empleado un **billete de un dólar**. ¿Cuánto cambio debe recibir Janine?

Observa las monedas que hay en cada recuadro. Si el empleado le dio estas monedas a Janine, ¿le dio el cambio correcto?

Puedes responder:

- cambio exacto.
- demasiado cambio.
- poco cambio.

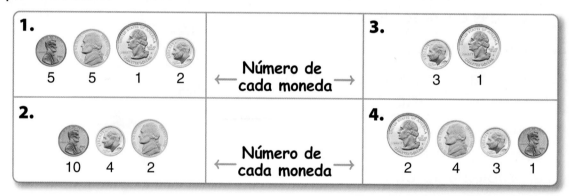

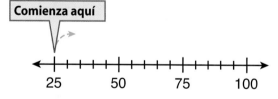

5. Copia la recta numérica. Muestra cómo usarla para darle a Janine el cambio que se muestra en el recuadro 1.

Escribir Observa las monedas del recuadro 4. Sin contar el valor de estas monedas, ¿cómo podrías saber que el cambio que se muestra es incorrecto?

Leer Busca libros relacionados con este concepto en tu biblioteca.

Objetivo 6 de [TAKS]

TEKS 3.15A Explicar y anotar observaciones utilizando objetos, palabras, dibujos, números y tecnología.

3.15B Relacionar el lenguaje informal con el lenguaje y los símbolos matemáticos.

Práctica adicional basada en los estándares

Conjunto A Objetivo 1 de TAKS TEKS 3.1C página 416

Completa las cantidades que faltan. El primer ejercicio ya está completo.

1. 1 dólar   100 centavos   100¢ $1.00

2. ▪   25 centavos   25¢   ▪

3. 1 moneda de   ▪   ▪ $0.10
diez centavos

4. ▪   1 centavo   ▪   ▪

Conjunto B Objetivo 1 de TAKS TEKS 3.1C página 418

Escribe las cantidades con el signo de dólar y un punto decimal. Recuerda contar desde el dinero de mayor valor hasta el de menor valor.

1. Un dólar, 1 moneda de 25 centavos, 2 monedas de 5 centavos y 3 monedas de 1 centavo

2. Tres dólares, 1 moneda de 50 centavos y 6 monedas de 1 centavo

3. Tres monedas de 25 centavos, 1 dólar, 4 monedas de 10 centavos y 1 moneda de 1 centavo

Resuelve.

4. Justifica Joe tiene 5 monedas de un centavo, 3 monedas de diez centavos y 2 monedas de veinticinco centavos en el bolsillo. ¿Tiene dinero suficiente para comprar un paquete de caramelos que cuesta $0.75? Justifica tu respuesta.

Conjunto C Objetivo 1 de TAKS TEKS 3.1C página 420

Compara las cantidades. Usa >, < ó = para que las oraciones sean verdaderas.

1. $0.25 ⬭ veinticinco centavos   **2.** 35¢ ⬭ treinta centavos

3. moneda de ⬭ $0.01   **4.** $1.00 ⬭ $0.10   **5.** $0.05 ⬭ $0.50
un centavo

6. Compara Marisa tenía una moneda de 25 centavos. Laurie tenía la misma cantidad de dinero pero tenía tres monedas. ¿Qué monedas tenía?

Education Place
Visita www.eduplace.com/txmap/, donde
encontrarás más **práctica adicional**.

Capítulo 19 Práctica adicional   **429**

Repaso/Examen del capítulo

Vocabulario y conceptos

Escoge el mejor término para completar las oraciones.

1. Un _____ es igual a 100 monedas de un centavo.

2. Un dólar es igual a cuatro _____.

3. 10 monedas de 10 centavos y 1 dólar son _____.

Banco de palabras

cantidades equivalentes

dólar

monedas de 25 centavos

monedas de 50 centavos

Escribe las cantidades usando el signo de dólar y el punto decimal.

4. Dos dólares con sesenta centavos

5.

6. Tres monedas de 5 centavos, 2 monedas de 10 centavos y 1 moneda de 1 centavo

Compara. Escribe >, < ó = en cada ⬤.

7. $1.75 ⬤ $1.89

8. $2.50 ⬤ $3.14

Resolver problemas y razonamiento

Resuelve.

9. Emilio tiene 2 monedas de cinco centavos y 3 monedas de un centavo. Ryan tiene 1 moneda de diez centavos y 1 moneda de cinco centavos. ¿Quién tiene más dinero?

10. Janice compró un juguete con 6 monedas de 50 centavos, 2 monedas de 10 centavos y 1 moneda de 5 centavos. ¿Cuánto costó el juguete?

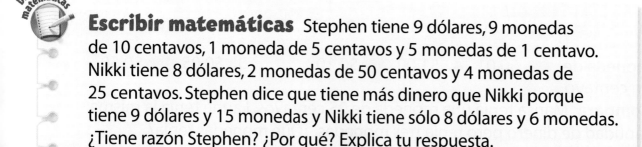

Diario de matemáticas

Escribir matemáticas Stephen tiene 9 dólares, 9 monedas de 10 centavos, 1 moneda de 5 centavos y 5 monedas de 1 centavo. Nikki tiene 8 dólares, 2 monedas de 50 centavos y 4 monedas de 25 centavos. Stephen dice que tiene más dinero que Nikki porque tiene 9 dólares y 15 monedas y Nikki tiene sólo 8 dólares y 6 monedas. ¿Tiene razón Stephen? ¿Por qué? Explica tu respuesta.

Preparación para *TAKS* y repaso frecuente

1 Tamara compró 30 calcomanías. Luego regaló la misma cantidad de calcomanías a 5 amigas. ¿Qué oración numérica muestra cuántas calcomanías recibió cada amiga?

A $30 + 5 = 35$

B $30 - 5 = 25$

C $30 \times 5 = 150$

D $30 \div 5 = 6$

Objetivo 1 de *TAKS* TEKS 3.4C página 344

2 ¿Qué oración numérica pertenece a la misma familia de operaciones que $12 \div 2 = 6$?

F $2 \times 6 = 12$

G $12 \times 6 = 72$

H $2 + 12 = 14$

J $6 + 2 = 8$

Consejo para *TAKS*

Busca la opción de respuesta que usa los mismos números que la oración numérica del problema.

Objetivo 2 de *TAKS* TEKS 3.6C página 374

3 **Respuesta con cuadrícula**
Jonah tiene 25 libros. Tiene 7 libros más sobre animales que libros sobre deportes. ¿Cuántos libros de deportes tiene?

Objetivo 6 de *TAKS* TEKS 3.14C página 130

4 El señor Chu tiene 7 caballos. Cada caballo necesita 4 herraduras, lo que da un total de 28 herraduras. ¿Cuál de estas oraciones numéricas **NO** pertenece a esta familia de operaciones?

A $11 = 7 + 4$

B $28 = 4 \times 7$

C $7 = 28 \div 4$

D $28 = 7 \times 4$

Objetivo 2 de *TAKS* TEKS 3.6C página 374

5 **Respuesta con cuadrícula**
Quince personas fueron al zoológico en 3 carros. En cada carro había el mismo número de personas.

Completa la oración numérica para mostrar cuántas personas había en cada carro.

$$15 \div 3 = \blacksquare$$

Objetivo 1 de *TAKS* TEKS 3.4C página 344

Education Place
Visita www.eduplace.com/txmap/, donde encontrarás **consejos para tomar exámenes** y más **práctica para TAKS.**

Multiplicar por números de un dígito

Comprueba lo que sabes

Vocabulario y conceptos páginas 120 y 122

Escoge la mejor palabra para completar las oraciones.

1. Puedes _____ 10 unidades como 1 decena.

2. Si no necesitas saber la respuesta exacta, puedes _____.

Banco de palabras

arreglo

estimar

multiplicar

reagrupar

Cálculos

Halla los productos. páginas 288 a 309

3. 2×0 4. 10×0 5. 3×3 6. 7×7

Redondea a la decena más cercana. páginas 52 a 55

7. 76   8. 84   9. 32

Resolver problemas y razonamiento páginas 300 y 301
Resuelve.

10. Escribe por lo menos 3 oraciones numéricas que describan el arreglo de la derecha.

Vocabulario de TAKS

¡Visualízalo!

producto

Resultado de una multiplicación

Multiplica por 5 y por 10

Contar salteado te puede ayudar a recordar las tablas de multiplicación del cinco y del diez.

¿Cuál es el producto de 7 × 5?

Haz un modelo para los grupos de 5. Luego, cuenta salteado de 5 en 5.

Mi mundo bilingüe

Las palabras que se parecen en español y en inglés muchas veces tienen el mismo significado.

Español	Inglés
estimar	estimate
reagrupar	regroup
múltiplo	multiple
producto	product

Consulta el **Glosario español–inglés**, páginas 576 a 588.

5	10	15	20	25	30	35

Education Place Visita www.eduplace.com/txmap/, donde encontrarás el **glosario electrónico**.

Objetivo 6 de TAKS **TEKS 3.15B** Relacionar el lenguaje informal con el lenguaje y los símbolos matemáticos.

Capítulo 20   433

Objetivos 1 y 6 de *TAKS*

TEKS 3.4A Aprender y aplicar las tablas de multiplicación hasta 12 por 12 utilizando modelos concretos y objetos.

3.4B Resolver y anotar problemas de multiplicación (hasta dos dígitos por un dígito).

También 3.14D, 3.15A

Vocabulario de *TAKS*

producto

Materiales
• Bloques de base diez
• Tableros 1 y 3
• Manipulativos electrónicos
 www.eduplace.com/txmap/
 (opcional)

Dato divertido

Edwin Binney y C. Harold Smith inventaron los primeros crayones en el año 1903.

Aplícalo
Ejemplos de multiplicación

Objetivo Usar bloques de base diez para multiplicar números.

★ Explorar

Hasta ahora has aprendido a multiplicar con números de un dígito.

Pregunta ¿Cómo puedes usar bloques de base diez para multiplicar un número de un dígito por un número de dos dígitos?

Imagina que tienes 3 grupos de 23 crayones. ¿Cuántos crayones tendrías?

Halla 3×23.

1 Usa bloques de base diez para hallar 3×23.
Muestra 3 grupos de 23.

Cada grupo muestra 2 decenas y 3 unidades.

• ¿Cuántos bloques de decenas usaste?

• ¿Cuántos bloques de unidades usaste?

2 Anota tu respuesta en una tabla de valor de posición como ésta.

$3 \times 23 = \bigcirc$

decenas	unidades

¿Cuál es el **producto** de 3 por 23?

Tendrías 69 crayones.

¿Qué pasaría si tuvieras 2 cajas de 24 crayones?
¿Cuántos crayones tendrías?

1 Ahora usa bloques de base diez para hallar 2 × 24. Muestra 2 grupos de 24.

- ¿Cuántos bloques de decenas usaste?
- ¿Cuántos bloques de unidades usaste?

2 Anota las decenas y las unidades en una tabla de valor de posición.

decenas	unidades

Tendrías ◯ crayones.

★ Extender

Escribe la oración de multiplicación que representan los bloques.

1.

2.

Usa bloques de base diez para hallar los productos.

3. 4 × 22   **4.** 2 × 23   **5.** 2 × 44   **6.** 3 × 11

7. 2 × 34   **8.** 3 × 13   **9.** 4 × 21   **10.** 2 × 34

Resuelve.

11. La clase del maestro Lin bebió 21 cartones de leche por día durante 4 días. ¿Bebieron más o menos de 80 cartones en esos 4 días? ¿Cómo lo sabes?

Diario de matemáticas

Escribir matemáticas

Compara ¿Cuánto más grande es el producto de 4 por 22 que el producto de 3 por 22? Explica cómo lo sabes.

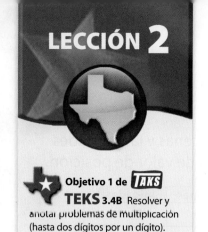

Objetivo 1 de TAKS

TEKS 3.4B Resolver y anotar problemas de multiplicación (hasta dos dígitos por un dígito).

3.5A Redondear números enteros a la decena o centena más cercana para aproximar resultados razonables de problemas.

También 3.4A

Consejo de vocabulario

Una **estimación** es una respuesta que se aproxima a la cantidad exacta.

Estimar productos

Objetivo Redondear números para estimar productos.

★ Aprender con ejemplos

Si compras leche a fines del siglo XIX, recibías botellas de vidrio. Ahora tenemos envases de cartón que no se quiebran ni se rompen.

La jefa de la cafetería de la escuela Baker pide 28 envases de leche por semana. Aproximadamente, ¿cuántos envases pide en 5 semanas?

"Aproximadamente" significa que puedes hacer una **estimación**. Una manera de estimar es redondear y multiplicar.

Dato divertido

El primer envase de cartón para la leche se inventó en 1915.

1 Primero redondea 28 a la decena más cercana.

28 se redondea a ◯.

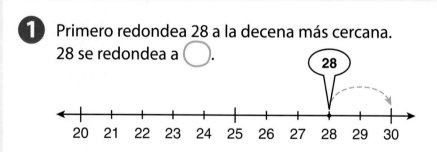

2 Luego, usa operaciones básicas para multiplicar.

28   se redondea a→   30
× 5   × 5

Usa 5 × 3 para estimar el producto de 5 × 30.

5 × 3 = 15
5 × 30 = 150

Por lo tanto, 5 × 28 es *aproximadamente* ◯.

La jefa de la cafetería pide aproximadamente ◯ envases de leche en 5 semanas.

Práctica guiada

Estima los productos.

1. 65×2 **2.** 24×7 **3.** 43×3

 Hablar de matemáticas Vuelve a leer el ejercicio 1. ¿Cómo sabes si el producto estimado es mayor o menor que la respuesta exacta?

Piénsalo

¿Redondeé el número de dos dígitos a la decena más cercana antes de multiplicar?

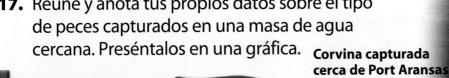 **Practicar y resolver problemas**

Estima los productos.

4. 42×5 **5.** 85×6 **6.** 28×8 **7.** 35×3 **8.** 23×6

9. 6×28 **10.** 5×45 **11.** 4×28 **12.** 2×56 **13.** 5×24

Conexión con las ciencias

La gráfica muestra los peces capturados por la tripulación de un barco pesquero. Usa la gráfica para resolver los problemas 14 a 16.

14. Aproximadamente, ¿cuántos atunes se capturaron?

15. Aproximadamente, ¿cuántos peces capturó hoy el barco pesquero?

16. **Reto** Si el barco pesquero captura la misma cantidad de corvinas durante 5 días seguidos, aproximadamente, ¿cuántas corvinas capturará?

17. Reúne y anota tus propios datos sobre el tipo de peces capturados en una masa de agua cercana. Preséntalos en una gráfica.

Peces capturados en el golfo de México en el día de hoy	
Atún	🐟 🐟 🐟 🐟
Corvina	🐟 🐟
Salmón	🐟 🐟 🐟
Cada 🐟 equivale a 13 peces.	

Objetivo 5 de TAKS
TEKS 3.13A, 3.13B
9A de Ciencias

Corvina capturada cerca de Port Aransas

Práctica para TAKS | Respuesta con cuadrícula

18 Cada uno de los pisos de un hotel tiene 16 habitaciones de huéspedes. El hotel tiene 6 pisos. Aproximadamente, ¿cuántas habitaciones de huéspedes tiene el hotel?

Para **Práctica adicional** consulta la página 449, Conjunto B.   **Capítulo 20** Lección 2   **437**

★ **Objetivos 1 y 6 de** [TAKS]

TEKS 3.4B Resolver y anotar problemas de multiplicación (hasta dos dígitos por un dígito).

3.15A Explicar y anotar observaciones utilizando objetos, palabras, dibujos, números y tecnología.

Vocabulario de [TAKS]

reagrupar

Materiales
• Bloques de base diez
• Manipulativos electrónicos www.eduplace.com/txmap/ (opcional)

Aplícalo
Multiplicar reagrupando

Objetivo Multiplicar números de dos dígitos por números de un dígito con y sin reagrupamiento.

★ Aprender con manipulativos

Johann Gutenberg inventó la imprenta en 1436. Antes, los libros se tenían que escribir a mano.

Imagina que Gutenberg quería imprimir 14 copias de 3 libros diferentes. ¿Cuántos libros imprimiría?

Represéntalo	Escríbelo

1 Usa bloques de base diez para mostrar 3 grupos de 14.

$$\begin{array}{r} 14 \\ \times\ 3 \\ \hline \end{array}$$

2 Multiplica las unidades.

3 unidades × 4 unidades = 12 unidades

> Cuando el número de bloques de unidades es 10 o más de 10, debes **reagrupar** 10 unidades como 1 decena.

Reagrupa.

12 unidades = 1 decena y 2 unidades

$$\begin{array}{r} {\scriptstyle 1} \\ 14 \\ \times\ 3 \\ \hline 2 \end{array}$$

12 unidades

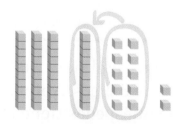

	Represéntalo	**Escríbelo**

3 Multiplica las decenas.

3×1 decena $= 3$ decenas

Suma la decena reagrupada.

3 decenas + 1 decena =
4 decenas

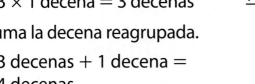

$$\overset{1}{1}4$$
$$\times\ 3$$
$$4\,2$$

← 4 decenas

Gutenberg imprimiría 42 libros.

★ Práctica guiada

Usa los bloques de base diez para hallar los productos.

1. 4×15

2. 3×13

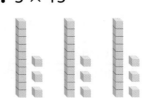

Piénsalo
- ¿Qué multiplico primero?
- ¿Debo reagrupar las unidades? ¿y las decenas?
- ¿Debo sumar las decenas reagrupadas?

 Hablar de matemáticas ¿Cuál es el número máximo de unidades que se pueden tener antes de que sea necesario reagrupar? Explica tu respuesta.

★ Practicar y resolver problemas

Usa bloques de base diez para hallar los productos.

3. 2×23 **4.** 5×14 **5.** 2×38 **6.** 3×25 **7.** 4×18

 Práctica para TAKS **Respuesta con cuadrícula**

8 María invitó a 14 niños a su fiesta. Si entregó 3 bolsitas con sorpresas a cada niño, ¿cuántas bolsitas repartió?

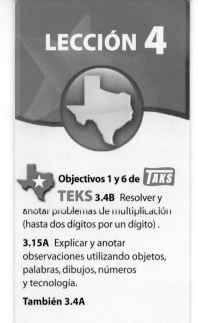

Objectivos 1 y 6 de **TAKS**

TEKS 3.4B Resolver y anotar problemas de multiplicación (hasta dos dígitos por un dígito).

3.15A Explicar y anotar observaciones utilizando objetos, palabras, dibujos, números y tecnología.

También 3.4A

Multiplicar números de dos dígitos

Objetivo Multiplicar números de dos dígitos por números de un dígito para hallar productos mayores que 100.

★ **Aprender con ejemplos**

En 1887 John Boyd Dunlop usó neumáticos de caucho en el triciclo de su hijo. Más tarde, se comenzaron a usar para los carros. ¿Cuántos neumáticos se necesitan para 28 carros?

Carretera en Austin

Dibújalo	**Escríbelo**

1 Piensa en 28 grupos de 4.

$$\begin{array}{r} 28 \\ \times\ 4 \\ \hline \end{array}$$

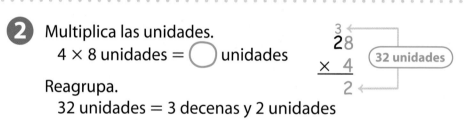

2 Multiplica las unidades.

    4 × 8 unidades = ◯ unidades

Reagrupa.

    32 unidades = 3 decenas y 2 unidades

$$\begin{array}{r} {}^{3}2\!8 \\ \times\ 4 \\ \hline 2 \end{array}$$ ⟨32 unidades⟩

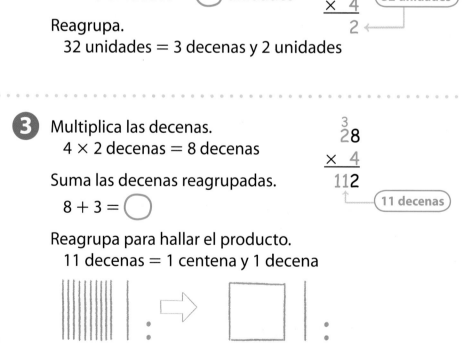

3 Multiplica las decenas.

    4 × 2 decenas = 8 decenas

Suma las decenas reagrupadas.

    8 + 3 = ◯

Reagrupa para hallar el producto.

    11 decenas = 1 centena y 1 decena

$$\begin{array}{r} {}^{3}2\!8 \\ \times\ 4 \\ \hline 112 \end{array}$$ ⟨11 decenas⟩

Se necesitan ☐ neumáticos para 28 carros.

Multiplica. Si necesitas ayuda, haz dibujos rápidos.

1.
44
× 5

2.
36
× 4

3.
57
× 2

4.
20
× 9

5. 2 × 89   6. 2 × 68   7. 7 × 19   8. 4 × 25

Piénsalo

• ¿Debo reagrupar las unidades? ¿y las decenas?

• ¿Debo sumar las unidades reagrupadas? ¿y las decenas?

Resolver problemas con ayuda

9. Elliot competirá en una carrera de sillas de ruedas el sábado. Las sillas de ruedas para carreras suelen tener 3 ruedas. Si compiten 45 personas, ¿cuántas ruedas habrá en total?

a. **Compréndelo** ¿Cuántas ruedas tiene una silla de ruedas para carreras? ¿Cuántas sillas de ruedas participan en la carrera?

b. **Planéalo** ¿Qué debes hallar? Explica por qué debes multiplicar para resolver el problema.

c. **Resuélvelo** Escribe la oración de multiplicación.

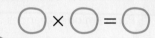

Hay ◯ ruedas en total.

d. **Verifícalo** ¿Puedes comprobar tu respuesta de una manera diferente?

 Hablar de matemáticas Compara los productos cuando tienes que reagrupar 10 decenas como 1 centena y cuando no tienes que reagrupar las decenas.

★ **Practicar y resolver problemas**

Multiplica. Si necesitas ayuda, haz dibujos rápidos.

10.
34
× 5

11.
33
× 4

12.
57
× 2

13.
63
× 4

14.
44
× 4

15. 4 × 41   16. 5 × 32   17. 6 × 25   18. 3 × 54   19. 2 × 75

Completa las tablas.

Regla: Multiplicar por 6	
Número de insectos	Número de patas
21	126
20. 25	
21. 30	
22. 33	

Regla: Multiplicar por 3	
Número de triciclos	Número de neumáticos
23.	30
72	216
24. 85	
25. 90	

 ## Conexión con la información

Usa la gráfica para resolver los problemas 26 a 29.

26. La gráfica muestra la cantidad de clientes que entraron a comprar a una tienda de neumáticos en un día. ¿Cuántos clientes compraron neumáticos?

27. Razonamiento ¿Cuántos clientes más compraron neumáticos para carros que neumáticos para camionetas? ¿Cómo calculaste la respuesta?

28. Imagina que 12 clientes más escogieron neumáticos para carros. ¿Cómo sería la nueva fila de los neumáticos para carros?

29. Reto Escribe una oración numérica que muestre el número total de clientes que no compraron neumáticos para camionetas.

Clientes de neumáticos

Tipo de neumático	Número de clientes
Para carros	
Para camionetas	
Para camiones grandes	

Cada equivale a 6 clientes.

30 El tercer grado de la escuela Lombard tiene 5 clases de 22 estudiantes cada una. ¿Cuántos estudiantes hay en el tercer grado de la escuela Lombard?

A 27

B 100

C 110

D 1,110

Consejo para TAKS

Primero estima para descartar cualquier respuesta que no sea razonable.

Para **Práctica adicional** consulta la página 449, Conjunto C.

Tecnología

Calculadora

$42 \times 7 = ?$
$23 \times 4 = ?$
$74 \times 3 = ?$
$32 \times 7 = ?$

Cálculos curiosos

Agrupa los siguientes dígitos de manera que formen el producto más grande posible. Usa la calculadora como ayuda.

1. Dígitos: 2, 5, 6

2. Dígitos: 1, 2, 4

3. Dígitos: 1, 3, 7

4. Dígitos: 3, 4, 5

5. Dígitos: 2, 4, 9

6. Dígitos: 5, 6, 9

7. Escríbelo ¿Cómo se pueden ordenar los dígitos para obtener siempre el producto más grande?

Multiplica por 5 los números de los ejercicios 8 a 13. Luego, resta 12 de los productos.

¡Yo me voy de aquí!

¡Yo también!

Une el resultado con una letra y resuelve el acertijo.

8. 28 **9.** 41 **10.** 95 **11.** 76 **12.** 33 **13.** 68

CLAVE:	15	25	75	128	153	193	258	305	328	350	368	463
	P	H	U	A	T	L	O	R	I	Q	D	M

ACERTIJO: ¿Qué obtienes si divides un número entre 2?

___ ___ ___ ___ ___ ___ ___
9   8   10 13 12 8   11

Objetivo 6 de **TAKS**
TEKS 3.14D

LECCIÓN 5

Objetivos 1 y 6 de TAKS
TEKS 3.14C Seleccionar ó desarrollar un plan o una estrategia de resolución de problemas apropiado en el que el estudiante haga un dibujo, busque un patrón, adivine y compruebe sistemáticamente, haga una dramatización, elabore una tabla, resuelva un problema más sencillo o trabaje desde el final hasta el principio para resolver un problema.

También 3.14A, 3.14B, 3.3A, 3.4B

Resolver problemas: Estrategia
Resuelve un problema más sencillo

Objetivo Resolver un problema más sencillo.

★ **Aprender con ejemplos**

Mike inventa una máquina para hacer la tarea. Usa la máquina 159 veces. Su amigo Joe la usa 105 veces. La máquina usa 3 hojas de papel cada vez. ¿Cuántas hojas se usaron en total?

COMPRÉNDELO

Mike usa la máquina 159 veces. Joe la usa 105 veces. La máquina usa 3 hojas de papel cada vez.

PLANÉALO/RESUÉLVELO

Usa números más fáciles para decidir cómo resolver el problema.
Resuelve un problema más sencillo.

1 Escoge números más fáciles. ¿Qué pasaría si Mike hubiera usado la máquina 3 veces y Joe, 2 veces?

Suma, luego multiplica.

$$\begin{array}{r} 3 \\ + 2 \\ \hline 5 \end{array} \qquad \begin{array}{r} 5 \\ \times 3 \\ \hline 15 \end{array}$$

2 Vuelve a leer el problema. Resuélvelo usando los números originales.

Suma, luego multiplica.

$$\begin{array}{r} 159 \\ + 105 \\ \hline 264 \end{array} \qquad \begin{array}{r} 264 \\ \times 3 \\ \hline 792 \end{array}$$

Se usaron 792 hojas de papel.

VERIFÍCALO

¿Tiene sentido la solución?

444

★ Resolver problemas con ayuda

Usa las preguntas para resolver este problema.

1. La feria de la escuela duró 3 días. Cada día se ganaron $98. ¿Cuánto dinero sobró después de pagar la comida y los premios?

   a. **Compréndelo** ¿Qué datos conozco?

   b. **Planéalo** ¿Puedo resolver un problema más sencillo?

   c. **Resuélvelo** Usa números más sencillos para representar el problema. Luego, resuélvelo con los números del problema.

   d. **Verifícalo** ¿Tiene sentido la respuesta?

Gastos de la feria de la escuela	
Comida	$125
Premios	$84

 Hablar de matemáticas ¿Cómo te ayuda usar números más pequeños a decidir cómo resolver un problema?

★ Práctica para resolver problemas

2. En la feria había una rueda gigante que medía 60 yardas de perímetro. Cada vez se daban 4 vueltas. ¿Cuántas yardas viajaste?

3. La rueda gigante tiene 16 asientos. En la primera vuelta había 12 asientos vacíos. En la segunda había 10 asientos vacíos. En la tercera había 6 asientos vacíos. ¿Cuántos asientos estaban ocupados en los tres viajes?

4. Si se pueden subir 98 personas por hora a la rueda, ¿cuántas personas se pueden subir en 4 horas?

5. **Reto** Ashley ganó puntos en un juego de la feria. Marvin ganó 3 veces más puntos que Ashley. En total ganaron 800 puntos. ¿Cuántos puntos ganó Marvin?

La Feria Estatal de Texas se celebra cada otoño en el recinto ferial de Dallas.

La estrella de Texas es la mayor rueda gigante de Norteamérica. Se encuentra en la Feria Estatal de Texas, en Dallas.

Usa la información de esta página para resolver los problemas.

6. La familia Jefferson va a la Feria Estatal de Texas. Son 2 adultos, 1 adulto mayor y 2 niños. Uno de los niños mide 42 pulgadas de estatura. El otro tiene 1 año. ¿Cuánto pagará la familia por entrar a la feria?

7. Los Jefferson vuelven a la feria. Esta vez van en un grupo de 25 personas. ¿Cuánto les costará entrar a la feria con las tarifas de grupo?

8. Una familia de cuatro personas paga $40 por entrar a la feria. No van en un grupo. No hay adultos mayores en la familia. Identifica las categorías de boleto para cada uno de los cuatro miembros de la familia.

Precios de los boletos de la Feria Estatal		
Nombre	**Boleto individual**	**Grupos de 20 o más personas**
Adultos	$13	$11
Niños (menos de 48 pulgadas)	$9	$8
Niños (menores de 2 años)	Gratis	Gratis
Adultos mayores (mayores de 60 años)	$9	$8

Resolver problemas de TAKS

1   ¿Cuál es el valor total de la siguiente cantidad de dinero?

   A $8.20

   B $7.90

   C $7.50

   D $7.20

Objetivo 1 de TAKS TEKS 3.1C página 418

2   **Respuesta con cuadrícula**
Lester puede recolectar 8 pintas de arándanos en una hora.

Horas	Pintas
1	8
2	16
3	24
4	32
5	

¿Cuántas pintas de arándanos puede recolectar Lester en 5 horas?

Objetivo 1 de TAKS TEKS 3.4A página 282

3   La siguiente tabla muestra cinco ciudades de Texas y sus poblaciones.

Ciudad	Población
Arlington	332,969
Beaumont	113,866
Carrollton	109,576
Fort Worth	534,694
Laredo	176,576

¿Cuál es el orden correcto de las ciudades desde la de mayor hasta la de menor población?

   F Fort Worth, Arlington, Laredo, Beaumont, Carrollton

   G Fort Worth, Beaumont, Laredo, Carrollton, Arlington

   H Carrollton, Beaumont, Laredo, Arlington, Fort Worth

   J Fort Worth, Arlington, Laredo, Carrollton, Beaumont

Objetivo 1 de TAKS TEKS 3.1B página 48

4   **Respuesta con cuadrícula**
Lisa encesta tres tiros de 3 puntos y cinco tiros de 2 puntos jugando al baloncesto. También encesta tres tiros libres que valen 1 punto cada uno. ¿Cuántos puntos anotó Lisa?

Objetivo 1 de TAKS TEKS 3.3B, 3.4A página 118, 280

Education Place
Visita www.eduplace.com/txmap/, donde encontrarás
consejos para tomar exámenes y más **práctica para TAKS.**

Leer y escribir matemáticas

Vocabulario de TAKS

Cuando **multiplicas**, saber algunas reglas especiales, o propiedades, te puede ayudar a hallar la respuesta correcta.

Observa los problemas de multiplicación de cada recuadro. Todos los productos son correctos.

Recuadro 1

$0 \times 1 = 0$ $4 \times 0 = 0$ $50 \times 0 = 0$ $0 \times 8,769,342 = 0$

1. Observa el recuadro 1. Escribe una regla sobre multiplicar cualquier factor por 0. ____?____

Recuadro 2

$1 \times 1 = 1$ $4 \times 1 = 4$ $1 \times 8,769,342 = 8,769,342$

2. Observa el recuadro 2. Escribe una regla sobre multiplicar cualquier factor por 1. ____?____

Recuadro 3

$5 \times 7 = 35$ $9 \times 6 = 54$ $4 \times 9 = 36$ $10 \times 7 = 70$
$7 \times 5 = 35$ $6 \times 9 = 54$ $9 \times 4 = 36$ $7 \times 10 = 70$

3. Observa el recuadro 3. Escribe una regla sobre cómo el orden de los factores en un problema de multiplicación puede alterar el producto. ____?____

Escribir ¿Cuál es el producto de 1×0? ¿Cuál de tus reglas se aplica a este problema? ¿Tienes que cambiar alguna regla?

Leer Busca libros relacionados con este concepto en tu biblioteca.

Objetivo 6 de TAKS
TEKS 3.15A Explicar y anotar observaciones utilizando objetos, palabras, dibujos, números y tecnología.

3.15B Relacionar el lenguaje informal con el lenguaje y los símbolos matemáticos.

Práctica adicional basada en los estándares

Conjunto A ———————————————— Objetivo 1 de *TAKS* TEKS 3.4A, 3.4B página 434

Multiplica. Si necesitas ayuda, usa bloques de base diez.

1. 4 × 22   **2.** 2 × 25   **3.** 5 × 18   **4.** 3 × 16   **5.** 2 × 44

6. 3 × 27   **7.** 6 × 16   **8.** 4 × 21   **9.** 5 × 19   **10.** 7 × 13

11. Siete niños están juntando caracoles en la playa. Cada uno juntó 8 caracoles. ¿Cuántos caracoles juntaron en total?

Conjunto B ———————————————— Objetivo 1 de *TAKS* TEKS 3.4A, 3.4B, 3.5A página 436

Estima los productos. Recuerda redondear hacia abajo o hacia arriba los factores mayores que 10.

1. 12 × 5   **2.** 37 × 4   **3.** 53 × 7   **4.** 18 × 6   **5.** 66 × 6

6. 83 × 6   **7.** 57 × 5   **8.** 48 × 8   **9.** 37 × 6   **10.** 73 × 8

11. Cada estudiante puede usar 9 caracoles para decorar un portarretratos. Aproximadamente, ¿cuántos caracoles tendría que tener la maestra Jones para sus 23 estudiantes?

Conjunto C ———————————————— Objetivo 1 de *TAKS* TEKS 3.4A, 3.4B página 440

Multiplica. Si necesitas ayuda, usa una estrategia o bloques de base diez.

1. 26 × 3   **2.** 27 × 9   **3.** 14 × 5   **4.** 29 × 4   **5.** 18 × 4

6. 56 × 3   **7.** 28 × 5   **8.** 17 × 9   **9.** 33 × 8   **10.** 86 × 4

11. Cerca de la playa hay varios grupos de peces. Hay 26 peces en cada uno de los 6 grupos. ¿Cuántos peces hay cerca de la playa?

Education Place
Visita www.eduplace.com/txmap/, donde encontrarás más **práctica adicional**.

Repaso/Examen del capítulo

Vocabulario y conceptos

Escoge la mejor palabra para completar las oraciones.

> **Banco de palabras**
> estimación
> producto
> reagrupamiento

1. Una _____ es una respuesta que se aproxima a la cantidad exacta.

2. Cuando multiplicas dos números, el resultado es el _____.

Cálculos

Estima los productos.

3. $\begin{array}{r} 38 \\ \times\ 2 \\ \hline \end{array}$	**4.** $\begin{array}{r} 42 \\ \times\ 5 \\ \hline \end{array}$	**5.** $\begin{array}{r} 72 \\ \times\ 4 \\ \hline \end{array}$	**6.** $\begin{array}{r} 57 \\ \times\ 3 \\ \hline \end{array}$	**7.** $\begin{array}{r} 29 \\ \times\ 6 \\ \hline \end{array}$

Multiplica.

8. 22×3 **9.** 45×5

10. 31×5 **11.** 52×3

12. 83×2 **13.** 64×5

Resolver problemas y razonamiento

Resuelve.

14. Ramona quiere comprar 18 libros en la feria de libros de la escuela. Cada libro cuesta $3. Estima cuánto dinero necesitará.

15. Quinn recibe 4 revistas de ciencias naturales de edición semanal. Cada revista tiene 52 números por año. ¿Cuántas revistas recibirá Quinn en un año?

Diario de matemáticas

Escribir matemáticas Derrick dice que 27×4 es 828. ¿Cuál fue su error? ¿Cómo puede corregirlo? Explica tu respuesta.

Preparación para TAKS y repaso frecuente

1 ¿Qué figura **NO** tiene un eje de simetría?

A

B

C

D

Objetivo 3 de TAKS TEKS 3.9C página 210

2 ¿Qué sombrero tiene un eje de simetría?

F
G
H
J

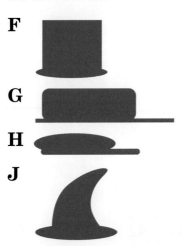

Objetivo 3 de TAKS TEKS 3.9C página 210

3 **Respuesta con cuadrícula**
¿Cuál es el valor de las siguientes monedas?

Objetivo 1 de TAKS TEKS 3.1C página 416

4 La siguiente tabla muestra los crayones que tiene Molly.

Colores	Número de crayones
Rojo	4
Azul	2
Verde	3

Si un 🖍 equivale a 2 crayones, ¿qué gráfica coincide con los datos que se muestran en la tabla de arriba?

A

Colores	Número de crayones
Rojo	🖍
Azul	🖍🖍🖍
Verde	🖍🖍🖍

B

Colores	Número de crayones
Rojo	🖍🖍🖍🖍
Azul	🖍🖍
Verde	🖍

C

Colores	Número de crayones
Rojo	🖍🖍🖍
Azul	🖍🖍🖍
Verde	🖍

D Ninguna de las opciones anteriores.

Objetivo 5 de TAKS TEKS 3.13B página 94

Education Place
Visita www.eduplace.com/txmap/, donde encontrarás **consejos para tomar exámenes** y más **práctica para TAKS**.

Repaso/Examen de la Unidad 8

Vocabulario y conceptos

Escribe las cantidades usando el símbolo de centavos.

1. moneda de veinticinco centavos

2. moneda de cincuenta centavos

3. moneda de cinco centavos

Cálculos

Escribe las cantidades e indica qué cantidad es mayor.

4.
 ó

5.
 ó

Multiplica.

6.	**7.**	**8.**	**9.**	**10.**	**11.**
21	18	50	28	42	67
× 4	× 6	× 9	× 7	× 8	× 2

Resolver problemas y razonamiento

Resuelve.

12. Los lápices cuestan 25 centavos cada uno. Tom quiere comprar 3 lápices. Tiene 1 moneda de veinticinco centavos, 3 monedas de diez centavos, 3 monedas de cinco centavos y 6 monedas de un centavo. ¿Cuánto dinero tiene Tom? ¿Le alcanza para comprar los lápices?

13. Durante un concurso de lectura Paulo leyó 48 páginas por día. Mike leyó 2 páginas por día más que Paulo. ¿Cuántas páginas ha leído Paulo después de 5 días?

14. Carla pagó un refresco con un billete de 5 dólares. El empleado le dio a Carla 2 billetes de un dólar y 3 monedas de diez centavos de cambio. ¿Cuánto costó el refresco de Carla?

15. Hay un total de 74 estudiantes en 3 talleres después del horario de clases. En dos talleres hay el mismo número de estudiantes y 5 más en el tercero. ¿Cuántos niños hay en cada taller?

¡LA GRAN IDEA!

Escribir matemáticas Hay diferentes denominaciones o tipos de dinero que equivalen a la misma cantidad. Sin embargo, hacer operaciones con dinero es igual que hacer operaciones con cualquier otro número. Explica en qué se parece reagrupar con dinero a reagrupar en matemáticas.

Evaluar el rendimiento Objetivos 1 y 6 de *TAKS* TEKS 3.3B, 3.4A, 3.14B

Organizar una fiesta

Marisa y su mamá quieren hacer 12 bolsitas con sorpresas para una fiesta.

6 por $1 4 por $3 4 por $1 6 por $4 3 por $2 6 por $2

Tarea	Información que necesitas
Usa los precios de arriba y la información de la derecha.	Quieren incluir 3 juguetes en cada bolsita.
Enumera los 3 juguetes que crees que deben comprar.	Quieren que las 12 bolsitas con sorpresas sean exactamente iguales.
Halla el precio total de las 12 bolsitas con sorpresas llenas, incluyendo el precio de las bolsitas. Explica tu razonamiento.	Quieren que el costo total de las 12 bolsitas con sorpresas (incluyendo el precio de las bolsitas) sea menor que $25.

En sus marcas... con Greg Tang

Dividir entre 2

Primero divide lo que te resulta más fácil, separa el resto y suma las partes.

Conozco una manera rápida de calcular 70 ÷ 2. Tomo 70 como 60 + 10, después, divido 60 entre 2 para obtener 30 y 10 entre 2 para obtener 5. La respuesta es 30 + 5 = 35. ¡Cuando es difícil trabajar con un número, sepáralo en partes más fáciles!

1. $70 \div 2 = \boxed{30} + \boxed{5} = \boxed{35}$
       $60 \div 2$ $10 \div 2$

2. $110 \div 2 = \boxed{50} + \boxed{} = \boxed{}$
       $100 \div 2$ $10 \div 2$

3. $90 \div 2 = \boxed{} + \boxed{} = \boxed{}$
       $80 \div 2$ $10 \div 2$

4. $160 \div 2 = \boxed{} + \boxed{} = \boxed{}$
       $100 \div 2$ $60 \div 2$

¡Bien hecho! Ahora, un poco más de práctica

5. $190 \div 2 = \boxed{} + \boxed{} = \boxed{}$

6. $280 \div 2 = \boxed{} + \boxed{} = \boxed{}$

7. $250 \div 2 = \boxed{} + \boxed{} = \boxed{}$

8. $330 \div 2 = \boxed{} + \boxed{} = \boxed{}$

¡Más rápido!

¡Sigue adelante!
¡Ahora inténtalo siguiendo los pasos mentalmente!

9. $130 \div 2$

10. $290 \div 2$

11. $470 \div 2$

12. $750 \div 2$

La medición

¡LAS GRANDES IDEAS!

- Al medir se compara con unidades estándares.
- Cuanto más grande es la unidad de medida, menos unidades se necesitan.
- Se puede estimar la capacidad, el peso o la masa de un objeto usando unidades conocidas.

Canciones y juegos

 Música y matemáticas
Pista 9

- ¿Cuán pesado? ¿Cuántos?
- Datos sobre los acuarios

Cacería de medidas

Objetivo del juego Hacer estimaciones sobre la longitud de un objeto.

Materlales
- Regla de pulgadas
- Regla de 1 yarda

Preparación
Cada equipo recibe una regla de pulgadas y una regla de 1 yarda.

Número de jugadores
2 equipos de 2 jugadores

Cómo se juega

1 Cada equipo prepara una hoja de juego como la siguiente.

Luego, cada equipo busca 5 objetos para medir que crea que coincidan con las longitudes que deben hallar, indicadas en las hojas.

Debe medir	Objeto	Longitud real
3 pulgadas		
8 pulgadas		
1 pie		
2 pies		
1 yarda		

2 Los equipos miden los objetos que encontraron y anotan las longitudes reales en las hojas de juego. Si la longitud real de un objeto no coincide con la longitud que se indica, el equipo debe buscar otro objeto.

Gana el primer equipo que encuentra 5 objetos cuyas longitudes coincidan con las indicadas.

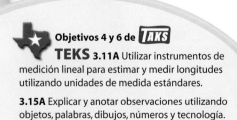

Objetivos 4 y 6 de TAKS
TEKS 3.11A Utilizar instrumentos de medición lineal para estimar y medir longitudes utilizando unidades de medida estándares.

3.15A Explicar y anotar observaciones utilizando objetos, palabras, dibujos, números y tecnología.

 Education Place
Visita www.eduplace.com/txmap/, donde encontrarás **acertijos**.

Leer y escribir matemáticas

Leer

Usar los recursos

Cuando hagas una tarea o un examen, ¡usa la ayuda que tienes cerca!

Uso el glosario que está al final de mi libro para repasar el significado de las palabras.

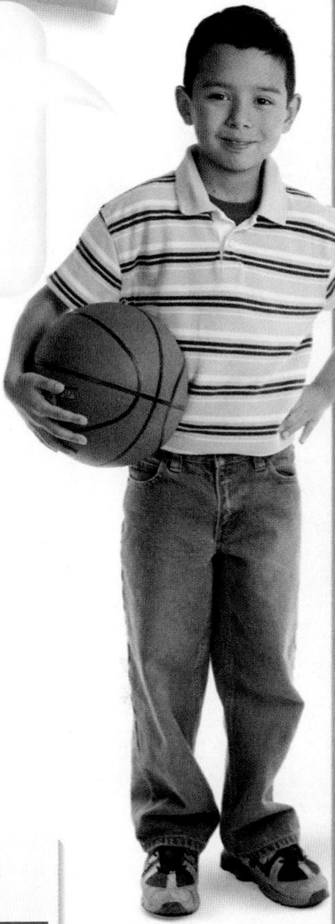

Usar un glosario

En los próximos dos capítulos, aprenderás más sobre mediciones. Leerás algunas palabras que ya conoces. Encontrarás palabras nuevas.

¿Cuáles de estas palabras conoces?

Capacidad	Peso	Masa
galón, pinta, cuarto, taza, litro	libra, onza	gramo, kilogramo

Usar tablas de matemáticas

A veces puedes usar tablas para responder preguntas.

Tabla de matemáticas: el tiempo

1 año = 365 días
1 año = 12 meses
1 año = 52 semanas
1 día = 24 horas
1 hora = 60 minutos
1 minuto = 60 segundos

Escribir

Aquí tienes un problema:
Frank trabajó durante 1 hora 25 minutos. ¿Cuántos minutos trabajó en total?

Sólo imagina que olvidaste cuántos minutos hay en una hora. Usa la Tabla de matemáticas que está al final de tu libro.

Capítulo 21

Unidades de medición del sistema inglés (usual)

Comprueba lo que sabes

Vocabulario y conceptos

Escoge la mejor palabra para completar las oraciones. Grado 2

Banco de palabras

área
capacidad
longitud
peso
regla

1. La cantidad que puede contener un objeto es su ____.

2. Puedes usar una ____ para medir la longitud.

3. El ____ de un objeto es una medida que indica cuán pesado es.

Cálculos

Mide a la pulgada más cercana. páginas 232 y 233

4. •————————————•

5. •————————————————————•

6. •————————————————————————•

Escoge la mejor estimación. Grado 2, página 232

7. ¿Qué es más pesado?
   a. una sartén
   b. un guante

8. ¿Qué es más largo?
   a. un zapato
   b. una goma de borrar

9. ¿Qué contiene más?
   a. una taza
   b. una cubeta

Resolver problemas y razonamiento página 232

10. La hermana de Bob mide 52 pulgadas de alto. Mide 5 pulgadas más que Bob. ¿Cuánto mide Bob?

Vocabulario de TAKS

¡Visualízalo!

capacidad	
Cantidad que puede contener un recipiente	
1 galón	 **4 cuartos de galón**
 **8 pintas**	 **16 tazas**

Mi mundo bilingüe

La *capacidad* significa cuánto puede hacer alguien o algo, como una máquina o una fábrica. En matemáticas, *capacidad* significa cuánto puede contener un recipiente.

Las palabras que se parecen en español y en inglés muchas veces tienen el mismo significado.

Español	Inglés
capacidad	capacity
galón	gallon
cuarto	quart
pinta	pint

Consulta el **Glosario español–inglés**, páginas 576 a 588.

 Education Place Visita www.eduplace.com/txmap/, donde encontrarás el **glosario electrónico**.

 Objective 6 de TAKS **TEKS** 3.15B Relacionar el lenguaje informal con el lenguaje y los símbolos matemáticos.

Capítulo 21 459

Objetivos 4 y 6 de TAKS
TEKS 3.11A Utilizar instrumentos de medición lineal para estimar y medir longitudes utilizando unidades de medida estándares.

También 3.14D, 3.15A

Vocabulario de TAKS

pulgada (pulg)

pie

yarda (yd)

Materiales
- Regla de pulgadas
- Regla de 1 yarda
- Objetos comunes del salón de clases
- Manipulativos electrónicos www.eduplace.com/txmap/ (opcional)

Aplícalo
Medir la longitud

Objetivo Medir objetos a la yarda y al pie más cercanos.

★ Explorar

Pregunta ¿Cómo puedes usar los instrumentos de medición para hallar la longitud?

Mario necesita comprar útiles que entren en su estuche de útiles. El estuche mide 9 **pulgadas (pulg)** de longitud.

Trabaja con un compañero. Mide un lápiz a la pulgada más cercana para ver si entrará en el estuche de útiles de Mario.

Unidades de longitud del sistema inglés	
1 pie = 12 pulgadas	
1 yarda = 3 pies	
1 yarda = 36 pulgadas	

1 Estima la longitud del lápiz a la pulgada más cercana.

2 Halla la marca de pulgada más cercana a la punta derecha del lápiz. ¿Cuál es la longitud del lápiz a la pulgada más cercana?

> La medida no es exacta. El lápiz mide un poco menos que 5 pulgadas.

> Alinea una punta del lápiz con el 0 de la regla.

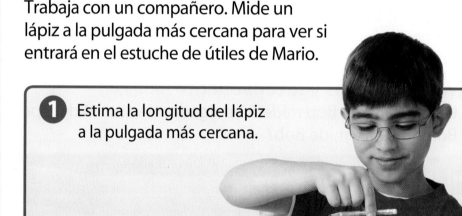

¿Qué tan cerca de tu estimación está tu medida?

El lápiz mide aproximadamente 5 pulgadas de longitud. Entrará en el estuche de útiles de Mario.

Un **pie** equivale a 12 pulgadas.
Puedes medir al pie más cercano.

Usa una regla de pulgadas. Mide la longitud de una hoja de cuaderno al pie más cercano.

1 Estima la longitud de la hoja al pie más cercano.

2 Alinea una punta de la hoja con el 0 de la regla.

3 Halla el pie más cercano a la otra punta de la hoja. ¿Cuál es la longitud de la hoja al pie más cercano?

4 ¿Qué tan cerca de tu estimación está tu medida?

Una **yarda (yd)** equivale a 3 pies. Puedes medir a la yarda más cercana. Tres hojas de cuaderno pegadas con cinta adhesiva miden aproximadamente 36 pulgadas o 1 yarda.

Usa una regla de 1 yarda. Mide el ancho de un escritorio o mesa grande a la yarda más cercana.

1 Estima el ancho del escritorio a la yarda más cercana.

2 Alinea un lado del escritorio con el 0 de la regla de 1 yarda.

3 Halla la medida más cercana al otro lado del escritorio. ¿Cuál es el ancho del escritorio a la yarda más cercana?

4 ¿Qué tan cerca de tu estimación está tu medida?

★ Extender

Sigue estas instrucciones para completar los problemas 1 a 5.

- Busca 5 objetos grandes en el salón de clases para medirlos.

- Estima y luego mide la longitud de los objetos al pie más cercano.

- Anota tu trabajo en una tabla como la de la derecha.

	Objeto	Mi estimación	Longitud al pie más cercano
1.			
2.			
3.			
4.			
5.			

Sigue estas instrucciones para completar los problemas 6 a 10.

- Busca 5 objetos en el salón de clases que midan aproximadamente una yarda o más para medirlos.

- Estima y luego usa una regla de 1 yarda para medir la longitud de los objetos a la yarda más cercana.

- Anota tu trabajo en una tabla como la de la derecha.

	Objeto	Mi estimación	Longitud a la yarda más cercana
6.			
7.			
8.			
9.			
10.			

Diario de matemáticas

Escribir matemáticas

Encuentra el error Mary dijo que este lápiz mide aproximadamente 4 pulgadas de largo. ¿Cuál fue su error? Explica tu respuesta.

pulgadas

El codo

Mucho antes de que se inventaran las cintas métricas y las reglas, las personas necesitaban una manera de medir los objetos. Alrededor del año 3000 a.C., los egipcios desarrollaron una de las maneras más antiguas de medir, llamada *codo*. Un *codo* es la longitud desde el codo hasta la punta de la mano extendida. Los egipcios también usaban muchas medidas más pequeñas, entre ellas el *palmo*. El *palmo* es la distancia desde la punta del pulgar hasta la punta del dedo meñique.

Usa estos instrumentos de medición, el codo y el palmo, para resolver los problemas 1 a 5.

1. Mide tu escritorio. ¿Cuántos codos mide? ¿Cuántos palmos mide?

2. Mide el escritorio de tu maestro. ¿Cuántos codos mide? ¿Cuántos palmos mide?

3. Mide otro objeto grande del salón. ¿Qué objeto mediste? ¿Cuántos codos medía? ¿Cuántos palmos medía?

4. Observa tus respuestas a los problemas 1 a 3. ¿Qué observas acerca del número de palmos y de codos?

5. ¿Todos tus compañeros obtuvieron las mismas respuestas que tú? ¿Por qué?

Las pirámides de Giza en Egipto

Objetivos 4 y 6 de *TAKS*

TEKS 3.11E Identificar modelos concretos que aproximan unidades estándares de capacidad y utilizarlos para hacer medidas de capacidad.

También 3.14D, 3.15A, 3.15B

Vocabulario de *TAKS*

capacidad

taza (tz)

pinta (pt)

cuarto de galón (ct)

galón (gal)

Materiales
- Agua
- Recipientes de diferentes tamaños
- Manipulativos electrónicos www.eduplace.com/txmap/ (opcional)

Volunteer

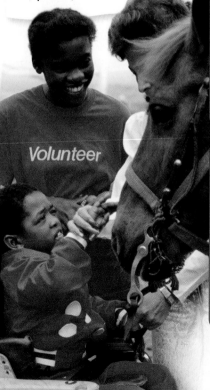

Aplícalo
Explorar unidades de capacidad del sistema inglés (usual)

Objetivo Explorar la cantidad que puede contener un recipiente usando unidades del sistema inglés.

★ Explorar

En la Lección 1 aprendiste a medir la longitud. Ahora explorarás la capacidad.

La **capacidad** es la cantidad que puede contener un recipiente. La **taza (tz)**, la **pinta (pt)**, el **cuarto de galón (ct)**, y el **galón (gal)** son medidas de capacidad.

Pregunta ¿Cómo puedes identificar recipientes que contengan aproximadamente una taza, una pinta, un cuarto y un galón?

---

1 Observa estos recipientes.

Este cartón de jugo contiene aproximadamente una taza.

Esta botella de agua contiene aproximadamente una pinta.

Esta jarra contiene aproximadamente un cuarto de galón.

Este botellón de leche contiene aproximadamente un galón.

---

2 Escoge un recipiente diferente de los que están arriba.

- ¿Tiene más, menos o igual capacidad que el cartón de jugo?

- Ahora compara tu recipiente con la botella de agua, la jarra y el botellón de leche. ¿Tiene más, menos o igual capacidad que cada uno de esos recipientes?

★ Extender

Busca 3 recipientes diferentes de los de la página 464. Decide si los recipientes tienen más, menos o igual capacidad que el cartón de jugo, la botella de agua, la jarra y el botellón de leche. Anota la información en una tabla como la siguiente.

1.

Recipiente	Cartón de jugo	Botella de agua	Jarra	Botellón de leche
Regadera	más	más	casi igual	menos

2. Ellis necesita una taza de agua para un experimento de ciencias, pero no tiene ninguna jarra de medir. ¿Cuáles de estos recipientes puede llenar Ellis para tener casi la misma cantidad que una taza de agua?

Conexión con las ciencias

Usa la tabla para responder.

3. Según la tabla, ¿qué animal bebe aproximadamente 1 jarra de agua por día?

4. ¿Un caballo necesita beber más agua que una persona, un cerdo y una oveja juntos? Explica tu respuesta.

5. Reto Oren guarda agua en caso de emergencia. Hay 3 personas más en su familia. Aproximadamente, ¿cuántos galones de agua debería guardar Oren para él y su familia para un día? ¿y para dos días?

Dato divertido

Los animales necesitan agua para sobrevivir. El tamaño, el calor y el ejercicio influyen en la cantidad de agua que un animal necesita por día. Usa la tabla para resolver los problemas 3 a 5.

Agua necesaria para un día	
persona	aproximadamente $\frac{1}{2}$ galón
cerdo	aproximadamente 5 galones
oveja	aproximadamente 2 galones
caballo	aproximadamente 12 galones

TEKS 9A de Ciencias

Diario de matemáticas

Escribir matemáticas

Predice ¿Es posible que recipientes de diferentes formas tengan la misma capacidad? Explica tu razonamiento. Luego, describe una manera de averiguarlo.

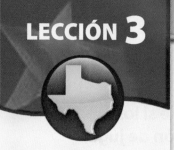
Objetivos 4 y 6 de TAKS

TEKS 3.11E Identificar modelos concretos que aproximan unidades estándares de capacidad y utilizarlos para hacer medidas de capacidad.

También 3.14D

Materiales

- Agua
- Recipientes de una taza, una pinta, un cuarto de galón y un galón
- Recipientes de diferentes tamaños
- Manipulativos electrónicos www.eduplace.com/txmap/ (opcional)

Aplícalo
Usar modelos para medir con unidades de capacidad del sistema inglés (usual)

Objetivo Medir y comparar la cantidad que puede contener un recipiente en unidades del sistema inglés.

★ Aprender con manipulativos

La capacidad es la cantidad que puede contener un recipiente. En el sistema inglés, la taza (tz), la pinta (pt), el cuarto de galón (ct) y el galón (gal) son medidas de capacidad.

Capacidad			
	Pinta	**Cuarto**	**Galón**
Tazas	2		
Pintas	☐		
Cuartos	☐	☐	

1 Usa el recipiente de una taza para llenar el recipiente de una pinta. En una tabla como la de la derecha, anota cuántas tazas se necesitan para completar una pinta.

¿Cuántas tazas hay en una pinta?

2 Estima el número de tazas que se necesitan para llenar los recipientes de un cuarto y de un galón. Usa el recipiente de una taza para comprobar tus estimaciones. Anota los resultados en la tabla.

¿Cuántas tazas hay en un cuarto? ¿y en un galón?

3 Ahora estima el número de pintas que se necesitan para llenar los recipientes de un cuarto y de un galón. Usa el recipiente de una pinta para comprobar tus estimaciones. Anota los resultados en la tabla.

¿Cuántas pintas hay en un cuarto? ¿y en un galón?

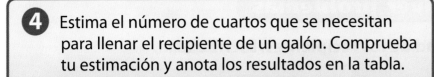
4 Estima el número de cuartos que se necesitan para llenar el recipiente de un galón. Comprueba tu estimación y anota los resultados en la tabla.

¿Cuántos cuartos hay en un galón?

5 Ahora escoge un recipiente de otro tamaño. Estima cuántas tazas, pintas, cuartos y galones contiene. Luego, mide para comprobar tus estimaciones.

¿El recipiente contiene más o menos de la capacidad que estimaste?

6 Estima y luego mide la capacidad de los demás recipientes.

★ Práctica guiada

Escoge la unidad que usarías para medir la capacidad de los recipientes. Escribe *taza, pinta, cuarto* o *galón*.

Piénsalo

¿Cuál de los cuatro recipientes que he estado usando tiene casi la misma capacidad que estos recipientes?

1.

2.

3.

4. Compara la capacidad de los recipientes de los ejercicios 1 a 3. Escríbelas en orden de mayor a menor.

123 Hablar de matemáticas ¿Un cuarto es más o menos que 5 tazas? Explica tu respuesta.

★ Practicar y resolver problemas

Indica la unidad de capacidad de los recipientes. Escribe *taza,* *pinta, cuarto* **o** *galón.*

5.   **6.**   **7.**    **8.**

Escoge la mejor estimación.

9. piscina para niños
   a. 20 gal   **b.** 20 tz

10. regadera
   a. 2 ct   **b.** 200 pt

11. vaso de jugo
   a. 1 ct   **b.** 1 tz

 ## Conexión con la información

Mark está pintando su habitación. Tomó las medidas de la habitación y anotó los datos de la derecha. Usa los datos para resolver los problemas 12 a 14.

12. Sigue los pasos No se pintarán las puertas ni las ventanas. Esa área debe restarse del área total de las paredes. ¿Cuál es el área de las paredes que se pintarán?

13. ¿Cuántos galones de pintura se necesitarán para darle una mano de pintura a cada pared?

14. Mide las paredes de una habitación de tu casa. Mide también las puertas y ventanas. Halla el área total para pintar. Halla el número de galones de pintura que necesitarías.

Datos para pintar

1 galón de pintura cubre 300 pies cuadrados

Paredes que hay que pintar:

2 paredes miden 12 pies de largo por 10 pies de alto

2 paredes miden 15 pies de largo por 10 pies de alto

2 puertas miden 3 pies de ancho por 7 pies de alto

2 ventanas miden 3 pies de ancho por 5 pies de alto

★ Práctica para TAKS / Selección múltiple

15 ¿Qué unidad usarías para medir la capacidad de una pecera?

A taza
B pinta
C cuarto
D galón

Consejo para TAKS

Antes de escoger una respuesta, elimina las opciones que no sean razonables.

¡Matemáticas divertidas!

Científico

Capacidad

Algunos científicos trabajan con animales marinos. Estudian los animales, las plantas y otros seres que viven dentro y cerca del agua. Hacen tareas diferentes y suelen usar medidas de capacidad en su trabajo.

Observa si tienes condiciones para trabajar con animales marinos. Escoge la mejor estimación.

Tiburón

1. Rhonda es científica. Debe limpiar la piscina de los tiburones. Aproximadamente, ¿cuánta agua se necesitará para llenar la piscina cuando ella haya terminado?

    40 cuartos de galón ó 40,000 galones

2. Rhonda coloca un producto químico especial en la piscina de las tortugas. El frasco del producto químico tiene casi el mismo tamaño que una botella de refresco. Aproximadamente, ¿cuánto producto químico hay en el frasco?

    1 pinta ó 1 galón

3. Cada delfín come una cubeta grande de pescado durante el espectáculo de delfines. ¿Qué capacidad tiene la cubeta de pescado?

    5 tazas ó 5 galones

Tortuga

Resuelve.

4. **Escoge una estrategia** En la sala de suministros del acuario hay 100 galones de productos químicos para la piscina de los peces. En la piscina se vierten 12 galones de productos químicos por día. ¿Cuántos galones quedan al final de la semana?

Delfín

Objetivos 4 y 6 de **TAKS**
TEKS 3.11E, , 3.14A

LECCIÓN 4

Objetivos 4 y 6 de *TAKS*

TEKS 3.11D Identificar modelos concretos que aproximan unidades estándares de peso/masa y utilizarlos para hacer medidas de peso/masa.

También 3.14D

Vocabulario de *TAKS*

libra (lb)

onza (oz)

Materiales
- Engrapadora
- Caja de pastas
- Diferentes objetos del salón de clases
- Manipulativos electrónicos www.eduplace.com/txmap/ (opcional)

Aplícalo
Explorar unidades de peso del sistema inglés (usual)

Objetivo Explorar el peso de diferentes objetos en unidades del sistema inglés.

★ Explorar

Has aprendido acerca de las unidades de longitud y capacidad del sistema inglés.

Pregunta ¿Cómo puedes explicar cuán pesado es un objeto usando unidades de peso del sistema inglés?

La **libra (lb)** y la **onza (oz)** son unidades del sistema inglés que se usan para medir el peso. El peso indica cuán pesado es un objeto.

1 Observa las fotos del pan.

Este pan pesa aproximadamente una libra.

Esta rebanada de pan pesa aproximadamente una onza.

2 Ahora observa los siguientes objetos.

- ¿Cuáles de estos objetos crees que pesan aproximadamente una libra?
- ¿Cuáles de estos objetos crees que pesan aproximadamente una onza?

3 Toma la caja de pastas.

- ¿Las pastas pesan más, menos o casi lo mismo que una engrapadora?

- Anota tu respuesta en una tabla como la siguiente.

Repite este paso con los demás objetos.

Objeto	Comparación con la engrapadora
caja de pastas	casi lo mismo
libro pequeño	
crayón	
silla	
una zapatilla	
regla	

¿Qué objetos de tu casa crees que podrían pesar aproximadamente una libra?

★ **Extender**

Escoge la unidad que usarías para medir el peso de los objetos. Escribe *onza* o *libra*.

1.   **2.**    **3.**    **4.**

 Diario de matemáticas

Escribir matemáticas

Predice ¿Es posible que un objeto pequeño pese más que un objeto grande? Explica tu razonamiento y da un ejemplo.

Objetivos 4 y 6 de *TAKS*
TEKS 3.11D Identificar modelos concretos que aproximan unidades estándares de peso/masa y utilizarlos para hacer medidas de peso/masa.

3.14A Identificar las matemáticas en situaciones diarias.

Materiales
- Balanza
- Cajas de pastas
- Manipulativos electrónicos www.eduplace.com/txmap/ (opcional)

Analízalo
¿Cuántas cajas de pastas podrían pesar lo mismo que tu libro de matemáticas?

Piénsalo
- ¿Necesito una unidad de medida pequeña o una grande?
- ¿Cuál es la unidad de medida más pequeña? ¿y la más grande?

Aplícalo
Usar modelos para medir unidades de peso del sistema inglés (usual)

Objetivo Medir el peso de un objeto en unidades del sistema inglés.

★ Aprender con manipulativos

En la Lección 4 exploraste las unidades de medida de peso del sistema inglés. Ahora aprenderás a estimar el peso en libras.

1 La caja de pastas pesa aproximadamente una libra. Halla un objeto o un grupo de objetos que creas que pesan aproximadamente 1 libra.

2 Usa una balanza para comparar tu objeto con una caja de pastas. Coloca el objeto en un platillo de la balanza. Coloca la caja de pastas en el otro platillo.

3 ¿La balanza queda equilibrada? Si no es así, ¿qué es más pesado: tu objeto o las pastas?

4 Busca otro objeto que pese aproximadamente 1 libra. Repite los pasos 1 a 3.

★ Práctica guiada

Escoge la unidad que usarías para medir el peso de los objetos. Escribe *onza* o *libra*.

1.

2.

3.

Resolver problemas con ayuda

Usa las preguntas para resolver este problema.

4. Ed necesita aproximadamente una libra de arena para su proyecto. Tiene una balanza, una cubeta y una caja de pastas. ¿Cómo puede medir Ed aproximadamente una libra de arena?

   a. Compréndelo/Planéalo ¿Qué necesita hacer Ed? ¿Cómo puede usar las pastas?

   b. Resuélvelo/Verifícalo Ed coloca la caja de pastas en un platillo de la balanza. ¿Qué debería colocar en el otro platillo? ¿Cómo sabe Ed que tiene aproximadamente una libra de arena?

 Hablar de matemáticas ¿Qué pesa más: una libra de harina o una libra de ladrillos?

★ Practicar y resolver problemas

Escoge la unidad que usarías para medir el peso de los objetos. Escribe *onza* o *libra*.

5.    **6.**    **7.**    **8.**

★ Práctica para Selección múltiple

9 ¿Qué objeto medirías en libras?

  A una calabaza

  B una pasa

  C una zanahoria

  D un arándano

Consejo para TAKS

Imagina el tamaño de cada objeto.

Objetivo 6 de TAKS
TEKS 3.15A Explicar y anotar observaciones utilizando objetos, palabras, dibujos, números y tecnología.

Resolver problemas: Plan
Demasiada o poca información

Objetivo Usar el razonamiento lógico para resolver problemas.

★ Razonar y aprender

Antes de resolver un problema, debes decidir qué información necesitas y si tienes esa información.

Ejemplo 1 Demasiada información

En el mercado de pescados de Fullerton, una bolsa pequeña de langostinos pesa 8 onzas y cuesta $10. ¿Cuánto pesan dos bolsas pequeñas de langostinos? Usa el razonamiento lógico para resolver este problema.

> **Piensa:** ¿Qué información necesito para resolver este problema?

- ¿Cuánto pesa una bolsa pequeña de langostinos?

- ¿Cuánto pesan dos bolsas pequeñas de langostinos?

Dos bolsas pequeñas de langostinos pesan 16 onzas.

A veces en el problema se da información que no es necesaria para resolverlo. En este ejemplo no necesitas saber el precio de los langostinos.

Ejemplo 2 Poca información

En el mercado de pescados de Fullerton, una bolsa mediana de langostinos pesa 12 onzas. Una bolsa grande de langostinos cuesta $14 dólares. ¿Cuánto pesan una bolsa mediana y una bolsa grande de langostinos? Usa el razonamiento lógico para resolver este problema.

> **Piensa:** ¿Qué información necesito para resolver este problema?

- ¿Cuánto pesa una bolsa mediana de langostinos?

- ¿Cuánto pesa una bolsa grande de langostinos?

Como no se da el peso de una bolsa grande de langostinos, no se puede resolver el problema.

★ Resolver problemas con ayuda

Usa el cartel del mercado de pescados de Fullerton para resolver este problema. Si no puedes resolverlo, indica qué información necesitas.

1. Mallory tiene $30. Necesita 32 onzas de langostinos para una fiesta. Quiere comprar dos bolsas grandes de langostinos en el mercado de pescados de Fullerton. ¿Tiene suficiente dinero?

    a. **Compréndelo/Planéalo** ¿Qué datos necesito conocer?

    b. **Resuélvelo** Si tienes la información que necesitas, ¿qué operación usarás para resolver este problema?

    Dos bolsas grandes de langostinos cuestan $◯.
    Mallory tiene $30.

    Mallory tiene dinero suficiente.

    c. **Verifícalo** ¿Responde la solución a la pregunta?

 Hablar de matemáticas ¿Qué información adicional se da en el problema 1?

★ Práctica para resolver problemas

Usa el cartel del mercado de pescados de Fullerton. Si no puedes resolver un problema, indica qué información necesitas.

2. Jared compró pescado. Pagó con un billete de diez dólares. ¿Cuánto cambio le dieron?

3. Sarah compró pescado. Pagó con 5 billetes de un dólar. No le dieron cambio. ¿Cuántas libras de pescado compró?

4. Francis necesita 24 onzas de pescado y 16 onzas de verduras varias. Ya tiene 8 onzas de pescado y 8 onzas de verduras varias. ¿Cuántas onzas de pescado debe comprar?

Mercado de pescados de Fullerton

Bolsa pequeña de langostinos	8 oz	$ 10
Bolsa mediana de langostinos	12 oz	$ ◯
Bolsa grande de langostinos		$ 14
Pescado	16 oz	$ 5
Verduras varias	16 oz	$

por **TEXAS**

San Antonio, TX

Elmer Doolin, de San Antonio, fue el primero en producir las hojuelas fritas de maíz en serie. En 1932, al señor Doolin le gustaron tanto las hojuelas que compró la receta y una máquina para hacerlas ¡por $100!

Hogar de las hojuelas fritas

Antes de fabricar y vender las hojuelas fritas de maíz, Elmer Doolin vendió helados y otras meriendas.

Usa la información de esta página para resolver los problemas.

5. Aproximadamente, ¿cuántas horas habrían tardado los Doolin en hacer 200 libras de hojuelas fritas de maíz en su cocina?

6. Si los Doolin vendieron entre $8 y $10 por día durante el primer año, ¿cuánto dinero ganaron en 20 días?

7. Aproximadamente, ¿cuántas horas tardaban los Doolin en hacer 400 libras de hojuelas de maíz con su máquina nueva?

8. Aproximadamente, ¿hace cuantos años comenzó Doolin a hacer las hojuelas de maíz?

9. El señor Doolin vendió las primeras hojuelas fritas de maíz a 5¢ la bolsa. ¿Cuántas bolsas se podían comprar por $2.00?

10. Reto El señor Doolin pagó $100 por la receta original de las hojuelas fritas de maíz y la máquina. ¿Cuántas bolsas de 5¢ de hojuelas de maíz tuvo que vender para recuperar los $100?

Datos divertidos

- Al principio las hojuelas de maíz se hacían en la cocina de los Doolin. Ellos hacían aproximadamente 10 libras de hojuelas de maíz en una hora.

- Aproximadamente un año después, el señor Doolin compró una máquina nueva con la que podía hacer 100 libras de hojuelas de maíz en una hora.

Resolver problemas de **TAKS**

Escoge una estrategia
- Haz un dibujo
- Haz una dramatización
- Haz una tabla
- Busca un patrón

1 ¿Qué hora indica el reloj?

A 2:15

B 2:45

C 3:30

D 3:45

Objetivo 4 de **TAKS** TEKS 3.12B página 74

2 Matt quiere colocar una cerca pequeña alrededor de su huerta. La huerta tiene forma de rectángulo y mide 4 pies de ancho por 5 pies de largo. ¿Cuántos pies de cerca necesita Matt para su huerta?

F 9 pies   **G** 18 pies

H 20 pies   **J** 400 pies

Objetivo 4 de **TAKS** TEKS 3.11B página 234

3 **Respuesta con cuadrícula**
Los pollos de la granja de Mac pesan 7 libras cada uno. Su perro pesa 42 libras. ¿Cuántos pollos pesan lo mismo que el perro?

Objetivo 1 de **TAKS** TEKS 3.4C página 390

4 ¿Cuál es la mejor estimación de la capacidad de un fregadero?

A 10 tazas

B 10 pintas

C 10 cuartos de galón

D 10 galones

Objetivo 4 de **TAKS** TEKS 3.11E página 464

5 Arthur tiene 1 dólar, 6 monedas de diez centavos, 1 moneda de cinco centavos y 2 monedas de un centavo. ¿Cuánto dinero tiene en total?

F $1.67

G $1.76

H $6.71

J $7.16

Objetivo 1 de **TAKS** TEKS 3.1C página 418

6 **Respuesta con cuadrícula**
Sandi hace brazaletes para 6 amigas. Tiene 72 cuentas y usa el mismo número de cuentas en cada brazalete. ¿Cuántas cuentas usa en cada brazalete?

Consejo para TAKS

Haz un plan. ¿Qué pasos debes seguir para resolver el problema?

Objetivo 1 de **TAKS** TEKS 3.4C página 388

Education Place
Visita www.eduplace.com/txmap/, donde encontrarás
consejos para tomar exámenes y más **práctica para TAKS.**

Capítulo 21 Lección 6   **477**

Leer y escribir *matemáticas*

Vocabulario de TAKS

Cuando calculas cuán largo o alto es un objeto, hallas su **longitud**.
Cuando calculas cuánto puede contener un objeto, hallas su **capacidad**.
Cuando calculas cuán pesado es un objeto, hallas su **peso**.

Copia y completa la siguiente tabla. Luego, haz 3 listas con las palabras del Banco de palabras.

Capacidad	Longitud	Peso	Banco de palabras
1. _____	5. _____	8. _____	cuarto
2. _____	6. _____	9. _____	galón
3. _____	7. _____		libra
4. _____			onza
			pie
			pinta
			pulgada
			taza
			yarda

Escribir Observa las palabras que escribiste debajo de *Capacidad*. Ordena esa lista de *mayor* a *menor*. Explica cómo sabes que tienes razón.

Leer Busca libros relacionados con este concepto en tu biblioteca.

Objetivo 6 de TAKS
TEKS 3.15A Explicar y anotar observaciones utilizando objetos, palabras, dibujos, números y tecnología.

3.15B Relacionar el lenguaje informal con el lenguaje y los símbolos matemáticos.

Práctica adicional basada en los estándares

Conjunto A ──────────────────────── Objetivo 4 de **TAKS** TEKS 3.11A página 460

Escoge la unidad adecuada para medir los objetos. Escribe
pulgada, pie o *yarda.*

1. la altura de un escritorio   **2.** la longitud de un lápiz   **3.** el ancho del salón de clases

Usa una regla de pulgadas para medir las siguientes líneas a la pulgada más cercana.

4. _____

5. _____

Resuelve.

6. Jovan tiene 3 cintas. Todas miden 4 pulgadas de largo. ¿Cuántas pulgadas de largo miden las 3 cintas juntas?

Conjunto B ──────────────────────── Objetivo 4 de **TAKS** TEKS 3.11E página 466

Escoge la unidad adecuada para medir la capacidad de los objetos. Escribe *taza, pinta, cuarto de galón* o *galón.*

1. un cartón de jugo   **2.** una jarra de leche

3. un florero pequeño   **4.** un acuario

Resuelve.

5. Explica Sarah comienza a llenar la bañera con agua para bañar a su perro. ¿Qué unidad de medida usaría y por qué?

Conjunto C ──────────────────────── Objetivo 4 de **TAKS** TEKS 3.11D página 472

Escoge la unidad adecuada para medir el peso de los objetos. Escribe *onza* o *libra.*

1. una caja de sujetapapeles   **2.** una bolsa de papas

3. un niño de tercer grado   **4.** una manzana   **5.** un libro de matemáticas

Education Place
Visita www.eduplace.com/txmap/, donde
encontrarás más **práctica adicional.**

Repaso/Examen del capítulo

Vocabulario y conceptos ——————— Objetivo 4 de *TAKS* TEKS 3.11A, 3.11D, 3.11E

Escoge la mejor palabra para completar las oraciones.

Banco de palabras

galón
onza
pie
pinta
pulgada

1. Un _____ tiene aproximadamente la longitud de una hoja de cuaderno.

2. Una jarra de leche contiene aproximadamente un _____.

3. Un marcador pesa aproximadamente una _____.

Aproximadamente, ¿cuánto contiene cada recipiente?

4.

a. 1 galón   **b.** 1 pinta

5.

a. 1 taza **b.** 1 galón

¿Qué unidad usarías para pesar cada objeto?

6.

a. libra   **b.** onza

7.

a. libra   **b.** onza

8.

a. libra   **b.** onza

Resolver problemas y razonamiento ——————— Objetivos 1, 4 y 6 de *TAKS* TEKS 3.4B, 3.11A, 3.14B

Resuelve.

9. Dakota mide exactamente 4 pies de estatura. ¿Cuántas pulgadas mide?

10. La cinta de Sonia tiene 14 pulgadas de longitud. ¿Es más larga o más corta que un pie?

Diario de matemáticas

Escribir matemáticas Bethany mide la longitud de su salón de clases con una regla en pulgadas. ¿Esta regla es el mejor instrumento que puede usar? Explica tu respuesta.

Preparación para TAKS y repaso frecuente

Usa la gráfica para responder a las preguntas 1 a 3.

Latas recolectadas

Nombre	Latas
Sid	🛢🛢🛢🛢
Dana	🛢🛢🛢
Kim	🛢🛢🛢🛢🛢
Tom	🛢🛢

Cada 🛢 equivale a 6 latas.

1 ¿Cuántas latas recolectó Kim?

A 6   **B** 15

C 30   **D** 60

Objetivo 5 de TAKS **TEKS 3.13B** página 94

2 ¿Cuántas latas más que Tom recolectó Sid?

F 2   **G** 10

H 12   **J** 24

Objetivo 5 de TAKS **TEKS 3.13B** página 94

3 ¿Cuántas latas recolectaron Sid y Dana entre los dos?

A 7   **B** 14

C 42   **D** 60

Objetivo 5 de TAKS **TEKS 3.13B** página 94

4 En la casa de Brad hay 1 caja llena de pañuelos de papel en cada una de las 6 habitaciones. Cada caja tiene 75 pañuelos de papel. ¿Cuántos pañuelos de papel hay en la casa?

F 81

G 420

H 450

J 525

Objetivo 1 de TAKS **TEKS 3.4B** página 438

5 **Respuesta con cuadrícula**
Karen hornea galletas 3 días por semana. Cada día hornea 24 galletas. Cada galleta tiene 8 chispas de chocolate. ¿Cuántas galletas hornea en una semana?

Objetivo 1 de TAKS **TEKS 3.4A** página 308

6 **Respuesta con cuadrícula**
Gabe come 6 rodajas de manzana por día durante una semana. ¿Cuántas rodajas de manzana come?

Consejo para TAKS

Recuerda que una semana tiene 7 días.

Objetivo 1 de TAKS **TEKS 3.4B** página 438

Education Place
Visita www.eduplace.com/txmap/, donde encontrarás **consejos para tomar exámenes** y más **práctica para TAKS**.

Unidades de medición del sistema métrico (SI)

Caracol

13 cm

Comprueba lo que sabes

Banco de palabras

capacidad

centímetro

longitud

perímetro

Vocabulario y conceptos

Escoge la mejor palabra para completar las oraciones.

páginas 232, 234, 464

1. Cuanto mayor es la _____ de un recipiente, mayor es la cantidad que contiene.

2. La distancia alrededor de una figura es su _____.

3. El _____ es una unidad del sistema métrico para medir la longitud.

Cálculos

¿Qué objeto es más largo? página 232

4. una media o una bufanda   5. una calle o un pasillo   6. un caballo o un gato

¿Qué objeto contiene más? página 464

7. una botella o un dedal   8. una piscina o un lago   9. una tetera o una pecera

Resolver problemas y razonamiento página 322

10. En un juego de 12 lápices de colores, cada lápiz mide 9 centímetros de largo. Si unes los lápices por los extremos y formas una fila, ¿cuál será la longitud de la fila?

Vocabulario de TAKS

¡Visualízalo!

metro

La mayoría de las puertas miden cerca de un metro de ancho.

Unidades de longitud del sistema métrico

centímetro

La punta de tu dedo mide aproximadamente un centímetro de largo.

kilómetro

La mayoría de las personas pueden caminar 1 kilómetro en aproximadamente 15 minutos.

Mi mundo bilingüe

Puedes usar la raíz de las palabras para comprender su significado. Por ejemplo, *centi* quiere decir cien y *kilo*, mil

Las palabras que se parecen en español y en inglés muchas veces tienen el mismo significado.

Español	Inglés
metro	meter
centímetro	centimeter
kilómetro	kilometer

Consulta el **Glosario español–inglés**, páginas 576 a 588.

Education Place Visita www.eduplace.com/txmap/, donde encontrarás el **glosario electrónico**.

Objetivo 6 de TAKS **TEKS** 3.15B Relacionar el lenguaje informal con el lenguaje y los símbolos matemáticos.

Capítulo 22   483

Objetivos 4 y 6 de *TAKS*

TEKS 3.11A Utilizar instrumentos de medición lineal para estimar y medir longitudes utilizando unidades de medida estándares.

3.15A Explicar y anotar observaciones utilizando objetos, palabras, dibujos, números y tecnología.

También 3.14D, 3.15B

Vocabulario de *TAKS*

centímetros (cm)

metros (m)

Materiales
- Regla de centímetros
- Regla de 1 metro
- Objetos comunes del salón de clases
- Manipulativos electrónicos www.eduplace.com/txmap/ (opcional)

Aplícalo
El centímetro y el metro

Objetivo Medir al centímetro y al metro más cercanos.

★ Explorar

En muchos países del mundo se usa el sistema métrico decimal.

El **centímetro (cm)** y el **metro (m)** son unidades de longitud del sistema métrico.

Unidades de longitud del sistema métrico
1 metro = 100 centímetros

Pregunta ¿Cómo mides al centímetro y al metro más cercanos?

Jerome junta caracoles en la playa. Quiere colocar su caracol favorito en una caja cuadrada de 6 centímetros de longitud. ¿Entrará el caracol de la derecha en la caja?

1 Estima la longitud del caracol al centímetro más cercano. ¿Cuántos dedos crees que tiene de ancho?

Mi dedo mide aproximadamente 1 centímetro de ancho. Puedo usarlo para estimar.

2 Alinea el caracol con la marca del 0 de la regla de centímetros.

3 Halla la marca del centímetro que está más cerca del otro extremo del caracol. ¿Cuál es la longitud del caracol al centímetro más cercano?

4 ¿Qué tan cerca de tu estimación está tu medida?

El caracol mide un poco más que 3 cm.
El caracol entrará en la caja de 6 centímetros.

Una puerta mide aproximadamente 1 metro de ancho. Usa una regla de 1 metro para medir el ancho de la puerta de tu salón de clases.

★ **Extender**

Halla los objetos que se muestran. Estima, luego mide.

Objeto	Estimación	Medida
1.	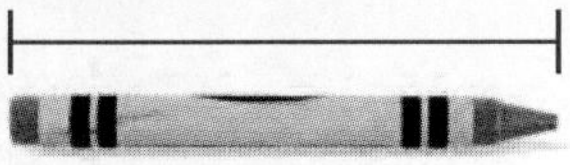 aproximadamente ◯ centímetros	aproximadamente ◯ centímetros
2.	aproximadamente ◯ centímetros	aproximadamente ◯ centímetros
3.	 aproximadamente ◯ metros	aproximadamente ◯ metros
4.	 aproximadamente ◯ centímetros	aproximadamente ◯ centímetros
5.	 aproximadamente ◯ metros	aproximadamente ◯ metros

Diario de matemáticas

Escribir matemáticas

Explica ¿Cuándo es más exacta una longitud: cuando se mide al centímetro más cercano o al metro más cercano? Explica tu respuesta.

Objetivos 4, 5 y 6 de *TAKS*

TEKS 3.11A Utilizar instrumentos de medición lineal para estimar y medir longitudes utilizando unidades de medida estándares.

También 3.13B, 3.15A

Vocabulario de *TAKS*

metros (m)

kilómetros (km)

El metro y el kilómetro

Objetivo Medir longitudes más largas en unidades del sistema métrico.

★ Aprender con ejemplos

En la Lección 1 aprendiste a medir longitudes cortas en centímetros.

Puedes medir longitudes más largas en **metros (m)** y **kilómetros (km)**.

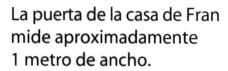

Unidades de longitud del sistema métrico
1 kilómetro = 1,000 metros

La puerta de la casa de Fran mide aproximadamente 1 metro de ancho.

Su casa está aproximadamente a 1 kilómetro de la playa. Fran tarda unos 10 minutos en caminar 1 kilómetro hasta la playa.

★ Práctica guiada

Piénsalo

• ¿Necesito una unidad pequeña o una grande?

• ¿Cuál es la unidad más pequeña? ¿y la más grande?

Escoge la unidad que usarías para medir las longitudes. Escribe *m* o *km*.

1. la longitud de una habitación

2. la profundidad de un océano

3. la longitud de un bote de remos

4. la longitud de la vela de un barco

5. la distancia hasta el Sol

6. la longitud de un río

 Hablar de matemáticas ¿Medirías la distancia de tu casa a la escuela en metros o en kilómetros? Explica tu elección.

★ Practicar y resolver problemas

Escoge la unidad que usarías para medir las longitudes. Escribe *m* o *km*.

7. el ancho de un salón de clases

8. la distancia de costa a costa de los EE.UU.

9. la distancia que vuela un avión

10. la altura de una puerta

11. la distancia de una punta a otra de la ciudad

12. la longitud de un barco

Escoge la mejor estimación.

13. la longitud de un esquí acuático
2 m ó 2 km

14. la longitud de un puente
200 km ó 2 km

15. la estatura de un socorrista
2 m ó 20 m

16. la altura de un faro
25 m ó 25 km

17. la distancia que recorre un carro
90 m ó 90 km

18. la longitud de una lancha a motor
5 m ó 50 m

Conexión con la información

Usa la gráfica de la derecha para resolver los problemas 19 a 22.

19. ¿Cuántas playas miden menos que 30 kilómetros de longitud?

20. ¿Qué playa es la más larga?

21. ¿Cuántas playas son más largas que la playa Isla Galveston?

22. Reto ¿Cuál es la longitud de cada playa en metros?

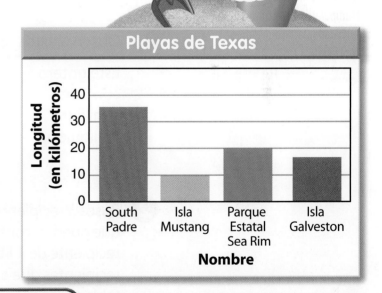

Playas de Texas

 Práctica para TAKS (Selección múltiple)

23 ¿Cuál de las siguientes opciones es más probable que midas en kilómetros?

A la longitud de un escritorio

B la longitud de una carretera

C la longitud de una goma de borrar

D la longitud del piso de un salón de clases

Objetivos 4 y 6 de *TAKS*

TEKS 3.11E Identificar modelos concretos que aproximan unidades estándares de capacidad y utilizarlos para hacer medidas de capacidad.

3.14D Utilizar herramientas tales como objetos reales, manipulativos y tecnología para resolver problemas.

Vocabulario de *TAKS*

litro (L)

mililitro (mL)

Materiales
- Agua
- Recipientes de diferentes tamaños
- Manipulativos electrónicos www.eduplace.com/txmap/ (opcional)

Aplícalo
Unidades de capacidad del sistema métrico (SI)

Objetivo Medir la capacidad en unidades del sistema métrico.

★ Explorar

En las Lecciones 1 y 2 aprendiste acerca de las unidades de longitud del sistema métrico. Ahora explorarás las unidades de capacidad de ese sistema.

Unidades de capacidad del sistema métrico
1 litro = 1,000 mililitros

La capacidad es la cantidad que puede contener un recipiente. El **litro (L)** y el **mililitro (mL)** son unidades de capacidad del sistema métrico.

Pregunta ¿Cómo puedes saber si un recipiente contiene un litro o un mililitro?

1 Observa estos recipientes.

Este gotero contiene 1 mililitro de líquido.

Esta botella contiene 1 litro de agua.

2 Busca 3 recipientes de diferentes tamaños que estimes que puedan contener un litro de agua. Llena con agua un recipiente de 1 litro y luego viértela en cada uno de los recipientes que escogiste. Anota los resultados en una tabla como la siguiente.

¿Qué recipiente tiene una capacidad más cercana a un litro?

Recipiente	Estimación	Medida
lata de sopa	menos que 1 litro	menos que 1 litro

★ Extender

Escoge la unidad que usarías para medir la capacidad de estos objetos. Escribe mL o L.

1. una cubeta

2. una lata de sopa

3. un vaso

4. una laguna

5. un florero pequeño

6. una regadera

7. una bañera

8. una cuchara

9. un recipiente de leche

Escoge la mejor estimación para medir la capacidad de estos recipientes.

10. 100 L ó 100 mL

11. 20 L ó 2 L

12. 200 mL ó 200 L

13. 3 L ó 30 mL

14. 1 L ó 5 L

15. 14 L ó 14 mL

Observa las ilustraciones para resolver.

16. Jill debe darle 2 mL de vitaminas líquidas a su perro. ¿Qué recipiente debería usar para medir las vitaminas?

17. Juan debe llenar una pecera con agua. ¿Qué recipiente debería usar?

Diario de matemáticas

Escribir matemáticas

Compara ¿Necesitarías un recipiente más grande para colocar 500 mL o para colocar 1 L? Explica tu respuesta.

Objetivos 3, 4 y 6 de **TAKS**

TEKS 3.11D Identificar modelos concretos que aproximan unidades estándares de peso/masa y utilizarlos para hacer medidas de peso/masa.

3.8 Identificar, clasificar y describir figuras geométricas de dos y tres dimensiones basándose en sus atributos. Comparar figuras de dos dimensiones, de tres dimensiones o ambas según sus atributos usando vocabulario formal de la geometría.

También 3.14D

Vocabulario de **TAKS**

gramo (g)

kilogramo (kg)

masa

Materiales
• Balanza
• 1 masa de 1 kilogramo
• Diferentes objetos del salón de clases
• Manipulativos electrónicos www.eduplace.com/txmap/ (opcional)

Aplícalo
Unidades de masa del sistema métrico (SI)

Objetivo Explorar la masa de un objeto usando unidades del sistema métrico.

★ Aprender con manipulativos

La **masa** es la cantidad de materia que hay en un objeto. Las unidades métricas que se usan para medir la masa son el **gramo (g)** y el **kilogramo (kg)**.

Has aprendido acerca de las unidades de longitud y capacidad del sistema métrico.

Pregunta ¿Cómo puedes describir la cantidad de materia que hay en un objeto usando estas unidades de masa?

Unidades de masa del sistema métrico
1 kilogramo = 1,000 gramos

1 Observa los siguientes objetos.

Un sujetapapeles tiene una masa de aproximadamente 1 gramo. →

Un libro tiene una masa de aproximadamente 1 kilogramo. →

2 Ahora observa los siguientes objetos.

¿Cuál de estos objetos medirías en gramos?

¿Cuál de estos objetos medirías en kilogramos?

3 Busca 3 objetos y estima si cada uno pesa más o menos que 1 kg. Anota tus estimaciones. Usa una balanza y una masa de 1 kg para comprobar tus estimaciones.

Objeto	Estimación	Medida
caja de útiles	menos que 1 kilogramo	menos que 1 kilogramo

★ Práctica guiada

Escoge la unidad que usarías para medir la masa de estos objetos. Escribe *g* o *kg*.

Piénsalo
• ¿Necesito una unidad de medida pequeña o una grande?
• ¿Cuál es la unidad de medida más pequeña? ¿y la más grande?

1.

2.

3.

Escoge la mejor estimación.

4. una toronja
   500 g ó 5 kg

5. un bote
   1,000 g ó 1,000 kg

6. una moneda de 1 centavo
   300 g ó 3 g

Resolver problemas con ayuda

Usa las preguntas para resolver este problema.

7. Sadie necesita aproximadamente 20 gramos de harina para una receta. Tiene una balanza, harina y una caja de sujetapapeles. ¿Cómo puede medir unos 20 gramos de harina?

   a. **Compréndelo/Planéalo** ¿Qué debe hacer Sadie? ¿Cómo puede usar los sujetapapeles para estimar?

   b. **Resuélvelo/Verifícalo** ¿Cómo debe usar Sadie los materiales que tiene para medir? Si necesita el doble de harina para otra receta, ¿de qué otra manera mediría?

123 Hablar de matemáticas ¿Crees que un objeto grande siempre tiene más masa que un objeto pequeño? Explica tu respuesta.

★ Practicar y resolver problemas

Escoge la unidad que usarías para medir la masa de estos objetos. Escribe *g* o *kg*.

8.

9.

10.

11. una canoa   **12.** una pelota de playa   **13.** un par de anteojos

Escoge la mejor estimación.

14. un par de anteojos de sol
150 g ó 2 kg

15. un caballo
6 kg ó 600 kg

16. una moneda de 25 centavos
5 g ó 500 g

Resuelve.

17. Cameron compró 6 rodajas de sandía. Cada rodaja tenía una masa de 2 kilogramos. ¿Cuál es la masa total de la sandía que compró?

18. El señor Díaz compró una silla de playa nueva. Una silla de playa tiene una masa de 3 kilogramos. ¿Cuál es la masa total de 25 sillas de playa?

19. Manuel lleva aproximadamente 1 kilogramo de comida desde el carro hasta la playa. Su hermano lleva aproximadamente 800 gramos de comida desde el carro hasta la playa. ¿Cuál de los niños llevó la carga de comida con mayor masa?

20. Reto Delroy halló un caracol en la playa. El verano pasado halló 5 caracoles. Cada caracol tiene una masa de aproximadamente 3,000 gramos. ¿Cuál es la masa total de todos los caracoles que halló?

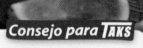

★ **Práctica para** TAKS **Selección múltiple**

Consejo para TAKS
Elimina todas las respuestas que no sean razonables antes de escoger la respuesta correcta.

21 ¿Qué medida describe mejor la masa de una naranja?

A 100 kg   **B** 4 kg   **C** 400 g   **D** 10 g

Armar cajas

Ann quiere armar una caja con capacidad para 8 cubos. A continuación se muestran 3 maneras de armar una caja que pueda contener 8 cubos. ¿Para qué caja se necesita menos cartón?

A.

B.

C.

  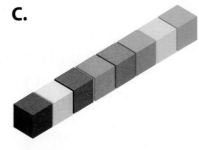

A. sin desplegar   **B. sin desplegar**   **C. sin desplegar**

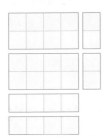 

Cada caja tiene un volumen de 8 unidades cúbicas. Cuenta para hallar cuántas unidades cuadradas se necesitan para hacer las caras de cada caja.

A 28 unidades cuadradas

B 24 unidades cuadradas

C 34 unidades cuadradas

Usa bloques de unidades para hallar dos maneras diferentes de empaquetar los dados de los problemas 1 a 3. Puedes dibujar la caja y las caras desplegadas como ayuda.

1. 9 dados   **2.** 10 dados   **3.** 16 dados

4. Observa los ejemplos y los problemas 1 a 3. ¿Cómo describirías la mejor manera de armar una caja usando la menor cantidad de cartón?

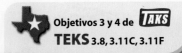
Objetivos 3 y 4 de TAKS
TEKS 3.8, 3.11C, 3.11F

Objetivos 2 y 6 de **TAKS**

TEKS 3.7A Generar una tabla de pares de números basada en la vida real, por ejemplo, los insectos y sus patas.

3.14C Seleccionar o desarrollar un plan o una estrategia de resolución de problemas apropiado en el que el estudiante haga un dibujo, busque un patrón, adivine y compruebe sistemáticamente, haga una dramatización, elabore una tabla, resuelva un problema más sencillo o trabaje desde el final hasta el principio para resolver un problema.

También 3.7B, 3.14A, 3.14B, 3.15A, 3.16A, 3.16B

Resolver problemas: Estrategia
Haz una tabla

Objetivo Hacer una tabla para resolver problemas.

⭐ Aprender con ejemplos

Los estudiantes de la maestra Delgado harán una muestra de sus objetos de colección. Cada grupo de estudiantes hará un cartel de 3 pies para colgar de la pared. Los grupos colgarán sus carteles uno al lado del otro en la pared. ¿Cuántos carteles colgarán en una pared que mide 15 pies?

COMPRÉNDELO

Cada cartel mide 3 pies de largo. Los carteles se colgarán uno al lado del otro.

PLANÉALO

Puedes hacer una tabla para resolver el problema.

Observa el patrón de la tabla. Cuando el número de carteles aumenta de 1 en 1, el número de pies aumenta de 3 en 3.

Número de carteles de 3 pies	Número total de pies
1	3
2	6
3	9

RESUÉLVELO

Continúa el patrón.

Se pueden colgar cinco carteles en una pared de 15 pies.

4	12
5	15

VERIFÍCALO

¿Parece razonable la solución?

★ Resolver problemas con ayuda

Haz una tabla y usa las preguntas para resolver este problema. Si necesitas ayuda, usa una calculadora.

1. Sejal y León ponen los escritorios en una fila para la muestra de sus objetos de colección. Cada escritorio mide 24 pulgadas de ancho. Si ponen en una fila 3 escritorios, 4 escritorios y 5 escritorios, ¿cuántas pulgadas de largo medirá cada fila?

   a. **Compréndelo** ¿Qué datos tengo?

   b. **Planéalo/Resuélvelo** ¿Qué información se debe presentar en la tabla? Haz una tabla para resolver el problema.

   c. **Verifícalo** ¿Tu tabla muestra cuántas pulgadas de largo medirá cada fila de escritorios?

 **Hablar de matemáticas** ¿En qué se parece hacer una tabla a hallar un patrón numérico?

★ Práctica para resolver problemas

Haz una tabla para resolver los problemas.

2. Cindy pintó 7 camisetas con diseños de caracoles para una muestra de manualidades. Los 3 días siguientes pintó 4 camisetas por día. ¿Cuántas camisetas pintó en total?

3. Para cada proyecto, René necesita 120 gramos de plastilina. ¿Cuánta plastilina necesitará para tres proyectos? ¿Cuántos proyectos puede terminar con 1 kilogramo de plastilina?

4. **Reto** Durante la muestra de manualidades, la clase de la maestra Dana sirvió limonada. Si en cada recipiente había limonada para 15 personas, ¿cuántos recipientes de limonada se hicieron para 195 personas?

Rockport, TX

Feria del Mar
de Rockport

La Feria del Mar de Rockport, en Rockport, Texas, ofrece muchas atracciones además de comida deliciosa. La feria surgió en 1975 y se organizó para que hubiera actividades en la ciudad durante el otoño.

Usa los datos de esta página para resolver.

5. Las familias Santos y Díaz decidieron encontrarse en la feria. La familia Santos recorrió 138 millas. La familia Díaz recorrió 59 millas. ¿Cuántas millas más recorrió la familia Santos?

6. **Dinero** Usando el listado de eventos de la feria, Marita y Beatriz planean qué actividades quieren hacer. Quieren participar en las carreras de cangrejos y de balsas y en el torneo de pesca para niños. ¿Cuánto les costará a las dos participar en los tres eventos?

7. Miguel se anotó en la carrera de botes de cartón. Dirigió su bote 237 pies. Andrea dirigió su bote 352 pies. El ganador dirigió su bote 503 pies. ¿La distancia total de Miguel y Andrea fue *más* o *menos* que la distancia del ganador? ¿Cuánto *más* o *menos*?

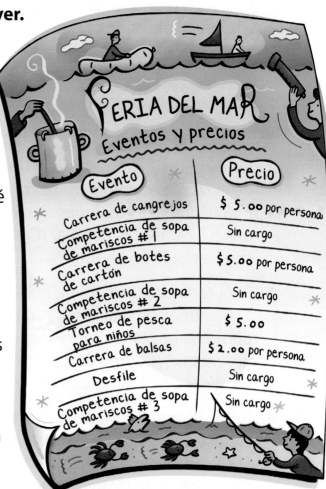

FERIA DEL MAR
Eventos y precios

Evento	Precio
Carrera de cangrejos	$5.00 por persona
Competencia de sopa de mariscos #1	Sin cargo
Carrera de botes de cartón	$5.00 por persona
Competencia de sopa de mariscos #2	Sin cargo
Torneo de pesca para niños	$5.00
Carrera de balsas	$2.00 por persona
Desfile	Sin cargo
Competencia de sopa de mariscos #3	Sin cargo

8. Reto El abuelo de la familia Santos compró el almuerzo para toda la familia. Compró 2 libras de sopa de mariscos por $12.00, una botella de agua por $3.00 y 6 panecillos por $2.00. Muestra cómo hallar cuánto cambio de $20 recibió el abuelo de la familia Santos.

Receta de la sopa de mariscos
Porciones: 4

Ingredientes:
8 oz de pimiento verde picado
4 oz de cebollas picadas
16 oz de camarones medianos
4 oz de cangrejos
1 cucharada de aceite vegetal

Crea y resuelve

9. Ruth escribió este problema.

Un cocinero usó la receta para preparar la sopa de mariscos. Usó 16 onzas de cangrejos y 64 onzas de camarones. Explica cómo sabes si el cocinero está preparando el doble o el cuádruple de la receta.

Resuelve el problema en palabras de Ruth.

10. Escribe otro problema en palabras que se pueda resolver usando la receta. ¿Cuál será la pregunta de tu problema?

11. En una hoja aparte, muestra cómo resolver el problema.

12. Intercambia los problemas con un compañero. Resuelvan los problemas del otro.

Práctica para TAKS Respuesta con cuadrícula

13 La tabla muestra el número de clavos que se necesitan para construir pajareras. Si el patrón continúa, ¿cuántos clavos se necesitarán para construir 18 pajareras?

Número de pajareras	Número de clavos
3	9
6	18
9	27

Leer y escribir **matemáticas**

Vocabulario de TAKS

Cuando calculas cuán largo o alto es un objeto, hallas su **longitud**.
Cuando hallas cuánto puede contener un objeto, hallas su **capacidad**.
Cuando calculas cuánta materia tiene un objeto, hallas su **masa**.

Escribe estos encabezados. Luego, haz 3 listas con las palabras del Banco de palabras.

Capacidad	Longitud	Masa	Banco de palabras
	0 1 2 3 centímetros		**centímetro** **gramo** **kilogramo** **kilómetro** **litro** **metro** **mililitro**
1. _____ 2. _____	3. _____ 4. _____ 5. _____	6. _____ 7. _____	

Escribir Observa las palabras que escribiste debajo de *Longitud*. Ordena esa lista de *menor* a *mayor*. Explica cómo sabes que tienes razón.

Leer Busca libros relacionados con este concepto en tu biblioteca.

Objetivo 6 de TAKS
TEKS 3.15A Explicar y anotar observaciones utilizando objetos, palabras, dibujos, números y tecnología.

3.15B Relacionar el lenguaje informal con el lenguaje y los símbolos matemáticos.

Práctica adicional basada en los estándares

Conjunto A ———————————————— Objetivo 4 de **TAKS** TEKS 3.11A página 486

Escoge la unidad adecuada para medir los objetos. Escribe *centímetro, metro* **o** *kilómetro.*

1. la altura de un vaso

2. la longitud de una maraca

3. el ancho de tu salón de clases

4. la longitud de tu salón de clases

5. la distancia hasta Washington, D.C.

Usa una regla métrica para medir las siguientes líneas al centímetro más cercano.

6. _____

7. _____

Resuelve.

8. Ringo tiene 3 lombrices. Una lombriz mide 2 centímetros de largo. Las otras dos miden 3 centímetros de largo. Si las alinease, ¿cuánto medirían? Muestra dos maneras de obtener la respuesta.

Conjunto B ———————————————— Objetivo 4 de **TAKS** TEKS 3.11E página 488

Escoge la unidad adecuada para hallar la capacidad de los objetos. Escribe *mililitro* **(mL) o** *litro* **(L).**

1. agua en un gotero

2. una jarra grande de leche

Resuelve.

3. Becca compró 3 frascos de pegamento. Cada frasco contiene 72 mL de pegamento. ¿Cuántos mL de pegamento compró?

Conjunto C ———————————————— Objetivo 4 de **TAKS** TEKS 3.11D página 490

Escoge la unidad adecuada para medir la masa de los objetos. Escribe *gramo* **(g) o** *kilogramo* **(kg).**

1. una manzana   **2.** un carro   **3.** un niño   **4.** una caja de arroz   **5.** un lápiz

Education Place
Visita www.eduplace.com/txmap/, donde
encontrarás más **práctica adicional**.

Capítulo 22 Práctica adicional   **499**

Repaso/Examen del capítulo

Vocabulario y conceptos ——————— Objetivo 4 de *TAKS* TEKS 3.11A, 3.11D, 3.11E

Escoge la mejor palabra para completar las oraciones.

Banco de palabras
- centímetro
- gramo
- kilogramo
- kilómetro
- litro
- masa
- metro
- mililitro

1. El jugo generalmente se compra en botellas de _____.

2. Un _____ es igual a 1,000 metros.

3. El ancho de un dedo es aproximadamente un _____.

4. El ancho de una puerta es aproximadamente un _____.

5. Un par de zapatos tiene una masa aproximada de un _____.

6. Un _____ de agua es una cantidad muy pequeña.

Escoge la mejor estimación.

7. una caja de cereales
   a. 750 g   **b.** 750 kg

8. una pecera
   a. 5 mL   **b.** 5 L

9. un bebé
   a. 6 kg   **b.** 6 g

Resolver problemas y razonamiento — Objetivos 1, 4 y 6 de *TAKS* TEKS 3.3B, 3.4B, 3.4C, 3.11D, 3.14B

Haz una tabla para resolver cada problema.

10. Sara envolvió regalos para su familia. Usó 24 centímetros de cinta para cada moño. ¿Cuántos centímetros de cinta usó para 5 moños?

11. Se necesitan 8 latas de pintura para volver a pintar la cerca. Cada lata cuesta $14. ¿Cuánto costará la pintura para pintar la cerca?

12. Una pizzería tiene una oferta especial. Por cada 6 pizzas que compras recibes una gratis. Si compras 20 pizzas, ¿cuántas recibirás gratis?

13. Los boletos de los adultos para la obra de teatro cuestan $6 cada uno. Los boletos de los niños cuestan $2. Marta, su hermano y sus abuelos compraron boletos. ¿Cuánto les costaron?

Diario de matemáticas

Escribir matemáticas Janelle dice que pesa 20 litros. ¿Por qué su afirmación es incorrecta y cómo podría corregirla?

Preparación para *TAKS* y repaso frecuente

1. ¿Cuál es el valor total de las seis monedas de abajo?

A $0.62	**B** $0.71
C $0.51	**D** $1.11

Objetivo 1 de *TAKS* TEKS 3.1C página 418

2 Clarissa tiene un billete de 5 dólares, 3 monedas de veinticinco centavos, 3 monedas de diez centavos y 3 monedas de cinco centavos. ¿Cuánto dinero tiene?

F $1.25	**G** $6.10
H $5.20	**J** $6.20

Objetivo 1 de *TAKS* TEKS 3.1C página 418

3 ¿Qué unidad usarías para medir la capacidad de una piscina?

A taza

B pinta

C cuarto de galón

D galón

Objetivo 4 de *TAKS* TEKS 3.11E página 464

4 ¿Cuál es el valor total del dinero que se muestra aquí?

F $25.08	**G** $35.18
H $25.78	**J** $35.78

Objetivo 1 de *TAKS* TEKS 3.1C página 418

5 **Respuesta con cuadrícula**
Bert coloca encurtidos en cada hamburguesa que prepara. Esta tabla muestra el número de encurtidos que necesita para preparar hamburguesas.

Hamburguesas con encurtidos					
Hamburguesas	10	12	14	16	18
Encurtidos	30	36	42		54

¿Cuántos encurtidos necesita Bert para preparar 16 hamburguesas?

Objetivo 2 de *TAKS* TEKS 3.7B página 380

Education Place
Visita www.eduplace.com/txmap/, donde encontrarás **consejos para tomar exámenes** y más **práctica para TAKS**.

Repaso/Examen de la Unidad 9

Vocabulario y conceptos

Objetivo 4 de **TAKS** TEKS 3.11D, 3.11E

Escoge la mejor palabra para completar las oraciones.

1. Dos unidades de peso del sistema inglés (usual) son la _____ y la _____.

2. Dos unidades de capacidad del sistema inglés (usual) son la _____ y el _____.

3. Dos unidades de capacidad del sistema métrico son el _____ y el _____.

Banco de palabras

galón

mililitro

onza

pinta

litro

centímetro

libra

Cálculos

Objetivos 1 y 4 de **TAKS** TEKS 3.3B, 3.4A, 3.11A, 3.11D, 3.11E

Encierra la unidad de medida más adecuada.

4. capacidad de una piscina

    tazas   cuartos   galones

5. longitud de un lápiz

    centímetros   metros   kilómetros

6. peso de un tigre

    onzas   libras

7. estatura de un niño

    pulgadas   pies   yardas

8. capacidad de un gotero

    mililitro   litro

9. masa de unas tijeras

    gramo   kilogramo

Haz una tabla para resolver el problema.

10. Tom anotó cuánta cinta se usa para hacer cada flor gigante. Para la primera flor se usan 7 pies de cinta. Para cada una del resto de las flores se usan 6 pies de cinta. ¿Cuánta cinta se usa para crear 5 flores gigantes?

11. En un campamento de verano, la jarra de Sari tenía 32 pintas de jugo. Durante la semana, bebió 3 pintas de jugo por día. ¿Cuántas pintas de jugo sobraron?

Resolver problemas y razonamiento — Objetivos 1, 4 y 6 de TAKS TEKS 3.3B, 3.11A, 3.11D, 3.11E, 3.14B, 3.15A

Resuelve. Si la información no es suficiente, indica qué más necesitas saber.

12. El perro de Sarah pesa 18 kg. Sarah pesa 26 kilogramos. ¿Pesan más de 50 kilogramos entre los dos?

13. Una bolsa grande de verduras congeladas pesa 28 onzas y cuesta $6.50. Una bolsa pequeña cuesta $2.99. ¿Cuánto pesa la bolsa pequeña?

14. En una carrera se corren 5 kilómetros. Rachel corre 3,000 metros. ¿Recorrió más de la mitad del trayecto?

15. Sam necesita jugo de naranja para una receta. Cada envase contiene 8 onzas de jugo. ¿Cuántos envases de jugo necesita?

¡LA GRAN IDEA!

Escribir matemáticas Las unidades inglesas (usuales) y métricas son unidades de dos sistemas de medición diferentes. ¿Se pueden usar para medir las mismas cosas? Explica tu respuesta.

Evaluar el rendimiento   Objetivos 4 y 6 de TAKS 3.11A, 3.11D, 3.11E, TEKS 3.14A, 3.14D

Día de mediciones

Marcy escogió una jarra de agua para medir. Dijo que podía hallar la altura de la jarra, el peso y la cantidad de agua que puede contener.

Objeto	Unidades estándares		
	Altura o longitud	Peso (o masa)	Capacidad

Tarea	Información que necesitas
Observa tu salón de clases. Copia la siguiente tabla y complétala con dos objetos diferentes.	Halla la altura o la longitud del objeto en pulgadas.
	Estima el peso y la capacidad de los objetos en unidades estándares.
	Completa otra tabla usando unidades del sistema métrico.

En sus marcas... con Greg Tang

Unidad 9 Estrategias de cálculo mental

Multiplicar por 10 no es nada estresante, agrega un cero al final y lo haces en un instante.

"Conozco una manera rápida de multiplicar 10 × 5. Como 10 grupos de 5 es igual que 5 grupos de 10, tengo 5 decenas, es decir, 50. Debido al valor de posición, ¡la respuesta es el mismo número con un cero al final!"

Multiplica por 10

1. $10 \times 5 = \boxed{5} \times \boxed{10} = \boxed{50}$　　**2.** $10 \times 12 = \blacksquare \times \boxed{10} = \blacksquare$

3. $10 \times 9 = \blacksquare \times \blacksquare = \blacksquare$　　**4.** $10 \times 78 = \blacksquare \times \blacksquare = \blacksquare$

¡Bien hecho! ¡Vas por buen camino!

5. $10 \times 8 = \blacksquare \times \blacksquare = \blacksquare$　　**6.** $10 \times 18 = \blacksquare \times \blacksquare = \blacksquare$

7. $10 \times 26 = \blacksquare \times \blacksquare = \blacksquare$　　**8.** $10 \times 75 = \blacksquare \times \blacksquare = \blacksquare$

¡Bravo!

¡Sigue adelante!

¡Ahora inténtalo siguiendo los pasos mentalmente!

9. 10×7　　　　　　**10.** 10×11

11. 10×38　　　　　**12.** 10×95

504

Fracciones y probabilidad

¡LAS GRANDES IDEAS!

- Una fracción describe la división de un entero en partes o conjuntos iguales.
- Cada fracción se puede representar por muchas fracciones equivalentes.
- Puedes usar la probabilidad para predecir.

Canciones y juegos

Música y matemáticas
Pista 10

Libritos de matemáticas

- La obra completa
- Un trozo de pastel
- Es posible

Empareja las fracciones

Objetivo del juego Resolver problemas con fracciones para formar una fila en un tablero.

Materiales
- 32 fichas (16 por jugador)
- Tarjetas en blanco

Número de jugadores 2

Preparación
Para cada figura, escribe en una tarjeta en blanco una fracción que muestre la parte coloreada. Apila las tarjetas boca abajo.

Cómo se juega

1 El jugador 1 da vuelta una tarjeta de la pila. Busca el dibujo de la fracción en el tablero que se muestra a continuación. Luego, el jugador 1 coloca una ficha sobre ese dibujo.

2 El jugador 2 repite el paso 1.

3 Gana el primer jugador que tenga cuatro fichas en línea horizontal, vertical o diagonal.

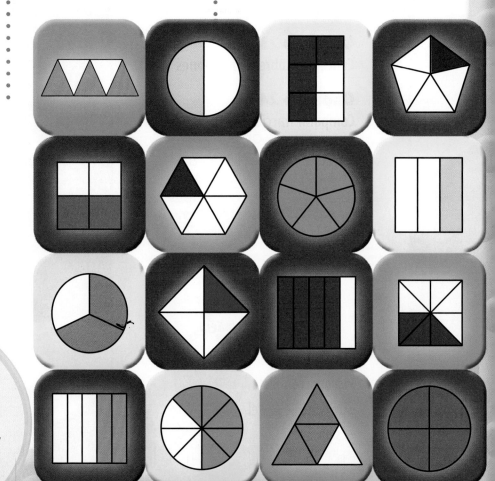

Objetivo 1 de TAKS
TEKS 3.2C Utilizar nombres y símbolos de fracciones para describir las partes de un entero o de grupos de enteros.

Education Place
Visita www.eduplace.com/txmap/, donde encontrarás **acertijos**.

Leer Para comprender las lecturas, usas estrategias. También usas estrategias para resolver problemas. Lee este problema:

Se corta una pizza en 8 porciones iguales. 4 porciones sólo tienen queso. 3 porciones también tienen pimiento rojo. 1 porción tiene aceitunas. ¿Qué fracción de la pizza tiene sólo queso?

Antes de resolver este problema, Paulo anota las estrategias para resolver problemas que conoce.

Estrategias para resolver problemas

Busca un patrón.

Adivina y comprueba.

Resuelve un problema más sencillo.

Haz un dibujo.

Haz una dramatización.

Trabaja desde el final.

> Sé cuántas porciones con queso hay. Sé cuántas porciones hay en total. ¿Qué puedo hacer para hallar la fracción?

Escribir Copia la lista de Paulo. Escribe otras estrategias que conozcas. Luego usa una de las estrategias para resolver el problema.

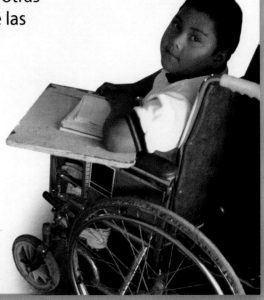

Conceptos sobre las fracciones

Comprueba lo que sabes

Banco de palabras

cuartos

fracciones

mitades

tercios

Vocabulario y conceptos

Escoge la mejor palabra para completar las oraciones. Grado 2

1. Una manzana cortada en 2 partes iguales tiene 2 _____.

2. Cuatro _____ forman un entero.

3. Las partes iguales de un entero se llaman _____.

Cálculos

Escribe la fracción que muestra la parte sombreada del entero. Grado 2

4.

5.

6.

7.

8.

9.

Resolver problemas y razonamiento Grado 2

10. Dennis pintó $\frac{1}{3}$ de la pared de su habitación. ¿Qué parte de la pared quedó sin pintar?

Vocabulario de TAKS

¡Visualízalo!

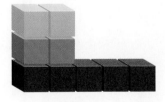

Una **fracción** puede expresar parte de un conjunto o grupo.

$\frac{5}{9}$ de los cubos son rojos.

$\frac{5}{9}$ ← numerador / denominador

Una **fracción** puede expresar parte de una región.

Falta $\frac{1}{8}$ de la pizza.

$\frac{1}{8}$ ← numerador / denominador

Mi mundo bilingüe

Si sólo haces una *fracción* de tu trabajo, probablemente sólo terminas una pequeña parte de él. En matemáticas, una *fracción* significa una parte de un conjunto o grupo, o una parte de una región.

Las palabras que se parecen en español y en inglés muchas veces tienen el mismo significado.

Español	Inglés
denominador	denominator
fracción	fraction
numerador	numerator

Consulta el **Glosario español–inglés**, páginas 576 a 588.

 Education Place Visita www.eduplace.com/txmap/, donde encontrarás el **glosario electrónico**.

 Objetivo 6 de TAKS **TEKS** 3.15B Relacionar el lenguaje informal con el lenguaje y los símbolos matemáticos.

Capítulo 23 509

Objetivos 1 y 6 de **TAKS**
TEKS 3.2A Construir modelos concretos de fracciones.

3.2C Utilizar nombres y símbolos de fracciones para describir las partes de un entero o de grupos de enteros.

También 3.2B, 3.15A, 3.15B

Vocabulario de **TAKS**

fracción

Materiales
- Cartulina
- Tiras de papel
- Marcadores
- Manipulativos electrónicos www.eduplace.com/txmap/ (opcional)

Aplícalo
Ejemplos de fracciones de regiones
Objetivo Usar modelos para leer y escribir fracciones.

★ Explorar

Pregunta ¿Cómo puedes usar modelos para expresar partes de una región?

Chi, Ricardo, An y Kaya comparten una cartulina para hacer marcos para fotografías. ¿Cuánta cartulina recibirá cada estudiante?

1 Dobla la cartulina por la mitad.

Vuelve a doblarla por la mitad.

Desdóblala.

¿Las partes tienen el mismo tamaño?

Cuenta las partes iguales

Cada estudiante recibe una **fracción**, o una parte igual del entero.

2 La cartulina tiene 4 partes iguales. Cada estudiante recibe $\frac{1}{4}$.

Rotula cada parte $\frac{1}{4}$.

La fracción se lee "un cuarto".

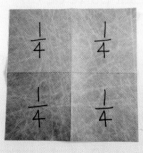

Cada estudiante recibe $\frac{1}{4}$ de la cartulina.

Quedan cuatro hojas de papel en el armario de las manualidades. Dobla tiras de papel para representar cuánto papel recibirá cada estudiante. Indica qué fracción representa el modelo.

1 Dos estudiantes quieren compartir la última hoja de color rojo. Dobla la tira por la mitad. Desdóblala. Cuenta las partes iguales y rotúlalas $\frac{1}{2}$.

2 Tres estudiantes quieren compartir la última hoja de color verde. Dobla la tira en tres partes iguales. Desdóblala. Rotula las partes iguales $\frac{1}{3}$.

3 Seis estudiantes quieren compartir la última hoja de color blanco. Dobla la tira en seis partes iguales. Desdóblala. Rotula las partes iguales $\frac{1}{6}$.

4 Ocho estudiantes quieren compartir la última hoja de color anaranjado. Dobla la tira en ocho partes iguales. Desdóblala. Rotula las partes iguales $\frac{1}{8}$.

★ Extender

Escribe una fracción para la parte verde.
Luego, escribe una fracción para la parte que no es verde.

1.

2.

3.

4.

5.

6.

Resuelve.

7. Christine dobló una hoja de papel en 8 partes iguales. Coloreó 2 partes de rojo, 3 partes de amarillo y el resto de verde. ¿Qué fracción del papel es verde? ¿Qué fracción no es verde?

Diario de matemáticas

Escribir matemáticas

Analiza Describe en qué se parecen y en qué se diferencian estas dos figuras.

 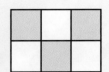

Objetivos 1 y 6 de **TAKS**

TEKS 3.2A Construir modelos concretos de fracciones.

3.2C Utilizar nombres y símbolos de fracciones para describir las partes de un entero o de grupos de enteros.

También 3.14D, 3.15A, 3.15B

Vocabulario de TAKS

El **numerador** es el número de botones amarillos.

$$\frac{7}{12}$$

El **denominador** es el número total de botones.

Materiales

• Fichas
• Manipulativos electrónicos
  www.eduplace.com/txmap/
  (opcional)

Aplícalo
Ejemplos de fracciones de grupos

Objetivo Usar fracciones para nombrar partes de grupos.

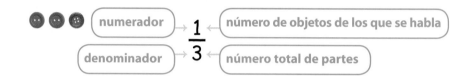

Una fracción se puede usar para nombrar parte de un grupo o conjunto. Puedes escribir fracciones para resolver problemas en palabras.

Tengo 3 botones. Un botón es rojo.

⊙ ⊙ ⊙   numerador → $\frac{1}{3}$ ← número de objetos de los que se habla
          denominador →   ← número total de partes

$\frac{1}{3}$ de los botones son rojos.

Observa el dinosaurio que hizo Ed. ¿Qué fracción de los botones son amarillos?

Represéntalo

Representa los botones del dinosaurio de Ed con fichas rojas y amarillas.

Escríbelo

7 de los 12 botones son amarillos.

¿Cuántas fichas son amarillas?

¿Cuántas fichas usó Ed en total?

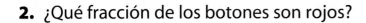
★ Práctica guiada

Piénsalo

¿Cómo decido qué número escribir como numerador? ¿y como denominador?

Usa el dibujo para resolver.

1. ¿Qué fracción de los botones tienen 4 agujeros?

2. ¿Qué fracción de los botones son rojos?

 Hablar de matemáticas Vuelve a observar el dinosaurio de Ed. ¿Qué fracción de los botones son rojos?

★ Practicar y resolver problemas

Escribe una fracción para nombrar la parte redonda de cada grupo.

3.

4.

5.

Usa el dibujo de la derecha para responder a las preguntas 6 a 8.

6. ¿Qué fracción de las flores son rojas?

7. ¿De qué color son $\frac{3}{10}$ de las flores del grupo?

8. ¿Qué fracción de las flores no son azules?

Resuelve.

9. Usa fichas de dos colores. Toma 7 fichas. Colócalas sobre una mesa de manera que haya fichas rojas y amarillas. Haz un dibujo de las fichas. Escribe la fracción de las fichas que son rojas.

★ Práctica para TAKS Selección múltiple

10 Charlene dibujó estas figuras. ¿Qué fracción de estas figuras son lunas?

   A $\frac{2}{3}$ B $\frac{3}{1}$ C $\frac{2}{4}$ D $\frac{1}{3}$

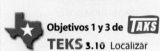

LECCIÓN 3

Objetivos 1 y 3 de *TAKS*

TEKS 3.10 Localizar y nombrar puntos en una recta numérica utilizando números enteros y fracciones, incluyendo un medio y un cuarto.

3.2C Utilizar nombres y símbolos de fracciones para describir las partes de un entero o de un grupo de enteros.

También 3.2A

Materiales

- Tablero 5
- Marcadores para pizarra
- Manipulativos electrónicos www.eduplace.com/txmap/ (opcional)

Aplícalo
Fracciones en la recta numérica

Objetivo Usar una recta numérica para nombrar fracciones.

★ Explorar

En las Lecciones 1 y 2 usaste modelos para nombrar fracciones de regiones y de grupos.

Pregunta ¿Cómo puedes usar una recta numérica para nombrar fracciones?

> Rosa hizo una cadena con fotografías de sus amigos. Usó 10 marcos para hacer la cadena. ¿Qué fracción de la cadena de Rosa está hecha con marcos azules?

Usa la recta numérica 2 del Tablero 5 para resolver el problema.

Ejemplo 1

1 Observa la recta numérica 2 del Tablero 5. Rotula la primera marca 0.

> Ésta es una marca.

```
0                                              1
```

Rotula la última marca 1.

¿En cuántas secciones iguales está dividida esta recta numérica?

Cadena de fotos de los amigos de Rosa

2 Coloca un punto en la primera marca después del cero.

- Rotúlala $\frac{1}{10}$.

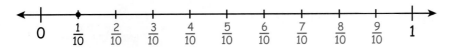

- ¿Cómo se debe rotular la siguiente marca?

Rotula el resto de las marcas.

3 Compara la cadena de Rosa con tu recta numérica.

¿Qué fracción de la cadena de Rosa está hecha con marcos azules?

◯ de la cadena de Rosa está hecha con marcos azules.

Ejemplo 2

Puedes representar cuartos en una recta numérica usando menos marcas de las que usaste para representar décimos.

1 Traza una recta numérica en el Tablero 5.

Hazla de la misma longitud que las demás rectas numéricas.

2 Haz 5 marcas a la misma distancia una de otra.

Rotula la primera marca 0 y la última 1.

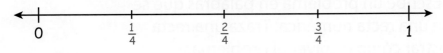

3 Rotula las marcas entre 0 y 1 por cuartos.

¿Qué fracciones usaste para rotular las 3 marcas restantes?

★ Extender

Usa las fotografías y las rectas numéricas que rotulaste en el Tablero 5 para responder a las preguntas 1 a 4.

1. ¿Qué fracción de los marcos son amarillos?

2. ¿Qué fracción de los marcos son verdes?

3. ¿Qué fracción de los marcos no son azules?

4. ¿Qué fracción de los marcos son rojos?

Hanh tiene una cadena de amigos con 9 marcos. Divide una recta numérica en 9 secciones iguales para representar su cadena.

5. Colorea la recta numérica para representar lo siguiente:

- El primer marco y el último son rojos.
- Los 3 marcos del medio son azules.
- El resto de los marcos son amarillos.

6. ¿De qué color son $\frac{4}{9}$ de la cadena de Hanh?

7. ¿De qué color son $\frac{2}{9}$ de la cadena de Hanh?

Usa una regla para copiar y rotular las rectas numéricas.

8. Rodea con un círculo la marca de $\frac{3}{7}$.

9. Rodea con un círculo la marca de $\frac{4}{5}$.

10. **Crea y resuelve** Escribe un problema en palabras que se pueda resolver con una recta numérica. Traza una recta numérica para mostrar cómo resolver el problema.

Diario de matemáticas

Escribir matemáticas

Explica ¿Por qué una recta numérica dividida en cuartos tiene más partes iguales que una recta numérica dividida en mitades?

Reto

Pilas de monedas

Usa la tabla de la derecha para resolver los problemas 1 a 5. Si necesitas ayuda, traza rectas numéricas.

Pila de monedas	Altura de la pila
6 monedas de 25 centavos	$\frac{3}{8}$ de pulgada
13 monedas de 1 centavo	$\frac{3}{4}$ de pulgada
4 monedas de 5 centavos	$\frac{1}{4}$ de pulgada
3 monedas de 10 centavos	$\frac{1}{8}$ de pulgada

1. ¿Qué pila de monedas es más alta: la pila de monedas de un centavo o la de monedas de cinco centavos?

2. ¿Qué pila de monedas es más baja que la pila de monedas de cinco centavos?

3. ¿Qué pila mide $\frac{3}{8}$ de pulgada de altura?

4. Ordena las pilas desde la más baja hasta la más alta.

5. **Reto** ¿Cuál sería la altura de una pila de 12 monedas de veinticinco centavos?

Usa la información de la tabla. ¿Cuál sería la altura de la pila de monedas? Si necesitas ayuda, traza una recta numérica.

6. $1.80 en total

7. $0.33 en total

8. $0.40 en total

Resuelve.

9. ¿Cuál sería el valor de una pila de monedas de cinco centavos que mide 1 pulgada de altura?

Objetivo 1 de **TAKS**

TEKS 3.1C, 3.2A, 3.2B, 3.2C

Objetivos 4 y 6 de TAKS

TEKS 3.2C Utilizar nombres y símbolos de fracciones para describir las partes de un entero o de grupos de enteros.

3.11A Utilizar instrumentos de medición lineal para estimar y medir longitudes utilizando unidades de medida estándares.

También 3.14A, 3.14D

Materiales

• Regla de pulgadas o Tablero 1
• Manipulativos electrónicos www.eduplace.com/txmap/ (opcional)

Aplícalo
Fracciones y mediciones

Objetivo Medir la longitud de objetos a la $\frac{1}{2}$ pulgada y al $\frac{1}{4}$ de pulgada más cercanos.

★ Aprender con manipulativos

La señora Sánchez tiene una mercería. Tiene que medir dos cintas para Olivia. La señora Sánchez puede usar una regla de pulgadas para medir a la media pulgada o al cuarto de pulgada más cercanos.

¿Cuál es la longitud de esta cinta a la media pulgada más cercana?

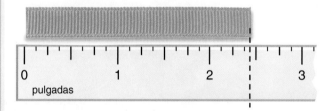

Conteo de $\frac{1}{2}$ en $\frac{1}{2}$ pulgada:

$\frac{1}{2}, 1, 1\frac{1}{2}, 2, 2\frac{1}{2}, \ldots$

Redondeada a la media pulgada más cercana, la cinta mide $2\frac{1}{2}$ pulgadas de longitud.

¿Cuál es la longitud de esta cinta al cuarto de pulgada más cercano?

Conteo de $\frac{1}{4}$ en $\frac{1}{4}$ de pulgada:

$\frac{1}{4}, \frac{2}{4}, \frac{3}{4}, 1, 1\frac{1}{4}, 1\frac{2}{4}, 1\frac{3}{4}, \ldots$

Redondeada al cuarto de pulgada más cercano, la cinta mide $3\frac{3}{4}$ pulgadas de longitud.

★ **Práctica guiada**

Mide los objetos a la media pulgada más cercana.

Piénsalo
¿Qué marca de la regla está más cerca del extremo del objeto?

1.

Hilo de bordar

2.

Mide los objetos al cuarto de pulgada más cercano.

3.

4.

Resolver problemas con ayuda

Usa las preguntas para resolver este problema.

5. Bessie necesita una cinta de $4\frac{1}{4}$ pulgadas de longitud. La cinta se vende sólo a la $\frac{1}{2}$ pulgada más cercana. ¿Qué longitud de cinta debe comprar Bessie?

   a. Compréndelo ¿Cuánta cinta necesita Bessie? ¿En qué longitudes se vende la cinta?

   b. Planéalo ¿Debe comprar más cinta de la que necesita?

   c. Resuélvelo ¿Cuánto es $4\frac{1}{4}$ pulgadas de cinta a la media pulgada más cercana?

   Bessie debe comprar ◯ pulgadas de cinta.

   d. Verifícalo ¿Tu respuesta es menor o mayor que $4\frac{1}{4}$ pulgadas? ¿Por qué?

123 **Hablar de matemáticas** ¿Por qué sería mejor medir al cuarto de pulgada más cercano que a la pulgada más cercana?

Mide los objetos a la media pulgada más cercana.

6.

7.

Mide los objetos al cuarto de pulgada más cercano.

8.

9.

Usa una regla de pulgadas. Traza una línea de la longitud que se pide.

10. $\frac{1}{2}$ pulg

11. 5 pulg

12. $3\frac{3}{4}$ pulg

13. $8\frac{1}{4}$ pulg

 Conexión con los estudios sociales

Usa el modelo de El Álamo para resolver los problemas.

14. Redondeado a la pulgada más cercana, ¿cuál es el ancho del modelo?

15. Recorta un cuadrado cuyos lados midan 1 pulgada. Úsalo para estimar el área del frente del modelo.

 Dato divertido

Los españoles construyeron El Álamo en 1724.

En 1793 fue entregado a los habitantes del lugar, que continuaron cultivando la tierra de la misión y construyendo comunidades.

TEKS 1A, 12A de Estudios sociales

Modelo de El Álamo

Práctica para TAKS — Selección múltiple

16 ¿Qué cinta mide $1\frac{1}{2}$ pulgadas de longitud?
Usa una regla para medirlas.

Consejo para TAKS

Asegúrate de medir desde el punto donde comienza la regla.

A

B

C

D

Tecnología — Manipulativos electrónicos

Ejes de simetría

Puedes usar la computadora para hallar ejes de simetría. Una figura que tiene un eje de simetría se puede doblar en dos partes exactamente iguales.

Visita **www.eduplace.com/txmap/**

Haz clic en **Fractions and Decimals** (fracciones y decimales).

La pantalla del tablero debería ser similar a ésta.

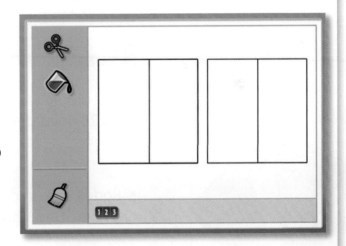

1 Usa el botón ✂ para dividir uno de los cuadrados en mitades.

2 Colorea una de las mitades con el botón 🖌.

3 Has trazado un eje de simetría.

Usa el tablero. Divide un cuadrado en cuartos.

1. a. Colorea algunas partes del cuadrado para mostrar un eje de simetría entre las partes coloreadas y las partes blancas.

b. Usa cuadrados de papel. Dibuja la figura que se muestra en la pantalla. Dóblala para comprobar tu respuesta.

2. Repite estos pasos con otras fracciones.

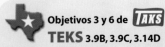

Objetivos 3 y 6 de **TAKS**
TEKS 3.9B, 3.9C, 3.14D

Objetivos 1, 3 y 6 de **TAKS**

TEKS 3.2C Utilizar nombres y símbolos de fracciones para describir las partes de un entero o de grupos de enteros.

3.10 Localizar y nombrar puntos en una recta numérica utilizando números enteros y fracciones, incluyendo un medio y un cuarto.

También 3.14B, 3.14C, 3.15A, 3.16B

Resolver problemas: Estrategia
Haz un dibujo

Objetivo Hacer un dibujo para resolver un problema.

★ Aprender con ejemplos

La clase de Martín está haciendo cometas. Martín tiene un paquete de 24 hojas de papel de seda. Si usa 8 hojas para hacer su cometa, ¿qué fracción de las 24 hojas usará Martín?

Hacer un dibujo puede ayudarte a comprender el problema para resolverlo.

COMPRÉNDELO/PLANÉALO

- Un paquete de papel de seda tiene 24 hojas.

- Martín usó 8 de las hojas.

Tienes que hacer un dibujo para hallar la fracción de las hojas que usó Martín.

RESUÉLVELO/VERIFÍCALO

- Haz dibujos rápidos para representar las 24 hojas del paquete.

- Rodea con un círculo grupos de 8 hojas. Hay 3 grupos de 8 hojas.

- Martín usó 8 hojas para hacer su cometa. Tacha los grupos de 8 que no usó.

8 hojas de papel son $\frac{1}{3}$ de 24.

¿Tu dibujo muestra que Martín usó $\frac{1}{3}$ de las 24 hojas?

★ Resolver problemas con ayuda

Dibuja una recta numérica y usa las preguntas para resolver este problema.

1. La cola de la cometa mide 1 yarda de largo y está hecha con una cuerda. Martín quiere atar una cinta a la cola cada $\frac{1}{4}$ de yarda. ¿Cuántos retazos de cinta necesita?

   a. **Compréndelo** ¿Qué quiero saber?

   b. **Planéalo** ¿Qué debe mostrar mi recta numérica?

   c. **Resuélvelo** Dibuja una recta numérica. Divídela en cuartos. ¿Cuántos retazos de tela necesita Martín?

   d. **Verifícalo** ¿Tiene sentido mi respuesta? ¿Mi recta numérica muestra los puntos en los que se deben atar las cintas?

 **Hablar de matemáticas** ¿Por qué se ata una cinta en $\frac{4}{4}$?

★ Práctica para resolver problemas

2. Keisha tenía 36 calcomanías. Si usó $\frac{1}{6}$ de las calcomanías para decorar su cometa, ¿cuántas calcomanías usó?

3. La maestra Fein colgó 30 cometas en su tablero de anuncios. Tyrone hizo $\frac{1}{10}$ de esas cometas. ¿Cuántas cometas hizo Tyrone?

4. La cola de la cometa de Anja medía 12 pulgadas de largo. Después le cortó 4 pulgadas. ¿Qué fracción de la cola cortó?

5. Observa la cola de la cometa de Dave, que está a la derecha. ¿Qué fracción de los triángulos de la cola son rojos?

6. La maestra Fein le dio 10 hojas a Grace para que haga su cometa. Grace usó sólo $\frac{1}{2}$ del papel. ¿Cuántas hojas de papel le sobraron a Grace?

Leer y escribir matemáticas

Vocabulario de TAKS

Una **fracción** puede nombrar una parte de un conjunto o una parte de un entero.

Lee el problema. Observa el dibujo.

La señora Johnson compró la merienda para su grupo de exploradores. ¿Qué fracción de las frutas son naranjas?

$\frac{2}{7}$

Dos séptimos de las frutas son naranjas.

Usa el Banco de palabras para los ejercicios 1 y 2.

Banco de palabras
denominador
numerador

1. ¿Qué rótulo debe tener el número 2 de la fracción?

2. ¿Cómo debe rotularse el número 7?

3. ¿Qué es una *fracción*? Explica el significado de *fracción* usando el problema en palabras.

4. Escribe una fracción para mostrar cuántas secciones de la rueda giratoria son rojas.

5. Rotula el numerador y el denominador.

Escribir
Usando uno de los dibujos de esta página, explica el significado de *numerador* y *denominador*. Al escribir, haz de cuenta de que la persona que lo leerá nunca ha oído hablar de fracciones.

Leer
Busca libros relacionados con este concepto en tu biblioteca.

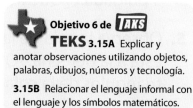
Objetivo 6 de TAKS
TEKS 3.15A Explicar y anotar observaciones utilizando objetos, palabras, dibujos, números y tecnología.

3.15B Relacionar el lenguaje informal con el lenguaje y los símbolos matemáticos.

Práctica adicional basada en los estándares

Conjunto A ——————————— Objetivo 1 de TAKS TEKS 3.2C página 510

Escribe la fracción que representa la parte verde. Luego, escribe la fracción para la parte que no es verde.

1.   **2.**   **3.**    **4.**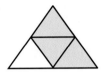

5. Analiza Amanda tiene dinero suficiente para jugar a sólo cuatro juegos en la feria. ¿Qué fracción de dinero ha gastado luego del primer juego? ¿Qué fracción le queda luego del primer juego?

Conjunto B ——————————— Objetivo 1 de TAKS TEKS 3.2C página 512

Indica la fracción de la parte del grupo que es redonda.

1. ● ● ★ ★ ★ ★

2. ● ★ ★ ★ ★

3. ● ● ● ● ● ★

4. ● ● ● ● ● ● ● ●

5. ● ★ ★ ★

6. ● ● ★ ★ ★

7. ● ● ● ● ● ● ● ★ ★

8. ● ● ● ● ● ● ● ●

9. Explica Sam decoró un cinturón con 3 estrellas y 15 tachas. Dijo que $\frac{3}{15}$ de los adornos de su cinturón son estrellas. ¿Tiene razón? ¿Por qué?

Conjunto C ——————————— Objetivos 1 y 4 de TAKS TEKS 3.2C, 3.11A página 518

Usa una regla para medir a la media pulgada más cercana.

1.   **2.**

3.

 Education Place
Visita www.eduplace.com/txmap/, donde encontrarás más **práctica adicional**.

Capítulo 23 Práctica adicional   **525**

Repaso/Examen del capítulo

Vocabulario y conceptos
Objetivos 1 y 4 de TAKS TEKS 3.2A, 3.2C, 3.11A

Escoge la mejor palabra para completar las oraciones.

Banco de palabras
denominador
factor
numerador

1. En la fracción $\frac{3}{4}$, 4 es el _____.

2. En la fracción $\frac{5}{6}$, 5 es el _____.

Escribe una fracción para describir la parte azul. Luego escribe una fracción para describir la parte que no es azul.

3.   **4.**   **5.**

Usa el dibujo para resolver.

6. ¿Qué fracción de las medias tiene una raya blanca?

7. ¿Qué fracción de las medias son rojas?

Mide la cinta a la media pulgada y a la cuarta pulgada más cercanas.

8.

Resolver problemas y razonamiento
Objetivos 1 y 6 de TAKS TEKS 3.2A, 3.2C, 3.14B

9. Uli, Lila, Tyler y Anthony cortaron una pizza en partes iguales. ¿Qué fracción de la pizza comerán Lila y Anthony?

10. Un pastel se cortó en octavos. Cada porción se vende a $3. ¿Cuánto cuesta todo el pastel?

Escribir matemáticas Miguel usó 14 rectángulos de fieltro para hacer una bufanda. ¿Puede usar 3 colores diferentes en cantidades iguales para hacer su bufanda?

Preparación para TAKS y repaso frecuente

1 ¿Qué número significa lo mismo que $500,000 + 4,000 + 200 + 10 + 6$?

  A 54,216

  B 504,216

  C 540,216

  D 540,261

Objetivo 1 de TAKS TEKS 3.1A página 32

2 ¿Qué objeto pesa aproximadamente 1 libra?

  F una moneda de 5 centavos

  G un crayón

  H un carro

  J un pan

Objetivo 4 de TAKS TEKS 3.11D página 470

3 ¿Cómo se escribe novecientos nueve mil novecientos noventa en forma normal?

  A 909,990

  B 990,909

  C 909,909

  D 990,990

Objetivo 1 de TAKS TEKS 3.1A página 32

4. Observa esta foto.

¿Cuál de estas oraciones de multiplicación describe la foto?

  F $2 \times 6 = 12$ **G** $2 \times 12 = 24$

  H $6 \times 2 = 12$ **J** $3 \times 6 = 18$

Objetivo 1 de TAKS TEKS 3.4A página 280

5 **Respuesta con cuadrícula**
Philip tiene la colección de tarjetas de béisbol que se muestra abajo.

Completa la oración de multiplicación para describir la colección.

$$9 = 3 \times \blacksquare$$

Objetivo 1 de TAKS TEKS 3.4A página 280

Comparar fracciones

Naranjas

Comprueba lo que sabes

Banco de palabras

denominador

mitad

numerador

partes iguales

unidad fraccionaria

Vocabulario y conceptos

Escoge el mejor término para completar las oraciones.

Grado 2, página 512

1. Una fracción que tiene un 1 en el numerador es una ____.

2. En una fracción, el número de abajo se llama ____.

3. En la fracción $\frac{3}{7}$, el 3 es el ____.

4. El denominador indica cuántas ____ hay en un entero.

Cálculos

Escribe la fracción. páginas 512 y 513

5. ¿Qué fracción de las estrellas son rojas?

6. ¿Qué fracción de las estrellas son verdes?

7. ¿Qué fracción de las estrellas *no* son amarillas?

Escribe la fracción para cada punto de la recta numérica. páginas 514 a 516

8. punto A   9. punto B

Resolver problemas y razonamiento página 510

10. Explica por qué $\frac{4}{4}$ y $\frac{6}{6}$ representan un entero.

Vocabulario de TAKS

¡Visualízalo!

fracciones equivalentes

Fracciones diferentes que expresan la misma parte de un entero

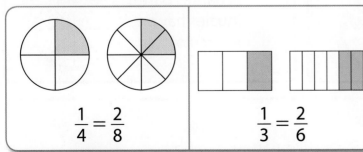

$$\frac{1}{4} = \frac{2}{8} \qquad \frac{1}{3} = \frac{2}{6}$$

Mi mundo bilingüe

Las palabras que se parecen en español y en inglés muchas veces tienen el mismo significado.

Español	Inglés
equivalente	equivalent
fracción	fraction
parte	part

Consulta el **Glosario español–inglés**, páginas 576 a 588.

Education Place Visita www.eduplace.com/txmap/, donde encontrarás el **glosario electrónico**.

Objetivo 6 de TAKS **TEKS 3.15B** Relacionar el lenguaje informal con el lenguaje y los símbolos matemáticos.

Capítulo 24   529

Objetivos 1 y 6 de **TAKS**

TEKS 3.2A Construir
modelos concretos de fracciones.

3.2D Construir modelos concretos
de fracciones que equivalen a
fracciones de objetos enteros.

También 3.2B, 3.2C, 3.15A

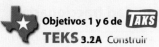

Vocabulario de TAKS

**fracciones
equivalentes**

Materiales
- Crayones
- Recurso de enseñanza 19
  (círculo de papel)
- Manipulativos electrónicos
  www.eduplace.com/txmap/
  (opcional)

Aplícalo
Ejemplos de fracciones equivalentes

Objetivo Usar diferentes fracciones para expresar
la misma cantidad.

★ Explorar

Las fracciones que indican la misma
parte de un entero se llaman
fracciones equivalentes.

Pregunta ¿Cómo puedes representar
fracciones que indiquen la misma
parte de un entero?

Ann y Bill hornearon un
pastel cada uno. Comieron
la misma cantidad de cada
uno de los pasteles. Usa
modelos para representar
cada pastel.

---

1 Una persona debe:

- Doblar por la mitad un
  círculo de papel. Doblarlo por
  la mitad una segunda vez.

- Trazar una línea en cada
  pliegue. Colorear 2 partes
  del círculo.

¿Cuántas partes
iguales hay en
el círculo?

2 La otra persona debe:

- Doblar por la mitad un
  círculo de papel. Doblarlo
  por la mitad dos veces más.

- Trazar una línea en cada
  pliegue. Colorear 4 partes
  del círculo.

¿Cuántas partes
iguales hay en
el círculo?

---

3 Compara los 2 círculos.

- ¿Tiene cada círculo la misma cantidad coloreada?

- ¿Qué fracción de cada círculo está coloreada?

- $\frac{2}{4}$ y $\frac{4}{8}$ son fracciones equivalentes, por lo tanto, $\frac{2}{4} = \frac{4}{8}$

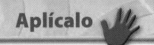

★ **Extender**

Describe las fracciones de cada par como *equivalente* o *no equivalente*.

1.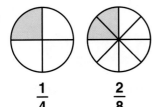

   $\frac{1}{4}$ $\frac{2}{8}$

2.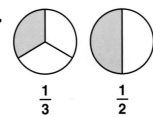

   $\frac{1}{3}$ $\frac{1}{2}$

3.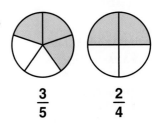

   $\frac{3}{5}$ $\frac{2}{4}$

Usa los círculos para completar las fracciones equivalentes.

4.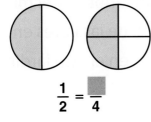

   $\frac{1}{2} = \frac{\blacksquare}{4}$

5.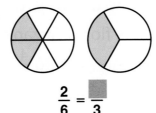

   $\frac{2}{6} = \frac{\blacksquare}{3}$

6.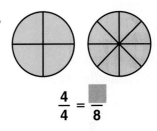

   $\frac{4}{4} = \frac{\blacksquare}{8}$

Resuelve.

7. El Día del Servicio a la Comunidad Jessie hizo una agarradera con 16 cuadrados de tela. Todos los cuadrados son azules excepto 4. Escribe dos fracciones equivalentes para expresar la parte de la agarradera que no es azul.

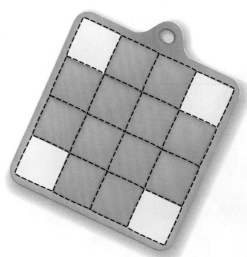

8. **Razonamiento** Dave cortó una pizza en 6 porciones iguales. Puso salchichón en $\frac{1}{2}$ pizza. Puso espinaca en la otra mitad de la pizza. Dave sabía que $\frac{3}{6}$ de la pizza tenían salchichón. Haz un dibujo que muestre cómo sabía que $\frac{3}{6}$ de las porciones tenían salchichón.

Diario de matemáticas

Escribir matemáticas

Justifica Escribe dos fracciones equivalentes. Haz dibujos para mostrar cómo sabes que las fracciones son equivalentes.

LECCIÓN 2

 Objetivos 1 y 6 de *TAKS*

TEKS 3.2A Construir modelos concretos de fracciones.

3.2D Construir modelos concretos de fracciones que equivalen a fracciones de objetos enteros.

También 3.2B, 3.2C, 3.14D, 3.15A, 3.15B

Materiales

• Tiras de fracciones
• Manipulativos electrónicos www.eduplace.com/txmap/ (opcional)

Aplícalo
Hallar fracciones equivalentes

Objetivo Identificar fracciones equivalentes.

★ Aprender con manipulativos

En la Lección 1 aprendiste que las fracciones equivalentes indican la misma parte de un entero. Puedes usar tiras de fracciones para hallar fracciones equivalentes.

En cada uno de dos jardines comunitarios hay el mismo número de flores. Suzanne plantó $\frac{2}{4}$ de las flores en un jardín. Alex plantó $\frac{4}{8}$ de las flores en el otro jardín. ¿Plantaron el mismo número de flores?

Observa las siguientes tiras de fracciones.

1 entero	
$\frac{1}{2}$	$\frac{1}{2}$ está sombreado.
$\frac{1}{4}$	$\frac{2}{4}$ están sombreados.
$\frac{1}{6}$ $\frac{1}{6}$ $\frac{1}{6}$	$\frac{3}{6}$ están sombreados.
$\frac{1}{8}$ $\frac{1}{8}$ $\frac{1}{8}$ $\frac{1}{8}$	$\frac{4}{8}$ están sombreados.
$\frac{1}{10}$ $\frac{1}{10}$ $\frac{1}{10}$ $\frac{1}{10}$ $\frac{1}{10}$	$\frac{5}{10}$ están sombreados.

$$\frac{1}{2} = \frac{2}{4} = \frac{3}{6} = \frac{4}{8} = \frac{5}{10}$$

Usa tiras de fracciones como las que se muestran para representar $\frac{2}{4}$ y $\frac{4}{8}$.

Represéntalo	**Escríbelo**
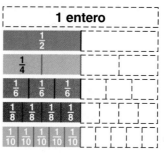	$\frac{2}{4} = \frac{4}{8}$

Sí, plantaron el mismo número de flores.

532

★ Práctica guiada

Usa piezas de fracciones. Indica las fracciones equivalentes.

1.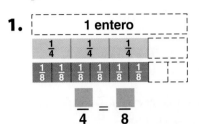

$$\frac{\square}{4} = \frac{\square}{8}$$

2.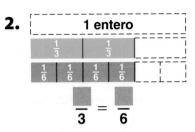

$$\frac{\square}{3} = \frac{\square}{6}$$

 Hablar de matemáticas ¿Son $\frac{2}{2}$, $\frac{4}{4}$ y $\frac{6}{6}$ fracciones equivalentes? ¿Por qué?

★ Practicar y resolver problemas

Usa tiras de fracciones. Indica las fracciones equivalentes.

3.

$$\frac{\square}{5} = \frac{\square}{10}$$

4. 1 entero

$$\frac{5}{6} = \frac{\square}{\square}$$

Usa patrones para hallar fracciones equivalentes.

5. $\dfrac{2}{3} = \dfrac{4}{6} = \dfrac{8}{12} = \dfrac{\square}{24} = \dfrac{\square}{48}$

6. $\dfrac{1}{10} = \dfrac{2}{20} = \dfrac{\square}{30} = \dfrac{4}{\square} = \dfrac{\square}{\square}$

Resuelve.

7. Si $\frac{1}{2}$ de las rosas son rojas y $\frac{5}{10}$ son amarillas, ¿hay tantas rosas rojas como rosas amarillas? Explica tu respuesta.

★ Práctica para **TAKS** (Selección múltiple)

8 Amanda hizo un libro de 6 páginas sobre sus vacaciones. Hizo dibujos en $\frac{1}{2}$ de las páginas. ¿Qué fracción expresa la fracción de las páginas que tenían dibujos?

A $\dfrac{3}{6}$ B $\dfrac{1}{4}$ C $\dfrac{7}{7}$ D $\dfrac{2}{6}$

Consejo para TAKS

Elimina las respuestas que sabes que son incorrectas.

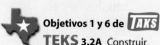
Objetivos 1 y 6 de TAKS

TEKS 3.2A Construir modelos concretos de fracciones.

3.2B Comparar partes fraccionarias de objetos enteros o de conjuntos de objetos en un problema utilizando modelos concretos.

3.2C Utilizar nombres y símbolos de fracciones para describir las partes de un entero o de grupos de enteros.

También 3.2D, 3.14C, 3.14D

Materiales
- Tiras de fracciones
- Manipulativos electrónicos www.eduplace.com/txmap/ (opcional)

Aplícalo
Comparar fracciones

Objetivo Usar modelos para comparar fracciones.

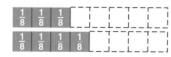
⭐ **Aprender con manipulativos**

En el parque, $\frac{3}{8}$ de los árboles son olmos y $\frac{4}{8}$ son robles. ¿Hay más olmos o robles?

Puedes usar tiras de fracciones para comparar fracciones.

Represéntalo	Escríbelo
Representa $\frac{3}{8}$ con tiras de fracciones.	Usa los símbolos >, < ó = para comparar las fracciones.
Representa $\frac{4}{8}$ con tiras de fracciones.	$\frac{3}{8}$ es menor que $\frac{4}{8}$.
	$\frac{3}{8} < \frac{4}{8}$
	$\frac{4}{8}$ es mayor que $\frac{3}{8}$.
Hay más robles.	$\frac{4}{8} > \frac{3}{8}$

Bill trabajó $\frac{2}{6}$ de una hora. Su tío trabajó $\frac{5}{10}$ de una hora. ¿Quién trabajó más?

Represéntalo	Escríbelo
Representa $\frac{2}{6}$ con tiras de fracciones.	Usa los símbolos >, < ó = para comparar las fracciones.
Representa $\frac{5}{10}$ con tiras de fracciones.	$\frac{2}{6}$ es menor que $\frac{5}{10}$. $\frac{2}{6}$ ◯ $\frac{5}{10}$
	$\frac{5}{10}$ es mayor que $\frac{2}{6}$.
El tío de Bill trabajó más.	$\frac{5}{10}$ ◯ $\frac{2}{6}$

★ Práctica guiada

Usa tiras de fracciones para representar las partes sombreadas. Compara. Escribe >, < ó = en cada ⬭.

1.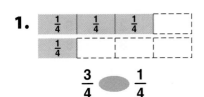

$$\frac{3}{4} \ \bigcirc \ \frac{1}{4}$$

2.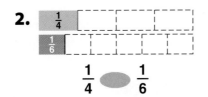

$$\frac{1}{4} \ \bigcirc \ \frac{1}{6}$$

Resolver problemas con ayuda

Usa tiras de fracciones y las siguientes preguntas para resolver este problema.

3. Benito plantó 12 árboles. Plantó $\frac{6}{12}$ de los árboles detrás de su casa y $\frac{1}{4}$ de los árboles en el frente de su casa. ¿Plantó más árboles detrás de su casa o en el frente?

a. Compréndelo ¿Qué debes hallar?

b. Planéalo ¿Qué tiras de fracciones usas para resolver el problema?

c. Resuélvelo Usa tiras de fracciones para comparar las fracciones.

| $\frac{1}{12}\frac{1}{12}\frac{1}{12}\frac{1}{12}\frac{1}{12}\frac{1}{12}\frac{1}{12}\frac{1}{12}\frac{1}{12}\frac{1}{12}\frac{1}{12}$ | ← árboles detrás de la casa |
| $\frac{1}{4}\quad\frac{1}{4}\quad\frac{1}{4}\quad\frac{1}{4}$ | ← árboles en el frente de la casa |

d. Verifícalo ¿Benito plantó más árboles detrás o en el frente de su casa?

4. Si Benito hubiera plantado $\frac{2}{4}$ de los árboles en el frente de su casa, ¿habría plantado menos árboles detrás de su casa? Explica tu respuesta. Vuelve a leer el problema 3.

 Hablar de matemáticas Ordena $\frac{1}{2}$, $\frac{1}{3}$ y $\frac{1}{4}$ de menor a mayor. ¿Cómo lo hiciste?

Compara las fracciones. Escribe >, < ó = en cada ●.
Usa tiras de fracciones como ayuda.

5. $\dfrac{3}{10}$ ● $\dfrac{7}{10}$

6. $\dfrac{2}{3}$ ● $\dfrac{5}{8}$

Compara. Escribe >, < ó = en cada ●.
Usa tiras de fracciones para representar las fracciones.

7. $\dfrac{1}{2}$ ● $\dfrac{2}{2}$

8. $\dfrac{1}{3}$ ● $\dfrac{1}{5}$

9. $\dfrac{3}{4}$ ● $\dfrac{2}{3}$

10. $\dfrac{6}{10}$ ● $\dfrac{3}{5}$

Conexión con las ciencias

La clase de la maestra López recoge artículos reciclados para el Día de la Tierra. Al final del día tienen 4 jarras de plástico, 2 botellas de vidrio, 3 periódicos y 3 latas.

Haz un dibujo para resolver los problemas.

11. ¿Qué fracción de los objetos recogidos son latas?

12. Expresada en cuartos, ¿qué fracción de los objetos recogidos son latas?

13. ¿Qué objetos constituyen exactamente un tercio de los artículos recogidos?

14. **Reto** ¿Qué fracción de los objetos no son periódicos?

Datos divertidos

Día de la Tierra

• El primer Día de la Tierra fue en 1970.

• Las 3 R del Día de la Tierra son: reducir, reutilizar y reciclar.

TEKS 1B de Ciencias

★ **Práctica para TAKS** Selección múltiple

15 ¿Qué grupo muestra más de $\dfrac{4}{7}$ de las cubetas sombreadas?

A

B

C

D

Consejo para TAKS

Recuerda la importancia de la palabra *más* al escoger la respuesta al problema.

Fracciones

Puedes usar una computadora como ayuda para comparar $\frac{1}{2}, \frac{2}{6}, \frac{4}{5}$ y $\frac{1}{3}$.

Visita **www.eduplace.com/txmap/**

Haz clic en **Fractions** (fracciones).

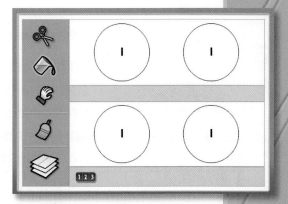

1 Usa el botón ✂ para cortar los círculos en fracciones. Observa los denominadores en el conjunto de fracciones de arriba. Corta un círculo por la mitad, otro en seis partes, otro en cinco partes y otro en tres. Tu tablero debe parecerse a éste.

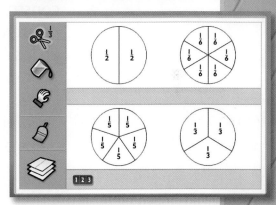

2 Ahora, para completar las partes de los círculos, usa el botón. Observa los numeradores de las fracciones para comprobar cuántas partes de cada círculo debes completar.

3 Oprime el botón 123 para asegurarte de que los círculos de fracciones de tu pantalla coincidan con las fracciones que estás comparando.

4 Compara las fracciones.

5 Ahora puedes ver cuál de las fracciones es la fracción mayor. ◯ es la fracción mayor.

Usa el tablero para hallar la fracción mayor.

1. $\frac{1}{2}$ $\frac{3}{10}$ $\frac{4}{8}$ $\frac{3}{4}$ **2.** $\frac{2}{10}$ $\frac{5}{8}$ $\frac{3}{5}$ $\frac{1}{2}$

Usa el tablero para hallar la fracción menor.

3. $\frac{3}{4}$ $\frac{3}{5}$ $\frac{3}{6}$ $\frac{3}{8}$ **4.** $\frac{1}{2}$ $\frac{2}{5}$ $\frac{3}{10}$ $\frac{7}{8}$

5. $\frac{2}{3}$ $\frac{2}{5}$ $\frac{1}{4}$ $\frac{3}{6}$ **6.** $\frac{3}{8}$ $\frac{2}{6}$ $\frac{1}{4}$ $\frac{2}{10}$

Objetivos 1 y 6 de **TAKS**
TEKS 3.2A, 3.2C, 3.14D, 3.15A

Objetivo 1 de *TAKS*

TEKS 3.2B Comparar partes fraccionarias de objetos enteros o de conjuntos de objetos en un problema utilizando modelos concretos.

3.2C Utilizar nombres y símbolos de fracciones para describir las partes de un entero o de grupos de enteros.

También 3.2D

Comparar fracciones de grupos

Objetivo Comparar fracciones de grupos.

★ Aprender con ejemplos

En la Lección 3 aprendiste a comparar fracciones usando tiras de fracciones. Ahora aprenderás a comparar fracciones de grupos.

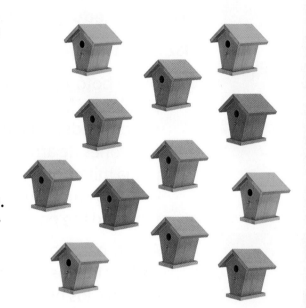

Kaya y Assaf construyeron estas pajareras para colgarlas en los árboles del parque. ¿Cómo puedes comparar la fracción de pajareras anaranjadas y la fracción de pajareras verdes?

Ejemplo 1

Escribe fracciones para mostrar el número de pajareras anaranjadas y verdes.

número de pajareras anaranjadas → $\dfrac{6}{12}$ ← número total de pajareras → $\dfrac{4}{12}$ ← número de pajareras verdes

Compara $\dfrac{6}{12}$ y $\dfrac{4}{12}$.

$\dfrac{6}{12}$ es mayor que $\dfrac{4}{12}$.

$\dfrac{6}{12} > \dfrac{4}{12}$

$\dfrac{4}{12}$ es menor que $\dfrac{6}{12}$.

$\dfrac{4}{12} < \dfrac{6}{12}$

La fracción de pajareras anaranjadas es mayor que la fracción de pajareras verdes.

Ejemplo 2

Escribe otras fracciones para comparar el número de pajareras anaranjadas y verdes.

2 grupos iguales

3 grupos iguales

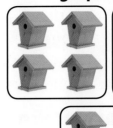

1 de los 2 grupos iguales es anaranjado.

$\frac{1}{2}$ de las pajareras son anaranjadas.

1 de los 3 grupos iguales es verde.

$\frac{1}{3}$ de las pajareras son verdes.

$\frac{1}{2}$ es mayor que $\frac{1}{3}$.

$\frac{1}{3}$ es menor que $\frac{1}{2}$.

$\frac{1}{2} > \frac{1}{3}$

$\frac{1}{3} < \frac{1}{2}$

Hay más pajareras anaranjadas. Hay menos pajareras verdes.

★ **Práctica guiada**

Compara la fracción de pelotas rayadas y la fracción de pelotas a lunares. Escribe > ó < en cada ⬭.

1.

$\frac{3}{5}$ ⬭ $\frac{2}{5}$

2.

$\frac{2}{6}$ ⬭ $\frac{4}{6}$

Piénsalo

- ¿Cuántas pelotas rayadas hay?
- ¿Cuántas pelotas a lunares hay?
- ¿Cuántas pelotas hay en total?

 Hablar de matemáticas ¿En qué se parece comparar fracciones de grupos a comparar fracciones de regiones?

Compara la fracción de huevos marrones con la fracción de huevos blancos. Escribe > ó < en cada ⬭.

3.

$\dfrac{5}{12}$ ⬭ $\dfrac{7}{12}$

4.

$\dfrac{2}{3}$ ⬭ $\dfrac{4}{12}$

 Conexión con la información

Usa el dinero y los datos de la tabla para resolver los problemas 5 a 9. Si lo deseas, usa dinero de juguete o tiras de fracciones.

 2 monedas de diez centavos $= \dfrac{1}{5}$ de dólar

 1 moneda de diez centavos $= \dfrac{1}{10}$ de dólar

5. ¿Qué cuesta más: un panecillo de manzana o un panecillo de pasas?

6. ¿Qué producto cuesta menos?

7. ¿Qué producto cuesta más?

8. Reto ¿Tres panecillos de manzana cuestan más que dos panecillos de pasas?

Costos de productos horneados	
Producto	**Fracción de un dólar**
panecillo de manzana	$\dfrac{1}{5}$
galleta de avena	$\dfrac{3}{5}$
pan de calabaza	$\dfrac{1}{2}$
panecillo de pasas	$\dfrac{3}{10}$

 ★ **Práctica para TAKS** (Selección múltiple)

9 Drew comió $\dfrac{4}{8}$ de su sándwich. Megan comió más de su sándwich que Drew. ¿Cuál de estas fracciones expresa cuánto comió de su sándwich Megan?

A $\dfrac{2}{3}$ **B** $\dfrac{3}{9}$

C $\dfrac{1}{2}$ **D** $\dfrac{2}{10}$

Consejo para TAKS

Compara cada opción de respuesta con la fracción del problema.

Regar las plantas

Sam trabaja como voluntario en un jardín botánico. Hoy está regando las plantas que crecen en las macetas del invernadero. La siguiente tabla está colgada en el invernadero para el uso de los voluntarios.

Cómo regar las plantas del invernadero	
Fila en el invernadero	**Cantidad de agua para cada planta**
Fila A	1 cuarto
Fila B	$\frac{1}{2}$ galón
Fila C	$\frac{1}{2}$ taza
Fila D	1 pinta

Jardines Texas Discovery, en Dallas, Texas

Resuelve.

1. ¿Las plantas de qué fila necesitan la menor cantidad de agua?

2. Observa los recipientes para riego que se muestran. ¿Qué recipiente debería usar Sam para regar las plantas de la fila B si quiere llenar el recipiente la menor cantidad de veces? Explica tu respuesta.

3. Si Sam llena la jarra de un galón, ¿puede regar una planta de cada fila sin volver a llenarla? Comprueba tu respuesta usando objetos que tengan aproximadamente el mismo tamaño que los que se muestran.

Objetivos 1, 3 y 6 de TAKS

TEKS 3.2A Construir modelos concretos de fracciones.

3.2C Utilizar nombres y símbolos de fracciones para describir las partes de un entero o de grupos de enteros.

También 3.2B, 3.2D, 3.10, 3.14A, 3.14B, 3.14C, 3.16B

Materiales
- Tablero 5
- Tiras de fracciones
- Manipulativos electrónicos www.eduplace.com/txmap/ (opcional)

Resolver problemas: Estrategia
Haz una dramatización

Objetivo Resolver un problema usando modelos.

★ Aprender con manipulativos

Sonia y Lamont comieron sushi. Cada rollo de sushi tiene el mismo tamaño y está cortado en 6 partes iguales. Sonia comió $\frac{1}{2}$ de un rollo. Lamont comió $\frac{2}{3}$ de un rollo. ¿Quién comió más?

Hacer una dramatización del problema con tiras de fracciones puede ayudarte a comparar fracciones.

COMPRÉNDELO

Cada rollo está cortado en 6 partes iguales. Sonia comió $\frac{1}{2}$ de un rollo. Lamont comió $\frac{2}{3}$ de un rollo.

PLANÉALO

Puedes usar tiras de fracciones para representar el problema. Las tiras de fracciones te ayudarán a comparar las fracciones.

RESUÉLVELO

Usa las tiras de fracciones para representar cuánto comió cada persona. Alinea las tiras de fracciones y compara.

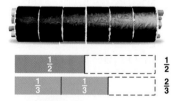

$$\frac{2}{3} > \frac{1}{2}$$
Como $\frac{2}{3}$ es mayor que $\frac{1}{2}$, Lamont comió más.

VERIFÍCALO

¿Tiene sentido la respuesta?

Resolver problemas con ayuda

Usa las preguntas y una recta numérica para resolver este problema.

1. Ali y Sam comparten un retazo de cinta. Ali recibe $\frac{2}{4}$ de la cinta y Sam recibe $\frac{1}{2}$ de la cinta. ¿Recibieron la misma cantidad?

   a. **Compréndelo/Planéalo** ¿Qué debo hallar? ¿Cómo puedo usar una recta numérica como ayuda?

   b. **Resuélvelo/Verifícalo** Traza una recta numérica para representar la cinta. Muestra cuartos y mitades. Compara cuánta cinta tienen. ¿Cómo puede ayudarme una recta numérica a comprobar la respuesta?

 Hablar de matemáticas ¿Puedes usar círculos de fracciones en lugar de tiras de fracciones para representar una pizza? ¿Por qué?

Práctica para resolver problemas

Usa tiras de fracciones o rectas numéricas para resolver estos problemas.

2. Josie, Ken y Greta caminan hasta la escuela. Josie camina $\frac{2}{3}$ de milla. Ken, $\frac{1}{6}$ de milla y Greta, $\frac{7}{10}$ de milla. ¿Quién camina más?

3. $\frac{1}{3}$ de la bufanda de Dalia es amarilla. $\frac{4}{6}$ de la bufanda de Emily es amarilla. $\frac{1}{2}$ de la bufanda de Susan es roja y $\frac{1}{2}$ es amarilla. Si todas las bufandas tienen el mismo tamaño, ¿de quién es la bufanda que tiene la mayor parte amarilla?

4. Tres amigos compraron bolsas de palomitas de maíz del mismo tamaño. Emma comió $\frac{3}{4}$ de una bolsa, Ángela comió $\frac{5}{6}$ de una bolsa y Francis comió $\frac{2}{3}$ de una bolsa. ¿Quién comió más palomitas de maíz?

5. **Razonamiento** Si $\frac{1}{4}$ de 8 es 2, ¿cuánto es $\frac{3}{4}$ de 8?

RESOLVER PROBLEMAS

Excursión

por TEXAS

Houston, TX

En agosto, cerca de Houston, tiene lugar el Festival de Globos Aerostáticos. Desde 1993, compiten globos aerostáticos en varios eventos.

Despegue de globos aerostáticos en el Festival de Globos Aerostáticos.

Usa los datos de esta página para resolver los problemas.

6. En un evento hay 48 globos. El piloto de cada globo necesita un saco de 4 onzas para lanzar a un objetivo. ¿Cuántas onzas de arena se necesitan para rellenar los sacos?

7. Sigue los pasos A cada vehículo que ingresa al parque se le cobra $10. Durante las primeras dos horas, ingresaron 27 carros por la puerta A, 21 carros por la puerta B y 44 carros por la puerta C. ¿Cuánto dinero se recaudó?

Asistencia al festival		
Viernes	Sábado	Domingo
200	400	?

8. ¿Hace cuántos años se hizo el primer Festival de Globos Aerostáticos?

9. Tadeo vio 20 globos. Observó que $\frac{2}{5}$ de ellos eran rojos y blancos y $\frac{3}{5}$ eran verdes y amarillos. ¿Cuántos globos eran verdes y amarillos?

10. Reto Al Festival de Globos Aerostáticos asistieron 800 personas en tres días. ¿Qué fracción de las personas asistieron al festival el domingo?

544

Crea y resuelve

Analízalo

• ¿Qué globos y fracciones usaré?

• ¿Qué pregunta haré?

11. Matt escribió este problema.

Cuatro estudiantes dibujaron globos aerostáticos. ¿Qué estudiantes colorearon la mitad de sus globos de anaranjado?

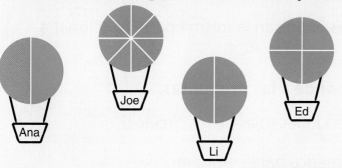

Resuelve el problema en palabras de Matt.

12. Usa los globos que dibujaron los estudiantes. Escribe un problema que incluya fracciones equivalentes.

13. Escribe la solución a tu problema.

14. Intercambia los problemas con un compañero. Intenten resolver el problema del otro.

★ Práctica para **TAKS** Selección múltiple

Consejo para TAKS

Lee atentamente la pregunta. No se pregunta *qué globo*, sino *qué fracción de los globos*.

15 ¿Qué fracción de los siguientes globos muestra un eje de simetría?

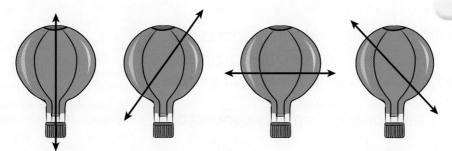

A $\frac{1}{2}$ **B** $\frac{1}{3}$ **C** $\frac{1}{4}$ **D** $\frac{3}{4}$

Leer y escribir matemáticas

Vocabulario de TAKS

Puedes expresar el mismo número de muchas maneras. Todas éstas son maneras de expresar 1: $5 - 4$, $0 + 1$, 1×1, $9 \div 9$, $\frac{5}{5}$ y $\frac{12}{12}$.

Las **fracciones equivalentes** expresan la misma parte fraccionaria de diferentes maneras.

Observa los dibujos y responde a las preguntas.

1. ¿Son equivalentes las secciones rojas de los círculos?

2. Escribe una oración numérica para comparar las fracciones.

3. ¿Son equivalentes las secciones rojas de los rectángulos?

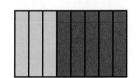

4. Escribe una oración numérica para comparar las fracciones.

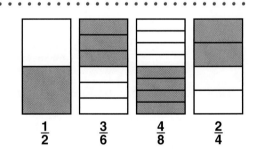

5. Explica la fracción $\frac{1}{2}$ en el primer modelo.

6. Explica la fracción $\frac{4}{8}$ en el tercer modelo.

7. ¿Son equivalentes las cuatro fracciones?

$$\frac{1}{2} \qquad \frac{3}{6} \qquad \frac{4}{8} \qquad \frac{2}{4}$$

Escribir En la última sección, los numeradores y los denominadores no son iguales. Explica cómo pueden ser *equivalentes* todas las fracciones de la última sección.

Leer Busca libros relacionados con este concepto en tu biblioteca.

> **Objetivo 6 de TAKS**
> **TEKS 3.15A** Explicar y anotar observaciones utilizando objetos, palabras, dibujos, números y tecnología.
>
> **3.15B** Relacionar el lenguaje informal con el lenguaje y los símbolos matemáticos.

Práctica adicional basada en los estándares

Conjunto A ———————————————— Objetivo 1 de **TAKS** TEKS 3.2B página 532

Escribe las fracciones. Luego, escribe *equivalente* o *no equivalente*.

1.   **2.**   **3.**

4. Explica Joey tiene una bandeja con 12 panecillos. La mitad tiene envoltorios azules y $\frac{6}{12}$ tienen envoltorios amarillos. ¿La cantidad de panecillos con envoltorios azules es la misma que la de envoltorios amarillos?

Conjunto B ———————————————— Objetivo 1 de **TAKS** TEKS 3.2B, 3.2C página 534

Compara. Escribe >, < ó = en cada ⬭.

1.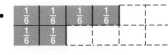

$$\frac{4}{6} \; \bullet \; \frac{2}{6}$$

2.

$$\frac{1}{4} \; \bullet \; \frac{3}{8}$$

3.

$$\frac{1}{3} \; \bullet \; \frac{4}{9}$$

4. Compara Jackson hizo 12 bolsas para un festival y 8 bolsas están decoradas. Tyler llevó 10 bolsas y 7 de sus bolsas están decoradas. ¿Cuál de los dos niños decoró una mayor fracción de sus bolsas? Escribe y compara las fracciones.

Conjunto C ———————————————— Objetivo 1 de **TAKS** TEKS 3.2B página 538

Compara. Escribe >, < ó = en cada ⬭.

1.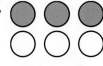

$$\frac{3}{6} \; \bullet \; \frac{3}{6}$$

2.

$$\frac{3}{7} \; \bullet \; \frac{4}{7}$$

3.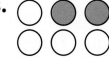

$$\frac{4}{6} \; \bullet \; \frac{2}{6}$$

Education Place
Visita www.eduplace.com/txmap/, donde
encontrarás más **práctica adicional**.

Repaso/Examen del capítulo

Vocabulario y conceptos

Objetivo 1 de **TAKS** TEKS 3.2B, 3.2C, 3.2D

Escoge el mejor término para completar las oraciones.

> **Banco de palabras**
>
> denominadores
>
> fracciones
> equivalentes
>
> numeradores

1. Los _____ de $\frac{3}{4}$ y $\frac{3}{8}$ no son los mismos.

2. Las fracciones que nombran la misma parte del entero se llaman _____.

Usa los círculos para completar las fracciones equivalentes.

3. 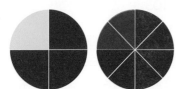 $\frac{1}{4} = \frac{\blacksquare}{8}$

4. $\frac{1}{3} = \frac{\blacksquare}{9}$

Compara las fracciones. Escribe >, < ó = en cada ⬬.
Si necesitas ayuda, dibuja tiras de fracciones.

5. $\frac{1}{5}$ ⬬ $\frac{4}{5}$

6. $\frac{4}{6}$ ⬬ $\frac{3}{6}$

7. $\frac{1}{2}$ ⬬ $\frac{5}{10}$

Resolver problemas y razonamiento

Objetivos 1 y 6 de **TAKS** TEKS 3.2B, 3.2C, 3.2D 3.14B

8. Veinte estudiantes votaron por su color favorito. $\frac{1}{2}$ de los estudiantes votaron por el color negro. ¿Cuántos estudiantes votaron por el negro?

9. $\frac{3}{5}$ de una clase querían ir al museo y $\frac{2}{5}$ querían ir al jardín botánico. ¿A qué excursión querían ir la mayoría de los estudiantes?

10. La madre de Emanuel, Michael y Sam les hizo 16 panqueques esta mañana. Emanuel comió $\frac{1}{4}$ de los panqueques. ¿Cuántos panqueques comió Emanuel?

Diario de matemáticas

Escribir matemáticas Luke comió $\frac{1}{2}$ pizza. Quinn dice que comió más porque comió $\frac{3}{6}$ de una pizza. ¿Tiene razón Quinn? Explica tu respuesta.

Preparación para *TAKS* y repaso frecuente

1 ¿Qué fracción de este círculo es anaranjada?

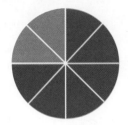

A $\dfrac{2}{6}$ **B** $\dfrac{4}{8}$

C $\dfrac{2}{8}$ **D** $\dfrac{2}{4}$

Objetivo 1 de **TAKS** TEKS 3.2C página 510

2 ¿Qué fracción de las monedas son de diez centavos?

F $\dfrac{1}{6}$

G $\dfrac{2}{6}$

H $\dfrac{5}{6}$

J $\dfrac{4}{6}$

Objetivo 1 de **TAKS** TEKS 3.2C página 512

3 ¿Qué oración numérica pertenece a la misma familia de operaciones que $16 \div 2 = 8$?

A $2 \times 8 = 16$

B $16 \times 8 = 128$

C $16 + 2 = 18$

D $8 + 2 = 10$

Objetivo 2 de **TAKS** TEKS 3.6C página 374

4 Shelly regaló 3 monedas de cinco centavos a cada una de sus 4 sobrinas. ¿Qué oración numérica pertenece a esta familia de operaciones?

F $4 = 3 - 1$

G $7 = 3 + 4$

H $12 = 4 \times 3$

J $7 = 4 + 3$

Objetivo 2 de **TAKS** TEKS 3.6C página 374

5 **Respuesta con cuadrícula**
David tiene piso de mosaicos en su cocina.

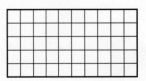

$\square$ = 1 pie cuadrado

¿Cuál es el área, en pies cuadrados, del piso de la cocina de David?

Objetivo 4 de **TAKS** TEKS 3.11C página 240

Education Place
Visita www.eduplace.com/txmap/, donde encontrarás **consejos para tomar exámenes** y más **práctica para TAKS**.

Capítulo
25

Probabilidad

Comprueba lo que sabes

Vocabulario y conceptos Grado 2

Escoge la mejor frase para completar las oraciones.

Banco de palabras

más probable

menos probable

predecir

resultado

1. En una bolsa hay 3 fichas negras y 7 fichas blancas.
Es _____ que escojas una ficha blanca.

2. En una bolsa hay 5 canicas verdes y 2 canicas rojas.
Es _____ que escojas una canica roja.

Cálculos Grado 2

Nombra el color en el que es más probable que se detenga la rueda.

3.   **4.**   **5.**   **6.**

Indica todos los resultados posibles.

7. lanzar una moneda   **8.** lanzar un dado

9. hacer girar una rueda roja y azul

Resolver problemas y razonamiento Grado 2

10. Sacas una canica de una bolsa y luego la vuelves a guardar. Si sacas una canica roja 9 veces y una canica azul 1 vez, ¿crees que la bolsa contiene más canicas rojas o azules? Explica tu respuesta.

Vocabulario de TAKS

¡Visualízalo!

¿Cuáles son los resultados posibles de sacar una ficha de la bolsa?

¿Cuál es la probabilidad?

La *probabilidad* es la posibilidad de que ocurra un evento.

- Es **más probable** que saques una ficha roja que una de cualquier otro color.

- Es **igual de probable** que saques una ficha amarilla o azul.

- Es **menos probable** que saques una ficha verde que una de cualquier otro color.

Mi mundo bilingüe

Las palabras que se parecen en español y en inglés muchas veces tienen el mismo significado.

Español	Inglés
probabilidad	**probability**
imposible	**impossible**

Consulta el **Glosario español–inglés**, páginas 576 a 588.

 Education Place Visita www.eduplace.com/txmap/, donde encontrarás el **glosario electrónico**.

Objetivos 5 y 6 **TAKS**

TEKS 3.13C Utilizar datos para describir eventos como más probable que, menos probable que o igual de probable que.

También 3.14D, 3.15A

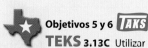

Vocabulario de TAKS

más probable

igual de probable

menos probable

Materiales
- Tablero 8
- Lápiz y sujetapapeles
- Cubos verdes, azules y rojos
- Ruedas giratorias (Recursos de enseñanza 21 a 23) (opcional)

Aplícalo
Más probable, menos probable, igual de probable

Objetivo Determinar si es más probable, menos probable o igual de probable que suceda un evento.

⭐ **Explorar**

Pregunta ¿Cómo puedes saber si un evento es **más probable**, **menos probable** o **igual de probable** que otro evento?

Percy juega a girar la rueda en el festival de la escuela. Hace girar la rueda 10 veces. La rueda puede detenerse en rojo o en amarillo. ¿Es más probable, menos probable o igual de probable que la rueda giratoria de Percy se detenga en amarillo?

1
- Haz una rueda giratoria. Colorea el círculo del Tablero 8 como la rueda giratoria que se muestra.
- Usa un lápiz y un sujetapapeles para hacer la rueda.

2
- Juega. Haz girar la rueda 10 veces.
- Anota los resultados en un tablero de conteo como éste.

Giros	
rojo	
amarillo	

3 Observa el tablero de conteo.
- ¿En qué color se detuvo la rueda con más frecuencia?
- ¿Qué crees que pasará si haces girar la rueda 10 veces más? Inténtalo. Anota los resultados en el tablero de conteo.
- ¿Es *más*, *menos* o *igual* de probable que la rueda giratoria de Percy se detenga en amarillo que en rojo?

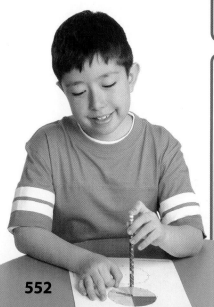

¿Es más probable, menos probable o igual de probable que saques un cubo verde en lugar de un cubo azul?

1 Coloca 5 cubos verdes y 5 cubos azules en una bolsa.

2 Saca un cubo sin mirar.

3 Anota el color en un tablero de conteo.

4 Vuelve a poner el cubo en la bolsa.

5 Repite esta operación 10 veces.

Cubos que sacaste	
verde	
azul	

★ **Extender**

Resuelve.

1. Observa esta bolsa con cubos. ¿Es más probable, menos probable o igual de probable que saques un cubo verde en lugar de un cubo rojo?

2. Si agregas más cubos a la bolsa es más probable que saques un cubo rojo. ¿Cuántos cubos rojos debes agregar?

3. Observa esta rueda giratoria. ¿Es más probable, menos probable o igual de probable que la rueda se detenga en azul en lugar de detenerse en rojo o en amarillo?

4. ¿Es más probable, menos probable o igual de probable que la rueda se detenga en rojo en lugar de detenerse en amarillo?

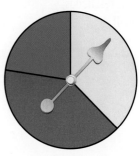

Diario de matemáticas

Escribir matemáticas

Predice Dibuja una rueda giratoria de manera tal que sea más probable que se detenga en azul y menos probable que se detenga en verde. Predice cuántas de cada 10 veces la rueda se detendrá en verde.

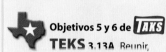

Objetivos 5 y 6 de TAKS

TEKS 3.13A Reunir, organizar, anotar y presentar datos en pictografías y gráficas de barras, donde cada dibujo o elemento pueda representar más que una sección de datos.

3.13C Utilizar datos para describir eventos como más probable que, menos probable que o igual de probable que.

También 3.15A

Vocabulario de *TAKS*

probabilidad

resultado

Materiales
- Moneda de un centavo u otra moneda
- Dados numerados del 1 al 6
- Papel cuadriculado
- Recursos de enseñanza 21 y 22 (ruedas giratorias)
- Recurso de enseñanza 20 (Tabla de resultados) (opcional)

Aplícalo
Experimentos de probabilidad

Objetivo Anotar y presentar los resultados de experimentos de probabilidad.

★ Explorar

La **probabilidad** describe cuán probable es que suceda un evento. Un **resultado** es la consecuencia de un experimento.

Pregunta ¿Cómo anotas y presentas los resultados de experimentos de probabilidad?

Si lanzas una moneda, hay dos resultados posibles.

- La moneda puede caer en cara.
- La moneda puede caer en cruz.

cara   **cruz**

Es igual de probable que la moneda caiga en cara o en cruz. Esto significa que existe la misma probabilidad de que la moneda caiga en cara o en cruz.

Trabaja con un compañero.

 ¿Cuántos resultados posibles hay?
- Haz un tablero de conteo como éste.
- Lanza una moneda 50 veces.
- Anota los resultados en tu tablero.

Experimento de lanzar la moneda		
Resultado	Conteo	Número
Cara		
Cruz		

- ¿Cuántas veces la moneda cayó en cara?
- ¿Cuántas veces la moneda cayó en cruz?
- ¿Cayó en cara aproximadamente la misma cantidad de veces que cayó en cruz?
- ¿Es igual de probable que caiga en cara o en cruz?

★ Extender

Ahora observa los resultados de un experimento con dados.

Imagina que Julieta lanza dos dados 100 veces. Cada vez que lo hace, anota la suma de los dos números que están en las caras superiores de los dados.

Los resultados posibles son:

2, 3, 4, 5, 6, 7, 8, 9, 10, 11, 12

Los resultados del experimento de Julieta están en la siguiente tabla.

Lanzar dos dados											
Resultado (suma)	2	3	4	5	6	7	8	9	10	11	12
Número de veces que se lanzaron	3	5	8	12	13	18	13	12	8	5	3

Puedes usar papel cuadriculado para hacer una gráfica de barras que muestre los resultados.

1. ¿Cuántas barras debe tener la gráfica? ¿Por qué?

2. ¿Dónde terminará la barra de la suma que da 2?

Usa la gráfica para responder a las preguntas 3 a 5.

3. ¿Qué suma salió más seguido?

4. ¿Qué suma o sumas salieron menos seguido?

5. Observa tu gráfica. ¿Qué observas con respecto a las sumas?

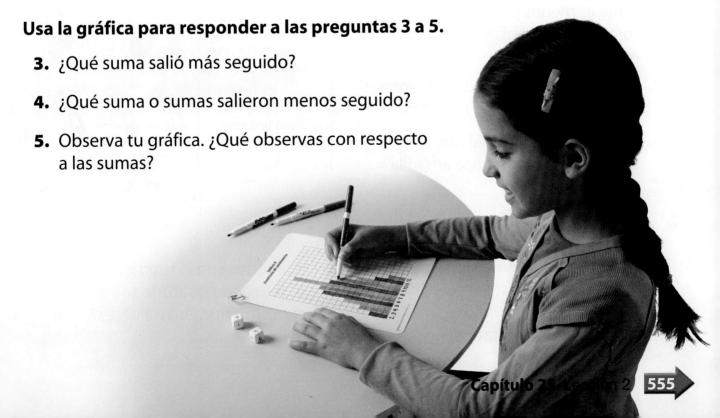

Completa este experimento que se hizo con una rueda giratoria.

6. Usa una rueda giratoria como la que se muestra abajo. Hazla girar 25 veces. Anota los resultados en un tablero de conteo como el que se muestra. Luego, haz una gráfica de barras.

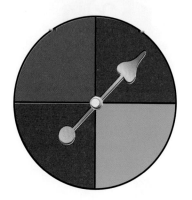

Experimento con una rueda giratoria		
Resultado	Conteo	Número
Azul		
Rojo		
Verde		

- ¿Cuántas secciones tiene la rueda giratoria?

- ¿Cuántos resultados posibles hay?

 ## Conexión con las ciencias

Usa las fotos de la derecha para resolver los problemas 7 a 10.

7. ¿Qué es más probable que se forme: una rosa roja o una rosa rosada?

8. ¿Qué es menos probable que se forme: una rosa blanca o una rosa rosada?

9. ¿Qué es más probable que se forme: una rosa blanca o una rosa roja?

10. ¿Qué es más probable que se forme: una rosa roja o una rosa amarilla?

Dato divertido

Rasgos heredados

Los pájaros y los insectos llevan polen de una flor a otra, lo que ayuda a formar una nueva flor. En general, la nueva flor se parece a una de las flores de las que proviene o a una combinación de ambas.

Estos son los resultados posibles cuando se combinan una rosa roja y una rosa blanca:

TEKS 9A,10A de Ciencias

Escribir matemáticas

Analiza Piensa en los resultados del experimento con la rueda giratoria que está al principio de la página. ¿La rueda giratoria se detuvo en cada color aproximadamente el mismo número de veces? Explica tus resultados.

Probabilidad

Puedes usar una computadora para hacer ruedas giratorias y realizar experimentos de probabilidad.

Visita **www.eduplace.com/txmap/**

Haz clic en **Fractions** (fracciones).

Aparecerá una pantalla similar a ésta.

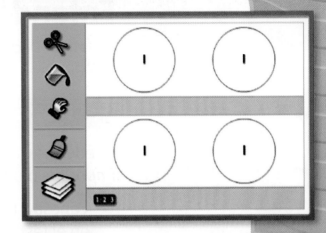

1 Usa el botón ✂ para cortar una rueda giratoria en tres partes. Tu tablero debería parecerse a éste.

2 Ahora completa 2 partes de la rueda giratoria usando el botón ◇.

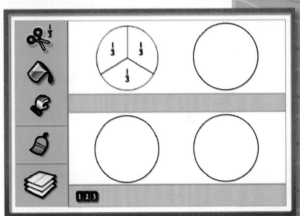

3 Usa el Recurso de enseñanza 21 para dibujar la rueda que acabas de hacer en la computadora.

¿Es más probable, menos probable o igual de probable que esta rueda giratoria se detenga en un color que no sea blanco?

Haz las ruedas giratorias que se describen a continuación. Indica si es más probable, menos probable o igual de probable que la rueda giratoria se detenga en blanco en lugar de detenerse en otro color.

1. Haz una rueda giratoria de 4 partes iguales Colorea $\frac{1}{2}$ de la rueda giratoria.

2. Haz una rueda giratoria de 6 partes iguales. Colorea $\frac{5}{6}$ de la rueda giratoria.

3. Haz una rueda giratoria de 8 partes iguales. Colorea $\frac{1}{8}$ de la rueda giratoria.

Objetivos 5 y 6 de **TAKS**
TEKS 3.13C, 3.14D

Objetivos 5 y 6 **TAKS**
TEKS 3.13C Utilizar datos para describir eventos como más probable que, menos probable que o igual de probable que.

3.15B Relacionar el lenguaje informal con el lenguaje y los símbolos matemáticos.

También 3.14A, 3.16B

Entender la probabilidad

Objetivo Decidir si un evento es seguro, probable, improbable o imposible.

★ Razonar y aprender

Puedes usar las palabras *seguro, probable, improbable* o *imposible* para describir la probabilidad de un evento.

Vanesa y Ben están jugando a tomar objetos de una bolsa en el festival de la escuela. ¿Cuál es la probabilidad de que tomen un cubo azul de cada bolsa?

Bolsa A

Es **seguro** que tomarán un cubo azul de la bolsa A porque sólo hay cubos azules en ella.

Bolsa B

Es **probable** que tomen un cubo azul de la bolsa B porque la mayoría de los cubos son azules.

Bolsa C

Es **improbable** que tomen un cubo azul de la bolsa C porque la mayoría de los cubos son rojos.

Bolsa D

Es **imposible** que tomen un cubo azul de la bolsa D porque todos los cubos son rojos.

★ Práctica guiada

Observa la siguiente rueda giratoria. Escribe si el evento es *seguro, probable, improbable* o *imposible*.

1. detenerse en amarillo

2. detenerse en rojo

3. detenerse en amarillo o en verde

Resolver problemas con ayuda

Usa las preguntas para resolver este problema.

4. En la feria del condado, Amelia usa 6 tarjetas azules y rojas para hacer un juego. Organiza el juego de manera tal que sea probable que un jugador tome una tarjeta azul e improbable, pero no imposible, que tome una tarjeta roja. ¿Cuántas tarjetas de cada color usa?

   a. Compréndelo ¿Cuántas tarjetas usa Amelia en total?

   b. Planéalo ¿De qué color son las tarjetas que usa Amelia? ¿Qué decisión toma Amelia acerca del color de cada tarjeta?

   c. Resuélvelo ¿Cómo puede hacer Amelia para que el mayor número de tarjetas sean azules y el menor número sean rojas?

   d. Verifícalo ¿Es razonable tu respuesta? ¿Hay alguna otra respuesta posible?

123 Hablar de matemáticas Vuelve a leer el problema 4. ¿Por qué es posible, pero improbable, que se escoja una tarjeta roja?

★ Practicar y resolver problemas

Escribe las palabras *seguro, probable, improbable* o *imposible* para describir la probabilidad de tomar un crayón.

5. verde

6. amarillo

7. azul

8. amarillo o azul

Dibuja un conjunto de cubos para representar cada oración.

9. Es seguro que se tome un crayón rojo.

10. Es imposible que se tome un crayón azul.

11. Es probable que se tome un crayón azul.

12. Es probable que se tome un crayón rojo.

13. Es posible, pero improbable, que se tome un crayón rojo.

14. Es posible, pero improbable, que se tome un crayón azul.

Escribe si cada evento es *seguro, probable, improbable* o *imposible*. Explica tu respuesta.

15. El mes de mayo viene después de abril.

16. Hará calor en Texas en julio.

17. A un caballo le crecerán alas y volará.

18. Ganarás un millón de dólares hoy.

Resuelve.

19. Dibuja una rueda giratoria de manera tal que sea improbable que se detenga en verde y probable que se detenga en rojo.

20. Razonamiento ¿Es posible que la suma de 2 números de un dígito sea 24? Escribe problemas de suma para explicar tu razonamiento.

Usa la rueda giratoria de la derecha para resolver los problemas 21 y 22.

21. Observa la rueda giratoria de la derecha. ¿Qué cambios le harías para que sea seguro que se detenga en azul?

22. ¿Qué cambios le harías a la rueda giratoria para que sea imposible que se detenga en azul?

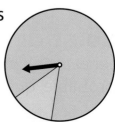

Conexión con la información

Cada abril, los habitantes de San Antonio hacen un festival para honrar a los héroes que lucharon en las batallas de El Álamo y San Jacinto.

Usa los Datos divertidos para resolver los problemas.

23. ¿A cuántos eventos diferentes por día tendría que asistir un visitante para estar presente en los 100 eventos?

24. ¿Cuál es la probabilidad de asistir a los 100 eventos durante el festival: *seguro, probable, improbable* o *imposible*? Explica tu respuesta.

25. Escribe en forma normal el número de personas que asisten al festival por año.

26. **Explica** Dos amigos, cada uno por su lado, escogieron su comida favorita en el festival. ¿Cuál es la probabilidad de que escojan la misma comida? Escribe *seguro, probable, improbable* o *imposible*. Explica tu razonamiento.

27. **Reto** ¿Qué números de los Datos divertidos se pueden dividir de manera exacta entre 5? Explica tu respuesta.

Fiesta San Antonio

- El festival dura 10 días, tiene 100 eventos y participan 75,000 voluntarios.
- Más de 3 millones de personas asisten al festival cada año.
- En el festival se sirven aproximadamente 300 tipos de comida.

 **Práctica para TAKS** **Selección múltiple**

28 La tabla muestra cuántos botones de cada forma tiene Francis en su costurero. Si Francis toma 1 botón del costurero sin mirar, ¿qué forma es la menos probable que tome?

A arco iris

B estrella

C cuadrado

D flor

Forma del botón	Número
Arco iris	5
Estrella	2
Cuadrado	7
Flor	5

LECCIÓN 4

Objetivo 6 de *TAKS*

TEKS 3.15A Explicar
y anotar observaciones utilizando
objetos, palabras, dibujos, números
y tecnología.

También 3.14A, 3.14B, 3.16B

Resolver problemas: Estrategia
Haz una lista organizada

Objetivo Hacer una lista organizada para resolver problemas.

★ Aprender con ejemplos

Elena hace girar dos ruedas
giratorias. ¿Cuántos resultados
diferentes de un diseño y un
color puede obtener?

COMPRÉNDELO/PLANÉALO

Las ruedas giratorias de Elena pueden detenerse en 2 diseños
y en 4 colores. Puedes hacer una lista organizada para resolver
el problema.

RESUÉLVELO

Haz una lista de los
resultados posibles.

- Empieza con un diseño y
  únelo con cada color.

- Luego une el otro diseño
  con cada color.

- Cuenta el número de
  resultados diferentes.

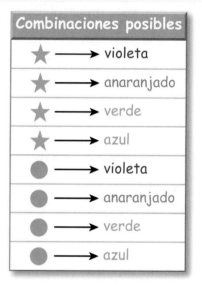

Combinaciones posibles	
★ ⟶	violeta
★ ⟶	anaranjado
★ ⟶	verde
★ ⟶	azul
● ⟶	violeta
● ⟶	anaranjado
● ⟶	verde
● ⟶	azul

Puede obtener ◯ resultados diferentes de un diseño
y un color.

VERIFÍCALO

¿Tiene sentido la solución?
¿Cómo te ayudó la lista a resolver el problema?

★ Resolver problemas con ayuda

Usa las preguntas y haz una lista organizada para resolver este problema.

Bolsa A

1. Walt quiere tomar un cubo y una pelota. ¿Cuántos resultados diferentes hay?

   a. **Compréndelo/Planéalo** ¿Qué datos tengo? ¿Cómo puedo hacer una lista de todos los resultados diferentes?

   Bolsa B

   b. **Resuélvelo** Haz una lista organizada. Enumera todos los colores de cubos y pelotas. Cuenta los resultados.

   c. **Verifícalo** ¿Tiene sentido mi respuesta? ¿Enumeré todos los resultados?

Hablar de matemáticas Imagina que se agrega un cubo blanco en la bolsa A. ¿Cómo cambiaría esto tu lista organizada? Explica tu respuesta.

★ Práctica para resolver problemas

Haz una lista organizada para resolver estos problemas.

2. Sabrina puede pedir una bolsa de palomitas de maíz pequeña, mediana o grande y un vaso de jugo pequeño o grande. ¿Cuántas opciones hay si pide palomitas de maíz y jugo?

3. Alex prepara sándwiches. Puede usar pan de centeno o pan blanco. Puede usar atún o jamón. ¿Cuántos tipos diferentes de sándwiches puede preparar?

4. Neil ganó un premio en la feria. Puede recibir un oso, un perro o un gato de peluche. Cada animal viene en negro, blanco, marrón o gris. ¿Entre cuántos tipos diferentes de animales de peluche tiene que escoger?

5. Chay tiene 2 camisetas de diferentes equipos. Una es azul y la otra es verde. Tiene 6 gorras de béisbol de diferentes equipos. ¿Cuántos conjuntos diferentes de camiseta y gorra puede usar?

RESOLVER PROBLEMAS

Excursión

por TEXAS

Dallas, TX

En el año 2006, el Museo de Historia Natural de Dallas y The Science Place abrieron el Museo de Naturaleza y Ciencia. En este museo los visitantes pueden explorar la flora y fauna, la electricidad, las ciencias médicas de Texas y más.

Museo de **Naturaleza y Ciencia**

Usa la información de esta página para resolver.

6. La biblioteca Mudge del museo es conocida por sus libros sobre la historia de las aves. Algunos libros de la biblioteca se remontan a 1536. ¿Cuántos años tienen algunos libros de la biblioteca Mudge?

7. Razonamiento El Museo de Naturaleza y Ciencia abre de martes a domingo. No abre los días lunes ni cuatro días feriados. Usa un calendario para hallar aproximadamente cuántos días abre el museo este año. Explica cómo hallaste la respuesta.

8. Cálculo mental En el paseo campestre por la laguna puedes aprender acerca de las plantas y los animales leyendo los 25 carteles numerados. Badri sólo tuvo tiempo de leer 10 carteles. Tardó 3 minutos en leer cada cartel. ¿Cuánto tiempo dedicó a leer los carteles? ¿Cuántos carteles no pudo leer?

9. Reto Se está desenterrando un alamosaurio en el Parque Nacional Big Bend. Tres autobuses escolares estacionados en una fila miden lo mismo que 2 alamosaurios. Aproximadamente, ¿cuánto mide cada autobús escolar?

Datos divertidos

- El alamosaurio fue uno de los dinosaurios más grandes que vivieron sobre la tierra.

- Se cree que un Alamosaurio adulto medía aproximadamente 60 pies de largo.

564

Escoge una estrategia
- Haz un dibujo
- Adivina y comprueba
- Haz una dramatización
- Trabaja desde el final

Resolver problemas de TAKS

1 ¿Qué número está entre 5,271 y 8,231?

A 5,122

B 8,232

C 8,122

D 5,267

Objetivo 1 de **TAKS** TEKS 3.1B página 48

2 Elizabeth tiene 4 collares con 6 cuentas cada uno. ¿Qué oración numérica pertenece a esta familia de operaciones?

F $6 - 4 = 2$

G $24 - 6 = 18$

H $4 + 6 = 10$

J $24 \div 6 = 4$

Objetivo 2 de **TAKS** TEKS 3.6C página 374

3 **Respuesta con cuadrícula**
Josephine contó 6 flores. Cada flor tenía 7 pétalos. Algunas flores tenían 3 hojas. ¿Cuál es el número total de pétalos?

Objetivo 1 de **TAKS** TEKS 3.4A página 308

4 La tabla muestra el número de canicas de cada color que hay en un frasco.

Color	Canicas en el frasco
Negro	19
Blanco	11
Azul	13
Rosado	8

Si Lydia saca una canica del frasco sin mirar, ¿qué color es más probable que saque?

A negro

B blanco

C azul

D rosado

Objetivo 5 de **TAKS** TEKS 3.13C página 552

5 **Respuesta con cuadrícula**
Marcy invitó a 12 amigas a su casa. La mitad de sus amigas fueron puntuales. Un cuarto de sus amigas llegaron tarde. El resto no fue. ¿Cuántas amigas no fueron?

Objetivo 1 de **TAKS** TEKS 3.2C página 512

Education Place
Visita www.eduplace.com/txmap/, donde encontrarás **consejos para tomar exámenes** y más **práctica para TAKS.**

Leer y escribir matemáticas

Vocabulario de TAKS

Cuando estudias **probabilidad**, usas las matemáticas para decidir si un evento es **más probable**, **menos probable**, o **igual de probable** que otro evento.

Usa la lista de Lo que tienes para resolver los problemas.

Problema A

- Colocas 10 fichas en una bolsa.
- Sólo tienes un turno.
- Quieres sacar una ficha *roja*.
- Tiene que ser *posible* que saques una ficha amarilla.

1. ¿Cuántas fichas rojas usarás?

2. ¿Cuántas fichas amarillas usarás?

3. Explica tu razonamiento.

> **Lo que tienes:**
>
> - una bolsa
>
> - muchas fichas que pueden ser rojas o amarillas.
>
> **Puedes escoger fichas rojas, amarillas o ambas.**

Problema B

- Te turnarás con un amigo para sacar fichas.
- Después de sacar cada ficha, la volverás a colocar en la bolsa.
- Cada uno tendrá 10 turnos.
- Debes sacar fichas rojas la mitad de tus turnos y fichas amarillas las otras veces.

4. ¿Cuántas fichas rojas usarás?

5. ¿Cuántas fichas amarillas usarás?

6. Explica tu razonamiento.

Escribir Escribe un problema sobre fichas en el que sea *imposible* sacar una ficha roja.

Leer Busca libros relacionados con este concepto en tu biblioteca.

Objetivo 6 de TAKS

TEKS 3.15A Explicar y anotar observaciones utilizando objetos, palabras, dibujos, números y tecnología.

3.15B Relacionar el lenguaje informal con el lenguaje y los símbolos matemáticos.

Práctica adicional basada en los estándares

Conjunto A
Objetivo 5 de *TAKS* TEKS 3.13C página 552

Escribe el término que tenga más sentido: *más probable, menos probable, igual de probable.*

La rueda giratoria de Simón tiene 8 secciones. Tres secciones son verdes, 4 secciones son blancas y 1 sección es amarilla.

1. ¿Cuál es la probabilidad de que la rueda se detenga en la sección amarilla?
2. ¿Es *más* o *menos* probable que la rueda se detenga en la sección blanca que en la sección amarilla?
3. ¿Cuál es la probabilidad de que la rueda se detenga en la sección verde o amarilla en lugar de detenerse en la sección blanca?

Conjunto B
Objetivo 5 de *TAKS* TEKS 3.13C página 558

Krystal tiene 3 bolsas de cubos. La bolsa 1 tiene 6 cubos azules. La bolsa 2 tiene 2 cubos rojos y 6 cubos azules. La bolsa 3 tiene 5 cubos rojos y 1 cubo azul.

1. ¿De qué bolsa es improbable que tomes un cubo azul?
2. ¿De qué bolsa es seguro que tomes un cubo azul?
3. ¿De qué bolsa es probable que tomes un cubo rojo?

Conjunto C
Objetivo 5 de *TAKS* TEKS 3.13A página 562

Haz una lista organizada para resolver estos problemas.

1. En la cafetería, hay pizza de queso o con salchichas. La leche puede ser blanca o chocolatada. ¿Cuántas combinaciones de pizza y leche puede hacer Gary?
2. Lena empaca para irse de vacaciones. Lleva una camisa blanca, una roja y una rosada. También empaca un pantalón corto negro y uno azul. ¿Cuántas combinaciones diferentes de camisa y pantalón corto puede usar durante sus vacaciones?
3. Terrell hace galletas para la feria escolar. Pueden ser redondas o en forma de estrella. Coloca un caramelo azul, verde, amarillo o rojo sobre cada galleta. ¿Cuántos tipos diferentes de galletas puede hacer?

Escribe la palabra correcta (*seguro, probable, improbable* o *imposible*) que concuerde mejor con el evento.

4. Diciembre vendrá después de noviembre.
5. Tu perro planchará tu camisa.
6. Nevará en septiembre.
7. Tendrás un lápiz afilado.

 Education Place
Visita www.eduplace.com/txmap/, donde encontrarás más **práctica adicional**.

Repaso/Examen del capítulo

Vocabulario y conceptos

Objetivos 5 y 6 de *TAKS* TEKS 3.13A, 3.13C, 3.14A

Escoge el mejor término para completar las oraciones.

> **Banco de palabras**
>
> **más probable**
> **probabilidad**
> **resultados**

1. Si lanzas una moneda, hay dos _____ posibles.

2. La posibilidad de que algo suceda se llama _____.

Usa las palabras *más probable, menos probable* e *igual de probable* para describir la probabilidad de que salgan estos colores al girar la rueda.

3. verde

4. amarillo

5. violeta

Usa una lista organizada para responder a estas preguntas.

6. ¿Cuántos colores diferentes hay en la Rueda 1? Nómbralos.

7. Si se giran las dos ruedas a la vez. ¿cuántos resultados posibles hay? Enumera los resultados.

Rueda 1   Rueda 2

Escribe si cada evento es *seguro, probable, improbable* o *imposible*. Explica tu respuesta.

8. Irás a la escuela el lunes.

9. El lunes irás a la escuela en un carro que tú conducirás.

Resolver problemas y razonamiento

Objetivos 5 y 6 de *TAKS* TEKS 3.13C, 3.14A, 3.14B

10. Una máquina de chicles tiene 8 chicles verdes, 15 anaranjados y 8 rojos. ¿Es más probable, menos probable o igual de probable que la máquina te dé un chicle verde en lugar de uno rojo?

Diario de matemáticas

Escribir matemáticas Si lanzas una moneda 50 veces, ¿cuántas veces aproximadamente saldrá cara? ¿Por qué?

Preparación para *TAKS* y repaso frecuente

1 ¿Qué fracción representa el punto *Q* de la recta numérica?

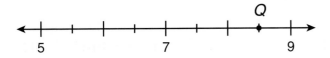

A $6\frac{1}{2}$

B $7\frac{1}{2}$

C $8\frac{1}{2}$

D $9\frac{1}{2}$

Objetivo 3 de *TAKS* TEKS **3.10** página 514

2 La mamá de Sam tiene 12 pinturas. Sam pintó $\frac{1}{3}$ de las pinturas. ¿Cuántas pinturas pintó Sam?

F 3

G 4

H 6

J 12

Objetivo 1 de *TAKS* TEKS **3.2C** página 512

3 Juanita plantó 15 plantas en 5 filas de 3. Ahora quiere plantar un segundo jardín con 15 plantas, pero sólo tiene lugar para 3 filas. ¿Qué oración numérica describe mejor este problema?

A $3 + 5 = 8; 8 - 5 = 3$

B $15 - 5 = 10; 10 + 5 = 15$

C $3 \times 5 = 15; 3 \times 15 = 45$

D $5 \times 3 = 15; 3 \times 5 = 15$

Objetivo 1 de *TAKS* TEKS **3.4A** página 300

4 Serena tiene 6 peceras en su casa. En cada pecera hay 15 peces. ¿Cuántos peces hay en la casa de Serena?

F 30   **G** 40

H 60   **J** 90

Objetivo 1 de *TAKS* TEKS **3.4B** página 438

5 **Respuesta con cuadrícula**
Marco practica natación 5 días a la semana. Cada día practica 2 horas. La temporada de natación dura 8 semanas. ¿Cuántas horas practica Marco cada semana?

Objetivo 1 de *TAKS* TEKS **3.4A** página 282

Education Place
Visita www.eduplace.com/txmap/, donde encontrarás **consejos para tomar exámenes** y más **práctica para TAKS**.

Repaso/Examen de la Unidad 10

Vocabulario y conceptos

Objetivos 1 y 5 de *TAKS*   TEKS 3.2A, 3.2C, 3.2D, 3.13C

Usa palabras, números e ilustraciones para expresar el significado de las palabras.

1. numerador

2. denominador

3. fracciones equivalentes

4. igual de probable

5. menos probable

6. resultado

Cálculos

Objetivos 1 y 5 de *TAKS*   TEKS 3.2B, 3.2C, 3.13C

Escribe la fracción que se muestra.

7.

8.

9.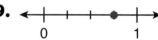

Compara las fracciones de la parte sombreada. Escribe >, < ó =.

10.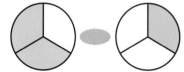

11.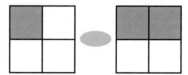

Usa el dibujo para determinar si cada evento es *más probable, menos probable* o *igual de probable*.

12. Es _____ que la rueda giratoria se detenga en rojo que en azul.

13. Es _____ que la rueda giratoria se detenga en azul que en rojo.

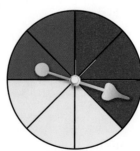

Resolver problemas y razonamiento

Objetivos 1, 5 y 6 de **TAKS** TEKS 3.2C, 3.14C, 3.13C

Usa un modelo o haz una lista para resolver.

14. Carla lanza una moneda de un centavo y una de 25 centavos. ¿Es más probable, menos probable o igual de probable que ambas monedas caigan en cara?

15. Sergei lanza un dado numerado del 1 al 6. ¿Es más probable, menos probable o igual de probable que el dado caiga en un número mayor que 5?

16. Los estudiantes de la clase de arte pintaron un mural. Usaron 12 latas de pintura. $\frac{5}{12}$ de la pintura era roja, $\frac{1}{2}$ era azul y el resto, amarilla. ¿Cuánta pintura amarilla usaron?

Escribir matemáticas Las fracciones indican el número de partes de un entero o se pueden usar para describir las partes de un grupo. Explica por qué las fracciones sirven para expresar tanto objetos divididos en partes como grupos de objetos.

Evaluar el rendimiento

Objetivos 1 y 6 de **TAKS** TEKS 3.2C, 3.3B, 3.14B

Menú para una fiesta

Sam y su papá están organizando una fiesta. Quieren pedir 6 comidas diferentes del restaurante de Max, pero no quieren gastar más de $45.

RESTAURANTE DE MAX

Pollo		Surtidos		Vegetariano	
Alas de pollo	$5·75	Nachos	$5·25	Bastones de queso	$3·50
Bastones de pollo	$6·50	Fiambres	$7·25	Ensalada de papas	$3·25
Pollo frito	$6·75	Camarones	$6·50	Ensalada de frijoles	$7·95

Tarea	Información que necesitas
Usa el menú y la información de la derecha. ¿Qué plato deben escoger? Explica tu razonamiento.	Uno de los platos debe ser un surtido.
	$\frac{1}{2}$ de los platos deben ser vegetarianos.
	$\frac{1}{3}$ de los platos deben tener pollo.

Multiplica por 5

> Un grupo de 5 es fácil de encontrar, la mitad de 10 debes calcular.

> Conozco una manera rápida de multiplicar 5 × 4. Quiero 5 grupos de 4, pero comienzo con 10 grupos de 4 porque es más fácil. 10 × 4 = 40, por lo tanto, para obtener 5, quito la mitad y quedan 20. ¡Es más fácil calcular un grupo de 5 como la mitad de 10!

1. $5 \times 4 = \frac{1}{2}$ de $\boxed{40} = \boxed{20}$
   $\underset{10 \times 4}{}$

2. $5 \times 9 = \frac{1}{2}$ de ■ = ■
   $\underset{10 \times 9}{}$

3. $5 \times 18 = \frac{1}{2}$ de ■ = ■
   $\underset{10 \times 18}{}$

4. $5 \times 38 = \frac{1}{2}$ de ■ = ■
   $\underset{10 \times 38}{}$

¡Estupendo! ¡Sigue así!

5. $5 \times 6 = \frac{1}{2}$ de ■ = ■

6. $5 \times 10 = \frac{1}{2}$ de ■ = ■

7. $5 \times 16 = \frac{1}{2}$ de ■ = ■

8. $5 \times 46 = \frac{1}{2}$ de ■ = ■

¡Excelente!

¡Sigue adelante!

¡Ahora inténtalo siguiendo los pasos mentalmente!

9. 5×8

10. 5×12

11. 5×24

12. 5×48

ESTE AÑO aprendí a...

Lógica numérica

- usar el valor de posición para comparar y ordenar números enteros;
- seleccionar y usar sumas o restas para resolver problemas;
- multiplicar y dividir números enteros;
- relacionar los símbolos de fracciones con cantidades fraccionarias; y
- generar una tabla de pares de números basada en una situación de la vida real.

1. Copia y completa la tabla.

Número de arañas	1	2	3	4	5	6
Número de patas	8	16				

TEKS 3.7A, 3.7B

Geometría y medición

- identificar figuras geométricas de dos y tres dimensiones;
- identificar la congruencia y la simetría; y
- hallar la longitud, el perímetro y el área.

2. Identifica las figuras.

A. 　　B. 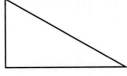　　C. 　　D.

3. ¿Qué figura de dos dimensiones del ejercicio 2 tiene un eje de simetría?

4. ¿Son congruentes las figuras B y C del ejercicio 2? ¿Por qué?

TEKS 3.8, 3.9A, 3.9C

- reunir, organizar, representar e interpretar datos;
- interpretar pictografías y gráficas de barras; y
- usar datos para describir eventos como más probables que, menos probables que, o igual de probables.

Colin hizo una encuesta sobre las actividades favoritas de verano. La gráfica de barras muestra los resultados. Usa la gráfica para resolver los ejercicios 5 a 7.

Actividades favoritas de verano

5. ¿Cuál es la diferencia entre la actividad más elegida y la menos elegida?

6. Beth escogió una de las dos actividades escogida por el mismo número de estudiantes. Para hacer su actividad no necesita usar una pelota. ¿Qué actividad escogió Beth?

7. Si Colin le pide a otro estudiante que vote, ¿qué actividad es más probable que escoja?

TEKS 3.13B, 3.13C

EL AÑO QUE VIENE aprenderé más acerca de...

- comparar y ordenar fracciones y decimales;
- aplicar la multiplicación y la división; y
- elaborar ideas relacionadas con la congruencia y la simetría.

Para prepararme para el año que viene puedo usar las actividades de la sección Más allá.

Grado 3
Tabla de matemáticas

Métrico

Inglés (usual)

Longitud

1 metro = 100 centímetros

1 centímetro = 10 milímetros

1 yarda = 3 pies

1 pie = 12 pulgadas

Tiempo

1 año = 365 días

1 año = 12 meses

1 año = 52 semanas

1 semana = 7 días

1 día = 24 horas

1 hora = 60 minutos

1 minuto = 60 segundos

Glosario

español-inglés para Texas

ángulo Parte de una figura de dos dimensiones formada por dos lados de una figura

angle Part of a two-dimensional figure that is formed by two sides of the figure

área Medida de cuántas unidades cuadradas cubre una figura

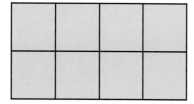

Área = 8 unidades cuadradas

area The measure of how many square units the figure covers

arista Segmento de línea donde se encuentran las caras de una figura de tres dimensiones

arista

edge The line segment where the faces of a three-dimensional figure meet

arreglo Agrupación de objetos o dibujos en filas y columnas iguales

array An arrangement of objects or pictures in equal columns and rows

cantidades equivalentes Número o grupo de monedas que tienen el mismo valor

equivalent amounts Number or groups of coins that have the same value

capacidad Cantidad que puede contener un recipiente

capacity The amount a container can hold

cara Superficie plana de una figura de tres dimensiones

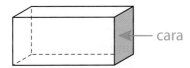
cara

face A flat surface of a three-dimensional figure

centímetro (cm) Unidad de longitud del sistema métrico (SI)

1 cm

centimeter (cm) A SI (metric) unit of length

cilindro Figura de tres dimensiones que tiene dos caras circulares congruentes y una superficie curva

cylinder A three-dimensional figure with two congruent, circular faces and one curved surface

círculo Figura de dos dimensiones en la que cada parte está a la misma distancia del centro

circle A two-dimensional figure where each part is the same distance from the center

clave Explicación de lo que representa cada símbolo de una gráfica o tabla

key An explanation of what each symbol in a graph or chart represents

cociente Resultado de un problema de división

Ejemplo: $32 \div 4 = 8$
cociente

quotient The result of a division problem

comparar Examinar el valor de un número para hallar si es mayor, menor o igual que otro

compare Examine the value of numbers to find if they are greater than, less than, or equal to one another

cono Figura de tres dimensiones con una superficie plana circular, una superficie curva y un vértice

cone A three-dimensional figure with one circular flat surface, one curved surface, and a vertex

cuadrado Rectángulo que tiene cuatro lados iguales y cuatro ángulos iguales

square A rectangle with four equal sides and four equal angles

cuadrilátero Polígono que tiene cuatro lados y cuatro vértices

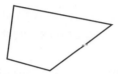

quadrilateral A polygon with four sides and four vertices

cuarto de galón (ct) Unidad de capacidad del sistema inglés (usual)

quart (qt) A unit of capacity in the customary system

cubo Figura de tres dimensiones que tiene seis caras cuadradas del mismo tamaño

cube A three-dimensional figure that has six square faces of equal size

datos Conjunto de números o información

data A set of numbers or pieces of information

denominador Número que está debajo de la barra de una fracción. El denominador indica el número total de partes iguales.

Ejemplo: $\frac{1}{5}$ ← denominador

denominator The number below the bar in a fraction. The denominator names the total number of equal parts.

diferencia Resultado de una resta

Ejemplo: $10 - 7 = 3$

↑ diferencia

difference The result of subtraction

dígito Cualquiera de los símbolos 0, 1, 2, 3, 4, 5, 6, 7, 8, 9 del sistema de numeración de base diez

digit Any of the symbols 0, 1, 2, 3, 4, 5, 6, 7, 8, 9 in the base-ten numeration system

dividendo Número que se divide en una división. En la oración numérica $30 \div 5 = 6$, el dividendo es 30.

dividend The number being divided in division. In the number sentence $30 \div 5 = 6$, the dividend is 30.

dividir Separar una cantidad en grupos más pequeños e iguales para hallar el número de grupos o el número que hay en cada grupo

divide To separate an amount into smaller, equal groups in order to find the number of groups or the number in each group

división Operación que muestra la separación de un número o cantidad (el dividendo) en partes iguales

division An operation that shows the separation of a number or quantity (the dividend) into equal parts

divisor Número entre el cual se divide al dividendo en una división. En la oración numérica 30 ÷ 5 = 6, el divisor es 5.

divisor The number that divides the dividend in division. In the number sentence 30 ÷ 5 = 6, the divisor is 5.

eje de simetría Línea a lo largo de la cual puede doblarse una figura de manera que las dos mitades coincidan exactamente

eje de simetría

line of symmetry The line on which a figure can be folded so that the two halves match exactly

encuesta Método para reunir información

survey One method of collecting information

esfera Figura de tres dimensiones cuyos puntos están todos a la misma distancia del centro

sphere A three-dimensional figure with each of its points the same distance from the center

estimación; estimar Número cercano a una cantidad exacta; hallar una cantidad aproximada

estimate A number close to an exact amount; to find about how many

factores Números que al ser multiplicados dan como resultado un producto. Un factor indica el número de grupos. El otro indica el número que hay en cada grupo.

factors Numbers that when multiplied give a product. One factor tells the number of groups. The other tells the number in each group.

familia de operaciones Operaciones relacionadas que usan los mismos números

fact family Related facts using the same numbers

figura de dos dimensiones Figura que tiene longitud y ancho. A veces se le llama figura plana.

two-dimensional figure A figure that has length and width. It is sometimes called a plane figure.

figura de tres dimensiones Figura que tiene longitud, ancho y altura

three-dimensional figure A figure that has length, width, and height

figuras congruentes Figuras que tienen la misma forma y el mismo tamaño

congruent figures Figures that have the same size and shape

forma extendida Manera de escribir un número que muestra el valor de cada dígito
Ejemplo: 3,000 + 400 + 9 es la forma extendida de 3,409

expanded form A way to write a number that shows the value of each digit
Example: 3,000 + 400 + 9 is the expanded form of 3,409.

forma normal La manera más simple de escribir un número usando dígitos
Ejemplo: La forma normal de doscientos veintisiete es 227.

standard form The simplest way to show a number using digits
Example: The standard form of two hundred twenty-seven is 227.

forma verbal Manera de escribir un número con palabras
Ejemplo: El número 12,345 en forma verbal es doce mil trescientos cuarenta y cinco.

word form A way of using words to write a number
Example: The number 12,345 in word form is twelve thousand, three hundred forty-five.

fracción Número que indica una parte de una región o de un grupo

fraction A number that names a part of a region or a part of a group

fracciones equivalentes Fracciones que indican la misma parte de un entero o grupo

equivalent fractions Fractions that name the same part of a whole or collection

galón (gal) Unidad de capacidad del sistema inglés (usual)

gallon (gal) A unit of capacity in the customary system

grados Fahrenheit (°F) Unidad de temperatura del sistema inglés (usual)

degrees Fahrenheit (°F) The customary unit of temperature

gráfica de barras Gráfica que usa barras para mostrar datos

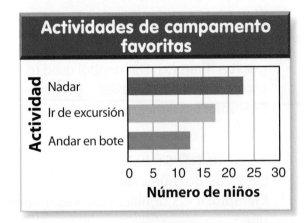

bar graph A graph that uses bars to show data

gramo (g) Unidad de masa del sistema métrico (SI)

gram (g) A unit of mass in the SI (metric) system

hexágono Polígono que tiene 6 lados y 6 vértices

hexagon A polygon having 6 sides and 6 vertices

igual de probable Que tiene la misma probabilidad de suceder

equally likely Having the same probability of happening

kilogramo (kg) Unidad básica de masa del sistema métrico (SI)

kilogram (kg) The base unit of mass in the SI (metric) system

kilómetro (km) Unidad de longitud del sistema métrico (SI)

kilometer (km) A unit of length in the SI (metric) system

L

lado (de un polígono) Segmento de línea que es parte de un polígono

lado de un polígono →

side (of a polygon) One of the line segments that make up a polygon

libra (lb) Unidad de peso del sistema inglés (usual)

pound (lb) A unit of weight in the customary system

litro (L) Unidad de capacidad del sistema métrico (SI)

liter (L) A unit of capacity in the SI (metric) system

longitud Medida de cuán largo es algo

length The measure of how long something is

M

marca de conteo Marca en un tablero de conteo que representa 1 de algo

卌 | ← marca de conteo

tally mark A mark on a tally chart that stands for 1 of something

más probable Que tiene más probabilidad de suceder

more likely Has a greater chance of happening

masa Medida de la cantidad de materia que hay en un objeto. Suele medirse en gramos o kilogramos.

mass A measurement of the amount of matter in an object. It is often measured using grams or kilograms.

mayor que (>) Símbolo que se usa para comparar dos números
Ejemplo: 5 > 4 significa que 5 es mayor que 4.

greater than (>) The symbol used to compare two numbers
Example: 5 > 4 means 5 is greater than 4.

menor que (<) Símbolo que se usa para comparar dos números
Ejemplo: 4 < 5 significa que 4 es menor que 5.

less than (<) One symbol used to compare two numbers
Example: 4 < 5 means 4 is less than 5.

menos probable Que tiene menos probabilidad de suceder

less likely Has less of a chance of happening

metro (m) Unidad básica de longitud del sistema métrico (SI)

meter (m) A base unit of length in the SI (metric) system

milla (mi) Unidad de longitud del sistema inglés (usual)

mile (mi) A unit of length in the customary system

multiplicación Operación que se usa para hallar el número total de objetos (el producto) que hay en varios grupos iguales

multiplication An operation that finds the total number of items (the product) in several equal groups

multiplicar Combinar grupos iguales

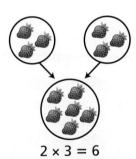

$$2 \times 3 = 6$$

multiply To combine equal groups

numerador Número que está en la parte de arriba de una fracción. El numerador indica el número de partes iguales.

Ejemplo: $\dfrac{1}{5}$ ← numerador

numerator The top number of the fraction. The numerator names the number of equal parts.

número al cuadrado Producto de un número entero multiplicado por sí mismo
Ejemplo: $3 \times 3 = 9$; 9 es un número al cuadrado.

square number The product of a whole number multiplied by itself
Example: $3 \times 3 = 9$, 9 is a square number.

número impar Número entero que no puede dividirse entre 2 en partes iguales. En un número impar, el dígito en el lugar de las unidades es 1, 3, 5, 7 ó 9.

odd number A whole number that cannot be evenly divided by 2. The ones digit in an odd number is 1, 3, 5, 7, or 9.

número par Número entero que puede dividirse entre 2 en partes iguales. En un número par, el dígito en el lugar de las unidades es 0, 2, 4, 6 u 8.

even number A whole number that can be evenly divided by 2. The ones digit in an even number is 0, 2, 4, 6, or 8.

números compatibles Números que son fáciles de calcular mentalmente

compatible numbers Numbers that are easy to compute mentally

octágono Polígono que tiene 8 lados y 8 vértices

octagon A polygon having 8 sides and 8 vertices

onza (oz) Unidad de peso del sistema inglés (usual)

ounce (oz) A unit of weight in the customary system

operación inversa Operaciones que tienen efectos opuestos. Ejemplos: La suma y la resta son operaciones inversas. La multiplicación y la división son operaciones inversas.

inverse operation Operations that have the opposite effect. Examples: Addition and subtraction are inverse operations. Multiplication and division are inverse operations.

ordenar Agrupar números de mayor a menor o de menor a mayor

order Arrange numbers from greatest to least or least to greatest

pentágono Polígono que tiene 5 lados y 5 vértices

pentágono

pentagon A polygon having 5 sides and 5 vertices

perímetro Distancia que hay alrededor de una figura de dos dimensiones cerrada

perimeter The distance around a closed two-dimensional figure

peso (s.), pesar (v.) Medida de cuán pesado es algo

weigh (v.), weight (n.) The measure of how heavy something is

pictografía Gráfica que muestra información con ilustraciones

Peces de la pecera de Eric	
Guppy	🐟🐟
Molly	🐟🐟🐟🐟🐟
Neón	🐟🐟🐟
Cada 🐟 equivale a 5 peces.	

pictograph A graph that uses pictures to show information

pie Unidad de longitud del sistema inglés (usual)

foot/feet (ft) A unit of length in the customary system

pinta (pt) Unidad de capacidad del sistema inglés (usual)

pint (pt) A unit of capacity in the customary system

pirámide cuadrangular Pirámide cuya base es cuadrada

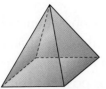

square pyramid A pyramid that has a square base

pirámide Figura de tres dimensiones cuya base es un polígono y cuyas caras son triángulos con un vértice en común

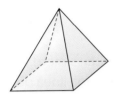 

pyramid A three-dimensional figure whose base is any polygon and whose other faces are triangles with a common vertex

polígono Figura de dos dimensiones cerrada cuyos lados son segmentos de línea

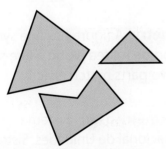

polygon A closed, two-dimensional figure with sides that are line segment

prisma Figura de tres dimensiones que tiene dos bases paralelas y congruentes que son polígonos.

prism A three-dimensional figure that has two parallel congruent bases that are polygons.

prisma rectangular Prisma que tiene seis caras rectangulares

rectangular prism A prism with six faces that are all rectangular

prisma triangular Prisma cuya base es un triángulo

triangular prism A prism that has a triangle as its base

probabilidad Posibilidad de que suceda un evento

probability The chance of an event occurring

producto Resultado de una multiplicación

product The result of multiplication

pulgada (pulg) Unidad de longitud del sistema inglés (usual)

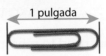
1 pulgada

inch (in.) A unit of length in the customary system

R

reagrupar Intercambiar cantidades iguales al convertir un número

regroup Exchanging equal amounts when renaming a number

recta numérica Línea que representa los números como puntos ordenados de menor a mayor

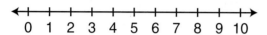

number line A line that shows numbers as points in order from least to greatest

rectángulo Cuadrilátero cuyos lados opuestos son congruentes y cuyos ángulos son todos iguales

rectangle A quadrilateral with opposite sides congruent and all angles equal

redondear Hallar una cantidad aproximando el número a la decena o centena más cercana

round To find out about how many or how much by expressing a number to the nearest ten or hundred

regla Instrumento usado para medir la longitud

ruler A tool used to measure length

resta Operación que muestra la diferencia entre dos números o cantidades

subtraction An operation that shows the difference of two numbers or quantities

resultado Consecuencia de un experimento de probabilidad
Ejemplo: Al lanzar una moneda, los dos resultados posibles son cara y cruz.

outcome A result in a probability experiment
Example: In tossing a coin, heads and tails are the two possible outcomes.

S

simetría Una figura tiene simetría lineal si puede doblarse por una línea de manera que sus dos partes coincidan exactamente

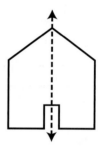

symmetry A figure has line symmetry if it can be folded along a line so that the two parts match exactly

sistema métrico (SI) Sistema Internacional de Unidades. Sistema de medidas en el que las unidades básicas de longitud, masa y capacidad son el metro, el kilogramo y el litro.

SI (metric) system The International System of Units. A system of measurement in which the base units of length, mass, and capacity are the meter, kilogram, and liter. Also known as metric system.

suma Operación que muestra la unión de dos o más números o cantidades para formar un número nuevo llamado la suma

addition An operation that shows the joining of two or more numbers or quantities to form a new number called the sum

suma Resultado de una suma

Ejemplo: 5 + 8 = 13
          ↑
       suma

sum The result of addition

sumando Número que se suma en una expresión de suma u oración numérica

Ejemplo: 5 + 6 = 11
      ↑   ↑
    sumandos

addend A number to be added in an addition expression or number sentence

termómetro Instrumento usado para medir la temperatura

thermometer A tool used to measure temperature

triángulo Polígono que tiene 3 lados y 3 vértices

triangle A polygon with 3 sides and 3 vertices

unidad cuadrada Cuadrado que se usa para medir el área; cada lado mide una unidad de largo

square unit A square used to measure area; each side is one unit in length

unidad cúbica Unidad que se usa para medir el volumen. Cubo con lados que miden una unidad de largo.

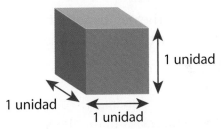

1 unidad

1 unidad

1 unidad

cubic unit A unit for measuring volume. A cube with sides one unit long.

valor de posición Valor de un dígito según la posición que ocupa en un número
Ejemplo: En el número de tres dígitos 346, el dígito 3 está en la posición de las centenas y tiene un valor de 300.

place value The value of a digit determined by its place in a number
Example: In the three-digit number 346, the digit 3 is in the hundreds place and has a value of 300.

vértice Punto donde se encuentran los lados o las aristas de una figura

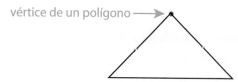

vértice de un polígono ⟶

vertex (vertices) A point at which sides or edges of a figure meet

volumen Número de unidades cúbicas que entran en una figura de tres dimensiones

volume The number of cubic units that fit inside a three-dimensional figure

yarda (yd) Unidad de longitud del sistema inglés (usual)

yard (yd) A unit of length in the customary system

Índice

554–556

reunir, 92–93, 99, 306

usar, 10, 29, 49, 92–93, 94–95,
96–98, 100–101, 102–105,
101, 121, 149, 167, 194, 214,
242, 257, 286, 306, 324, 356,
372, 393, 399, 419, 442, 468,
487, 540, 552–553, 554–556,
561

usar, de un diagrama, 242

usar, de un dibujo, 513, 516, 520

usar, de un experimento, 465,
552–553, 554–556, 557

usar, de un mapa, 195, 321

usar, de un signo, 121, 286, 399

usar, de un tablero de conteo,
92–93

usar, de una encuesta, 92–93

usar, de una gráfica de barras,
10, 98, 101, 194, 257, 306, 324,
487

usar, de una lista, 468

usar, de una pictografía, 94–95,
442

usar, de una tabla, 10, 29, 49, 155,
167, 306, 324, 356, 372, 399,
419, 468, 540, 541

usar, de un horario, 74, 149

Datos divertidos, 14, 34, 58, 84,
104, 124, 132, 218, 238, 246, 264,
292, 360, 377, 476, 520, 536, 556,
561, 564

**Decena, redondear a la
más cercana,** 52–54

Decenas de millar, 32–34

Denominador, 512–513,
514–516

Describir

eventos, 552–533, 554–556,
557–558, 560

figuras de dos dimensiones,
188–190, 192

figuras de tres dimensiones,
194, 196–197, 198–199,
254–255, 256–257, 258–259

nombres de las fracciones, 509,
510–511, 512–513

nombres de los números enteros,
28–29, 32–33

reglas de patrones, 6–7, 8–10,
12–13, 18–19, 128

usar el valor de posición, 32–34,
46–47, 48–49

Diagramas. *Ver* Dibujos

**Diario de matemáticas,
Escribir matemáticas,** 7, 27,
47, 73, 81, 93, 95, 119, 141, 163,
207, 209, 233, 235, 255, 261,
281, 309, 319, 345, 369, 389,
397, 417, 435, 462, 465, 471,
485, 489, 511, 516, 531, 553,
556

Dibujo(s)

dibujar para resolver problemas,
122, 126–128, 282–283,
284–287, 300–301, 302–303,
304–306, 308–309, 440–441,
522–523, 560

rápidos, 26–27, 122, 126–128, 140

usar datos, 238, 470–471, 556

Dibujo rápido, 26–27, 122, 124,
126–128, 140

Diferencia, 139, 140–141,
142–144, 146–149, 150–152

Dinero

contar, 416–417, 418–419,
420–422

contar cambio, 420–422

expresar valor, 416–417

monedas y billetes, 416–417,
418–419, 420–422

notación decimal, 416–417

suma y resta, 416–417, 418–419,
420–422

valor de un grupo, 416–417,
418–419, 420–422

Dividendo, 343, 348, 352, 367,
368–369

División

como resta repetida, 346–347,
352–353, 370–372, 388–389,
396–397

hacer modelos, 344–345, 348–
350, 352, 367, 370, 374–376,
378–379, 390–391, 392–393

patrones, 348–350, 380–381,
396–397

relacionada con la
multiplicación, 348–350, 351,
352–353, 368–369, 370–372,
374–376, 378–379, 388–389,
390–391, 392–393

separar en grupos iguales,
344–345, 348–350, 352–353,
370–372, 378–379, 388–389,
390–391, 392

Divisor, 343, 348, 352, 367,
368–369

Ejes de simetría

crear figuras con, 210–211,
212–214, 215

en figuras de dos
dimensiones, 120–211,
212–214, 215

identificar, 210–211, 212–214,
215

modelos concretos, 210–211,
212–214, 215

En sus marcas..., 66, 112, 226,
274, 338, 410, 454, 504

Encuesta(s)

hacer, 92–93, 98, 99

usar datos, 92–93, 98, 99

Equivalente, significado,
420–422, 530–531

Escala, gráfica, 94–95, 96–97

Escoge la operación, 348–350

Escoge una estrategia, 118–119,
120–121, 140–141, 142–144,
166–167, 282–283, 302–303,
384–385, 469

**Escoge una estrategia, resolver
problemas,** 39, 85, 133, 219,
293, 403, 477, 565

Escribir

la hora, 74–76

una oración numérica, 280–281

Escribir matemáticas, 7, 27, 47,
73, 81, 93, 95, 119, 141, 163, 207,
209, 233, 235, 255, 261, 281, 309,
319, 345, 369, 389, 397, 417, 435,
462, 465, 471, 485, 489, 511, 516,
531, 553, 556

Esfera, 256–257, 258–259

Estadística, *Ver* Datos, *Ver
también* Gráficas

Estimación

como método de cálculo,
120–121, 125, 145

comparada con una respuesta
exacta, 120–121, 168–170,
357, 488–489, 490–491

de longitudes usando unidades
estándares, 232–233, 460–462,
466–468, 484–485, 486–487

de soluciones, 120–121, 142–
144, 145, 168, 357, 436–437

Índice

Reconocimientos

PHOTOGRAPHY

Problem Solving Handbook PS1 (cl) ©Alamy Images. **PS3** ©PunchStock. **PS4** ©age fotostockSuperStock. **PS6** (b) ©PhotoDisc/Punchstock. **PS7** © Ingram Publishing/SuperStock. **PS8** © Blend Images/SuperStock.

1 © Tommy Kelly/age fotostock. **4** © Michael & Patricia Fogden/Corbis. **10** ©James Steidl/Shutterstock. **11** ©age fotostock/SuperStock . (bckgd) ©BananaStock/Alamy. (fgd) **14** ©Sara Robinson/Shutterstock. (tl) ©kristian/Shutterstock. (tl) ©Jeff Carpenter/Shutterstock. (tl) ©Holger Wulschlaeger/Shutterstock. (tl) ©Royalty-Free/Corbis. (tc) ©ESTHER KIVIAT/Animals Animals - Earth Scenes. (bc) ©Visions of America, LLC/Alamy. (c) ©Aleksander Bolbot/Shutterstock. (tc) ©Visual&Written SL/Alamy. (cr) **24-5** © NASA-JPL-Caltech - Voyager/digital version by Science Faction/Getty Images. **29** ©Tan Wei Ming/Shutterstock. **32** ©Lonely Planet Images. **33** ©blickwinkel/Alamy. **34** ©NASA Jet Propulsion Laboratory. (tr) ©NASA Jet Propulsion Laboratory. (tr) **35** ©Jeff Greenberg/Photo Edit. (fgd) ©NASA Jet Propulsion Laboratory. (bckgd) ©NASA Jet Propulsion Laboratory. (bc) **38** Getty Images. (fgd) Gnuskin Petr/Shutterstock. (bckgd) **44-5** © Chuck Pefley/Alamy. **48** ©LWA-Dann Tardif/CORBIS. **50** ©Michael Newman/Photo Edit. **52** ©Dallas Children's Theater production of The Stinky Cheese Man. Photographer: Mark Oristano 2005. **53** ©Dallas Children's Theater production of The Stinky Cheese Man. Photographer: Mark Oristano 2005. **54** ©David Young-Wolff/Photo Edit. **55** ©Images/Alamy. **56** ©Ariel Skelley/CORBIS. **58** ©Don Hill/The Austin Symphony. (tc) ©INTERFOTO Pressebildagentur/Alamy. (br) **67** © Peter Ardito/Index Stock Imagery/Jupiter Images. **70-1** (clock collection) © Dave King/Dorling Kindersley. (rocket clock) © Hugh Threlfall/Alamy. **82** ©David Young-Wolff/Photo Edit. (bl) **84** ©Short Communications. (tc) ©David Kelly/Shutterstock. (br) **90-1** © Jeff Greenberg/Alamy. **92** ©Duomo/CORBIS. **93** ©Andres Rodriguez/Shutterstock. **94** ©Galina Barskaya/Shutterstock. **95** ©Frank Siteman/Photo Edit. **96** ©AP Images. **97** ©Duomo/CORBIS. **99** ©WizData, inc./Shutterstock. **100** ©Richard Hutchings/Photo Edit. **102** ©Royalty-Free/Corbis. **103** ©Chris Luneski/Alamy. **104** ©George H. H. Huey/CORBIS. (tc) ©Richard Hutchings/Photo Edit. (br) **113** © E. Jane Armstrong/FoodPix/Jupiter Images. **116-7** © Fred Bavendam/Minden Pictures. **120** ©Michael Thompson/Shutterstock. **122** ©Corbis Premium Collection/Alamy. **123** ©Alexei Novikov/Shutterstock. **124** ©Alexander M. Omelko/Shutterstock. **126** ©JOEL SARTORE/GRANT HEILMAN PHOTOGRAPHY,INC. (bl) ©Thomas & Pat Leeson/Photo Researchers, Inc.. (bc) **130** © Naturfoto Honal/CORBIS. (cl) Bristol City Museum/naturepl.com. (bl) **131** Michaelturco.com. **132** ©AP Images. (tc) ©Royalty-Free/Corbis. (br) **138-9** © Chad Ehlers/Alamy. **142** ©Richard Cummins/SuperStock. **144** ©Dennis Hallinan/Alamy. **145** © TPWD, Earl Nottingham. _ **146** Stan A. Williams/TxDOT. (bckgd) Stan A. Williams/TxDOT. (fgd) ©Oliver Strewe/Lonely Planet Images. (cr) **150** ©Dennis MacDonald/Alamy. **152** ©Danita Delimont/Alamy. (bckgd) ©Mike Norton/Shutterstock. (fgd) **155** ©Royalty-Free/Corbis. (tr) ©Robert Holmes/CORBIS. (br) **160-1** © Travel Ink/Alamy. **162** ©J Marshall - Tribaleye Images/Alamy. **164** ©Rights Ready/Antonio M Rosario/Iconica/Getty Images.

166 ©Geoff Appold/TxDOT . **167** ©Darrell Gulin/CORBIS. **168** ©Blend Images/Alamy. **169** ©Greg Smith/CORBIS. **170** Ross Cravens/Austin Steam Train Association. **171** ©age fotostock/SuperStock. (fgd) ©age fotostock/SuperStock. (bckgd) **173** ©Randy Faris/CORBIS. **174** ©Brian Bailey/Stone/Getty Images. **175** ©Royalty-Free/Corbis. **183** © George Diebold Photography/Iconica/Getty Images. **186-7** © Ralph A. Clevenger/Corbis. **191** ©Troy and Mary Parlee/Alamy. (bckgd) ©Jon Arnold Images/Alamy. (inset) **192** ©Galen Rowell/CORBIS. **194** PhotoDisc/Getty Images. **195** ©Mariusz Szachowski/Shutterstock. **196** ©Mariusz Szachowski/Shutterstock. ©Harris Shiffman/Shutterstock. (cr) ©Robert J. Beyers II/Shutterstock. (r) ©Harris Shiffman/Shutterstock. (r) ©Carlos E. Santa Maria/Shutterstock. (cr) ©Harris Shiffman/Shutterstock. (cr) ©Carlos E. Santa Maria/Shutterstock. (r) **198** ©Emmerich-Webb/Photonica/Getty Images. **204-5** © Claudia Adams/Alamy. **206** ©Michael Shake/Shutterstock. **211** ©Vadym Andrushchenko/Shutterstock. (bl) ©PIOTR NASKRECKI/MINDEN PICTURES. (bc) ©CoverStock/Shutterstock. (br) **218** © TPWD, Leroy Williamson 1984. (tc) ©Jorge Felix Costa/Shutterstock. (br) **227** © Red Rocket Stock/Alamy. **229** ©Peter Hansen/Shutterstock. **230-1** © Emma Rian/zefa/Corbis. **232** © Houghton Mifflin Company/School Division. **235** ©emily2k/Shutterstock. **238** ©Olga Shelego/Shutterstock. **239** ©Don Long/Shutterstock. **240** ©B. Speckart/Shutterstock. **243** ©Erik H. Pronske, M.D./Shutterstock. **244** ©Philip James Corwin/CORBIS. (bl) ©Lori Sparkia/Shutterstock. (br) **245** ©Lothar Lenz/zefa/Corbis. **246** ©Buddy Mays/CORBIS. (tc) ©Buddy Mays/CORBIS. (bl) **252-3** © Richard Cummins/SuperStock. **254** ©Jeff Greenberg/Alamy. **255** ©Nancy Tripp/Shutterstock. **256** ©Tiplyashin Anatoly/Shutterstock. (bl) ©Peter Baxter/Shutterstock. (bc) ©Christopher Gould/Alamy. (br) **257** ©D. Hurst/Alamy. (tl) ©Nancy Tripp/Shutterstock. (tc) ©Stefano Bianchetti/CORBIS. (tc) ©Gordana Sermek/Shutterstock. (tr) **258** ©Bo Zaunders/CORBIS. **264** ©Thinkstock/Alamy. **265** ©Dusan Jankovic/Shutterstock. (bckgd) ©Royalty-Free/Corbis. (fgd) ©David R. Frazier Photolibrary, Inc./Alamy. (inset) **275** © Haruyoshi Yamaguchi/Corbis. **278-9** © Lisa Moore/Alamy. **282** ©The United States Mint. (tr) ©The United States Mint. (cl) © Quarter-dollar coin image from the United States Mint. (tr) © Quarter-dollar coin image from the United States Mint. (tr) © Quarter-dollar coin image from the United States Mint. (tr) © Quarter-dollar coin image from the United States Mint. (tr) **283** © Danny Lehman/CORBIS. (cr) ©Danny Lehman/CORBIS. (cr) **287** ©Brian Pieters/Masterfile. **288** ©Doru Cristache/Shutterstock. (t) ©Doru Cristache/Shutterstock. (tr) ©Doru Cristache/Shutterstock. (cr) ©Doru Cristache/Shutterstock. (cl) **292** © Bob Daemmrich/PhotoEdit. (tc) ©Bob Daemmrich/Photo Edit. (tc) ©Richard Cummins/CORBIS. (tc) ©Bob Daemmrich/Photo Edit. (tc) ©RHSR/Shutterstock. (inset) ©Lori Martin/Shutterstock. (inset) ©Bob Daemmrich/Photo Edit. (tc) **293** ©Corbis Premium Collection/Alamy. **298-9** © Peter Oxford/Minden Pictures. **302** ©Peter Steiner/Alamy. **304** ©Rick Edwards ARPS/Alamy. **305** ©Joan Vicent Cantó Roig/Shutterstock. **310** ©fotosav (Victor & Katya)/Shutterstock. **311** ©David Young-Wolff/Alamy. **316-7** © Don Farrall/Photodisc Green/Getty Images. **322** ©Olga Shelego/Shutterstock. **323** ©James Shaffer/Photo Edit. **324** ©InstinctDesign/Shutterstock. **325** ©DK Limited/Corbis. **327** ©Brand X Pictures/Alamy.